高速铁路牵引供电技术丛书
高等职业教育校企合作系列教材

高速铁路接触网

编著　韩晓峰　余　颢

西南交通大学出版社
·成　都·

图书在版编目（CIP）数据

高速铁路接触网 / 韩晓峰，余颢编著. —成都：西南交通大学出版社，2020.7（2025.8 重印）
（高速铁路牵引供电技术丛书）
高等职业教育校企合作系列教材
ISBN 978-7-5643-7509-6

Ⅰ. ①高… Ⅱ. ①韩… ②余… Ⅲ. ①高速铁路－接触网－高等职业教育－教材 Ⅳ. ①U238②U225

中国版本图书馆 CIP 数据核字（2020）第 133257 号

高速铁路牵引供电技术丛书
高等职业教育校企合作系列教材

Gaosu Tielu Jiechuwang
高速铁路接触网

编著	韩晓峰　余　颢
责任编辑	黄淑文
封面设计	原谋书装
出版发行	西南交通大学出版社 （四川省成都市金牛区二环路北一段 111 号 西南交通大学创新大厦 21 楼）
邮政编码	610031
发行部电话	028-87600564　　028-87600533
网址	https://www.xnjdcbs.com
印刷	成都中永印务有限责任公司
成品尺寸	185 mm×260 mm
印张	16.5
字数	407 千
版次	2020 年 7 月第 1 版
印次	2025 年 8 月第 2 次
书号	ISBN 978-7-5643-7509-6
定价	49.80 元

图书如有印装质量问题　本社负责退换
版权所有　盗版必究　举报电话：028-87600562

丛书编委会

总　　编：雷靠民　滕　勇

编委会成员：（按姓氏笔画为序）

王向利　王志英　石惠文　朱　申

刘明晓　许红健　李明军　李佳琦

李　栋　杨　伟　肖　炜　张大庆

陈国强　尚　晶　徐　新　韩晓峰

总 序

近年来，高速铁路在我国取得了快速的发展。我国高速铁路的发展，特别是我国仅用几年的时间就超过了发达国家几十年高速铁路里程的总和，这进一步证明了我国高速铁路综合技术自身的优越性。在牵引供电系统方面，我国经过多年运营，已经形成自己的标准技术体系，部分领域处于领先地位，但随着高速电气化铁路供电管理标准的提高，对供电设备的安全性和可靠性也提出了更高要求。如何确保高速度、大规模、大功率、高密度的牵引供电系统高效、安全、可靠运行，是我国高速铁路快速发展迫切需要解决的问题。随着高速铁路的发展应用，我国在高速铁路供变电技术、弓网关系、综合自动化、供电安全检测监测等关键技术方面已经取得了突出的成果。

高速铁路供电系统作为高速铁路的重要组成部分，其运用、检测、维修和管理技术，是集当今世界先进的计算机网络技术、电力工业技术、新型材料技术、机械工程技术、变电技术等现代科学技术为一体的系统工程。

高速铁路牵引负荷的特殊性和牵引网络的复杂性，给牵引供电系统的服役安全和可靠性带来了新的问题。梳理我国高速铁路的牵引供电基础理论和关键技术，从牵引供电系统的供变电技术、保护监控技术、接触网、供电检测监测等方面，按照学习知识的认知规律，结合现场实践，联合中国铁路西安局集团有限公司供电部的专业技术人员编写了本套丛书。

本套丛书由雷靠民、滕勇担任总编，由西安铁路职业技术学院的教师和中国铁路西安局集团有限公司的现场技术人员编写。该套丛书包括《高速铁路牵引供电接口管理》《高速铁路接触网检测技术》《高速铁路牵引变电所》《高速铁路牵引变电所综合自动化系统》《高速铁路接触网》《高速铁路供电规程与规则》六本书。

雷靠民
2020年6月

前　言

本书分为两部分，即接触网基础部分和接触网设计计算部分。接触网基础部分突出接触网结构组成方面的介绍，以满足接触网技能鉴定的要求为原则，用通俗的语言对接触网的各个设备及接触网检修中常使用的工具材料等进行了详细的描述，并引入了大量高速铁路接触网设备的插图，使本书更具有与时俱进性也使学习者易于理解，这部分适合在校学生及从事接触网的在职职工学习。接触网设计计算部分详细介绍了接触网的力学计算，适合具有一定基础的工作人员学习。

本书由中国铁路西安局集团有限公司西安供电段（下称"西安供电段"）和西安铁路职业技术学院共同协作完成。其中第一章、第三章、第四章的第一节至第六节由西安供电段余颢完成。第二章由西安供电段李少华完成。西安供电段陈浩、胡涛涛分别完成第四章第七节和第八节至第十三节的内容。第五章由西安铁路局宝鸡供电段李朝阳完成。第六、八、九、十、十一、十二章由西安铁路职业技术学院韩晓峰完成。第七章第一节至第三节由西安铁路职业技术学院娄刘娟完成，第七章第四节至第八节由陈丽完成。本书在编写过程中得到了西安供电段和西安铁路职业技术学院领导的大力支持。

由于时间仓促资料有限，书中错误和疏漏在所难免，不足之处敬请读者谅解并提出宝贵意见。

编　者

2020年6月

目 录

第一篇 接触网基础部分

第一章 概 述 ... 2
第一节 接触网类型 ... 2
第二节 接触网悬挂类型 ... 5
第三节 接触网供电方式 ... 11

第二章 接触网基本组成 ... 15
第一节 接触网支柱与基础 ... 15
第二节 接触网支持装置 ... 18
第三节 接触网定位装置 ... 20
第四节 接触网悬挂装置 ... 23

第三章 接触网线索 ... 26
第一节 承力索 ... 26
第二节 接触线 ... 29
第三节 其他附加导线 ... 31

第四章 接触网结构及供电设备 ... 33
第一节 跨距、锚段及锚段关节 ... 33
第二节 中心锚结 ... 39
第三节 线 岔 ... 41
第四节 分段绝缘器 ... 49
第五节 接触网电分相及自动过分相技术 ... 53
第六节 补偿装置 ... 60
第七节 绝缘子 ... 68
第八节 电连接与隔离开关 ... 82
第九节 软横跨 ... 87
第十节 硬横跨 ... 89
第十一节 避雷器 ... 90
第十二节 接地装置及吸上线 ... 91
第十三节 接触网供电设备标志及限界 ... 97

第五章　接触网识图 ······ 102
- 第一节　平面图识图 ······ 102
- 第二节　零件识图 ······ 112
- 第三节　接触网安装图识图 ······ 119

第六章　接触网检修工具 ······ 123
- 第一节　接触网检修受力类工具 ······ 123
- 第二节　接触网测量类工具 ······ 129

第二篇　接触网设计部分

第七章　接触网设计组成及计算条件 ······ 134
- 第一节　接触网设计程序 ······ 134
- 第二节　接触网设计的原始资料 ······ 138
- 第三节　接触网设计的主要内容 ······ 140
- 第四节　气象条件的确定 ······ 141
- 第五节　计算负载的确定 ······ 144
- 第六节　接触线风偏移值的计算 ······ 147
- 第七节　锚段长度的计算 ······ 149
- 第八节　安装曲线的计算 ······ 151

第八章　线索张力计算 ······ 154
- 第一节　概　述 ······ 154
- 第二节　简单悬挂的弛度计算 ······ 155
- 第三节　悬挂线索实际长度的计算 ······ 165
- 第四节　悬链线方程 ······ 169
- 第五节　悬挂状态方程 ······ 173
- 第六节　当量跨距的确定 ······ 174
- 第七节　起始情况的确定 ······ 176
- 第八节　复合型接触线的特性系数 ······ 179

第九章　接触网张力与弛度计算 ······ 182
- 第一节　链形悬挂承力索的弛度计算 ······ 182
- 第二节　半补偿链形悬挂的张力与弛度计算 ······ 185
- 第三节　全补偿链形悬挂的张力计算 ······ 189
- 第四节　接触悬挂的弹性计算 ······ 197
- 第五节　双链形悬挂辅助索张力和弛度的计算 ······ 202
- 第六节　链形悬挂状态方程分析 ······ 204

第十章 支柱容量计算 ································ 212
第一节 支柱垂直负载计算 ························ 212
第二节 支柱水平负载云计算 ······················ 213

第十一章 接触网软横跨预制计算 ······················ 218
第一节 接触线高度的确定 ························ 218
第二节 软横跨节点 ······························ 221
第三节 软横跨预制计算 ·························· 232

第十二章 限界、绝缘距离及导线高度的确定 ············ 247
第一节 支柱侧面限界的确定 ······················ 247
第二节 接触网及承力索高度的确定 ················ 249

参考文献 ·· 252

第一篇 接触网基础部分

第一章　概　述

第一节　接触网类型

一、接触网的定义

接触网本质上就是一种传输电能的线路，与传统的电力线路一样，将从变电所获得的电能进行远距离传输，送给指定的用电设备。但由于接触网的用电设备是指定的电气化铁路或城市轨道交通用的电力机车（或动车组，下同），因此接触网的电压等级、供电方式、环境条件（空间、气候、电磁等）、负荷特点、机电性能、服务对象、备用情况等都与传统电力线路不同，都具有其特殊性。

电力机车的特点是必须随时变换运行位置，为了保障电力机车运行安全，不能将电线直接与电力机车固定连接，只能将提供电能的线路进行固定架设，电力机车通过其上的受电弓或取流靴直接与线路接触取得电能。因此，这种固定架设的为电力机车提供电能的线路就被称为"接触网"。

高速铁路接触网是接触网的一种特殊应用形式。"高速"本身是一个相对的概念，在我国，一般将运行速度200 km/h及以上的铁路称为高速铁路。高速铁路接触网和普速铁路接触网，就基本构成和宏观结构而言并无明显差异，均包括支柱与基础、支持装置、定位装置、接触悬挂及辅助设施五大部分；就其各自的机电特性、设计考量、技术要求、施工工艺、维修理念、运营管理而言，则存在着一定的差异，主要原因在于：普速铁路接触网的侧重点在于弓网几何参数、电气参数的匹配和机械稳定性能等方面，而高速铁路接触网除了必须具备普速铁路接触网的特性之外，重点关注点已转至弓网间的电接触状态和机械动态（振动、波动）特性上。

二、接触网的类型

接触网有广义和狭义的定义。广义上的接触网包括电气化铁路和城市轨道交通中向电力机车提供电能的多种类型的特殊供电线路，目前包括架空接触网和接触轨。

狭义的接触网特指架空接触网，包括柔性架空接触网和刚性架空接触网两类。

在电气化铁路中，柔性架空接触网是沿钢轨上空"之"字形架设的供受电弓取流的高压输电线，由接触悬挂、支持装置、定位装置、支柱与基础几部分组成，如图1-1-1所示。它的特点是采用承力索、接触线、吊弦等柔性线索组成链形悬挂。缺点是结构稳定性差，维护成本较高，需占用较大空间；优点是具有较好的弹性，适合于列车高速运行，悬挂点跨距大，一次性投资少，在电气化铁路或城市轨道交通中均有广泛应用。因此，在本书中所讲述的接触网主要是柔性架空接触网。

图 1-1-1　柔性接触网（高速铁路接触网）

　　刚性架空接触网是一种将接触导线夹装在汇流排上的悬挂方式，依靠汇流排自身的刚性使得接触导线保持在同一安装高度，从而取消链形悬挂承力索而使接触悬挂系统具备最小的结构高度，最大程度上利用有限的悬挂空间。刚性架空接触网有"Π形汇流排＋接触线"和"T形汇流排＋接触线"两种形式，如图 1-1-2 和图 1-1-3 所示。与柔性架空接触网相比，刚性架空接触网具有结构紧凑、占用净空小、接触线无须施加补偿张力、维护方便的优点。同时，因刚性悬挂系统中接触线及汇流排不受张力作用，与柔性接触悬挂系统相比，其无断线的可能，运行安全性也较好。但刚性架空接触网的弹性较差，跨距小，适用于隧道内和安装净空狭小的结构物下，列车运行速度不高，在城市轨道交通中应用较广。

图 1-1-2　Π形刚性悬挂汇流排

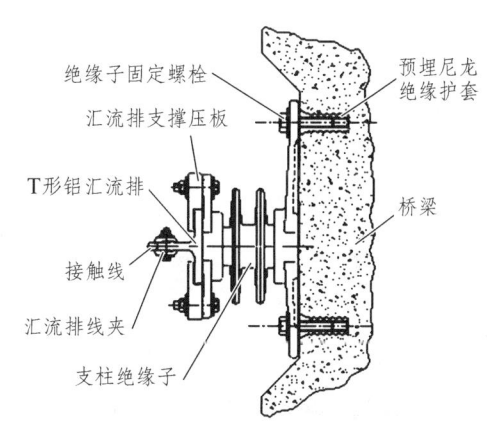

图 1-1-3　T形刚性悬挂汇流排

　　接触轨是采用钢轨或者铺设第三根钢轨将电能传输到地铁和城市轨道交通系统中的电力牵引车辆上的装置，如图 1-1-4 所示。

图 1-1-4 接触轨（侧式）

接触轨通过集电靴将电能传输给车辆。根据集电靴从接触轨的取流方式不同，接触轨可分为上部受流接触轨、下部受流接触轨、侧部受流接触轨三种方式，如图 1-1-5～图 1-1-7 所示。

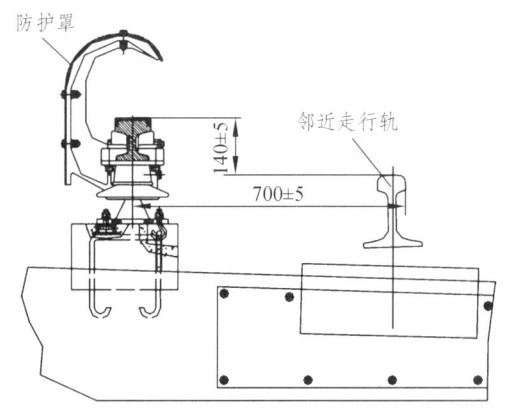

图 1-1-5　上部受流接触轨

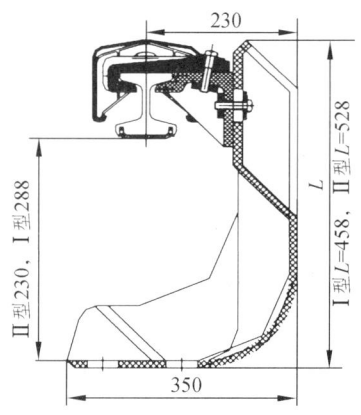

图 1-1-6　下部受流接触轨

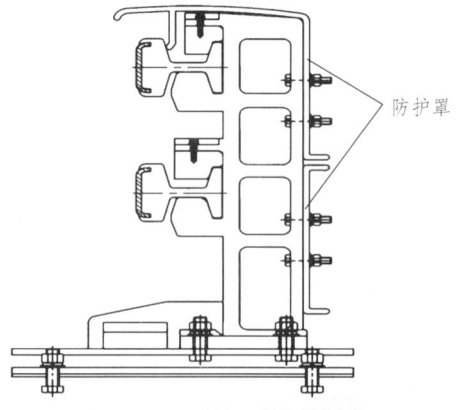

图 1-1-7　侧部受流接触轨

接触轨系统主要由钢铝复合轨（包括铝轨本体和不锈钢带）、膨胀接头、端部弯头等相关部件及绝缘支撑装置组成，为电力机车组提供电能。电力的输送是通过电力机车集电靴与复合轨的接触来实现的。车底接触器与接触轨如图 1-1-8 和图 1-1-9 所示。

图 1-1-8　车底接触器与接触轨（侧式）正面　　图 1-1-9　车底接触器与接触轨（侧式）侧面

第二节　接触网悬挂类型

一、接触网悬挂类型

接触网的分类大多以接触网的悬挂类型来区分。在一条接触网线路上，无论是在区间还是站场，为了满足供电和机械方面的要求，总是将接触网分成若干长度一定且相互独立的分段，这就是接触网的锚段。我们所讲的接触网的悬挂分类是针对架空式接触网中的每个锚段而言。接触网的悬挂种类较多，一般根据其结构的不同（直接地说，就是根据有无承力索）分成简单悬挂和链形悬挂两大类。

（一）简单悬挂

简单悬挂无承力索，由接触线直接固定或通过弹性吊索悬挂在支持和定位装置上。它在发展中经历了未补偿简单悬挂、季节调整式简单悬挂和目前采用的带补偿装置及弹性吊索式简单悬挂几种形式。其结构分别如图 1-2-1 和图 1-2-2 所示。

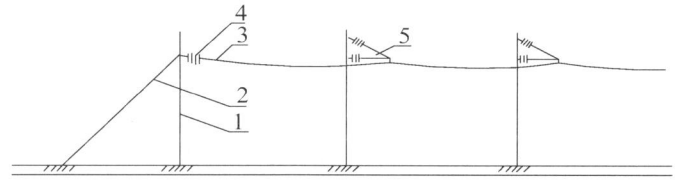

图 1-2-1　未补偿简单悬挂示意图

1—支柱；2—拉线；3—接触线；4—绝缘子串；5—腕臂

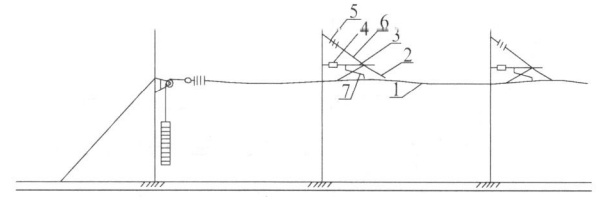

图 1-2-2　带补偿及弹性吊弦简单悬挂示意图

1—接触线；2—弹性吊弦；3—腕臂；4—棒式绝缘子；5—悬式绝缘子；6—拉杆；7—定位器

接触线（或承力索）端头同支柱的连接称为线索的下锚。下锚有两种方法：一种是将线索端头同支柱直接固定连接，称为硬锚或死锚；另一种是加装补偿装置，以调整线索的弛度和张力。

未加补偿的简单悬挂结构简单，要求支柱高度较低，因此，建设投资低，施工和检修方便。其缺点是导线的张力和弛度随气温的变化较大，导线的弹性不均匀，不利于电力机车高速运行时取流。

近年来，国内外对简单悬挂做了不少研究和改进。我国现采用的带补偿装置及弹性吊弦的简单悬挂是在接触线下锚处装设了张力补偿装置，以调节张力和弛度的变化。在悬挂处加装 8～16 m 长的弹性吊弦，通过弹性吊弦悬挂接触线，增加了悬挂点，减小了悬挂点处产生的硬点，改善了取流条件。另外跨距适当缩小，可以在增大接触线张力的同时改善弛度对取流的影响。根据我国的试验结果，这种弹性简单悬挂在行车速度小于 80 km/h 时，弓网接触良好，取流正常，所以在多隧道的山区和行车速度不高的线路上可广泛采用。

整体而言，简单悬挂弹性较差，弛度较大，稳定性不高，我国较少采用这种悬挂，大多在受净空限制的隧道内或专用铁路线上采用。

（二）链形悬挂

链形悬挂是一种运行性能较好的悬挂形式。它的特点是接触线通过吊弦悬挂在承力索上，承力索通过钩头鞍子（悬吊滑轮）悬挂或通过承力索座固定在支持装置的腕臂上，使接触线在不增加支柱的情况下增加了悬挂点，通过调整吊弦长度使接触线在整个跨距内对轨面的高度基本保持一致；减小了接触线在跨距中的弛度，改善了弹性，增加了悬挂重量，提高了稳定性和平顺性，可以满足电力机车高速运行取流的要求。我国大多数接触网线路均采用链形悬挂类型。

1. 链形悬挂按悬挂链数分类

链形悬挂分类方法较多，按悬挂链数可分为单链形、双链形和多链形（又称三链形）。目前我国多采用单链形悬挂，如图 1-2-3 所示。

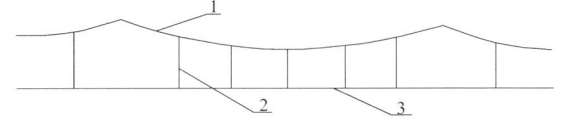

图 1-2-3　单链形接触悬挂示意图

1—承力索；2—吊弦；3—接触线

双链形悬挂的接触线经短吊弦悬挂在辅助吊索上，辅助吊索又通过吊弦悬挂在承力索上，如图 1-2-4 所示。双链形又叫复链形，以日本新干线为典型代表。我国很少采用这种悬挂。

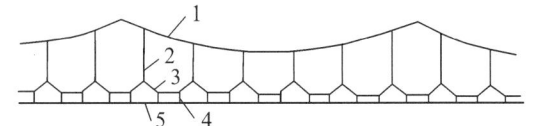

图 1-2-4　双链形接触悬挂示意图

1—承力索；2—吊弦；3—辅助吊索；4—短吊弦；5—接触线

双链形悬挂接触线弛度小，稳定性好，弹性均匀，有利于电力机车高速运行取流。但其结构较复杂，投资及维修费用高，我国仅在个别地段试用。

双链形悬挂及其他悬挂类型由于结构复杂、不易施工、维修困难、设计烦琐、造价高等原因，目前在全世界范围内应用较少。

2. 链形悬挂按线索的锚定方式分类

链形悬挂根据线索的锚定方式（即线索两端下锚的方式），又可分为下列几种形式：

1）未补偿简单链形悬挂

这种悬挂方式的承力索和接触线两端无补偿装置，均为硬锚。因此，在温度变化时，承力索和接触线的张力、弛度变化较大，一般不采用，其结构形式如图 1-2-5 所示。

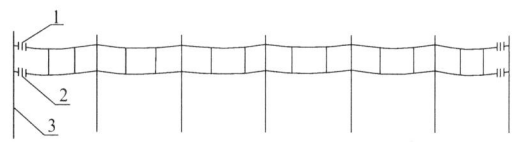

图 1-2-5　未补偿简单链形悬挂示意图

1，2—绝缘子串；3—支柱

2）半补偿简单链形悬挂

在半补偿简单链形悬挂中，接触线两端设补偿装置，承力索两端为硬锚，如图 1-2-6 所示。

半补偿简单链形悬挂与未补偿简单链形悬挂相比在性能上得到了很大改善，但由于承力索为硬锚，当温度变化时，承力索的张力和弛度随之发生变化，会对接触线产生一定影响。同时，在温度变化时，承力索的弛度变化使吊弦上端产生上、下位移，而吊弦下端随接触线发生顺线路方向偏斜。由于各吊弦的偏斜，造成接触线各断面受力不均匀，特别是在极限温度下，使接触线在锚段中部和下锚端之间出现较大张力差，接触线张力和弹性不均匀，在支柱悬挂点处产生明显的硬点，不利于电力机车高速运行取流。因此，这种悬挂只用于行车速度不高的车站侧线和支线上。

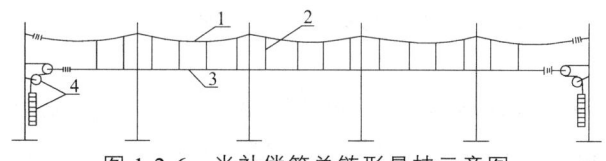

图 1-2-6　半补偿简单链形悬挂示意图

1—承力索；2—吊弦；3—接触线；4—补偿器

3）半补偿弹性链形悬挂

半补偿弹性链形悬挂和半补偿简单链形悬挂的区别在于支柱定位点处吊弦形式的不同，如图 1-2-7 所示。

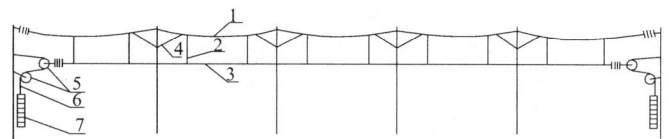

图 1-2-7　半补偿弹性链形悬挂示意图

1—承力索；2—吊弦；3—接触线；4—弹性吊弦；5—补偿滑轮；6—补偿绳；7—补偿坠砣

弹性链形悬挂在支柱悬挂点处增设了一根弹性吊弦。弹性吊弦由长 15 m 的辅助绳和一根（或两根）短吊弦构成。安装时，辅助绳两端分别固定在承力索上，短吊弦上端用 U 形滑动夹板同辅助绳连接，下端与接触线定位器相连，当温度变化时，可避免短吊弦产生过大偏斜。弹性吊弦的作用是增加支柱处接触线固定点（又称定位点）的弹性，使其弹性均匀，有利于机车受电弓取流。这种悬挂方式多用于行车速度不超过 100 km/h 的线路上。

4）全补偿链形悬挂

全补偿链形悬挂，即承力索和接触线两端下锚处均装设补偿装置，如图 1-2-8 所示。

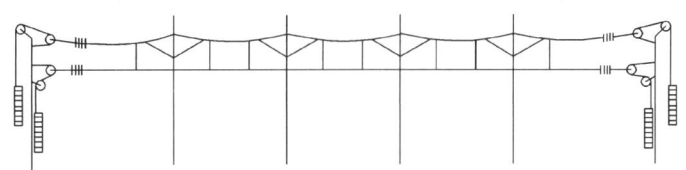

图 1-2-8　全补偿链形悬挂示意图（带弹性吊索）

全补偿链形悬挂在温度变化时，由于补偿装置的作用，承力索和接触线的张力基本不发生变化，弹性比较均匀，有利于机车高速取流。因此，这种悬挂得到广泛使用。

全补偿链形悬挂分为全补偿简单链形悬挂和全补偿弹性链形悬挂两种形式。这两种悬挂的主要区别在于定位点处有无弹性吊弦。全补偿简单链形悬挂因支柱定位点处无弹性吊弦，容易在定位点处出现硬点，产生弹性不均匀的现象，但安装调整较为简单，便于维护。全补偿弹性链形悬挂在定位点处安装有弹性吊弦，定位点处弹性好，适合行车速度较高的线路，但安装调整较为复杂。两种悬挂各有优缺点，目前在我国均有应用。

3. 链形悬挂按其承力索和接触线在平面上布置的位置分类

链形悬挂按其承力索和接触线在平面上布置的位置，可分为下列几种形式：

1）直链形悬挂

直链形悬挂是承力索和接触线布置在同一垂直平面内，它们在水平面上的投影是一条直线。

直链形悬挂的风稳定性较差，在大风作用下接触线易产生横向摆动，造成接触线与受电弓脱离而发生事故。目前我国电气化铁路在曲线区段采用这种悬挂形式，即在支柱定位点处为保证受电弓磨耗均匀，接触线向曲线外侧拉出一定距离，承力索则布置在接触线的正上方。

2）半斜链形悬挂

在半斜链形悬挂中，承力索与接触线不在同一垂直平面内，它们在水平面上的投影有一个较小的偏移，如图 1-2-9 所示。

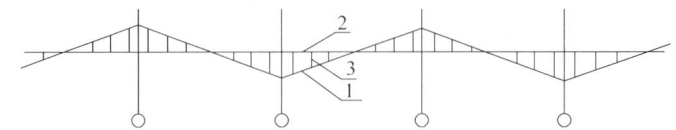

图 1-2-9　半斜链形悬挂示意图

1—接触线；2—承力索；3—吊弦

半斜链形悬挂风稳定性好，施工方便，我国在直线区段采用这种悬挂方式。在直线区段，接触线在每一支柱定位点处，通过定位装置被布置成"之"字形，承力索则布置在线路中心线的正上方。

3）斜链形悬挂

斜链形悬挂是指接触线和承力索在水平面上的投影有一个较大的偏移。在直线区段支柱处，接触线和承力索均布置成方向相反的"之"字形，如图1-2-10所示。

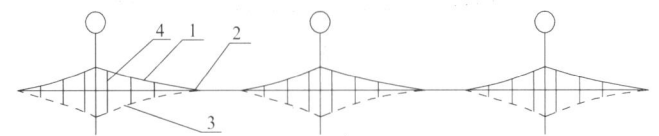

图1-2-10　直线上的斜链形悬挂示意图
1—接触线；2—线路中心线；3—承力索；4—吊弦

在曲线区段，承力索对线路中心线向外侧有一个较大的偏移，吊弦的倾斜角较大。这种悬挂的优点是风稳定性最好，可增大两支柱之间的距离（简称跨距）；但其结构复杂，设计及计算烦琐，施工和检修困难，造价较高，在我国很少被采用。

二、高速铁路接触网悬挂形式

纵观世界各国高速铁路，其接触网的悬挂主要有三种结构形式，如图1-2-11所示。

法国将简单链形悬挂作为标准悬挂形式；德国将弹性链形悬挂作为标准悬挂形式；日本在2003年前以复链形悬挂为主，2003年之后，大量采用了法国的简单链形悬挂技术。目前为止，中国除台湾高铁采用了复链形悬挂外，其他地方均采用的简单链形悬挂和弹性链形悬挂。

简单链形悬挂结构简单、便于施工和维护调整，其不足之处是跨距中部弹性较大、定位点及附近弹性较小，弹性不均匀系数在30%以上，弓网集流的动态品质相对差一点。但通过跨距和预弛度的适当设置可以减小弹性不均匀造成的影响。

弹性链形悬挂在支柱定位处增设了一根18~22 m的弹性吊索，使接触悬挂在定位点及其附近的弹性得到大大改善，弹性不均匀系数在10%以下，改善了受电弓的运行轨迹，弓网集流的动态品质略好于简单链形悬挂，但弹性链形悬挂的优秀表现是建立在弹性吊索的合理装配基础上的，弹性吊索的长度、安装工艺和施工精度决定了弹性链形悬挂的整体表现。

复链形悬挂采用双承力索，最早应用于日本新干线，其防风性能和动态品质是三种链形悬挂中最好的。但复链形悬挂结构过于复杂，不便于施工与运营维护，且造价比单链形悬挂高20%左右。

目前世界上应用较多的仍是简单链形悬挂和弹性链形悬挂两种类型。但无论是简单链形悬挂还是弹性链形悬挂，在承力索张力相同的情况下，在一定范围内加大接触线张力，都可以减少接触压力偏差（最大压力减小，最小接触压力加大），降低离线率和抬升量。

因此，加大接触线张力对受流有利，弹性链形悬挂比简单链形悬挂受流质量好，接触压力偏差小，动态接触压力波动小，接触线振动小，但弹性链形悬挂比简单链形悬挂的最大抬升量大，平均抬升量也大。因此两种悬挂方式各有优缺点，各国都在探索并改进方案，以期得到更合适的悬挂方式。

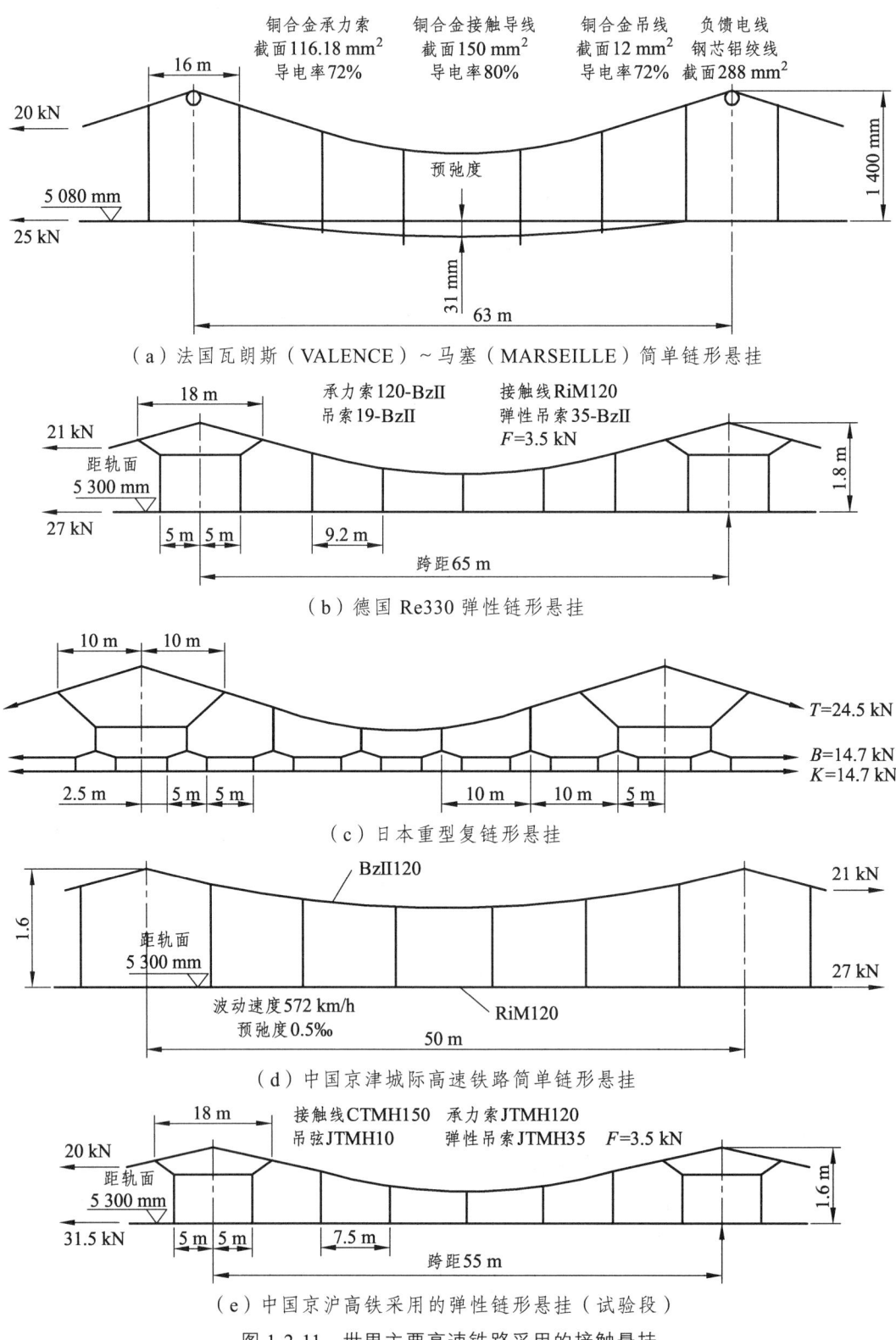

图 1-2-11 世界主要高速铁路采用的接触悬挂

第三节　接触网供电方式

地方电力网将电能输送到铁路牵引变电所，经变电所主变压器降压至适合电力机车使用的电压等级后，再经馈电线将电能送到接触网上。因此，接触网是向电力机车供电的特殊输电线路，是牵引供电系统的重要组成部分。牵引供电系统如图1-3-1所示。

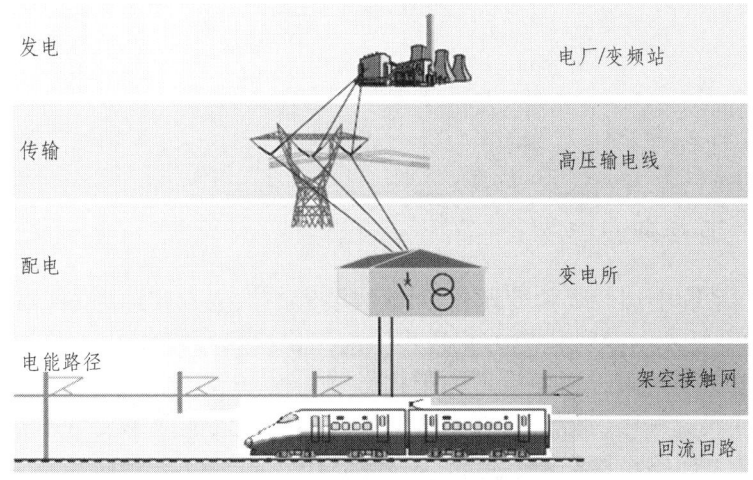

图 1-3-1　牵引供电系统示意图

我国电气化铁路采用单相工频交流25 kV供电制式，该供电制式的优点在于：
（1）可以直接从国家电网获得电能，不需要为电气化铁路单独建造发电厂。
（2）牵引变电所不需要整流和变频设备，牵引变电所的设备简化，投资降低。
（3）牵引变电所的间距大，能有效降低建设投资和运营费用。
（4）能以较高电压向电气化列车供电，全球实现高速和重载运输。
（5）与直流供电相比，载流所需的导线截面面积明显减小。

单相工频交流25 kV供电制式的不足之处在于强大的单相电力牵引负荷对三相电力系统有一定影响，接触网供电分区间存在分相，同时，由于牵引供电网为典型的非对称性电气网络，单相大电流在线路周围空间产生较强电磁场，使邻近通信、广播设备等产生杂音干扰和感应电压。

为了减少电气化铁道对沿线通信设备的干扰，保障设备正常工作及设备、人身安全，在牵引供电系统中采取了许多防干扰措施，并因此形成了不同的牵引供电方式。目前我国的牵引供电方式主要有直接供电、直供加回流线供电、BT供电、AT供电四种方式。

一、直接供电方式

牵引回流经钢轨和大地流回牵引变电所的供电方式就是直接供电方式，牵引变电所与接触网间不设置任何防干扰设备，其工作原理如图1-3-2所示。这种供电方式的馈电回路结构简单，造价低，但对通信线路干扰较大。因此，根据我国目前通信设备状况，此种供电方式仅适用于通信线路较少的电气化铁路区段，或将通信线路改迁至远离电气化铁路的地区。

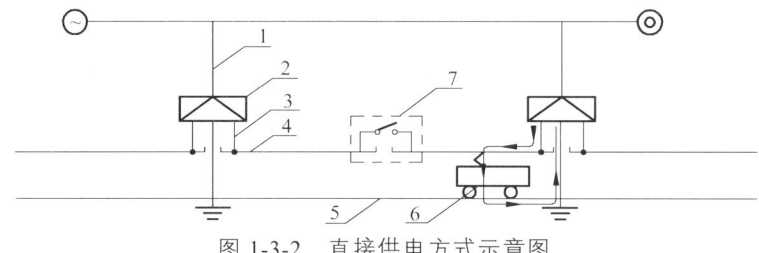

图 1-3-2　直接供电方式示意图

1—输电线；2—牵引变电所；3—馈电线；4—接触网；5—钢轨；6—电力机车；7—分区所

二、BT 供电方式

在牵引供电系统中加装吸流变压器-回流线装置的供电方式称为 BT 供电方式，其工作原理如图 1-3-3 所示。这种供电方式适用于电气化铁路两侧分布通信线路较多的地区，能有效地减轻电磁场对附近通信设备的干扰影响。但由于吸流变压器一次侧、二次侧线圈串入接触网和回流线内，使牵引网阻抗增大，降低了供电臂末端电压，造成牵引变电所间距减小、馈电回路结构复杂、造价较高等弊病。

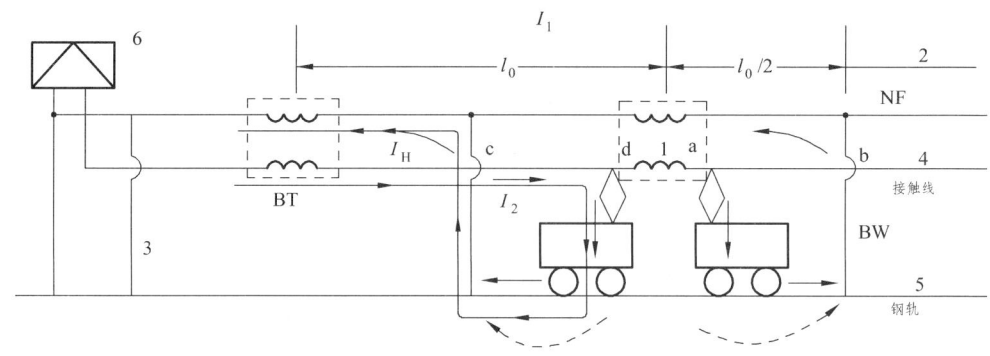

图 1-3-3　BT 供电方式示意图

1—吸流变压器；2—回流线；3—吸上线；4—接触线；5—钢轨；6—变电所

吸流变压器是变比为 1∶1 的特殊变压器，每隔 2~4 km 装设一台吸流变压器，并与接触网同杆架设回流线。每两台吸流变压器之间，经吸上线与轨道相连。

接触网上的牵引电流流经吸流变压器原边绕组，经电力机车流入钢轨。吸流变压器次边绕组串入回流线内，通过吸流变压器电磁工作原理，将钢轨回路中的牵引电流经吸上线吸引至回流线并返回牵引变电所。在理想的情况下，接触网与回流线上的电流大小相等、方向相反，它们在周围空间产生的电磁场互相抵消，从而消除了对附近通信线路的电磁干扰。但实际上，回流线的电流总是小于接触网上的电流，仍有小部分牵引电流经钢轨和大地返回牵引变电所。另外，当电力机车位置在吸流变压器附近时，从机车到吸上线之间的半段距离中，牵引电流基本上流经钢轨，牵引电流产生的电磁影响得不到消除，这种情况称为"半段效应"。因此，该种供电方式已经逐步被淘汰。

三、直供加回流线供电方式

在近几年新建的电气化铁路区段,我国普遍采用一种称为直供加回流线的供电方式,它是在直接供电方式的基础上,在接触网支柱田野侧架设一条回流线,每隔一定距离通过吸上线将回流线与轨道扼流变压器中性点相连,如图 1-3-4 所示。扼流变压器装在轨道电路绝缘处,起到平衡两条钢轨间电压的作用,从而降低对信号轨道电路的影响。

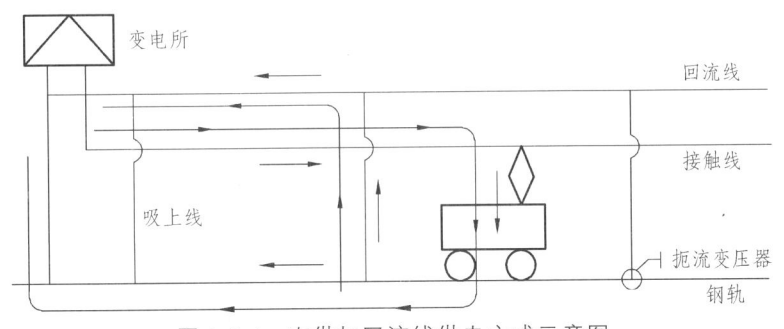

图 1-3-4 直供加回流线供电方式示意图

连接钢轨与回流线的电缆称为吸上线。吸上线一般采用铜芯或铝芯电缆,其中流过的是牵引电流,变电所和分区亭附近吸上线的截面应比其他地点的吸上线的截面大些。一般而言,吸上线是不能直接与钢轨连接的,应根据铁路信号的要求,采取不同的连接方式。目前,在电气化铁路全自动闭塞区段,为减少牵引回流对信号轨道电路的影响,吸上线应接至扼流变压器中性板上,如图 1-3-5 所示。

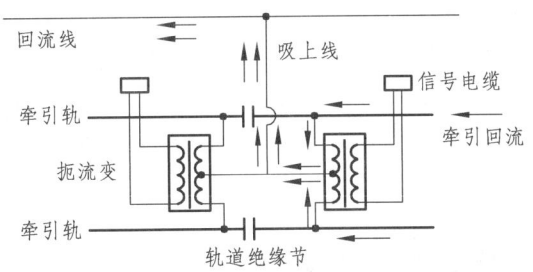

图 1-3-5 吸上线与扼流变压器的连接示意图

直供加回流线供电方式,其回流线不仅仅提供牵引电流通道,而且也起到了防电磁干扰的作用,即回流线中的电流与接触网中的牵引电流大小相等、方向相反,空间电磁场互相抵消。该方式去掉了吸流变压器,减小了牵引网阻抗,也减少了投资和维修工作量,是目前经济技术指标比较好的一种供电方式。目前我国普速铁路主要采用这种供电方式。

四、AT 供电方式

AT 供电方式又称自耦变压器供电方式,主要由接触网、钢轨、负馈线(AF 线)、保护线(PW 线)和自耦变压器等组成,如图 1-3-6 所示。目前我国重载电气化铁路和高速铁路主要采用这种供电方式。

负馈线也有的称作正馈线，其中流过的是牵引回流，电流方向与接触网中的电流相反，为与馈线（供电线）区别，本教材中统称为负馈线。

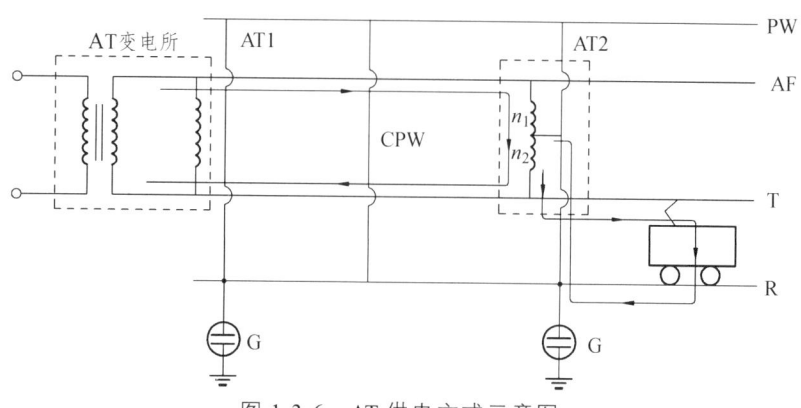

图 1-3-6　AT 供电方式示意图

在 AT 牵引变电所中，牵引变压器将 110 kV 三相电降压至单相 27.5 kV，然后经自耦变压器两端分别接到接触网和负馈线上，自耦变压器中心抽头与钢轨相连，则钢轨与接触网间的电压正好是自耦变压器两端电压的一半，即 27.5 kV，与正常接触网工作电压相同。

机车在正常运行时，由于接触网与钢轨及负馈线与钢轨间的自耦变压器线圈上的电压相等，因此接触网和负馈线上各通过二分之一的牵引电流，且大小相等、方向相反，从而消除了对附近通信线路的干扰，同时减少了电能损耗。负馈线与接触网同杆架设在支柱田野侧。

在 AT 供电方式区段，与接触网同杆架设在田野侧的还有一条保护线，它相当于架空地线。在自耦变压器处，保护线经接触悬挂接地部分或双重绝缘子中部同钢轨连接。保护线电位一般在 500 V 以下，正常情况下无电流通过。当绝缘子发生闪络时，短路电流可通过保护线形成回路，减少了对铁路信号轨道电路的干扰。同时其对接触网起屏蔽作用，也可以减少对架空通信线的干扰；另外还可以起避雷线的作用，雷电可通过接在保护线上的放电器入地。

除了牵引变电所馈出线处设置自耦变压器外，在供电臂中还要单独设置自耦变压器（即 AT 所）。AT 所的间隔除要考虑防止干扰外，还应考虑供电回路阻抗及钢轨电位的影响，一般按 10～15 km 间隔设置。

采用 AT 供电方式使牵引网电压增高，电流减小，牵引变电所间距离增大，提高供电质量，减少投资；自耦变压器并联于接触网上，不需要增设电分段，能适应高速、大功率电力机车运行。但 AT 供电方式也使牵引变电所主接线和接触网结构复杂，并且需要增设 AT 所。

第二章　接触网基本组成

第一节　接触网支柱与基础

一、接触网支柱

支柱是接触网的主要支撑设备，用于安装支持结构，悬挂和定位接触悬挂及附加导线，承受接触网自身及附加的各类负载。支柱（含基础）是接触网的重要承力设备，承受接触网的全部机械负荷并传递给大地。在设计条件下，支柱和基础不得出现裂纹、锈蚀、倾斜及变形。

接触网支柱是用来安装支持结构、悬吊接触悬挂和附加线索等装置的设备，根据其用途不同，支柱分为腕臂支柱和软（硬）横跨支柱。腕臂支柱主要用于区间，软（硬）横跨支柱用于站场。

支柱按制作材质可分为预应力钢筋混凝土支柱和钢支柱两大类。预应力钢筋混凝土支柱有矩形横腹杆式和环形圆柱（等径式或圆锥式）；钢支柱有桁架式、圆钢管式、方钢管式、H型钢式。由于 H 型热浸镀锌钢柱具有强度高、抗碰撞、体积小、安装运输方便、整齐美观、易于维护的特点，近年来在高速铁路接触网中得到广泛应用，如图 2-1-1 所示。

图 2-1-1　高速铁路接触网及 H 型钢支柱图

H 型钢柱的支柱代号有 GH、GH T、GH d、GH s 共 4 种，GH 表示符合标准 DIN 1025-2 的 H 型钢柱；GH T 表示符合标准 DIN 1025-4 的 H 型钢柱；GH d 表示符合标准 GB/T 11262—2005 的单 H 型钢柱；GH s 表示符合标准 GB/T 11262—2005 的双 H 型钢柱。

如：型号 GH 240X/9.5，GH 表示符合标准 DIN 1025-2 的 H 型钢柱，240 为其截面标称高度 240 mm；9.5 为柱高 9.5 m；X 为柱底法兰盘型号，有 A、B、C、E、F 等几种，图 2-1-2～图 2-1-4 是 A、B、C 三种法兰盘的几何尺寸。A 型法兰盘用于柱底弯矩小于 150 的 H 形钢柱；B 型法兰盘用于柱底弯矩为 150～200 mm 的 H 形钢柱；C 型法兰盘用于柱底弯矩为 200～240 mm 的 H 形钢柱。

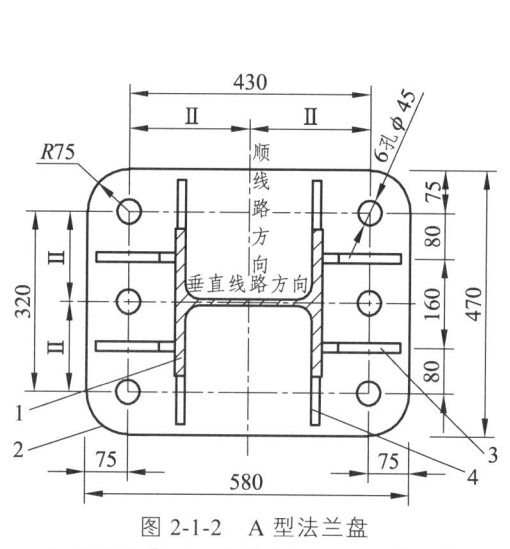

图 2-1-2　A 型法兰盘

1—H 形柱身；2—支柱底板；3，4—加劲板

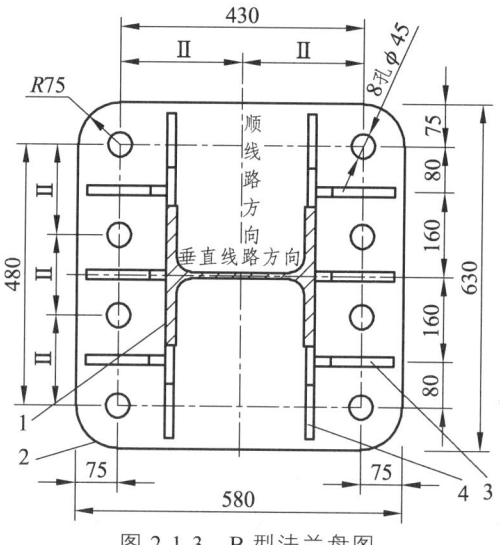

图 2-1-3　B 型法兰盘图

1—H 形柱身；2—支柱底板；3，4—加劲板

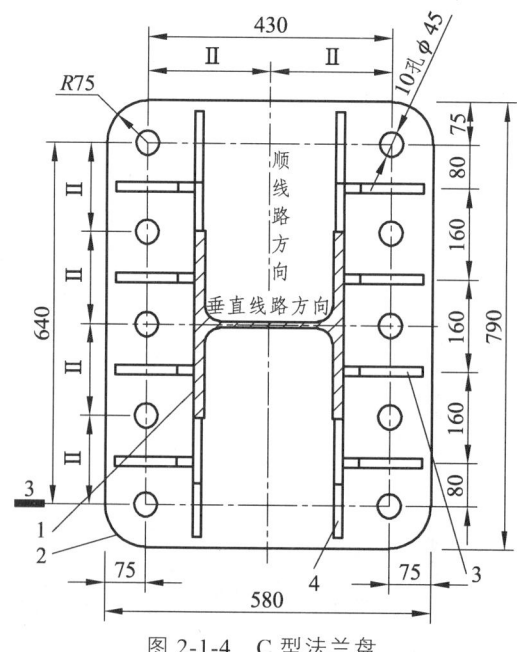

图 2-1-4　C 型法兰盘

1—H 形柱身；2—支柱底板；3，4—加劲板

支柱除按材质分类外，在实际工程中常将支柱按位置和功能分为：中间柱、转换柱、中心柱、下锚柱、下锚过渡中间柱、定位柱、道岔柱、软（硬）横跨柱等，如图 2-1-5 所示。

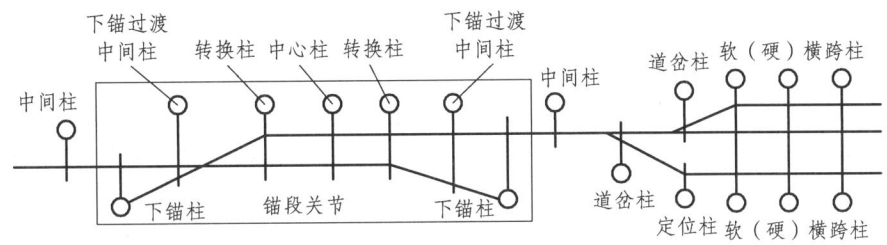

图 2-1-5 功能柱位置分布示意图

中间柱广泛用于区间接触网，承载一组工作支的垂直负荷和水平负荷。

转换柱位于锚段关节内，承载一组工作支和一组非工作支的垂直负荷和水平负荷。

中心柱位于四跨锚段关节中部，承载两组工作支的垂直负荷和水平负荷。

下锚柱位于锚段关节的两端或接触网需要下锚的其他地点，承载下锚支和工作支的垂直负荷和水平负载。

下锚过渡中间柱用于当下锚支在一跨内下锚不能满足技术要求需延长一跨下锚的地方，位于转换柱（或道岔定位柱）与锚柱之间，完成一组工作支定位和一组非工作支悬挂。

工作支是指与受电弓直接接触，完成电能传输的一组接触悬挂；非工作支是指不与受电弓直接接触，只完成下锚的一组接触悬挂。

定位柱用于站场道岔后曲线处或其他需定位的地方，仅承受接触悬挂的水平负荷，不承受接触悬挂的垂直负荷。

道岔柱用于道岔区的接触网悬挂与定位。

软（硬）横跨柱多用于站场接触网，因其容量要求较大，一般采用钢支柱。

支柱是接触网最为重要的承载设备，必须具有足够且合理的安全性能，机械强度高、质量轻、耐腐性能强、结构简单、材料经济合理、便于施工和运营维护。

二、支柱基础

支柱基础是指埋入地下（或桥隧结构体内）用于安装支柱的结构体，其强度和稳定性要求很高，在长期受力的情况下支柱基础不得出现裂纹、倾斜和移位现象。

接触网支柱的基础类型如图 2-1-6 所示，具体选用取决于支柱类型和土壤特性。横腹杆式钢筋混凝土支柱的基础与本体是一体的，埋入地下部分即为基础，这种基础称为直埋式基础，埋置深度一般为 2.0～2.6 m。当土壤抗压强度不够时，需设置底板和横卧板。等径圆形

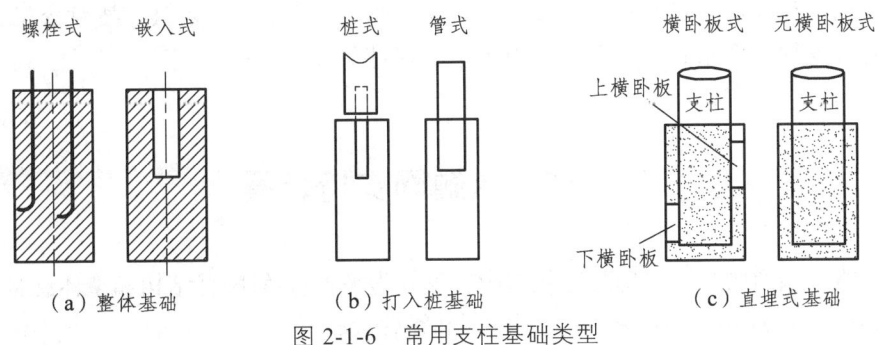

图 2-1-6 常用支柱基础类型

钢筋混凝土支柱一般采用嵌入式整体基础；H型钢柱、格构式钢柱、圆形钢管支柱一般采用整体螺栓安装式基础。

在桥隧等特殊地段，接触网支柱基础等下部工程应同桥隧工程的设计和施工同步进行，使桥隧工程和接触网基础工程成为一个整体，这既有利于提高施工精度和效率，增加基础的稳定性，同时又可以避免接触网基础施工对桥梁和隧道结构的二次破坏。

在桥梁上，支柱基础一般设置在桥墩上或箱梁上，并采用整体螺栓安装式基础，在桥梁施工的同时预留安装接触网钢柱的基础螺栓，基础螺栓与桥梁钢筋焊接在一起大多采用图2-1-7所示的连接方式。

图 2-1-7　桥梁区段支柱基础的连接形式

在隧道内，接触网的悬挂和定位方式取决于隧道断面和隧道净空高度。新建线路的隧道，净空一般较高，大多采用图2-1-8所示的悬挂方式。

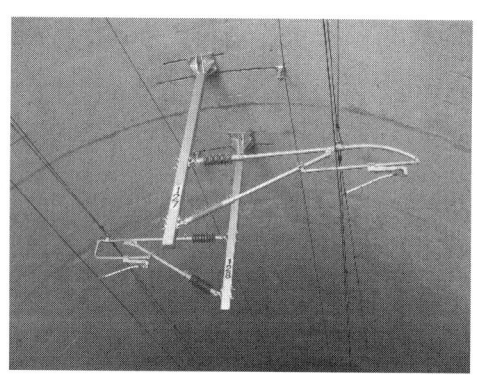

图 2-1-8　隧道内基础及支持结构的悬挂方式

与接触网支柱和基础相关的基本概念有：支柱侧面限界、支柱红线、支柱容量、支柱最大工作力矩、支柱安全系数、土壤承压力、土壤安息角等。

第二节　接触网支持装置

高速铁路接触网的腕臂支持装置从结构上可分为平腕臂-斜腕臂结构和整体腕臂结构，如图2-2-1所示；从使用的材质上可分为钢腕臂和铝合金腕臂。

（a）平腕臂-斜腕臂方式（限位） （b）平腕臂-斜腕臂方式（非限位） （c）整体腕臂方式

图 2-2-1　高速铁路接触网常用腕臂装配结构图

高速铁路接触网支持装置按照使用的处所和功能不同分为腕臂支持装置、硬横跨支持装置、隧道内支持装置。

腕臂支持装置由腕臂、定位管、定位器等组成，如图 2-2-2 所示。我国高速铁路接触网中间柱典型装配结构，腕臂本体多采用优质碳素无缝钢管（G 型、内外表面热浸镀锌防腐）或铝合金管（L 型）。

图 2-2-2　腕臂支持装置

硬横跨支持装置由两根硬横跨支柱和一组钢横梁组成，也是股道间空间不足以立支柱时采用的一种支撑方式。它的不同之处在于中间采用硬横梁和吊柱，相对于软横跨更稳定，目前高速铁路接触网在站场股道集中区域均采用硬横跨实现支撑功能，如图 2-2-3 所示。硬横跨的优点：机械上独立，股道之间不产生影响，事故范围小，结构稳定，抗振动，抗风性能好，稳定性强；硬横跨有较好的刚度，稳定性高，能改善弓网受流，磨耗小，可降低离线率；硬横跨具有模块化式的结构，互换性强，有利于机械加工和机械化安装作业；外观一致、简洁、匀称、美观。

图 2-2-3 硬横跨支持装置

隧道内由于净空低、空间小,没有足够的空间立支柱,因此采用从隧道顶安装吊柱的方式代替支柱的支持作用,如图 2-2-4 所示。

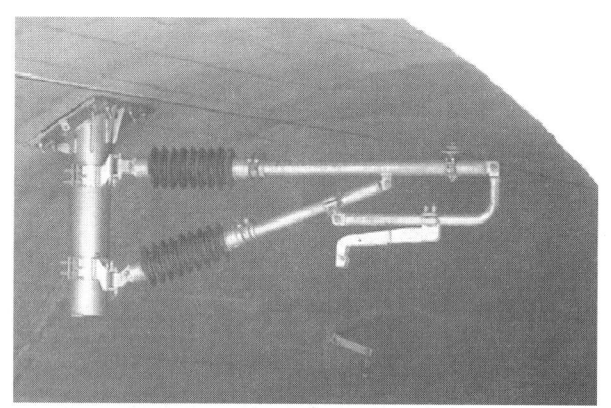

图 2-2-4 隧道内支持装置

第三节 接触网定位装置

定位装置是指由定位管、定位器、支持器、定位线夹、定位环以及定位钩等零部件组成的定位结构,其主要作用是将接触线定位在设计的空间范围内,如图 2-3-1 所示。

设置定位管的目的是为了便于调节定位器的位置,增加定位装置安装的灵活性和弹性,必要时可以通过调节定位管在斜腕臂上的安装位置在一定范围内调节接触线安装高度。平腕臂、斜腕臂、定位管应处于同一垂直面内,它们在水平面的投影应与线路中心垂直,其偏移量应符合腕臂安装曲线的要求。以轨平面(注意:不是水平面)作为参考面,定位管应有一定坡度(大小在 20~150 mm/m 之间),正定位时定位管抬头,反定位时定位管低头。

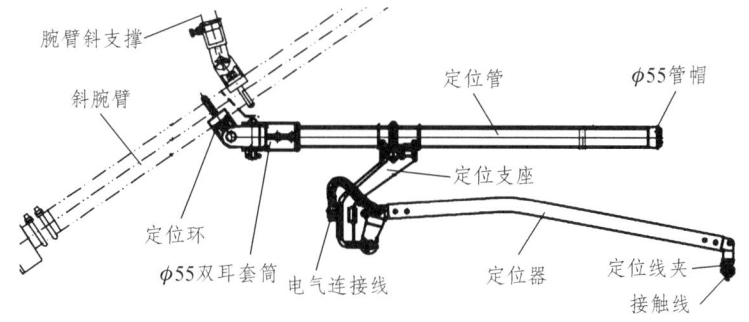

图 2-3-1 定位装置及其零部件示意图

按设计时速的大小，弹性链形悬挂限位定位装置的定位管吊线设计分为与弹性吊索相连和与弹性吊索不相连两种情况。

速度小于 250 km/h 时，定位管吊线与弹性吊索相连。受电弓通过定位点处时，接触线和定位器被抬升，与弹性吊索相连的吊线被减载，导致弹性吊索减载而上升，与弹性吊索相连的定位管吊线又把定位管拉升，从而"动态"加大定位管与定位器之间的夹角，同时也"动态"加大限位定位器的限位间隙。

速度大于 250 km/h 时，定位管吊线与弹性吊索不相连。因为时速 250 km 及以上高速铁路的接触线和定位器抬升比时速小于 250 km 的大，为防止定位管吊线从定位钩中脱落，定位管吊线设计成与承力索相连。

从以上所述的理念出发，定位装置的定位管是不宜采用斜撑与腕臂刚性连接的，否则应验算限位定位器的抬升以及出现接触线或承力索断线时对腕臂和棒式绝缘子造成的冲击负荷是否符合有关规定。

定位管的最大工作荷载为 1.5 kN，破坏荷载应不小于 13.5 kN，耐拉伸荷载为 6.75 kN，耐压缩荷载为 1.5 kN；L 型定位管中顶紧螺栓的紧固力矩为 75 N·m，顶紧螺栓用螺母的紧固力矩为 50 N·m。定位管的长度需根据支柱装配结构图由腕臂预配计算给出。

定位装置中的定位器完成接触线定位，是接触悬挂中最为关键的部件，其受力、坡度、限位间隙以及电气安全与弓网集流质量和运营安全息息相关。

定位器的选用与悬挂方式、运行速度、允许抬升量、受电弓型号及动态包络线有关。

不论哪种定位装置，定位器都要承受水平和垂直两个方向的力——因拉出值引起的水平力和定位器自重及接触线重量，因此，安装时应调整定位器的坡度来保证定位器的轴线方向与这些力的合力方向重合，其大小符合技术规定，使定位点处弹性均匀。按接触网平面布置图的设计拉出值对曲线尤其是缓和曲线处的定位器进行腕臂计算时，如果定位器的受力超出规定范围，就必须修改拉出值，以免安装后在工地现场重新调整。

例如，某高速铁路大曲线半径处的拉出值按设计要求取为 ±200 mm，现场实测定位器的水平拉力只有 37 N。尽管定位器采用轻型铝合金材料，但由于定位器受拉力 $F \leqslant 80$ N，定位点处接触线高度还是低于第一吊弦点的接触线高度，接触线形成 V 形。经计算后，将拉出值由 200 mm 改为 250 mm。

通过以上分析，可知高速铁路对定位装置的技术要求如下：
（1）能保证接触线的高度和拉出值符合设计要求。
（2）不影响接触线沿线路方向的移动。

（3）质量轻、不形成集中载荷，不影响受电弓高速通过。

（4）定位器坡度合理（1∶6~1∶8），其理论计算式为式（2-3-1）。

$$\tan\alpha = \frac{\frac{1}{2}G_1 + \frac{1}{2}g_j(e_1+e_2)\times 9.81 + G_2}{P} \quad (2\text{-}3\text{-}1)$$

式中　G_1——定位器自重（kN）；

G_2——定位线夹自重（kN）；

g_j——接触线单位长度重量（kN/m）；

e_1, e_2——定位器左右第一吊弦至定位器的距离（m）；

P——接触线补偿张力在此处的水平分力（kN）。

各符号的几何意义如图 2-3-2 所示。

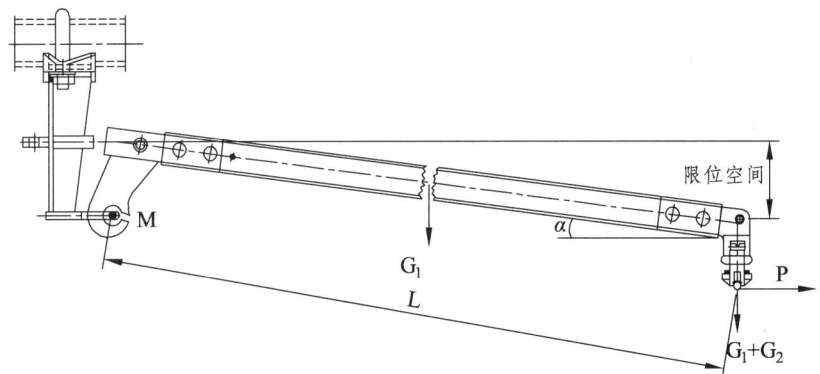

图 2-3-2　定位器坡度理论计算用图

当采用限位定位器时，限位间隙为

$$d = \frac{h_1 \cdot h_2}{L} \quad (2\text{-}3\text{-}2)$$

式中　d——限位定位器的允许限位间隙（mm）；

L——定位器长度（mm）；

h_1——定位器底座的底部到限位止钉轴线中心的距离（mm）；

h_2——定位器根部到端部的高差（mm）。

各符号的几何意义如图 2-3-3 所示，允许偏差为 ±1 mm。

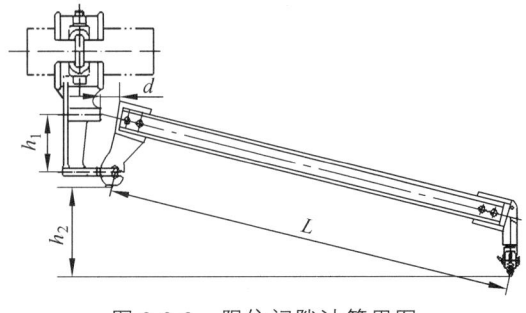

图 2-3-3　限位间隙计算用图

（5）为防止绝缘子闪络电流或短路电流流过支持和定位结构时烧损支持和定位零件，确保支持和定位零件的短路稳定性，应在支持和定位装置的几个主要机械连接点上加装固定电连接，如图 2-3-4 所示。安装电连接时，应在连接零件之间均匀涂抹电力脂，以防止异种金属间的电化学腐蚀。

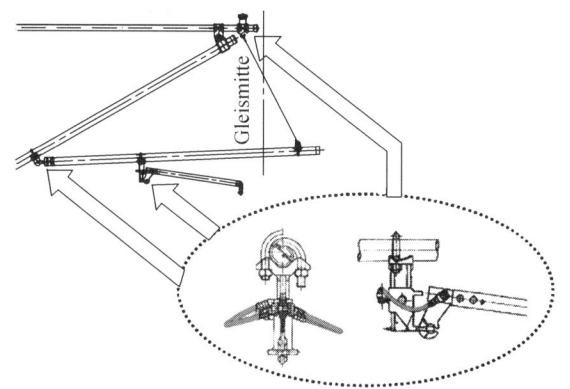

图 2-3-4　支持和定位装置中的电连接示意图

（6）理论上，定位器应只承受接触线补偿张力的水平分力，即之字力。实际上，由于定位器存在坡度，定位器在垂直方向也会存在力的分量，该力的存在除平衡定位器附近接触线重量外，不能在此处将接触线提起，形成倒 V 结构，也不可向下。这两种情况都会影响定位器坡度，对高速通过的受电弓带来安全隐患。

（7）定位线夹与接触线之间应连接贴切，无相对滑动。当定位线夹与接触线材质不同时，二者之间应涂电力脂。

（8）工作支最大水平工作荷载不小于 2.5 kN；水平耐拉伸荷载应不小于 3.0 kN；水平耐压缩荷载不小于 2.0 kN；

（9）定位线夹与接触线间的滑动荷载不小于 1.5 kN；

（10）定位环及定位立柱连接件与腕臂管或定位管间的滑动荷载不小于 1.0 kN；

（11）非工作支定位装置的最大水平工作荷载不小于 1.5 kN，水平耐拉伸荷载不小于 6.8 kN，水平耐压缩荷载不小于 1.5 kN。

（12）锚支定位卡子与定位管间的滑动荷载不小于 9.0 kN。

（13）防振动及抗疲劳能力满足高速运行条件的要求；采用螺栓连接的螺纹副应有可靠的防松措施；阻抗低、耐流量和其他电气数据应满足使用要求。

（14）所用材料的机械、电气特性应满足使用要求，所有材料均应有良好的耐腐蚀能力。

第四节　接触网悬挂装置

高速铁路接触网悬挂类型采用全补偿简单链形悬挂或全补偿弹性链形悬挂，如图 2-4-1 和图 2-4-2 所示。

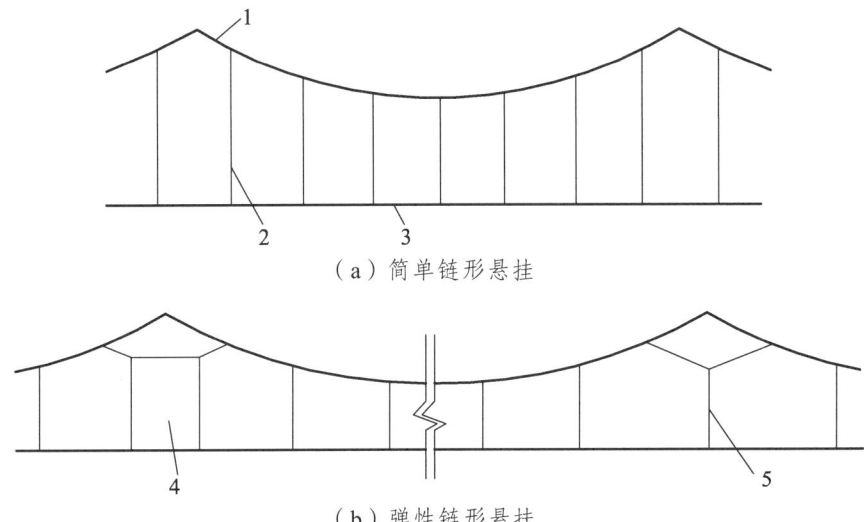

（a）简单链形悬挂

（b）弹性链形悬挂

图 2-4-1　全补偿简单链形悬挂和全补偿弹性链形悬挂示意图

1—承力索；2—吊弦；3—接触线；4—∏形弹性吊弦；5—Y形弹性吊弦

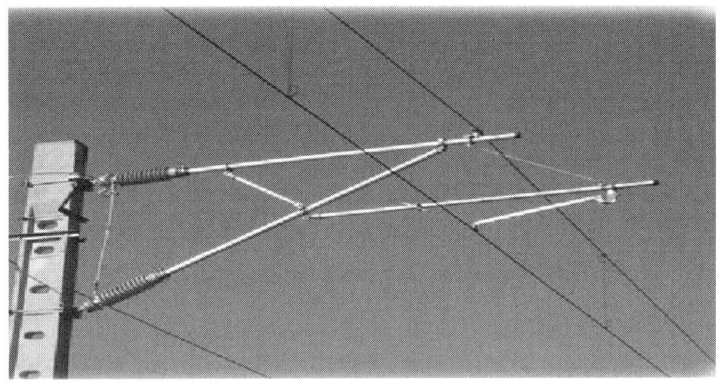

（a）简单链形悬挂

（b）全补偿弹性链形悬挂

图 2-4-2　全补偿简单链形悬挂和全补偿弹性链形悬挂

正线区段接触网锚段长度不宜大于 2×700 m。站场和区间接触线的高度应一致。接触线最低的悬挂点高度不宜小于 5300 mm，接触线最低点高度不小于 5150 mm。对于双层集装箱运输线路，悬挂点高度不宜小于 6450 mm，最低高度不小于 6330 mm。

正线接触网支柱内侧至线路中心线距离不小于 3.0 m（无砟轨道）或 3.1 m（有砟轨道）。

接触网分相装置应采用带中性段的空气间隙的锚段关节形式。中性段长度应小于 200 m 或无电区长度大于 220 m。

承力索宜采用恒张力架设，接触线应采用恒张力架设。

接触线架设张力应根据线材材质、额定张力等因素选取，且不应小于线盘绕线张力，架设张力偏差不得大于 8%。

承力索和接触线架设后，应采取超拉或其他措施消除新线蠕变引起的初伸长。超拉完毕后方可进行悬挂安装。

第三章 接触网线索

接触网的线索包括承力索、接触线及其他附加导线（含供电线、回流线、负馈线、保护线、加强线、架空地线等），如图 3-0 所示。高速客运专线牵引网需要的载流量较大（一般为 800~1 200 A），要求接触线及承力索截面面积较大。承力索一般采用截面面积为 120 mm² 的镁铜合金绞线，接触线一般采用截面面积为 150 mm² 的锡铜合金线或镁铜合金线。当接触线和承力索总的载流截面不能满足牵引网载流量要求时，还需要设置加强线（一般设在第一 AT 段内）。根据国外经验，对于最高运行速度为 350 km/h 的客运专线，承力索及接触线的张力应分别不小于 20 kN 和 25 kN。

图 3-0 接触网线索示意图

1—接触线；2—吊弦；3—承力索；4—回流线或正馈线；5—避雷线或保护线

第一节 承力索

承力索的作用是通过吊弦将接触线悬挂起来，将接触线的垂直负载传递到腕臂和支柱上，承受接触线的重量，减小接触线的弛度，增加悬挂的稳定性。载流承力索还兼有与接触线并联供电，降低牵引网阻抗的功能。因此，承力索应具有良好的机械性能和防腐性能，并且在温度变化时弛度变化较小，载流承力索还应具有良好的导电性能。承力索的型号由设计补偿张力、是否载流、绞线材质和抗拉强度等技术条件确定。

承力索由单芯多层金属绞线组成，为了使绞线结构严密，相邻的两层绕向应相反。这样，在受到弯曲或扭转力时，不易造成散股。

承力索按照材质可以分为铜承力索、钢承力索、铝（铜）包钢承力索。

一、铜承力索

铜承力索的优点是导电性能好，可作牵引电流的通道之一，和接触线并联供电，降低电压损失和电能损耗，且抗腐蚀性能高。缺点是铜承力索消耗铜多，造价高且机械强度低，不能承受较大的张力，温度变化时弛度变化也大。铜合金承力索允许工作温度高、载流能力强，在高速、重载电气化铁道上有广阔应用前景，常见型号为JTM-70、JTM-120、JTM-150。铜承力索外形如图3-1-1所示，铜承力索横断面如图3-1-2所示。铜合金承力索参数如表3-1-1所示。

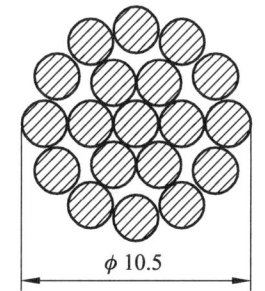
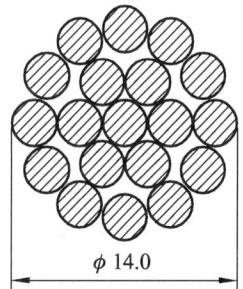

（a）JTM-70铜镁合金绞线（19股） （b）JTM-120铜镁合金绞线（19股）

图3-1-1 承力索示意图　　　　图3-1-2 铜承力索横断面示意图

表3-1-1　铜合金承力索参数表

型号	截面面积（标称/计算）/mm²	股数/单根直径/mm	计算外径/mm	有效电阻/(Ω/km)	单位质量/(kg/km)	载流量/A	拉断力/kN
JTM	70/65.81	19/2.30	10.5	0.346	599	≥245	≥32.51
JTM	95/93.27	19/2.50	12.5	0.244	849	≥305	≥46.08
JTM	120/116.99	19/2.80	14.0	0.195	1065	≥350	≥57.79
JTM	150/147.11	37/2.25	15.8	0.155	1342	≥410	≥72.67
JTMH	70/65.81	19/2.30	10.5	0.430	599	—	≥38.64
JTMH	95/93.27	19/2.50	12.5	0.303	849	—	≥54.76
JTMH	120/116.99	19/2.80	14.0	0.242	1065	—	≥67.57
JTMH	150/147.11	37/2.25	15.8	0.193	1342	—	≥86.37

注：表中JTM表示铜镁合金绞线，JTMH表示高强度铜镁合金绞线；截面面积95/93.27中，95为标称值，93.27为计算值。

二、钢承力索

钢承力索用多股镀锌钢绞线制成,其优点是强度高、耐张力大,安装弛度小且弛度变化也小,节省有色金属且造价低。缺点是电阻大、导电性能差,一般用作非载流承力索。钢承力索不耐腐蚀、易生锈,运行中还要采取防腐措施,需定期(3~4年)涂防腐油,目前在电气化铁路中已被逐步淘汰。钢索力索常用规格有 GJ-100、GJ-80、GJ-70 等类型。钢承力索外形如图 3-1-3 所示。钢承力索参数如表 3-1-2 所示。

图 3-1-3 钢承力索外形

表 3-1-2 钢承力索参数

型 号	标称截面 /mm^2	股 数	钢绞线外径 /mm	实际截面 /mm^2	单位自重 /(10^{-2}kN/m)	标准抗拉强度不小于/MPa				
						1100	1250	1400	1550	1700
						破坏拉力不小于/kN				
GJ-10	10	7	4.2	10.77	0.923	11.80		15.0	16.6	18.30
GJ-30	30	7	7.2	31.34	0.2709	34.80		44.3	49.0	53.80
GJ-40	40	19	8.0	38.18	0.3253					
GJ-50	50	7	9.0	49.49	0.4237	54.40		69.2	76.6	
GJ-50	50	19	9.0	48.32	0.4111	53.10	60.4	67.6	74.8	82.30
GJ-70	70	19	11.0	72.20	0.6150	79.40	90.3	101.	111.	122.5
GJ-100	100	19	13.0	100.8	0.8594	110.50	126.0	141.00	156.00	171.00

三、铝(铜)包钢承力索

铝包钢承力索由铝覆钢线和铝线绞合而成,主要以铝覆钢线中的钢芯部分承受张力,覆铝层和铝线载流。

铜包钢承力索采用铜包钢绞线或铜包钢芯铜绞线。铜包钢绞线是以单股钢丝热浸镀或电镀一层铜包覆其表面后,再加工制成绞线。铜包钢芯铜绞线是在 7 层钢绞线芯体之外机械包覆一层铜线,外形如图 3-1-4 所示。

铝(铜)包钢承力索既具有较好的导电性能和抗腐蚀性能,又有较高的机械强度。但由于其与铜承力索相比,相同截面面积时的载流量有限,加之外覆层制造工艺和质量问题,目前也很少使用。

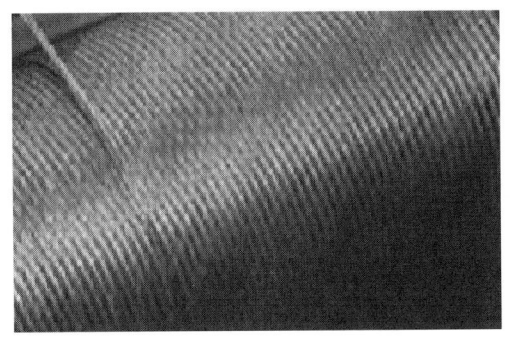

图 3-1-4 铜包钢承力索

承力索在使用过程中不得出现断股。对于载流承力索,当其磨损或损伤后不能满足该线通过的最大电流时,若系局部磨损或损伤可加电气补强线,若系普遍性磨损或损伤则应全部换新。当承力索出现局部磨损或损伤不能满足机械强度安全时,应增加补强线或切除损伤部分重新接续。对于钢芯铝绞线或铝包钢承力索,若出现钢芯断股,则必须切断重新接续。在同一个锚段内,承力索接头不宜超出两个。

第二节 接触线

一、概 述

接触线是接触网中重要的组成部分之一,它的任务是安全良好的向电力机车输送电能。接触线既是受电弓的滑道,又是牵引电流的主要承载者和传输者,是高速电气化铁路的关键产品之一,其机电性能直接影响着高速铁路接触网的运营质量。接触线和运行中的电力机车受电弓滑板直接接触摩擦取流,一旦发生断线事故,将中断铁路运输,造成严重后果。因此,接触线的材质、工艺及性能对接触网有重要影响,要求它必须具有抗拉强度高、导电性能好、耐磨、抗腐蚀能力强和使用寿命长等优良性能。

接触线制成上部带沟槽的圆柱体,沟槽是为了便于安装固定接触线的线夹,同时又不影响受电弓取流。接触线底面与受电弓接触的部分呈圆弧状。接触线外形如图 3-2-1 所示。

图 3-2-1 接触线外形

接触线按材质分类主要有钢铝接触线、纯铜接触线和铜合金接触线三种。其中，钢铝接触线主要应用于我国电气化铁路建设初期。随着材料制造和生产工艺的发展，目前，钢铝接触线已经被完全淘汰，运行中的电气化铁路主要采用纯铜接触线和铜合金接触线两种。

锡铜和镁铜线均能满足高速铁路高抗拉强度的要求，在导电性方面，0.2%含量的上述合金线的电导率为80%左右，而0.5%含量的上述合金线的导电率则只有60%左右，且硬度较高，对施工要求也较高。目前我国高速铁路大多采用铜镁合金接触线。

二、接触线的技术参数

铜接触线型号一般以C□□表示，其中各位的含义如下：

第一位C表示接触线；

第二位表示材料（T—铜；TA—铜银合金；TAH—高强度铜银合金；TS—铜锡合金；TM—铜镁合金；TMH—高强度铜镁合金；TCZ—铜铬锆合金）；

第三位表示规格（标称截面面积数值mm^2）。

接触线截面结构如图3-2-2所示，各类数据含义如下：A—截面直径（高度）；D—（沟）槽底间距；R—圆角半径；B—截面宽度；E—（沟）槽尖间距；H—上斜角；C—头部宽度；K—头部高度；G—下倾角。

铜合金接触线小面存在型号识别沟槽，各种沟槽分别代表不同的合金类型，沟槽数量及结构如图3-2-2所示。

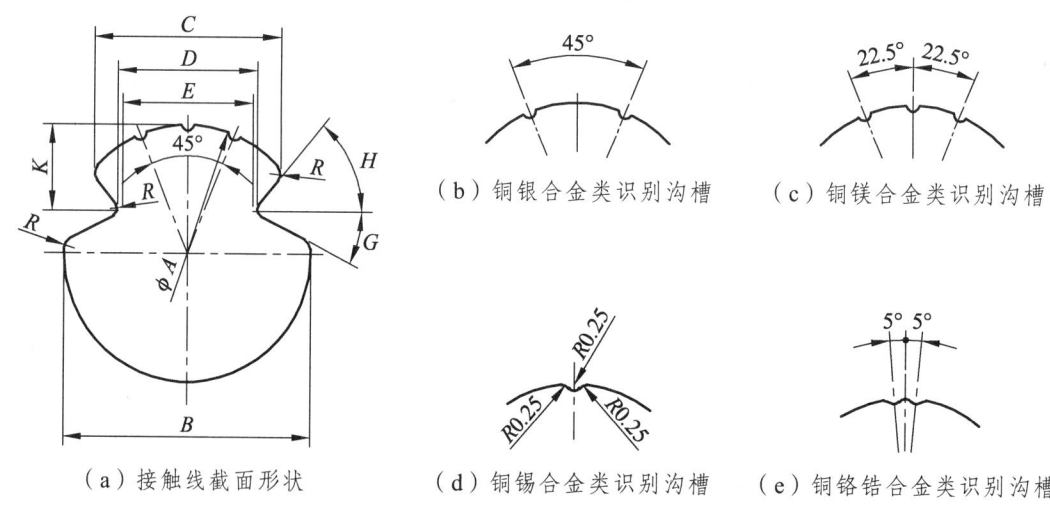

图3-2-2 接触线截面形状及识别沟槽配置

三、铜接触线

我国电气化铁路建设中期主要采用的是铜接触线。目前使用较多的型号为CT-120、

CT-110 和 CT-85 型。CT-120、CT-110 型主要用于站场正线和区间。

铜接触线是以纯度大于 99.9%的电解铜为原料，经连铸—连轧—拉拔成线材后不经退火处理而直接使用的接触线。

纯铜接触线具有良好的电气特性和耐腐能力，但机械强度偏低，尤其在高温下的抗拉强度和硬度下降很快。因此，我国新建电气化铁路已不再采用纯铜接触线。

四、铜合金接触线

随着电气化铁路的大幅度提速和高速电气化铁路的建设，进入 20 世纪 90 年代以后，我国研制了 CTAH-110 型、CTAH-120 型银铜合金接触线（也称为 AgCu-110，AgCu-120），MgCu-120 镁铜合金、TS-120 铜锡合金型接触线也有使用。

银铜合金接触线与铜接触线相比，具有热软化特性高、耐高温的特点，从而相对更适合于大电流及高速的运行条件。银既可以提高铜接触线的机械性能又是对铜导电率影响最小的元素，但当温度超过 200 ℃ 时，铜银合金的机械强度下降很快，因此，铜银接触线属于一般强度耐热型铜合金接触线，适用于普速及城轨交通接触网。

与铜银合金接触线相比，铜锡合金接触线的抗拉强度更高，耐磨耗性能更好，导电性能适中。因此，铜锡合金接触线逐步成为提速电气化铁路上铜银合金接触线的替代品，在部分高速铁路上也有应用。

铜镁合金接触线的强度在常温下高达 500 MPa，耐软化性能非常优秀，能满足列车高速行驶对接触线的要求，可应用于列车更高速运行的环境。目前我国高速铁路大多采用铜镁合金接触线。

第三节　其他附加导线

牵引供电系统的供电方式不同，接触网附加导线也不同，高速电气化铁路牵引供电系统常用供电方式主要有 AT 供电和直供加回流线两种供电方式，这两种供电方式的附加导线有：供电线（F 线）、回流线（NF 线）、吸上线、加强线、负馈（AF）线、保护（PW）线、架空地线、架空避雷线等。附加导线大多采用铝绞线、钢芯铝绞线和铜绞线。

一、供电线（F 线）

供电线又称为馈电线，是变电所、分区亭、开闭所与接触网之间的电气连接线，供电线安设在变电所或开闭所馈线出口至接触网电分相两侧。

二、加强线

为改善接触网的电压水平或载流能力，同接触线并联架设以增加接触线载流截面面积的架空导线称为加强线；一般采用 185 mm²、240 mm²、300 mm² 的钢芯铝绞线作为加强线和并联线。加强线和并联线的电压与接触线相同。

三、回流线（NF 线）

在带回流线的直接供电方式和 BT 供电方式中，与接触网同杆异侧架设的一条起回流作用的金属导线称作回流线。在变电所附近，连接钢轨和变电所接地网，将牵引电流引回变电所的导线也称作回流线。

回流线的电压等级按 1~3 kV 考虑，一般采用 120 mm²、185 mm²、240 mm² 钢芯铝绞线。

四、AF 线

在 AT 供电方式中，有一条对地电压 -27.5 kV，与接触悬挂电压差 55 kV 的与接触悬挂同杆异侧的架空导线，该导线称为负馈（AF）线，一般采用 185 mm²、240 mm²、300 mm² 钢芯铝绞线。

当出现负馈线短路故障时，可先排除负馈线短路故障，送电通车。此时，故障区段牵引网处于直供方式，然后再利用维修天窗时间将断掉的负馈线连接好，恢复正常的 AT 供电方式，可尽量减少对正常运输的影响。

五、保护线（PW 线）

在 AT 供电方式中，与绝缘子的双重绝缘跳线和腕臂底座、支柱等支持设备和零部件相连，起保护作用的一条架空导线称作保护线（PW 线）。

保护线经双重绝缘跳线与绝缘子的接地端相连，在 AT 所经 CPW 线连接至自耦变压器中点。当绝缘子发生闪络或击穿时，保护线为短路电流提供一个良好的电气通路，使变电所继电保护装置迅速动作，达到及时排除故障的目的。

保护线很重要，它一方面起架空地线和避雷线的作用，另一方面，当负馈线绝缘击穿或闪络时，如果没有保护线，支持绝缘子将承受 55 kV 以上的高电压，一旦击穿，将导致牵引变压器 55 kV 侧对地短路，烧损主变压器和其他电气设备。保护线一般采用 70 mm²、95 mm²、120 mm² 钢芯铝绞线。

六、架空地线（GW 线）

GW 线一般用于车站成排支柱的工作接地和安全接地，为站台钢柱设置双重保护，增强站台支柱的电气安全。GW 线安设在车站支柱顶部，顺线路方向架设，不设绝缘，直接固定在支柱支架上并与钢柱相连，延长至站台两端下锚并与专门接地装置相连。

第四章　接触网结构及供电设备

第一节　跨距、锚段及锚段关节

电气化铁道接触网是通过支撑悬挂装置沿着线路轨道上方布置，用来向电力机车（动车组）持续提供电能的装备。电力机车（动车组）则通过受电弓从接触网上持续不断地获取电能。接触网一般由支柱与基础、支持装置、定位装置、接触悬挂和附加悬挂等构成。

一、跨距

1. 跨距的概念

接触悬挂由承力索、接触线、吊弦以及电连接等部分组成，利用支撑装置、定位装置安装在线路轨道上空，完成对受电弓电能的输送。所以，接触悬挂是接触网中最为重要的组成部分，必须具备良好的稳定性和足够的导电性。支撑、定位装置则利用支柱、吊柱、软横跨等设备沿线路连续进行固定，组成了接触网基本的结构体系。同一支接触悬挂的两相邻支柱（悬挂定位点）中心之间的距离称为跨距，如图 4-1-1 所示，跨距是接触网的基本长度单元。

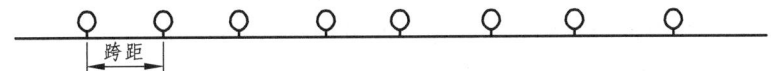

图 4-1-1　接触网跨距示意图

2. 跨距的分类

接触网跨距有经济跨距、技术跨距、最大许可跨距、当量跨距、临界跨距等的分类。

经济跨距是指从投资角度确定的跨距，显然，经济跨距越大，投资越小。

技术跨距是指从保证弓网集流质量、悬挂稳定性和安全角度等方面，通过理论计算确定的跨距。

一般情况下，经济跨距总是大于技术跨距，技术跨距根据接触线在受横向水平力（如风力）作用时，对受电弓中心线所产生的偏移值决定的，技术跨距一直是电气化铁道接触网研究的重点。在保证安全的前提下，考虑投资因素所选取的跨距为最大许可跨距。

最大许可跨距是指考虑受电弓摆动量、最大计算风偏移值、悬挂稳定性等因素后，能确保接触线不离开受电弓滑板工作范围的最大跨距值，其大小取决于：接触悬挂类型、线材材料及形状、承力索和接触线张力及拉出值大小、基本运行风速、受电弓弓头尺寸和列车横向位移、线路状况（横断面、纵断面）、支柱型号与材质、相邻跨距的弹性差异、列车运行速度和运行方式等多种因素。在环境条件许可和满足运输要求的情况下，应尽量采用最大许可跨距，但须经弓网系统仿真后确定。

接触线在一个锚段内，虽然各跨距长度不等，但在某一气象条件下，由于借助于腕臂的转动，可使接触线在一个跨距内的张力近似相等。在这种情况下，决定弛度时，就有一个在多大张力时最合理的问题。若设在某一跨距条件下，其张力和锚段内接触线张力相等，在此张力下，该跨距的接触线具有合理的弛度值，那么这个弛度合理的张力称为这个锚段的当量张力，而所设的跨距就是当量跨距。换句话说，就是首先假设一个跨距，当气象条件发生变化时，该跨距线索张力的变化规律与锚段内所有实际跨距的变化规律相同，这个所假设的跨距就称为当量跨距。

当量跨距有三种计算方法。

第一种算法：求跨距平均值的方法，即取这个锚段的平均跨距为当量跨距。

第二种算法：求张力平均值的方法，即以悬挂到点的张力与每一个单独跨距的张力相等的概念求算的。

第三种算法：数理统计的方法，即利用数理统计的观点推导出来的。

我国在接触网设计中，主要使用第二种算法。

临界跨距是指接触线的最大张力可能发生在最低温度时，也可能发生在最大附加负载时的跨距。

当量跨距和临界跨距是接触网设计计算中的两个理论跨距，利用当量跨距可减少张力温度曲线的数量和设计计算工作量，该概念只能用于未补偿和半补偿的接触悬挂，而不能用于附加导线的张力温度曲线计算。临界跨距只能用于判定简单悬挂状态方程的起始状态，而不能用于链形悬挂状态方程的起始状态的判定。

3. 跨距的选取

跨距大小与接触网动态特性、工程投资和运行安全密切相关，是接触网最为重要的基本参数之一，合理选择接触网跨距的大小是接触网设计计算的重要内容之一。

根据《高速铁路设计规范》，高速铁路接触网的跨距宜经系统仿真评估后确定，参考表4-1-1取值。

表 4-1-1 高速铁路接触网跨距选用表

	设计速度/(km/h)	250	300	350
简单链形悬挂	标准跨距/m	50	50	50
	最大跨距/m	55	55	55
弹性链形悬挂	标准跨距/m	60	60	55
	最大跨距/m	65	65	60

二、锚段及锚段关节

1. 锚段及锚段关节的概念

为保证接触线一直处于平顺状态，实现接触悬挂的机械分段和电气分段，便于安装张力补偿装置加载张力或其他辅助电气设备,提高接触网供电灵活性,缩小事故范围,保证吊弦及定位器的偏移不超出规定值,必须按一定规律将接触悬挂分成若干个长度为 1.2~1.6 km、机械相互独立、电气相对独立的段落,这种段落称为锚段,如图 4-1-2 所示。

两个相邻锚段衔接部分称为锚段关节,如图 4-1-2 中的阴影部分所示。

锚段是接触网的基本单元,一个锚段包括若干个跨距、一个中心锚结、两端下锚装置以及与相邻锚段衔接的锚段关节,如图 4-1-2 所示。

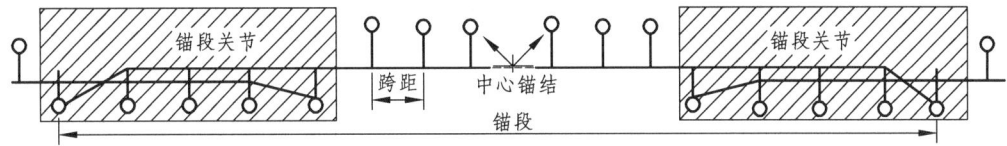

图 4-1-2　接触网纵向结构示意图

锚段长度取决于接触网的实际工作环境(如:最高温度、最低温度、最大风速、线路状况)和接触网的机械特性(如:线索张力差、补偿装置的形式及有效工作范围、锚段关节内两组悬挂间的绝缘间隙允许偏差)。

从理论上讲,加大锚段长度可以减少锚段关节、降低工程造价,但会使线索张力差偏大,增加支柱和腕臂等承力设备的额外负荷,悬挂弹性差异增大,补偿装置可能失去补偿作用,事故情况下范围会扩大,也不利于施工、维护,降低了接触网供电的灵活性和安全性。反之,锚段长度过小则会使锚段关节增多,投资增加。所以,合理选择锚段长度是接触网设计研究的重要内容之一,也是接触网理论计算的重要内容之一。

2. 锚段关节的分类

锚段关节按锚段与锚段之间的电气关系来分,可分为非绝缘锚段关节和绝缘锚段关节。

非绝缘锚段关节仅起接触悬挂在机械上的分段作用,组成锚段关节的两组悬挂空气间隙较小,彼此间通过电连接直接从电气上连通。

绝缘锚段关节既起机械分段的作用,也起电气分段的作用,组成锚段关节的两组悬挂彼此间利用空气绝缘间隙,实现电气相对分离,空气绝缘间隙应满足 27.5 kV(按 35 kV 电压等级控制)的绝缘要求,又称电分段绝缘锚段关节。电分段绝缘锚段关节一般与隔离开关配合设置,通过隔离开关的打开和闭合,实现不同供电单元间的电气连通和分割。

锚段关节按所含跨距数来分,可分为三跨、四跨、五跨等结构形式,在某些特殊情况下(如:空间严重受限),也有偶尔采用两跨锚段关节的。

3. 锚段关节的技术要求

在我国普速电气化铁路接触网中,非绝缘锚段关节一般采用三跨结构,绝缘锚段关节一般采用四跨结构。当然,三跨锚段关节也可以调整成为绝缘锚段关节,但是其平顺性较差,现场运用较少。

在四跨非绝缘锚段关节中,位于两转换柱间的接触线在水平面内的投影平行,线间距为 200 mm,施工允许误差为 ±20 mm;在转换柱和锚柱间,距转换柱 10 m 处,各用一组电连接将两锚段连接;无论锚段关节的开口方向和闭口方向均不安装隔离开关;其他技术条件与四跨绝缘锚段关节相似。四跨非绝缘锚段关节结构示意如图 4-1-3 所示。

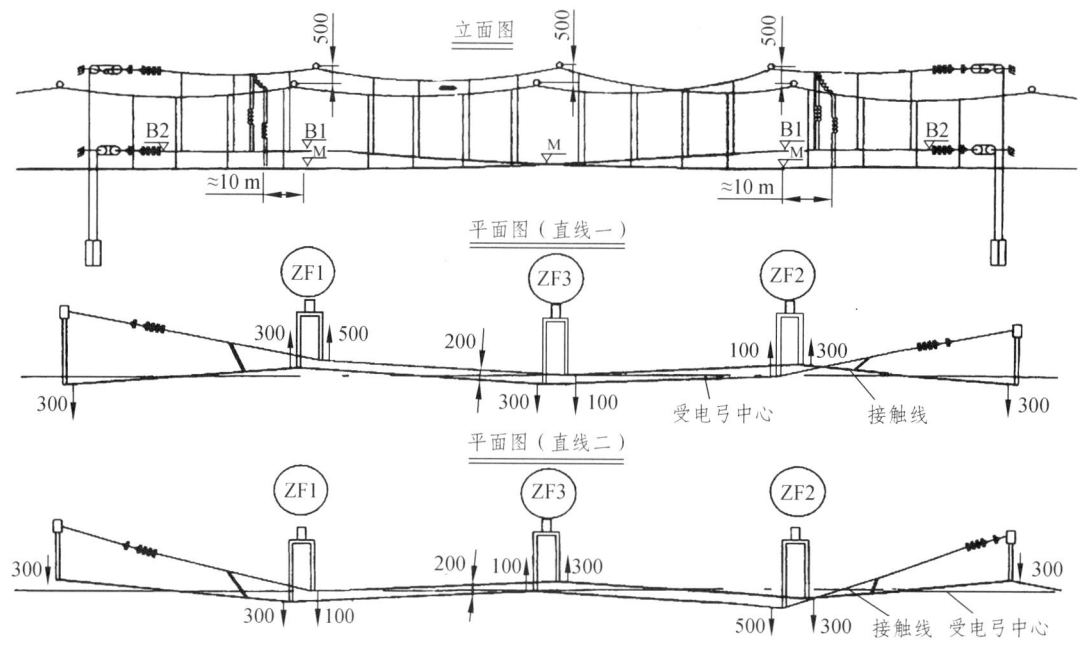

图 4-1-3 四跨非绝缘锚段关节结构示意

四跨绝缘锚段关节是当前我国普速电气化铁路使用最多的一种绝缘锚段关节,如图 4-1-4 所示。在四跨绝缘锚段关节中,位于两转换柱之间的接触线在水平面内的投影平行,线间距为 450 mm;转换柱处,两组悬挂的垂直距离应保持在 400~500 mm(悬式绝缘子分段时)或 350~400 mm(直径不大于 150 mm 的绝缘杆件分段时)。非工作支接触线的分段绝缘子或绝缘杆的下裙边应高于工作支接触线 200 mm 以上;中心柱两定位点的连线与轨平面平行处等高,此处导高比标准导高高 0~10 mm;在曲线区段,中心柱定位点两导线对于水平面的相对高差值可参考式(4-1-1)计算:

$$A = \frac{h \cdot X}{L} \tag{4-1-1}$$

式中 X——中心柱处两支导线间的水平距离(mm);

L——轨距(mm);

h——外轨超高(mm)。

下锚柱处,绝缘子串距定位滑轮中心(或锚支定位卡子)的距离不得小于 800 mm;在两转换柱内侧靠近转换柱处,非支承力索和接触线各加设一串悬式绝缘子(一般为 4 片或复合绝缘子),承力索、接触线两绝缘子上下应对齐;在锚柱与转换柱间距转换柱 10 m 处安装电连接,将锚段最后一跨的线索相互连接;在锚段关节开口方向的转换柱上安装隔离开关,严禁带负荷操作隔离开关(负荷隔离开关除外);下锚支线索偏离原走向时,正线偏角不大于 4°,困难时不大于 6°;站线不大于 6°,困难时不大于 8°,超过的应延长一跨下锚。锚支接触线在其垂直投影与线路钢轨交叉处,应高于工作支接触线 300 mm 以上,并连续抬升至下锚处。下锚角钢安装高度应符合线索延伸下锚抬升的需要。

在我国高速铁路接触网中,考虑接触网平顺性,非绝缘锚段关节一般采用四跨结构,绝缘锚段关节一般采用五跨结构。

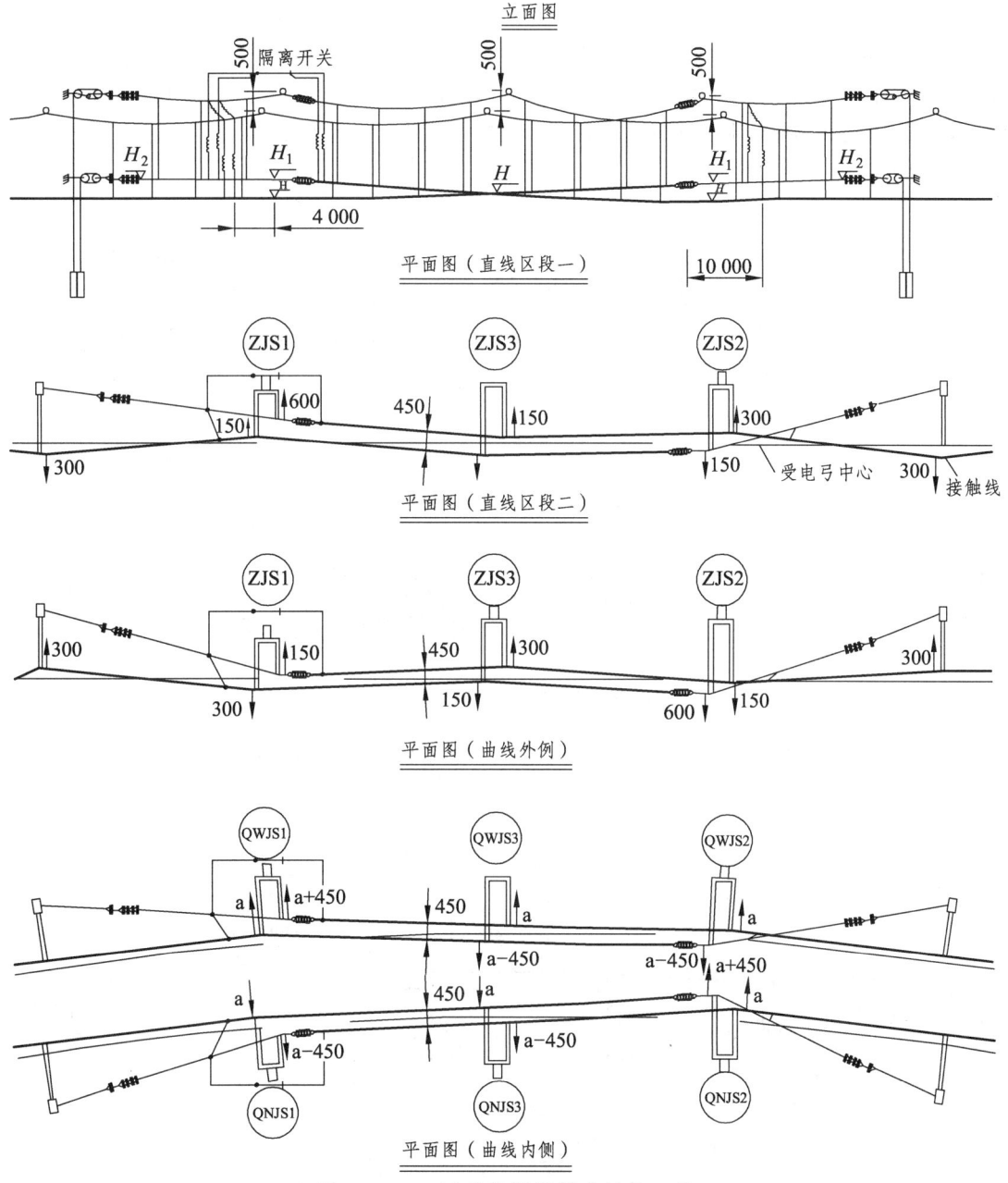

图 4-1-4 四跨绝缘锚段关节结构示意

如图 4-1-5 所示，在五跨绝缘锚段关节中，位于转换柱间的接触线在水平面内的投影平行，线间距为 450 mm；在 ZJS1 和 ZJS2 处，两组悬挂的垂直距离为 500 mm，下锚支接触线的绝缘子（或绝缘杆）的下裙边高于工作支接触线 200 mm 以上；在 ZJS3 和 ZJS4 处，非支接触线比工作支接触线高 150 mm，非支承力索比工作支承力索高 500 mm；两接触线的等高点位于中心跨中点，此处导高比标准导高高 0～40 mm；下锚柱处，绝缘子串距定位滑轮中心的距离不得小于 800 mm；下锚支接触线应高于工作支接触线 500 mm 以上；在 ZJS1 和 ZJS2 内侧，下锚支承力索和接触线各加设一硅橡胶棒式绝缘子；下锚柱处加装一组悬式绝缘子串；

在锚段关节的开口端，ZJS1 上安装隔离开关，其内、外侧 4 m 处加装两组电连接；在锚段关节闭口端，ZJS2 外侧 10 m 处加装一组电连接；正线下锚支偏角不大于 4°，困难时不大于 6°；站线下锚支偏角不大于 6°，困难时不大于 8°；直线区段，工作支拉出值为 300 mm；下锚支的拉出值分别为 150 mm 和 750 mm；曲线区段拉出值应经计算确定；值得注意的是 ZJS3 和 ZJS4 处的定位器的受力状态。

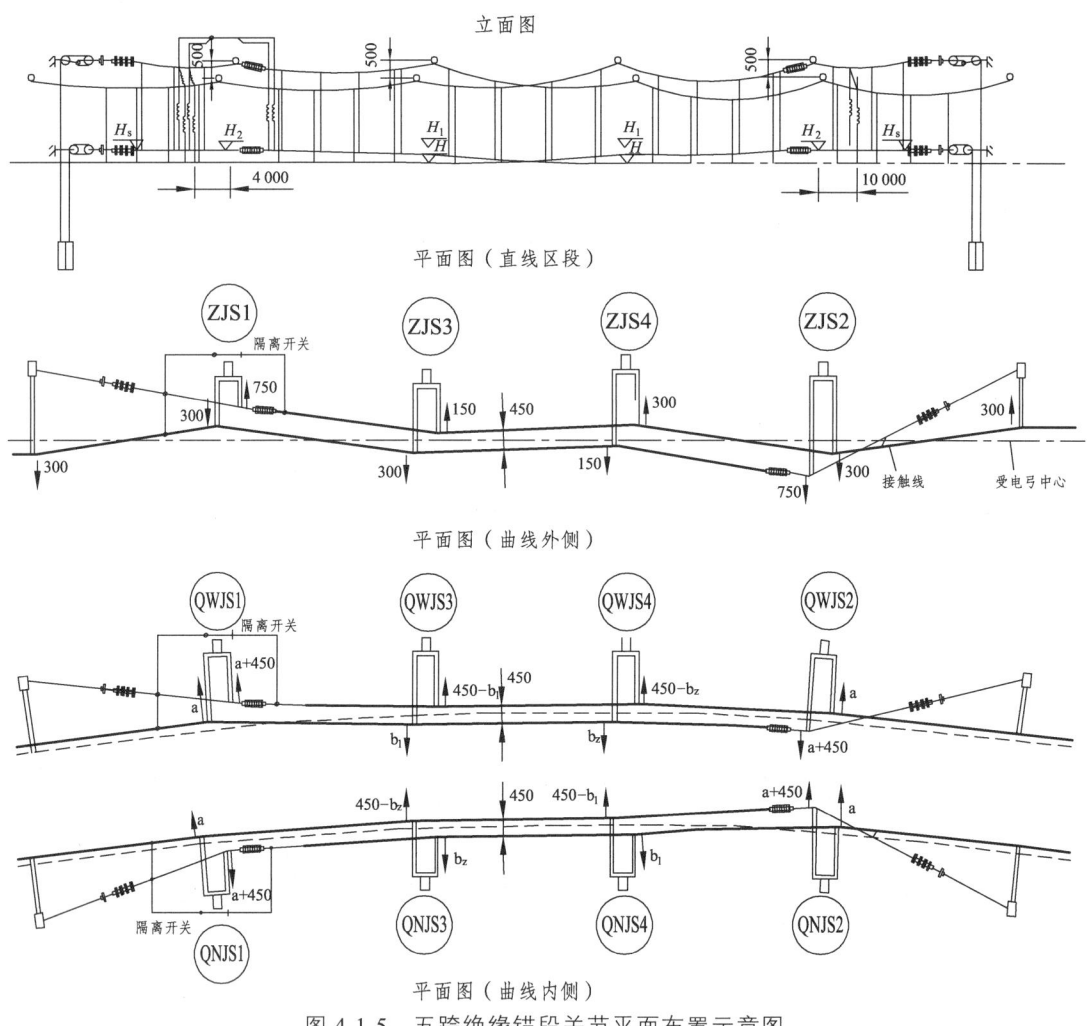

图 4-1-5 五跨绝缘锚段关节平面布置示意图

五跨非绝缘锚段关节的技术要求，除两接触悬挂间距为 200 mm，无隔离开关外，其他技术条件与绝缘锚段关节基本相同。

对于场间联络线等动车组、电力机车运行速度较低的处所，因其接触线坡度较小，受电弓脱离非工作支接触线时间长，有可能拉弧会烧损线索，所以应根据线路速度慎重选择五跨绝缘锚段关节。

一般而言，在车站或大型站场两端、大型桥隧两端均应设置绝缘锚段关节。

锚段关节是接触网的薄弱环节，是接触悬挂机电分段和受电弓转换过渡的主要结构形式，无论设计、施工、运营都应高度重视其机电性能。

第二节 中心锚结

一、中心锚结的概念

中心锚结一般安装在链形悬挂锚段的中部。接触线对承力索进行锚固，同时承力索对支柱进行锚固，防止接触线、承力索由于各种原因向一侧滑动，从而保证接触线有良好的工作状态，这种固定形式称为中心锚结。

中心锚结的位置取决于线路条件，原则上是使中心锚结两侧半锚段产生的张力差相等，应尽量使中心锚结两侧半锚段产生的张力差相等，具体位置应通过张力差计算来确定。一般而言，当锚段全部位于直线区段或圆曲线区段时，中心锚结应设置在锚段中部，如图4-1-2所示；当锚段跨越直缓点、缓圆点、缓和曲线时，中心锚结应设置在曲线半径较小的一侧。

中心锚结除具有防止接触悬挂因气温变化、风雪影响、线路坡道和受电弓作用下产生窜动的作用外，由于中心锚结将锚段分成了两部分，还能防止在一侧发生承力索或接触线断线等事故时，不至于波及整个锚段，缩小了事故范围，同时减少了吊弦、定位器等设备因气温变化而产生的张力增量，增加了接触悬挂弹性的均匀性，使受电弓取流条件更好。

二、中心锚结的分类

1. 按作用分类

中心锚结按其作用不同可分为防断式中心锚结和防窜式中心锚结；防窜式中心锚结按其结构又可分为两跨软横跨防窜式中心锚结和两跨三腕臂防窜式中心锚结。

防断式中心锚结是指可以防止承力索、接触线断线时波及相邻半个锚段的一种锚固形式，如图4-2-1所示。承力索通过中心锚结辅助绳在相邻支柱上进行锚固，为使锚固承力索中心锚结绳的支柱保持受力平衡，锚固承力索中心锚结绳的支柱应装设拉线，拉线基础或锚板的容量应根据接触悬挂张力体系确定，不能小于接触悬挂的张力体系。拉线与中心锚结辅助绳应在一个垂直面内，拉线与水平面的角度应在45°~60°之间。接触线中心锚结辅助绳呈顺"八"字形布置，通过接触线中心锚结线夹将接触线锚固。

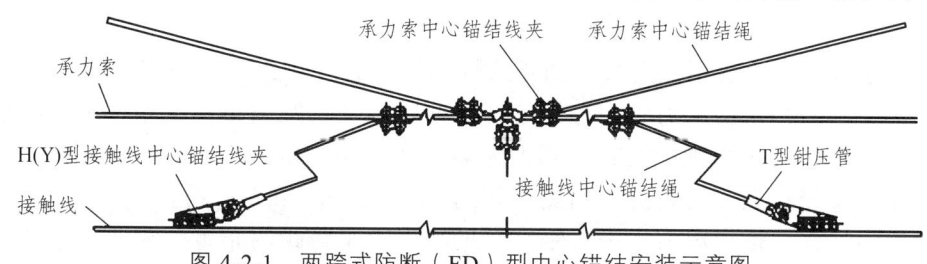

图4-2-1 两跨式防断（FD）型中心锚结安装示意图

防窜式中心锚结是指只能防止承力索、接触线因气温变化、风雪影响、线路坡道和受电弓作用下发生窜动而不能防止断线时波及相邻半个锚段的一种锚固形式，承力索固定在悬吊滑轮或承力索座内，无承力索中心锚结辅助绳，也不设支柱拉线，不能起到防断作用。

两跨软横跨防窜式中心锚结是通过防窜型中心锚结绳，在悬吊滑轮处将承力索固定，防止承力索窜动，接触线呈顺"八"字形布置，通过接触线中心锚结线夹将接触线锚固，如图4-2-2所示。由于承力索在软横跨上固定而未通过下锚方式进行锚固，故无法承受线索断线时的张力。

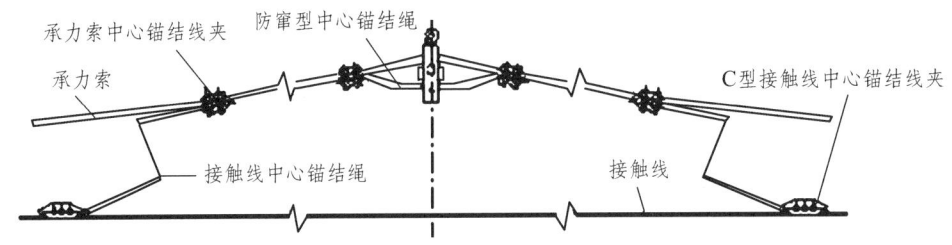

图4-2-2　两跨式软横跨防窜（FC）型中心锚结安装示意图

两跨三腕臂防窜式中心锚结是通过两根水平腕臂固定悬挂有承力索的水平腕臂，通过双槽承力索座将承力索固定，接触线中心锚结安装形式和防断中心锚结相同。接触线中心锚结辅助绳呈顺"八"字形布置，通过接触线中心锚结线夹将接触线锚固，如图4-2-3所示。由于承力索利用三根腕臂进行固定，其稳定性比软横跨防窜式中心锚结更强，但因承力索无下锚式锚固，所以只具备防窜作用，不具备防断功能。

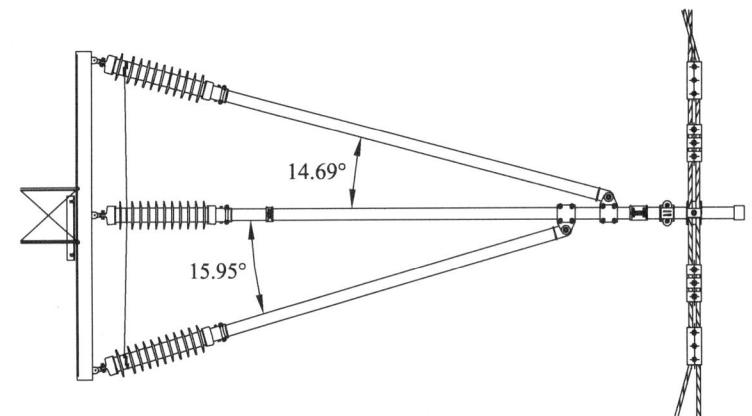

图4-2-3　两跨式三腕臂防窜（FC）型中心锚结腕臂安装示意图

2. 按跨距数分类

中心锚结按其跨距数不同可分为两跨式中心锚结和三跨式中心锚结。

两跨式中心锚结是指承力索中心锚结辅助绳在两个跨距内布置，在一个悬挂点（定位点）处将承力索与承力索中心锚结辅助绳固定在一起，接触线中心锚结呈顺"八"字形，分别布置在悬挂点（定位点）两侧，如图4-2-1和图4-2-2所示。

三跨式中心锚结是指承力索中心锚结辅助绳在三个跨距内布置，在两个悬挂点（定位点）处将承力索与承力索中心锚结辅助绳固定在一起，接触线中心锚结呈倒"八"字形，分别布置在两个悬挂点（定位点）跨中，如图4-2-4所示。三跨式中心锚结为防断式中心锚结，因其结构复杂、安装维修不变，在我国电气化铁道初期运用，现已逐步淘汰。

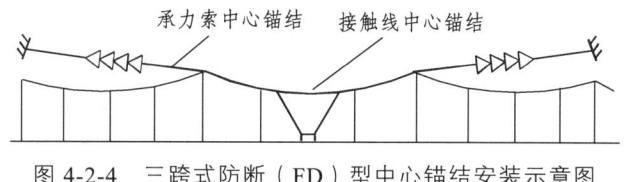

图 4-2-4 三跨式防断（FD）型中心锚结安装示意图

我国高速铁路接触网一般采用两跨式全补偿链形悬挂中心锚结，承力索中心锚结辅助绳材质及型号一般承力索相同，接触线中心锚结辅助绳依照接触悬挂张力体系选定，其安装零部件按照不同速度等级选定，一般正线采用两跨式防断（FD）型中心锚结，动车库及动车检修基地等处所侧线一般选用两跨式防窜（FC）型中心锚结。

三、中心锚结的技术要求

中心锚结所在跨距内，接触线、承力索、中心锚结绳均不得有接头。中心锚结绳及辅助绳一般采用铜绞线或与承力索材质相同的绞线，型号规格取决于接触悬挂张力，应确保在承力索或接触线断线的情况下，中心锚结辅助绳能承受接触悬挂上的全部负载而不发生松动或断股。

中心锚结辅助绳的长度应根据中心锚结形式、悬挂结构高度、中心锚结所在跨距的大小、承力索弛度等计算确定，应确保中心锚结绳处于合理的受力状态。特别是接触线中心锚结绳，既不能处于松弛状态，又不能承受过大拉力。处于松弛状态的中心锚结绳有可能低于被受电弓抬起的接触线而发生打弓；处于过度受拉状态的中心锚结绳则会使接触线中心锚结线夹处接触线出现负弛度，增大该处磨耗。

安装调整好的中心锚结应符合以下要求：

① 中心锚结线夹两侧，辅助绳长度相同，受力相等，不出现松弛或过度受力现象。

② 线索连接处，通过倒置的承力索中心锚结线夹紧固，两线夹间距为 100 mm，最外端留出 50~100 mm 的绳头，绳头应用直径 1.6~2.0 mm 的镀锌铁线或单股铜线缠绕绑牢；两端距相邻弹性吊弦线夹不小于 1000 mm、距吊弦或电连接不小于 500 mm。

③ 为避免入中心锚结处出现质量集中点，接触线中心锚结线夹处的导线高度应比标准值高 0~20 mm，补偿张力越大，所需抬升量越小。

④ 中心锚结线夹应紧贴接触线，中间不应有可见缝隙或杂质，安装姿态与轨面平行，不影响受电弓高速通过。

第三节 线 岔

一、线岔的概念

两条股道交汇处，当列车从一条股道向另一条股道运行时，需要经过道岔进行过渡转换。电气化铁路区段的两条股道交汇处，为了使电力机车受电弓由一条股道接触线上平滑顺利地过渡到另一条股道接触线上，必须在道岔上空设置一套特殊的接触网结构，这种接触网结构称为接触网线岔，又称架空转辙器或空中转换器。

弓网始触区和接触线无线夹区是涉及接触网线岔的两个重要技术概念。

始触区是指受电弓弓头圆弧部开始接触另一支接触线的区域。我国高铁动车组受电弓始触区如图4-3-1中阴影部分所示。由图可知，弓网始触区是一距受电弓中心600～1050 mm、高为360 mm加受电弓动态抬升量的一个空间区域。

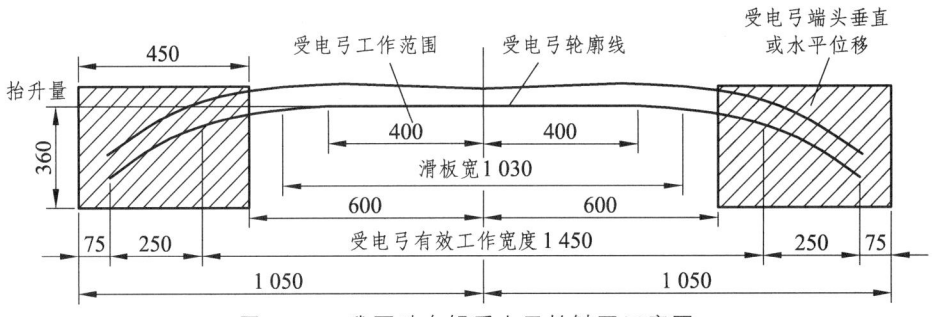

图4-3-1 我国动车组受电弓始触区示意图

对于接触线，在始触区内滑板往往不从接触线正下方接触，而是从侧下方进入，如果在始触区内安装有定位线夹、电连接线夹，就可能造成碰弓和打弓。因此，规定在始触区内的接触线不能安装除交叉吊弦吊弦线夹以外的任何零件，这就是接触线无线夹区。

当在始触区内必须安装交叉吊弦吊弦线夹时，一定要注意安装方式和螺栓的安装方向。

受电弓安全平滑通过交叉线岔的必备条件是：始触区的空间位置合理；在始触区内，两接触线等高；在始触区及其附近，处于受电弓动态包络线以内的接触线不能安装除交叉吊弦吊弦线夹以外的任何零件；受电弓弓头及其动态轮廓符合设计要求。

为消除线岔处两组悬挂间可能存在的电位差，需要在合适位置安装一组电连接。

二、线岔的分类

接触网线岔有交叉和无交分两种结构形式，无交分线岔又有"两组悬挂无交分"和"三组悬挂无交分"两种结构形式。

接触网线岔的具体结构形式和技术参数取决于道岔型号、受电弓弓头形状和几何尺寸、列车正线和侧线最大通过速度等因素。

因为小型号道岔采用无交分线岔容易使侧线接触线发生侧偏，大型号道岔采用交叉线岔会导致限位管过长、增大线岔处的集中质量，所以，18号以下道岔一般采用交叉线岔，18号及以上道岔一般采用无交分线岔。

（一）交叉线岔

交叉线岔由两根交叉接触线、一根限制导杆及定位线夹等零件组成，限制导杆是一根长1700～2500 mm的钢管（G型）、铝合金管（YG型）或T2铜管（T型），钢管（G型）和铝合金管（YG型）结构形式基本一致，仅仅材质不同。两端通过定位线夹（YG型）或固定线夹（T型）安装在下位接触线上，将两支独立的接触线约束在一起，使两接触线在受电弓抬升力作用下能同步升降，保证受电弓从不同线路方向顺利通过线岔，如图4-3-2所示。

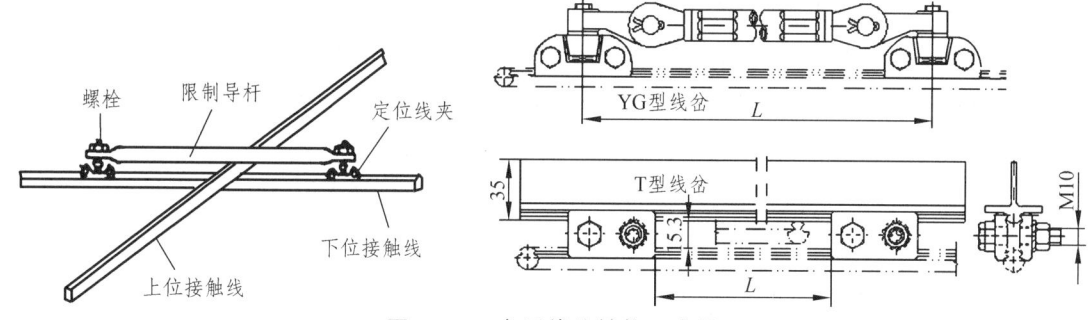

图 4-3-2　交叉线岔结构示意图

限制导杆的长度取决于道岔号的大小和线岔距中心锚结的距离，道岔号越大，两接触线的夹角越小，限位管的长度越长；线岔越远离中心锚结，接触线的移动范围越大，限位管的长度越长。

限制导杆与上位接触线间应有 1~3 mm 间隙，以便上位接触线能随温度变化而自由移动；平均温度时，两接触线交叉点应处于限位管中心；温度高于平均温度时，两接触线交叉点偏向下锚端；温度低于平均温度时，两接触线交叉点偏向中心锚结端；限制导杆中心处最大垂直工作荷载为 0.18 kN，允许挠度不大于 1.5%L；在 YG 型线岔中，定位线夹与接触线之间的滑动荷载不小于 1.5 kN；T 型线岔中，固定线夹与接触线及 T 形截面型限制导杆之间的滑动荷载不小于 1.5 kN；螺栓紧固力矩为 25~32 N·m。

两支接触线的上下位置是依据线路情况和线岔距中心锚结的远近确定的。当正线接触悬挂与侧线接触悬挂相交时，正线接触线在下位，侧线接触线在上位；当两侧线接触悬挂相交时，距下锚装置近的一组悬挂在上方，距下锚装置远的一组悬挂位于下方。

交叉线岔的平面布置与道岔型号、受电弓滑板的有效工作宽度、受电弓的最大抬升量和最大摆动量有关。平面布置的主要内容是确定线岔交叉点位置、道岔定位柱的位置、接触线无线夹区位置、两支接触线的抬升量。

1. 交叉点位置的确定

两接触线交叉点位置可按式（4-3-1）计算取值：

$$y_K = a_{KC} + a_{KZ} = \frac{2}{3}a_C + \frac{1}{2}a_Z \qquad (4\text{-}3\text{-}1)$$

式中　y_K——两支接触线交叉点处两线路中心线间的宽度（mm）；

a_C——定位支柱 I 处侧线接触线拉出值（mm）；

a_Z——定位支柱 I 处正线接触线拉出值（mm）；

a_{KZ}——接触线交叉点到正线垂直中心线的距离；

a_{KC}——接触线交叉点到侧线垂直中心线的距离。

以上各参数的物理意义如图 4-3-3 所示。

2. 道岔定位柱位置的确定

（1）将道岔平面布置图放大 5 倍或 10 倍，画出正、侧线的线路中心线，并标明道岔的起点和终点。

（2）在平面图上标出无线夹区、受电弓外形轮廓（含摆动量）、始触区（始触区从两线间距为受电弓两肩部圆弧点距离的一半至该值加上摆动量的范围内）。

（3）确定支柱定位点 I 处两支悬挂的拉出值，并按式（4-3-1）确定接触线交点的位置。

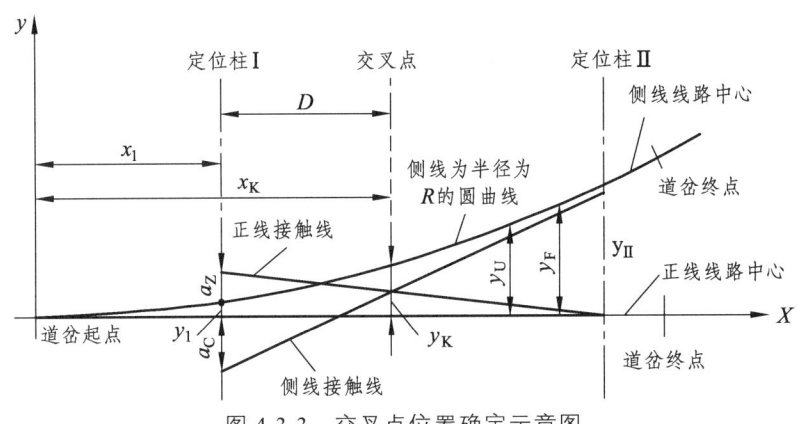

图 4-3-3　交叉点位置确定示意图

（4）在线间距 200~400 mm 范围内确定定位柱 I 的位置。

（5）按定位柱 I 处正线支接触线拉出值要求，从该点画一条经过交叉点的直线至道岔终点，该线即为正线接触线的走向；同时按侧线接触线拉出值要求经交叉点画另一条直线，该直线即为侧线接触线的走向。

（6）定位柱 II 的位置确定需要考虑在设计温度范围内，接触线长度变化引起的交叉点位移、最大允许跨距、线岔距中心锚结的距离，同时，必须保证两接触线在受电弓同一侧。

（7）对于大型号道岔，因其道岔很长，定位柱 I 到道岔起点的距离较大（有的大于一个跨距），因此还要确定道岔起点处的支柱定位，该支柱没有特殊要求，主要考虑跨距和拉出值以及下锚支的下锚过渡。

3. 接触线无线夹区的确定

在始触区范围内，受电弓端头部会与逐渐接近受电弓的接触线接触，如果在这一区域安装线夹等零件，存在滑板与倾斜安装的线夹发生剧烈冲撞的可能（这是线岔区域和锚段关节区域发生弓网事故的主要诱因之一），因此，在受电弓始触区经过的范围内不能安装线夹等零件，无线夹区长度取决于受电弓的始触区和动态包络线，无线夹区也是一立体空间区域。

4. 道岔区接触网的立面布置

道岔上空接触网布置时，接触线需要一定的抬升量，其计算公式如下：

$$\Delta h = \frac{q \cdot x^2}{2T_J} \tag{4-3-2}$$

式中　Δh——定位点 I 处抬升支接触线的高度增加值（m）；
　　　q——抬升支接触悬挂的单位负载（kN/m）；
　　　x——交叉点至定位支持装置 I 的水平距离（m）；
　　　T_J——抬升支接触线张力（kN）。

（二）无交分线岔

为了改善受电弓高速通过线岔时的集流环境，使侧线接触悬挂不影响正线受电弓高速过岔，可以采用无交分线岔。

无交分线岔由正线进侧线始触区、受电弓转换区、侧线进正线始触区三个区域组成，三个区域的具体技术参数与受电弓型号、道岔型号、受电弓动态包络线、道岔区接触线高度、无交分线岔的空间布局和具体结构有关，可以通过相应的理论计算得到。

1. 设计无交分线岔的基本原则

① 侧线接触悬挂应尽量远离正线，使正线受电弓能在最大抬升及最大摆动的情况下高速、安全滑过正线接触线而不碰触侧线接触线。

② 正线接触悬挂宜靠向侧线，使受电弓能在正线接触线与侧线接触线间安全平稳转换。

③ 侧线接触悬挂立面按一定坡度布置。站线非工作支接触线应尽量抬高，工作支接触线（特别是始触区至过渡点）应适当降低，以保证正线受电弓顺利通过及侧线受电弓在正线、侧线间顺利过渡转换。

2. 广深（广州—深圳）线上使用的无交分线岔

我国最早应用无交分线岔是在广深线上，该形式无交分线岔的平面布置如图 4-3-4 所示。

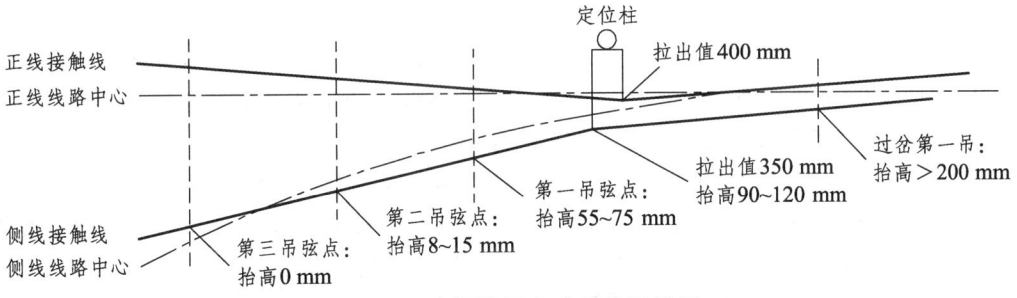

图 4-3-4　广深线无交分线岔示意图

当列车从正线高速通过时，受电弓沿正线接触悬挂高速平滑地通过线岔区域，与侧线接触悬挂不发生任何联系。

当列车从侧线进正线时，在线间距 1306～806 mm 范围内（见图 4-3-5），受电弓端头部开始碰触并抬升正线接触线，正线接触线从受电弓滑板导角处滑向受电弓工作面，侧线接触线逐渐向外、向上脱离受电弓，受电弓完成从侧线接触线到正线接触线的过渡。

当列车由正线进侧线时，在线间距 126～526 mm 范围内，受电弓端头部开始碰触侧线接触线，侧线接触线从受电弓滑板导角处滑向受电弓工作面，正线接触线逐渐向外脱离受电弓，受电弓完成从正线接触线到侧线接触线的过渡。

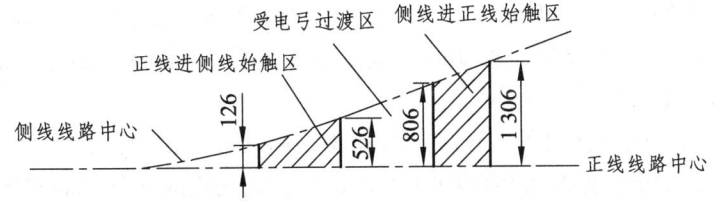

图 4-3-5　无交分线岔弓网始触区与轨道中心线间距关系示意图

3. 合宁（合肥—南京）高速铁路中采用的无交分线岔

合宁高速铁路中采用了如图 4-3-6 所示的新型无交分线岔。

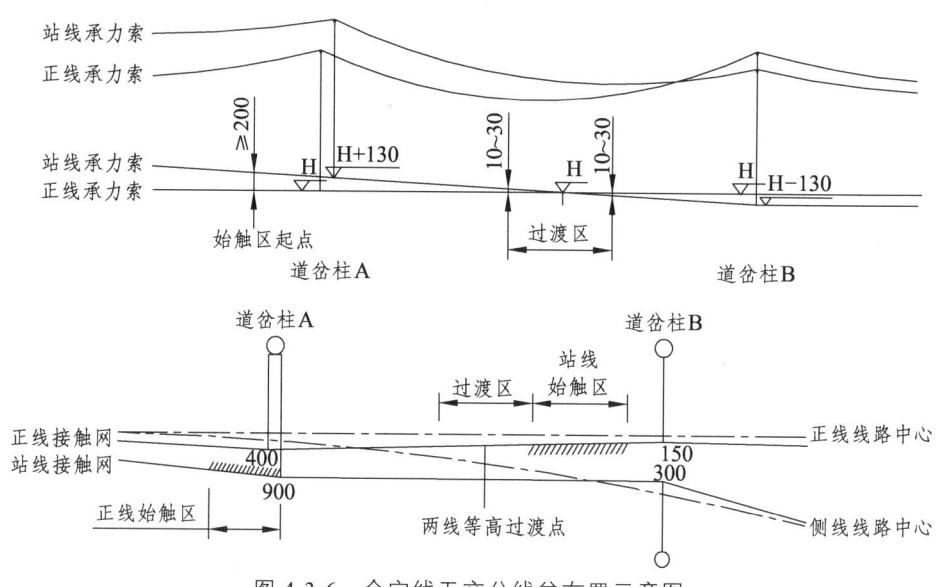

图 4-3-6　合宁线无交分线岔布置示意图

该形式无交分线岔的最大特点是将受电弓过渡区设置在跨距中部，通过两组悬挂的空间位置配合，不管是正线进侧线还是侧线进正线，两接触线均是从受电弓的正上方进入受电弓滑板的有效工作范围，从而能适应更高速度要求。具体布置如下：

道岔定位柱 A 位于道岔导曲线两外轨间距为 150 mm 处；道岔定位柱 B 位于道岔导曲线两外轨间距为 1400 mm 处；A 柱侧线接触线的拉出值设为 +900 mm，侧线定位点距正线线路中心大于 1050 mm；B 柱侧线接触线的拉出值设为 -300 mm，侧线接触线距正线线路中心为 1100 mm；A 柱正线拉出值为 -400 mm，正线接触线距侧线线路中心 250 mm；B 柱正线拉出值为 -150 mm，正线接触线距侧线线路中心 1250 mm；当列车从正线进入侧线时，A 柱正线为工作支；当列车从侧线进入正线时，B 柱侧线为工作支；受电弓在 A、B 两支柱中间（跨中）实现过渡转换；在 AB 跨中心点（过渡点），垂直面内，两接触线等高，水平面内，两接触线分别位于侧线受电弓中心两侧，距受电弓中心距离均小于 450 mm，且尽量相等；正线接触线高度恒定，不设坡度变化。A 柱处，侧线高出正线 130 mm；B 柱处，侧线低于正线 30 mm。在受电弓过渡区的起点和终点，侧线接触线分别高于和低于正线接触线 10~30 mm。该组无交分线岔的不足是对施工要求较高，正线接触线的拉出值偏大。

4. 京沪（北京—上海）线改造工程中采用的无交分线岔

在京沪线提速改造工程中开发了另一形式的无交分线岔，如图 4-3-7 所示。

岔前定位柱 B（E）距理论岔心 10~15 m，岔后定位柱 C（F）距理论岔心 25~30 m，BC 跨和 EF 跨的跨距均不大于 45 m。

A（D）支柱位于道岔区之外，该处侧线比正线高 250 mm，腕臂装配按非绝缘转换柱处理；B（E）支柱位于正、侧线外轨间距 150 mm 处，该处正线比侧线高 250 mm，计算远轨腕臂时，侧面限界按邻轨限界加 150 mm 处理；C（F）支柱位于正、侧线外轨间距 1380 mm

处，该处正线比侧线高 250 mm，计算远轨腕臂时，侧面限界按邻轨限界加 1380 mm 处理。

定位器坡度按定位器最佳工作状态的 8°调整，困难情况下不允许超过 13°，定位器限位间隙满足接触线动态抬升 300 mm 的限位要求；在 C（F）点，侧线接触线距正线线路中心

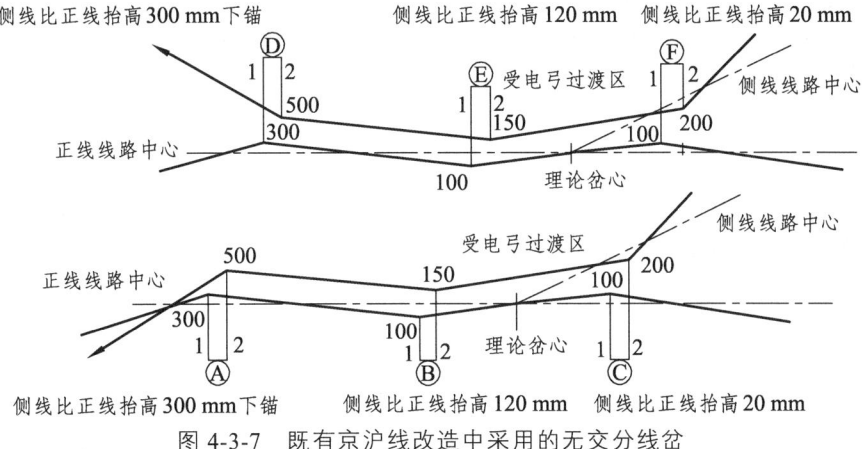

图 4-3-7 既有京沪线改造中采用的无交分线岔

的距离不小于 1350 mm。（受电弓标准宽度 1950 mm，左右最大摆动量 250 mm，考虑 100 mm 的裕度，1950/2+250+100=1325 mm，故取为 1350 mm）；从 B2（E2）点开始，侧线接触线以 −0.25‰ 的坡度降至 C2（F2）点的高度；在股道间距 600 mm 处安装交叉吊弦，交叉吊弦间距为 150 mm；道岔柱腕臂应垂直线路中心，施工允许偏差为 ±20 mm。吊弦安装位置应符合设计要求，施工允许偏差为 ±50 mm，吊弦应垂直安装，施工允许偏差为 ±20 mm。

5. 京沪（北京—上海）高铁采用的无交分线岔

京沪高铁无交分线岔如图 4-3-8 所示。

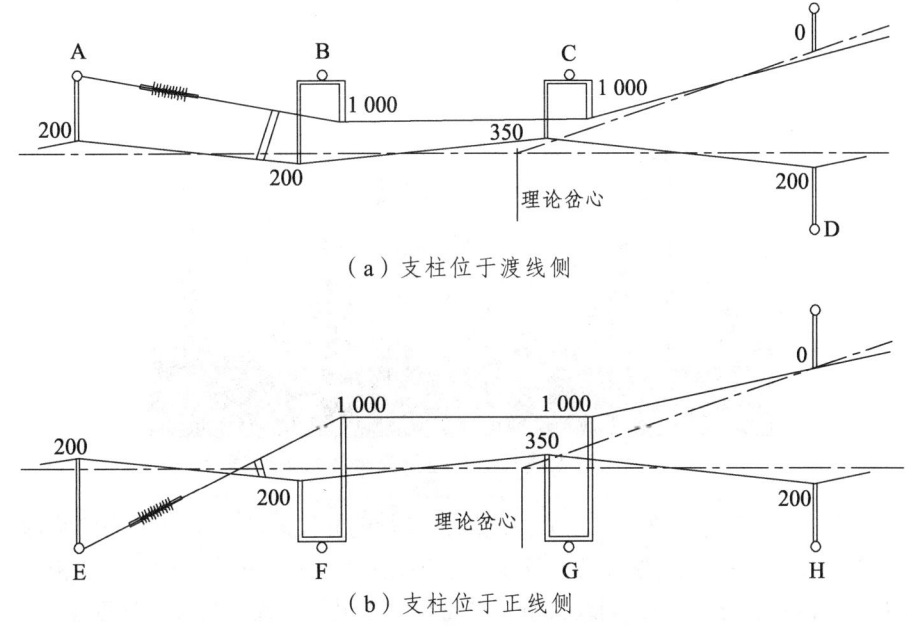

图 4-3-8 京沪高铁无交分线岔平面布置示意图

道岔定位支柱设于岔后 5.8 m，C（G）柱设置在两线间距 600 mm 处。正线接触线拉出值为 350 mm，侧线接触线相对于正线线路中心 1000 mm；侧线在 B 柱处抬高 500 mm 延长一跨下锚；岔区等电位两支悬挂，如果间距较小（小于 300 mm），应在承力索上并接一段等电位连接线，以避免动态放电；定位管、支撑、吊弦和悬挂相互之间间隙不小于 50 mm；拉出值、导高符合设计要求，拉出值施工允许偏差为 ±20 mm，导高施工允许偏差为 5 mm；从岔区往外数第三根吊弦处，接触线开始抬高，到 C 柱定位点抬高 60-80 mm；在始触区 1050 mm 处，侧线比正线高不得大于 40 mm。

正线 42 号道岔采用三支无交分布置形式，道岔定位支柱设在岔前 14.5 m（线间距 220 mm 左右）和岔后 28 m（26～30 m，线间距 800 mm 左右）处，过渡支位于三支中间，线材类型及张力按正线处理。站线道岔均采用交叉布置形式。

6. 带辅助悬挂的无交分线岔

为满足列车以更高的速度从侧线通过，法国开发了一种由三组悬挂组成的锚段关节式无交分线岔，我国石太（石家庄—太原）高速铁路接触网中也采用此种结构的无交分线岔，如图 4-3-9 和图 4-3-10 所示。

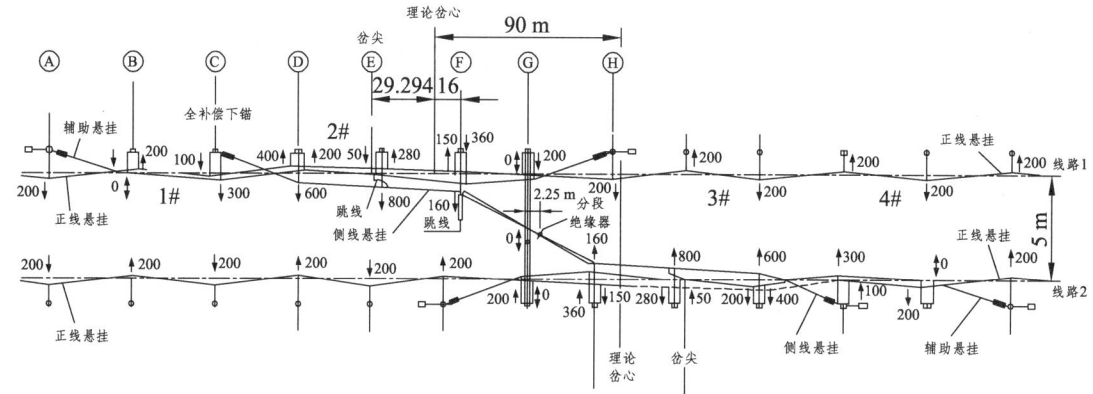

图 4-3-9 带辅助悬挂的无交分线岔平面布置图

图 4-3-10 石太线三组悬挂无交分线岔实物图片

由图 4-3-9 可知，上下行渡线采用分段绝缘器进行电分段。1#和 4#关节为四跨非绝缘锚段关节，2#和 3#关节为五跨非绝缘锚段关节。A 为正线接触悬挂，B 为辅助悬挂（相对于另一正线而言又为侧线接触悬挂），C 为侧线接触悬挂（相对于另一正线而言又为辅助悬挂），从 E 柱到 F 柱的区域为正线和侧线之间的转换区域。辅助悬挂经过 F 柱，并在 G 柱过渡后下锚。

当列车在正线上运行时，受电弓不与侧线支接触线接触，但在 1#和 2#关节处与辅助接触线存在转换过渡关系；当列车由正线驶入侧线时，受电弓首先在 1#关节处由正线接触线过渡到辅助接触线，在 2#关节处（E 柱到 F 柱之间）由辅助支接触线过渡到侧线支接触线，经过 F 柱以后完全驶离道岔进入侧线运行；当列车由侧线驶入正线时，受电弓首先在 2#关节处（F 柱到 E 柱之间）由侧线支接触线过渡到辅助支接触线，经过 D 柱以后在 1#关节处再由辅助支接触线过渡到正线接触线，进而完全转入正线运行。

辅助三线关节式线岔实质是采用锚段关节的过渡原理，实际运营效果令人满意。但其缺点也是明显的：其一是需要在两个道岔间布置多个锚段关节，至少需要 500 m（在两道岔间需要 100～150 m）的空间，它必须对应于大号道岔，应用场合较为有限；其二是该种线岔需要在一个支柱上完成三组支持与定位装置的安装和调整，接触网结构过于复杂，不便于设计、施工与运营。法国开发此种线岔是为了适应法国受电弓（总宽度为 1450 mm，滑板有效工作宽度为 800 mm）需要。

布置该无交分线岔时，应注意以下事项：

① 侧线锚段宜单独设置，以降低气温变化对无交分线岔的影响。
② 侧线接触悬挂宜与正线一致，以减少过渡转换时接触线的抬升量。
③ 应严格控制定位柱处的拉出值误差，一般不超过 ±5 mm。
④ 应严格控制支柱 B 处的正线接触线的抬升量，不应大于 120 mm。
⑤ 在始触区范围内，不得安装任何线夹，如吊弦线夹（交叉吊弦除外）、电连接线夹等。

第四节　分段绝缘器

一、电分段的概念

为增加接触网供电灵活性和安全性，缩小停电事故范围，满足供电、检修以及其他特殊需要，需要对同相接触网进行电气绝缘分段，简称接触网电分段。

接触网电分段按绝缘介质分类，可分为空气式（绝缘锚段关节）电分段和器件式（分段绝缘器、绝缘子）电分段。

绝缘锚段关节电分段一般用于正线或场间线路较长的联络线，绝缘锚段关节不限制列车运行速度。

器件式电分段一般用于空间有限或不便设绝缘关节的处所，主要用于车站货物线及有装卸作业的站线、机车整备线、车库线、专用线、同一车站不同车场之间的横向电气分段，正线不允许设置分段绝缘器。

接触网电分段按形式分类，可分为纵向电分段和横向电分段。顺线路方向进行的电分段为纵向电分段，如区间接触网和站场接触网之间的电分段；站场各股道接触悬挂间进行的电分段为横向电分段，如站场上下行接触网之间的电分段。

二、电分段的设置原则

电分段的设置涉及变电所（分区亭）馈线分布、接触网运营检修的安全性和灵活性、站内及相应地段的作业安全，应根据车站或站场的分布、变电所（分区亭）馈线的分布、接触网检修作业需求、上下行线路行车供电方式、机车行车进路等有关信息进行反复研究、比选，得出最优方案。在地形环境和线路复杂、车站场较多、电分段复杂区域，应特别注意接触网电分段的独立性和可操作性。

一般而言，接触网电分段的设置应遵循以下原则：

① 各电化车场的接触网之间应设横向电分段。

② 枢纽站内，上下行正线间，外包线与其他线路间应设横向电分段。

③ 铁路枢纽地区各站间及编组站各分场间应根据行车组织及检修需要设横向电分段。

④ 大型客运站应根据客运需要按不同方向的列车进路或站台划分设横向电分段。

⑤ 站内货物装卸线、旅客列车整备线、机车整备线及路外专用线均应单独电分段。

⑥ 电力机务段、折返段，动车组维修基地内，各检查坑所在线路及需上车顶作业的线路均应根据检修需要单独电分段。

⑦ 单线电气化区段，在车站两端的电源侧应设绝缘锚段关节式纵向电分段。

⑧ 双线电气化区段，应按满足上下行正线分别停电、检修安全的要求设置绝缘锚段关节式纵向电分段，安装负荷开关或消弧电动开关，并纳入 SCADA 远动系统。

⑨ 区间一定长度的接触网之间应设绝缘锚段关节式纵向电分段。

⑩ 大型桥梁或隧道的接触网应单独设电分段。

三、几种典型的分段绝缘器

1. 双绝缘杆分段绝缘器

该型分段绝缘器由导线接头、导流板、绝缘件、放电间隙等部分组成，如图 4-4-1 所示。

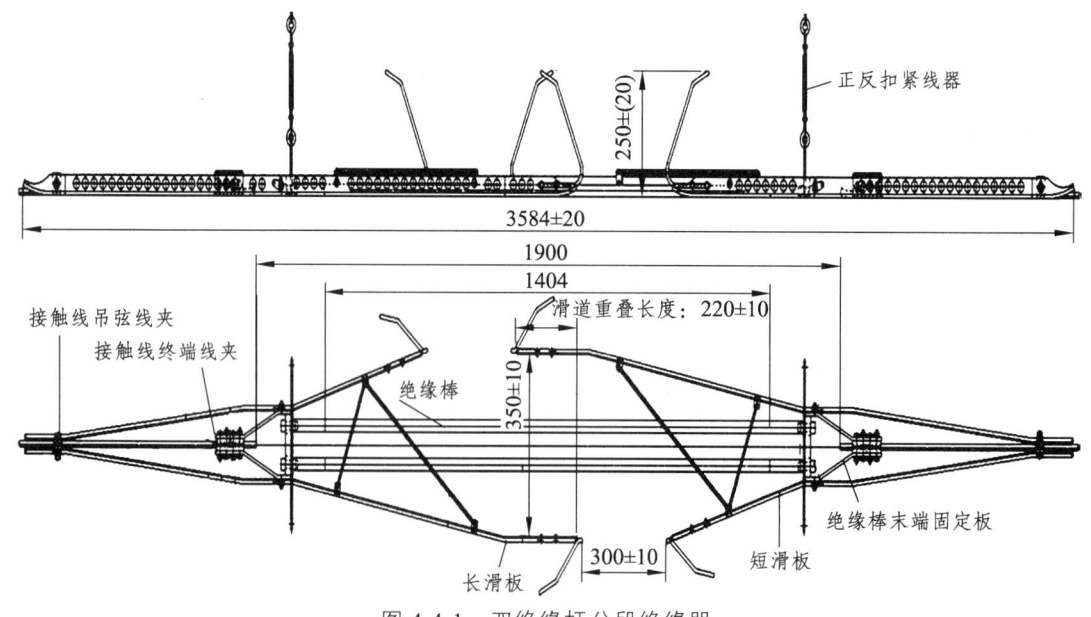

图 4-4-1　双绝缘杆分段绝缘器

正常工作情况下，分段绝缘器两端通过高压隔离开关和电连接处于等电位，受电弓通过分段绝缘器时，滑板从绝缘板和导流板下高速滑过，为防止受电弓滑板在两导流板间转换时拉弧，两导流板在空间上是重叠的，而且特设防闪络放电间隙；检修作业情况下，分段绝缘器处的隔离开关处于断开状态，分段绝缘器一端的接触网处于 25 kV 高压状态，另一端接触网处于无电状态且接地，对地电位为零，为检修或其他作业提供一个无电区，分段绝缘器两导流板间的空气间隙和绝缘元件承受接触网对地电压。

2. 三绝缘杆分段绝缘器

三绝缘杆分段绝缘器由硅橡胶绝缘棒、金属滑道、绝缘辅助滑道、引弧导流滑道、金属构架等部分组成，如图 4-4-2 所示。

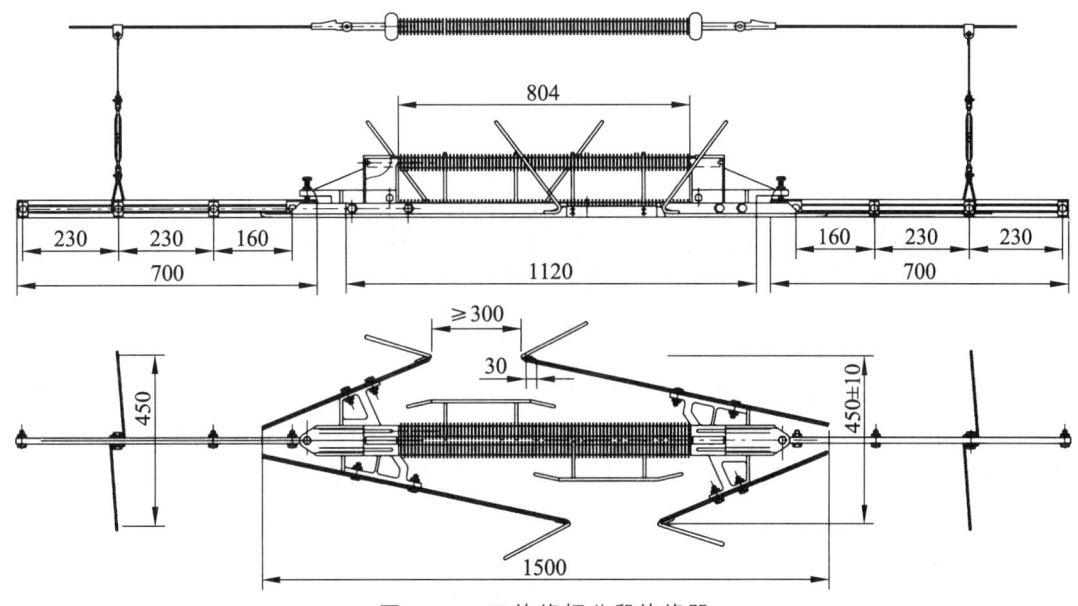

图 4-4-2 三绝缘杆分段绝缘器

三绝缘杆分段绝缘器主体采用三角形立体结构，由三根硅橡胶复合绝缘子以三角形立体布置，与两端金属构架通过高强度粘接而成整体，以增加整体的刚性，克服平面结构易产生挠度的缺点，且主绝缘棒与受电弓为非直接滑动接触，在主绝缘两侧有相对斜边对称的金属导流滑道和构成平面的辅助绝缘滑道使底面成为闭合平面，与动车组、电力机车受电弓接触，其本体通过接触线夹与接触线连接，在主绝缘子两侧有相对应的带引弧装置的导流滑道（同时两金属滑道间有 300 mm 的消弧角隙），当受电弓通过时产生的电弧由引弧棒引向外侧且向上漂移。承力索绝缘棒采用硅橡胶复合绝缘子，吊线与引弧棒之间的距离又较大，因此可避免电弧烧损分段绝缘器及其他部件。两侧相对的金属滑道间有一个重叠区，保证供电的连续性。

该型分段绝缘器在 20～30 kN 的工作张力下具有良好的可靠性和稳定性。绝缘子爬距大于 1600 mm，耐污能力强，在 0.4 mg/cm² （等值附盐密度）及 0.2 mg/cm² （灰分）的情况下，污耐电压超过 40 kV，适用于重污区；消弧角隙 ≥ 300 mm，消弧能力强，适用于接触网 V 型天窗停电作业方式。该分段为非绝缘滑道式，绝缘棒不与受电弓相磨。金属滑道、绝缘辅助滑道与接触线在同一平面，无硬点，磨耗低，延长了使用寿命；分段绝缘器整体在工厂进行了全面的调整和固化，现场只需通过吊弦调整水平（与轨面平行）及负弛度即可，不会对接触网整体结构造成影响；安装调整采用负弛度，使接触压力较均匀，避免了硬点，满足高速列车通过的需要；分段绝缘器与受电弓的接触面由于有辅助绝缘滑道的作用，通过连续、平滑无硬点；分段处金属导流滑道间有重叠区，使得分段绝缘器和受电弓之间没有任何断点，不会产生断电现象，满足通过速度高、双向通行的需要。

3. 法国分段绝缘器

法国高速电气化铁路采用的是一种复合分段绝缘器，它由绝缘棒、消弧角隙、滑道及相应配件、组件组成，如图 4-4-3 所示。

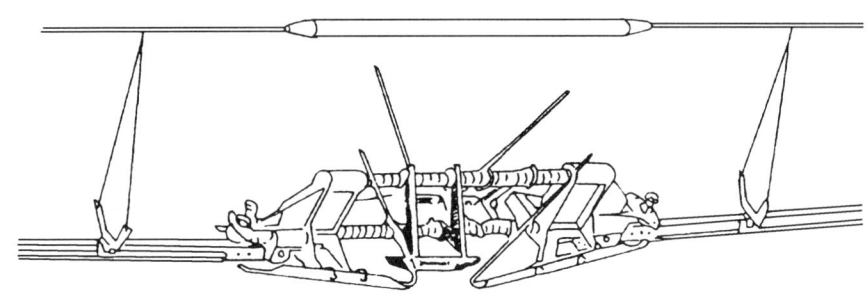

图 4-4-3　法国分段绝缘器

图 4-4-3 中的分段绝缘器的绝缘棒是由玻璃纤维加强树脂材料制成的，并覆涂有硅橡胶保护层，使用寿命可达 20 年，能在 –30 °C ~ +70 °C 的大气温度下运行。最大工作机械负荷为 2000 deN，断裂负荷为 8000 deN，质量为 9 kg。主要电气性能如下：最高电压为 27.5 kV；最大电流为 600 A；无接触绝缘器滑道耐压为 160 kV/min（干闪），55 kV/min（湿闪）；消弧角隙为 220 mm；两个消弧角隙之间电弧持续时间为 2 ~ 6 s（750 A、25 kV）；最大允许运行速度为 280 km/h。该分段绝缘器具有质量小、结构紧凑、绝缘性能好等优点。

四、高速铁路接触网对分段绝缘器的主要技术要求

分段绝缘器所在位置是接触网的薄弱点之一，主要问题有：抬高量不合理、工作面与轨面不平行、绝缘元件老化、连接螺栓松动、接触线与分段绝缘器连接头之间的连接不平贴。其后果是分段绝缘器所在处的接触线出现异常磨耗，受电弓通过时产生电弧，受电弓振动明显或打弓。所以高速铁路接触网对分段绝缘器的主要技术要求如下：

（1）分段绝缘器主绝缘本体宜采用与受电弓滑板非接触式，应具备耐弧能力和滑道自洁性能，具有引弧功能，受电弓滑动接触通过时，不允许存在断电间隙；抗拉破坏荷载不小于 52 ~ 94.05 kN；耐磨性能不低于 100 万弓架次。

（2）在符合工作条件要求的前提下，在不影响设备使用寿命的情况下可持续工作。在分段绝缘器两端允许工作电压差 800 V 和允许通过机车额定工作电流 1000 A 的工作条件下，空载电压不小于 25 kV、短路电流值不小于 5 kA（0.1 s）；工作条件下不打弓。

（3）分段绝缘器材质应有较高的耐弧性能，能可靠地避免烧损分段绝缘器的各部件。

（4）分段绝缘器本体由具有高强度机械特性的轻型合金材料以及高强度聚合材料和耐腐蚀材料制成，成品质量轻。

（5）金属连接件及各种附件、紧固件等由耐腐蚀材料制成，有可靠的防松脱措施，能可靠地承受工作张力并有足够的安全系数。

（6）分段绝缘器的绝缘元件（包括绝缘滑道）和承力索的绝缘元件须具有良好的自洁性和憎水性。在动车段、动车所等整备、检修作业的处所使用时，分段绝缘器应保证一端长时间接地时不会发生绝缘击穿短路。

（7）在位于超高≤60 mm、最大跨距为65 m的线路区段间的任何位置都能允许受电弓顺利通过，并允许列车以规定的最高行驶速度双弓、双向行驶，而不会击伤受电弓滑板或其他部件和出现打弓现象。

（8）分段绝缘器与接触线或承力索、吊索连接线夹在线材标称拉断力的95%范围内不发生线材与线夹间的滑动。

第五节　接触网电分相及自动过分相技术

一、电分相的概念

在电气化区段，牵引供电采用单相工频交流供电方式。为使电力系统三相尽可能平衡，接触网采用分段换相供电。为防止相间短路，必须在各独立供电区之间建立分相区，各相间用空气或绝缘部件分割，称为电分相。

接触网电分相按绝缘介质分类，可分为关节式电分相和器件式电分相。

关节式电分相是指利用绝缘锚段关节的空气绝缘重叠，完成接触网相与相之间供电单元的分割。

器件式电分相主要用于普速铁路区段的空间有限或不便设关节式分相的处所，利用绝缘部件完成接触网相与相之间供电单元的分割。

二、电分相的设置原则

接触网电分相一般设置在牵引变电所和分区亭出口、两供电臂交界等处所。具体位置应充分考虑线路情况、列车运行方式、调车作业、供电线路分布、进站信号机位置等因素。距进站信号机 300 m 的范围内不得设电分相，6‰以上的坡道区不宜设电分相。因客观原因确实无法满足上述要求时，应根据线路通行的电力机车功率、牵引质量、线路坡度和曲线等条件进行技术校验，确保列车不会停滞在接触网无电区内。

为避免分区所开关设备承受线间电压，两相邻变电所之间的接触网宜采用同相电供电。

电分相无电区的设置必须满足两点：

（1）因故停车时，机车受电弓不能处于电分相无电区内。

（2）电力机车因故停车起动后，应能保证列车具备足够的动能闯过无电区。

三、接触网电分相结构形式

1. 器件式电分相

普速铁路器件式分相绝缘器因制造工艺的不同，型号、结构形式较多，但一般由导线接头、绝缘件、消弧装置等部分组成。主要有单根绝缘杆器件式电分相、双根绝缘杆器件式电分相。三组单根绝缘杆、双根绝缘杆组成一处器件式电分相，如图 4-5-1 所示。

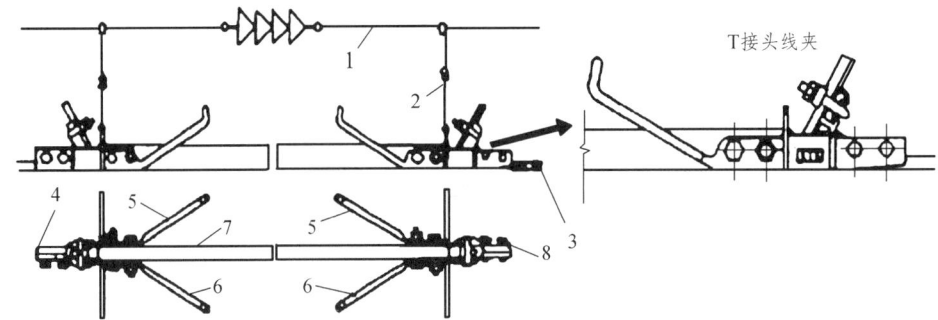

1—承力索；2—吊索；3—接触线；4—分相绝缘器接触线线夹；5，6—消弧角隙；7—绝缘部件；8—内六方紧固螺栓

（a）单根绝缘杆器件式电分相

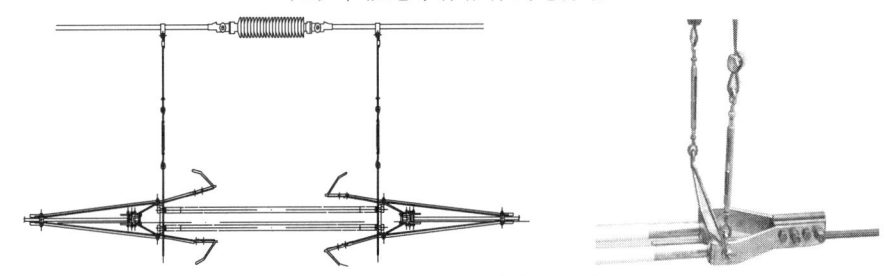

（b）双根绝缘杆器件式电分相

图 4-5-1　接触网常用器件式电分相示意图

器件式电分相的受电弓通过速度一般不超过 120 km/h，所以不适用于高速铁路或速度等级较高的铁路。器件式电分相应位于受电弓中心，一般情况下偏差不得超过 100 mm，双线区段，在列车运行方向为 1‰ 的上升坡度；单线区段，为 50 ± 10 mm 负坡度；滑道底面应平行于钢轨连线，所以器件式电分相应尽量设置在直线区段。器件式电分相导线接头处应过渡平滑，承力索绝缘子一般采用质量较小的有机复合绝缘子。器件式电分相中性区长度一般为 30 m。其标志牌设置与关节式电分相相同。

2. 关节式电分相

目前，我国电气化铁路接触网一般采用关节式电分相结构。

关节式电分相按照跨距数量分类，主要有六跨、七跨、八跨、九跨、十二跨、十六跨关节式电分相，其结构形式如图 4-5-2 所示。

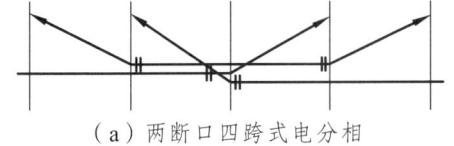

（a）两断口四跨式电分相

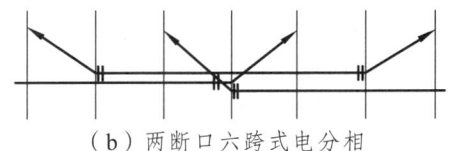

（b）两断口六跨式电分相

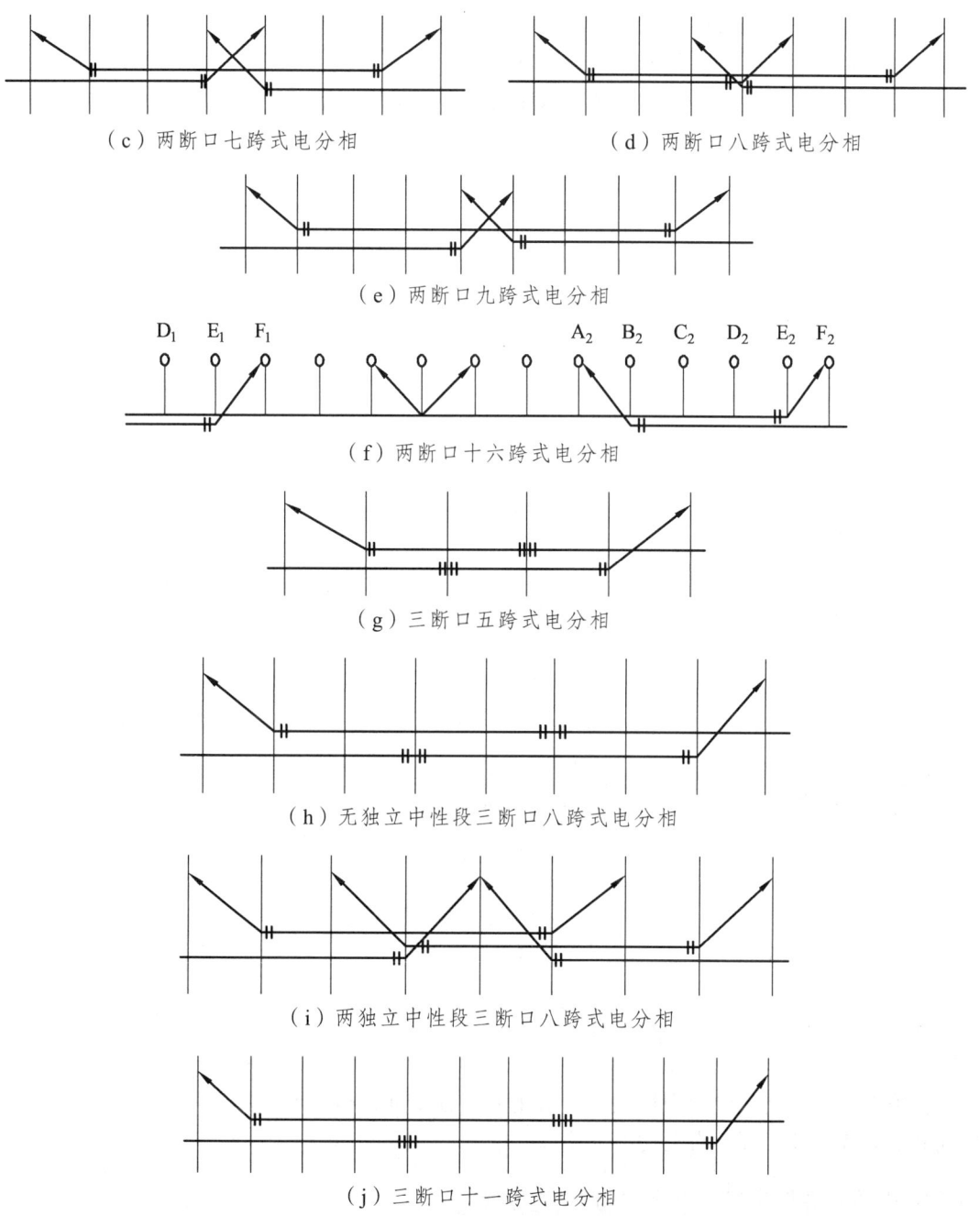

图 4-5-2 接触网常用关节式电分相结构示意图

关节式电分相按照断口数量分类，可分为两断口和三断口关节式电分相，如图 4-5-2 所示。

从图 4-5-2 可以看出，关节式电分相结构形式多样，各种结构在现场实际中均有应用，现场具体采用何种结构应经供电、行车检算确认，尽量减小对列车通过速度、运行时间和接触线坡度变化对受流的影响。

关节式电分相结构的技术条件与绝缘锚段关节的技术条件基本相同，如图 4-5-3 所示，最根本的区别是中性段与两侧接触悬挂之间无须安装隔离开关和电连接。如因考虑列车救援和越区供电需要安装了隔离开关和电连接的，正常工作条件下，隔离开关必须处于分断状态。只有当列车因故停滞于中性段无电区需救援时，才能根据列车受电弓位置决定是否操作隔离开关。

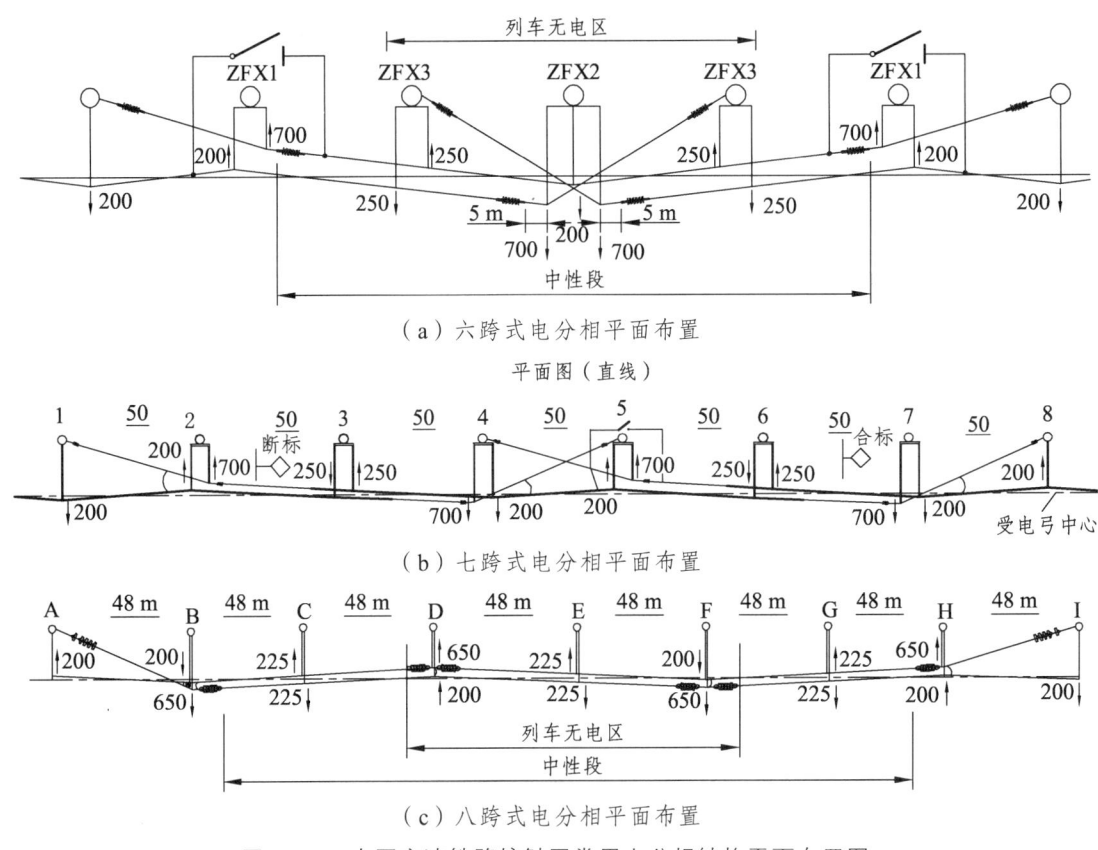

图 4-5-3 中国高速铁路接触网常用电分相结构平面布置图

四、列车自动过电分相技术

我国电气化铁路接触网现场运用中采用列车自动过分相技术。其主要方式有：车载设备自动断电方式和地面开关自动切换方式。

1. 车载自动断电过分相装置

车载自动断电过分相装置的系统结构如图 4-5-4 所示，由安装于地面电分相区的 4 个地面感应器、机车底部的车载地面感应信号接收器、机车室内的控制系统和司机室操作台的信号指示系统 4 个部分组成。

地面感应器是嵌入专用轨枕内或安装在整体道床上的耐高温、耐腐蚀、不易损坏的永久磁铁，其布局如图 4-5-5 所示。图中 1#地面感应器为预告信号感应器、2#地面感应器为强迫感应信号感应器，3#地面感应器为反向恢复信号感应器、4#地面感应器为反向预告感应信号感应器。

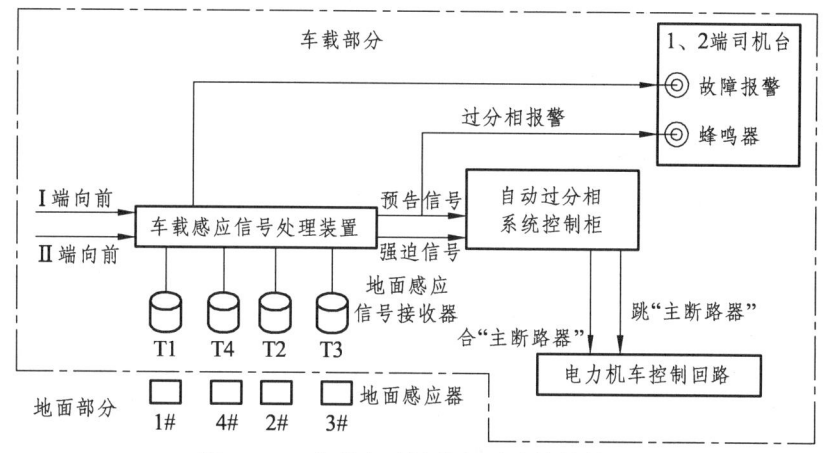

图 4-5-4 车载自动过分相系统结构简图

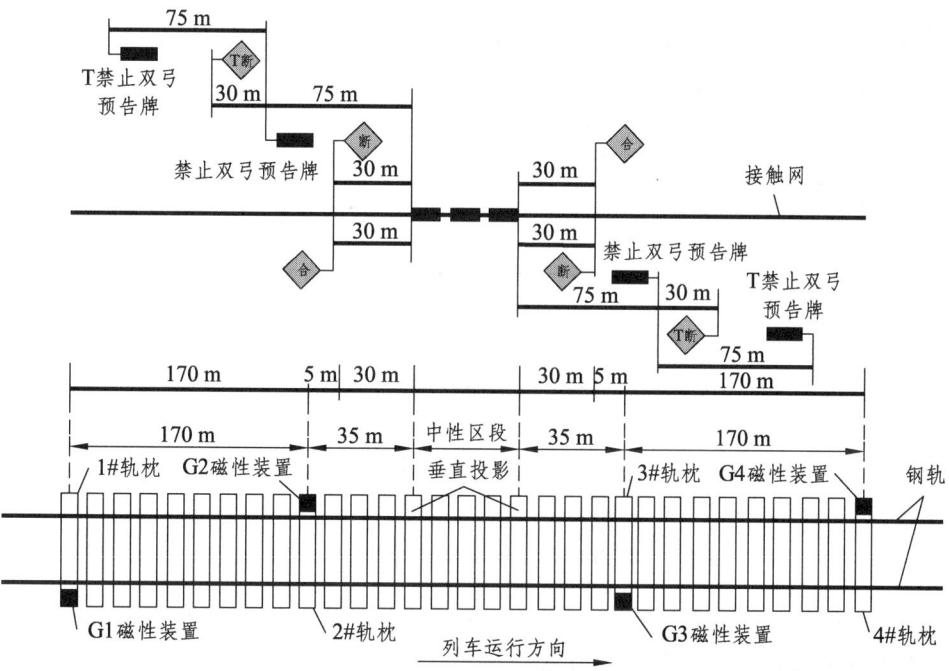

（a）250 km/h 以下地面感应器布置示意图

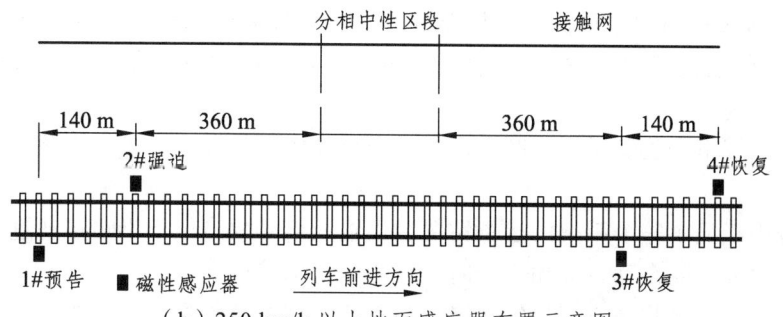

（b）250 km/h 以上地面感应器布置示意图

图 4-5-5 车载自动过分相系统地面感应器布置示意图

- 57 -

以时速 250 km/h 以下为例，地面感应器布置如图 4-5-5（a）所示，自动过分相地面感应器是安装在接触网电分相两侧各 205 m（为预告断电点，安装在电力机车或动车组运行方向右侧）、35 m（为强迫断电点，安装在电力机车或动车组运行方向左侧）处向电力机车或动车组自动过分相车载感应装置发射接触网电分相位置、距离等地面电磁信号信息的设备。在电力机车或动车组通过右侧预告断电点地面感应器时，右侧车载感应装置将接收到的位置信号判定为预告模式，控制牵引电机及辅助系统逐步切除负载至零位；在电力机车车载感应装置通过左侧强迫断电点地面感应器时，左侧车载感应装置将接收到的位置信号判定为强迫模式，电力机车或动车组将自动分断主断路器；通过接触网电分相中性区后，在电力机车或动车组通过另一侧强迫断电点、预告断电点地面感应器时，电力机车或动车组左右两侧车载感应装置将接收到的位置信号判定为恢复信号，发出恢复指令，闭合主断路器，逐步恢复牵引电机及辅助系统负载，完成自动通过电分相。

地面感应信号接收器是安装在电力机车或动车组转向架上，通过感应地面感应装置完成列车定位和过分相动作触发。列车定位是自动过分相的关键技术之一，定位准确和可靠是保证系统可靠运行的基础，当机车或动车组通过电分相区时，地面感应信号接收器将感应一个幅值和宽度与机车运行速度相对应的信号。

地面感应信号接收器共 4 个，1# 和 2# 互为备用，其安装位置在电力机车或动车组转向架处，距钢轨中心 300 ± 10 mm，距钢轨轨面 110+10 mm，如图 4-5-6 所示。

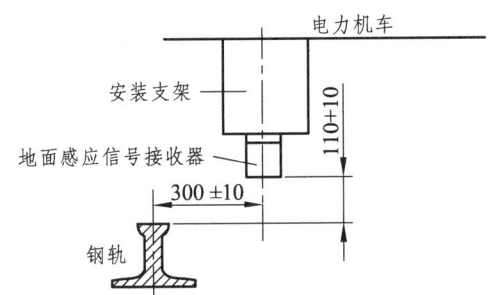

图 4-5-6 地面感应信号接收器安装位置示意图

控制系统由系统信号处理单元和控制单元组成，前者完成定位信号采集、机车运行方向判定、处理相应的信息、发出相关信息指令、自诊断故障信息、输出显示信息等功能；后者采集信号处理单元输出的定位信息、机车速度、司机指令、牵引电流、供电网压等相关信息，并根据接收到的定位信息、机车速度，确定控制牵引电流下降的速率和断开主断路器的位置。通过分相区后，根据接收到的定位信息，控制闭合主断路器和控制牵引电流平稳上升。

信号指示系统由安装于司机控制室内的一个故障指示灯和一个接收到预告信号指示的蜂鸣器组成。

灯光信号用于显示整个系统的运行情况，当输入信号故障但不影响自动过分相工作时，灯光闪亮；当故障影响自动过分相工作时，灯光一直保持明亮。

蜂鸣器用于指示接收预告信号的状况，当系统控制柜接收到过分相的预告信号时，蜂鸣器发声，表明自动过分相系统已经开始工作。当机车通过"禁止双弓"标牌时，蜂鸣器没有声响，则司机可采取手动过分相操作。

2. 地面开关自动切换过电分相装置

地面开关自动切换过电分相装置的原理如图 4-5-7 所示。

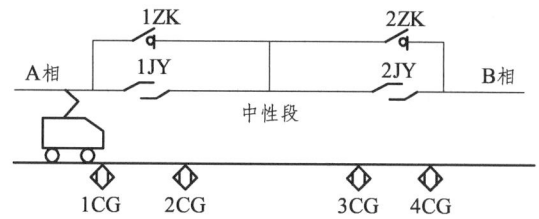

图 4-5-7 地面自动转换过电分相装置原理示意图

图中 A 相接触网、中性段接触网、B 相接触网三者构成一个带中性段的绝缘锚段关节式电分相结构。1JY、2JY 为中性段与两相接触网之间的空气绝缘间隙；1ZK、2ZK 是串接在 1JY、2JY 上的两台真空负荷开关；1CG、2CG、3CG、4CG 是设置在线路上的电力机车位置感应器。

无列车通过分相区时，两台真空负荷开关均处于断开状态，中性段接触网无电。当电力机车从 A 相驶来，到达 1CG 位置时，真空负荷开关 1ZK 闭合，中性段接触网由 A 相供电；待电力机车进入中性段到达 3CG 位置时，1ZK 分断、2ZK 随即迅速闭合，完成中性段供电的换相变换，电力机车在不需要任何附加操纵、负荷基本不变的条件下通过电分相区段；待列车驶离 4CG 位置后，2ZK 分断，装置回零，各项设备恢复到无列车通过时的状态。当列车从 B 相驶来时，由控制系统自动识别，控制两台真空负荷开关以相反顺序轮流断开与闭合，使接触网两相能通过 1ZK 及 2ZK 分别向中性段供电。

该系统的关键在于真空负荷开关的机电性能、两台真空负荷开关逻辑控制的可靠性和装置消除转换过程中产生的过电压问题。

真空负荷开关是该系统的关键设备，必须解决好以下两个方面的基本问题：

① 为减轻过渡过程对电力机车电器设备的机电冲击，真空负荷开关切换过程中的瞬间断电时间应很短，其分合闸速度应很快。

② 真空负荷开关动作频繁，其机械和电气寿命受到严重威胁，应想尽一切办法提高其机电寿命。目前一般采用大直径、大波距的冲压成型波纹管和预拉伸装配技术，以减小波纹管单位面积的形变；采用新型高压消汽剂和可阀焊封装等新技术、新工艺，从整体装配设计上加强减振环节；开关机构采用既简单又可靠的电磁拍合式。

控制系统是该系统的关键技术，它由可编程控制器、机车位置传感器、输入信号隔离、输出驱动、电源、显示、报警、试验等部分组成，控制系统必须精确可靠地实现对各执行部件的自动控制和状态监视，并具有以下功能：

① 有足够的逻辑运算及控制功能，以实现装置运行的自动化。
② 能自动检查出装置中出现的各种故障并分类报警，便于查找排除。
③ 有较高的响应速度，以压缩开关切换时的瞬时断电时间。
④ 有较强的抗干扰性能，能在强电磁干扰条件下可靠工作。
⑤ 能适应长时间无间歇的连续工作。

可编程控制器的可靠性和逻辑运算能力是控制系统性能好坏的技术基础。电力机车位置传感器是设置在电分相处为电力机车过电分相提供准确定位信息的信号装置，电力机车位置判定是否准确是系统各部分能否协调一致并成功转换的关键技术之一。机车位置传感器应能适应电气化铁路电磁干扰强和与轨道电路叠加使用的特点，采用每台两套电路双机热备用，以满足系统无故障连续运行的要求。

电动断电标是报警环节的一部分，它的"断"标及"准备断电"标互成90°的两个位置，当装置正常运行时，它处于非显示位，司机不断电带负荷过电分相；当装置因故障撤出运行时，它自动转到显示位，提示司机按断电过电分相操作。

第六节 补偿装置

一、补偿装置的概念

接触网补偿装置是自动调节接触线和承力索张力的补偿器及其制动装置的总称。补偿装置是接触网的重要机械装置，用于调节因温度变化引起的线索张力和弛度变化，使张力和弛度保持在一定技术范围内，改善悬挂弹性，提高接触悬挂的机械稳定性。

1. 补偿装置的作用

当温度变化时，线索受温度变化的影响发生热胀冷缩，总长发生伸长或缩短，将会使整个接触悬挂张力和弛度发生变化。由于锚段两端线索下锚处安装了补偿器，在其坠砣串重力的作用下，能够自动调整线索的张力并保持线索弛度满足技术要求，从而使接触悬挂的稳定性与弹性得到改善。

2. 对补偿装置的要求

对补偿装置的要求主要有两点：一是补偿装置应灵活，在线索内的张力发生缓慢变化时，应能及时补偿，传送效率要高；二是具有快速制动作用，一旦发生断线事故或其他异常情况，线索内的张力迅速发生变化时，补偿装置还应有一种制动功能。

二、补偿装置的分类

目前张力补偿装置主要有滑轮组补偿装置、弹簧补偿装置、鼓轮式补偿装置和棘轮补偿装置。

为防止补偿的不平衡，同一锚段两端的张力补偿装置必须一致。

1. 滑轮组补偿装置

滑轮组补偿装置由补偿滑轮、补偿绳、杵环杆、坠砣杆、坠砣串及连接零件组成。补偿滑轮分为定滑轮和动滑轮，定滑轮改变受力方向，动滑轮除改变受力方向外，还可省力和移动位置。其安装如图4-6-1所示。

杵环杆是动滑轮与下锚绝缘子串之间的连接杆件，一端为单环孔，一端为杵头状。杵环杆的机械强度要求较高，且长度不大于1 m，一般用直径为16 mm的圆钢加工制成。

补偿装置串接在锚段内线索两端与下锚支柱间，根据接触悬挂张力的不同，选择不同的补偿滑轮组传动比和坠砣数量。

全补偿链型悬挂接触线与承力索两端均带补偿器,当承力索张力选用 15 kN 时,补偿器一般采用三滑轮组式,传动比为 1:3,加载 25 kg 坠砣 20 块;当接触线张力选用 10 kN 时,补偿器一般采用两滑轮组式,传动比为 1:2,加载 25 kg 坠砣 20 块;当接触线张力选用 15 kN 时,补偿器一般采用三滑轮组式,传动比为 1:3,加载 25 kg 坠砣 20 块。

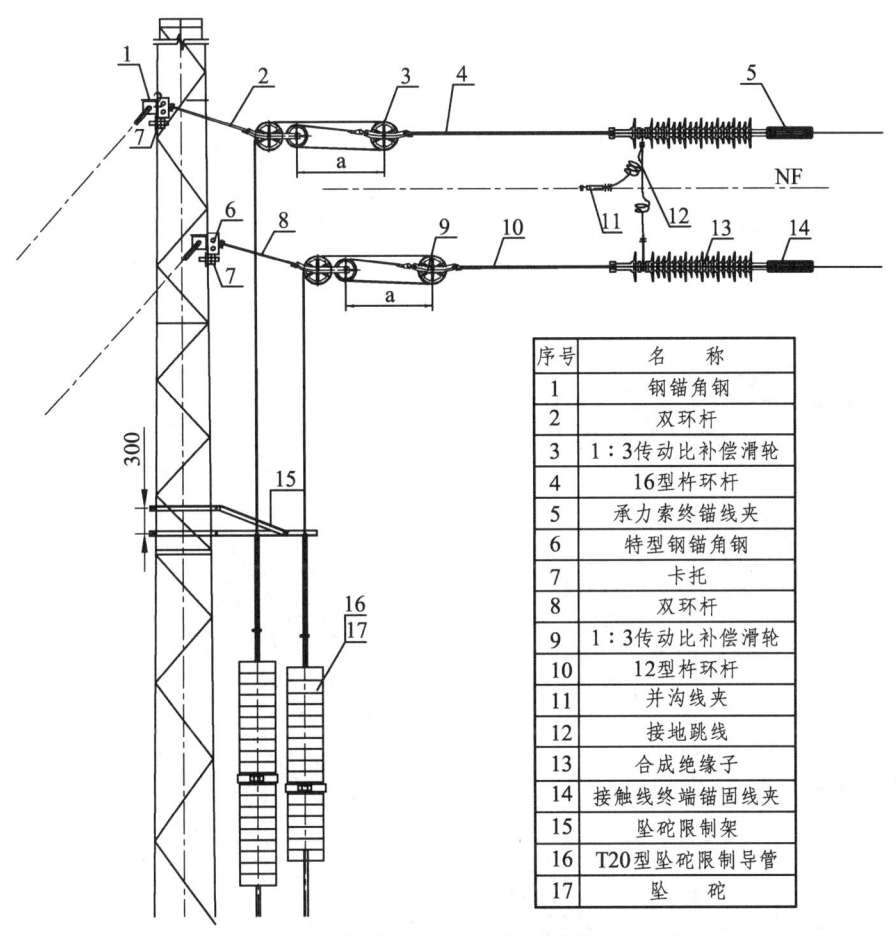

图 4-6-1 全补偿滑轮组支柱下锚安装示意图

补偿器靠坠砣串的重力使线索的张力保持平衡。当温度变化时,线索的伸缩使坠砣串上升和下降,当坠砣串升降超出允许范围时,如下降过多使坠砣串底面接触地面或上升过多使坠砣杆耳环孔卡在定滑轮槽中,都会使补偿器失去补偿作用。因此用补偿器的 a、b 值来限定坠砣串的升降范围。

坠砣杆耳环孔中心至补偿(定)滑轮下沿的距离为补偿器的 a 值。坠砣串最下面一块坠砣的底面至地面(或基础面)的距离称为补偿器的 b 值。

不同温度时,补偿器的 a、b 值不同,其计算方法如式(4-6-1)和式(4-6-2)所示:

$$a = a_{\min} + nl\alpha(t_x - t_{\min}) \quad (4\text{-}6\text{-}1)$$

$$b = b_{\min} + nL\alpha(t_{\max} - t_x) \quad (4\text{-}6\text{-}2)$$

式中 $a_{\min}$——设计时规定的最小 a 值（mm）；
$b_{\min}$——设计时规定的最小 b 值（mm）；
$t_{\min}$——设计时采用的最低温度（°C）；
t_x——安装或调整作业时的温度（°C）；
$t_{\max}$——设计时采用的最高温度（°C）；
n——补偿滑轮传动系数（即传动比倒数）；
L——锚段内中心锚结至补偿器间的距离（m）；
α——线索的线胀系数。

为了施工和维修的方便，利用式（4-6-1）和式（4-6-2），根据不同的温度和中心锚结至补偿器间的距离，可以计算出多组 a、b 值，将计算结果标注在图中，通过描点作图绘制出补偿器的安装曲线（图 4-6-2），供施工和维修人员参照调整，准确控制坠砣串的高度。补偿装置的 b 值应符合安装曲线的要求，允许误差为 200 mm。在最高温度下，b 值不得小于 200 mm；在最低温度下，a 值不得小于 200 mm。

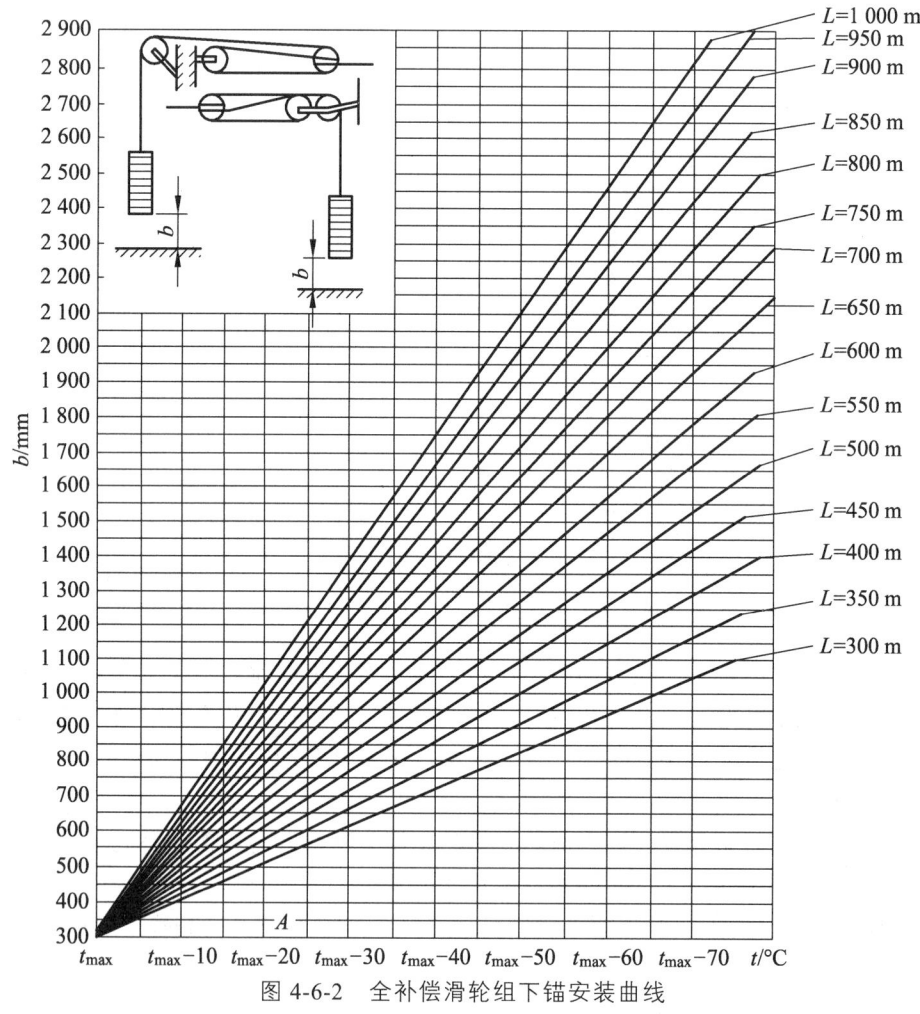

图 4-6-2 全补偿滑轮组下锚安装曲线

经过超拉后架设的承力索和接触线，坠砣对地面的高度为实际高度。

未经超拉架设的承力索和接触线，应根据补偿器的安装曲线，并参照新线延伸系数，调整安装坠砣串的高度。新线延伸长度按照式（4-6-3）计算：

$$b=b'+C\times L \tag{4-6-3}$$

式中　b——坠砣实际高度（m）；

　　　b'——根据安装曲线查得的坠砣高度（m）；

　　　L——中心锚结至下锚点线索长度（m）；

　　　C——新线延伸系数乘以传动比。

导线新线延伸系数如表 4-6-1 所示

表 4-6-1　承力索、接触线新线延伸系数

导线类型	新线延伸系数（$\times 10^{-4}$）	导线类型	新线延伸系数（$\times 10^{-4}$）
镀锌钢绞线承力索	1	铜绞线承力索	4~7
镀铝锌钢绞线承力索	1	铜、铜合金接触线	4~7
钢芯铝绞线承力索	3	钢铝接触线	3

2. 弹簧补偿装置

弹簧补偿下锚装置取消了传统的坠砣结构，机构简洁、安装方便，具有较好的景观效果；由于没有坠砣装置，安装占用空间小，适用于隧道和站场内空间受限的地方。单纯与滑轮、棘轮补偿比较，弹簧补偿装置的造价偏高，但如果考虑工程综合投资，站场和隧道内采用弹簧补偿装置更具有经济意义。

普速铁路在隧道内下锚受断面和净空影响，一般都需要加高或加宽隧道断面。高速铁路采用双线隧道区段，隧道净空和断面尺寸较大。目前运营的或正在施工的线路上在张力补偿处一般都没有局部加宽断面，补偿坠砣采用局部占用救援通道的设计方案，占用救援通道的宽度一般控制在 600 mm 以内（信号机占用的宽度约为 600 mm，均须满足隧道专业要求的最小宽度 1250 mm）。

如图 4-6-3 所示为弹簧式补偿装置。这种补偿装置能较好地保持张力恒定，但是动作范围受限。弹簧式补偿结构有将承力索和接触线二者并联在一起的，如图 4-6-3（a）所示；也有采用承力索和接触线非并联结构的，如图 4-6-3（b）所示。非并联结构的优点是在发生故障时，恢复起来相对较容易。

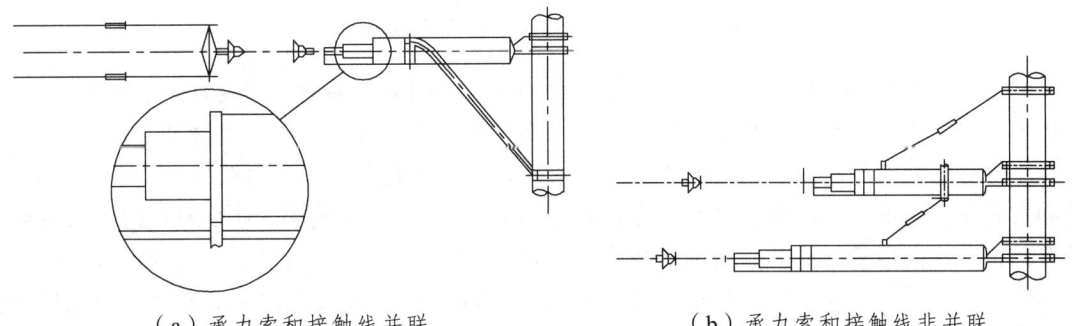

（a）承力索和接触线并联　　　　（b）承力索和接触线非并联

图 4-6-3　弹簧式补偿装置安装结构示意图

3. 鼓轮式补偿装置

鼓轮式补偿装置是指用平衡板将承力索与接触线平行地"并联"在一起下锚,以便只利用一套特殊的补偿滑轮(鼓轮)装置就可以预防整个接触悬挂的窜动。利用锚段两端全补偿下锚装置的坠砣,通过补偿绳对整个锚段的接触悬挂施加规定的张力,此张力在悬挂中承力索与接触线之间的分配,取决于平衡板上中间与绝缘子串的连接点和其两端与承力索、接触线的连接点之间两段距离的比值。

这种下锚方式的结构如图 4-6-4 所示。

这种方式中所用的特殊补偿滑轮(鼓轮)称为变比补偿鼓轮(鼓轮传动),其外形如图 4-6-4 所示。它的结构及主要尺寸示于图 4-6-4 中的 A 向、B 向、C 向及 D 向中。

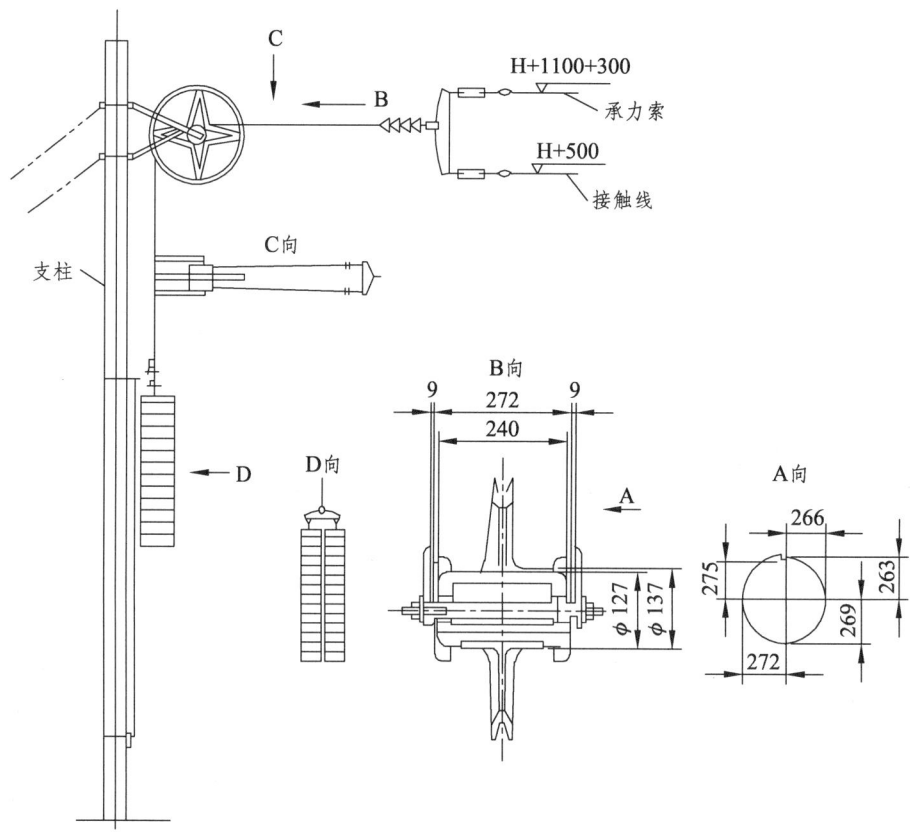

图 4-6-4 鼓轮式补偿装置安装示意图

从图 4-6-4 中的 B 向可见,这种补偿鼓轮中央有一根轴,轴的两端装有滚动轴承,形成一体的鼓轮,靠其两端的承孔套于轴承外圈从而支撑于滚动轴承上,并可绕轴自由旋转。在鼓轮零件上,直径较小($\phi 127 \sim \phi 137$ mm)的鼓轮部分具有由中间向两端缩小的锥度,鼓轮是和滑轮在一起的,滑轮直径约为鼓轮的 4 倍,滑轮上具有一个沟槽,补偿绳在沟槽内转动。具有沟槽形状的滑轮外廓为特制的涡状曲线形状,其尺寸如图 4-6-4 中的 A 向所示,其半径由 263 mm 逐渐均匀增大至 269 mm、275 mm,平均每隔 300 mm 增大 1 mm。该涡状曲线其实就是一段所谓的阿基米德螺线,其方程以极坐标表示如下:

$$\rho = \alpha \cdot \theta + r_0 \quad (0° \leqslant \theta \leqslant 360°) \tag{4-6-4}$$

式中，ρ（mm）、θ（0）为曲线的极坐标；α、r_0 皆为常数。对于上述尺寸的滑轮，常数 r_0 取值为 263 mm；α 取值为 1/30 mm（0）。

由于采用了阿基米德螺线形的滑轮沟部外廓，当补偿鼓轮回转时，鼓轮的传动比随回转角度 θ 的变化而变化，从而施加于接触悬挂的张力也将相应地变化，参见图 4-6-4 中的 B 向，即张力将随鼓轮的顺时针或逆时针回转而相应地减小或增加，其回转角、传动比与施于悬挂的张力三者间的关系如表 4-6-2 所示。

表 4-6-2　鼓轮传动比、回转角与接触悬挂张力三者的关系

悬挂伸（＋）缩（－）值/mm	回转角度	补偿鼓轮的传动比	接触悬挂张力（当坠砣总重为 6.25 kN 时）
－440	－360°	420∶1	26.25
－330	－270°	415∶1	25.9375
－220	－180°	410∶1	25.625
－110	－90°	405∶1	25.3125
0	0	400∶1	25.00
＋110	＋90°	395∶1	24.6875
＋220	＋180°	390∶1	24.3750
＋330	＋270°	385∶1	24.0625
＋440	＋360°	380∶1	23.75

带变化的鼓轮补偿装置具有防止接触悬挂窜动的作用。设由于某种原因，接触悬挂由左方补偿鼓轮一侧向右方补偿鼓轮一侧窜动了 220 mm，从而左方一侧鼓轮将回转-180°，由表 4-6-2 可知，其对接触悬挂施加的张力（拉力）将由 25.00 kN 增至 25.625 kN；而右方一侧鼓轮将回转+180°，其对悬挂的施加的拉力（据表 4-6-2 查得）将由 25.00 kN 减至 24.375 kN，从而使锚段两侧补偿装置间产生 1.25 kN 的张力差，张力差的方向向着左方，从而将接触悬挂拉向左方，直至消除此窜动、两侧张力平衡（皆为 25 kN）为止。

日本在新干线以及速度超过 200 km/h 的电气化线路上，普遍采用变比鼓轮作为补偿装置，其结构如图 4-6-5 所示。

日本变比鼓轮的大轮是用扁钢轧制成的，轮辐是用扁钢焊接成的，小轮采用铸铁浇注而成，小轮两边轮槽车成阿基米德螺线形式，补偿绳用油芯钢丝绳，变比为 1∶3.8～1∶4.2。该装置轮径较大，质量较重，同时由于采用了两套向心球轴承，从而减小了磨耗、传动效率高、补偿灵活。但是，阿基米德螺线和大直径的轮缘需要特殊加工制造，其工序较为复杂。另外，承力索和接触线是通过并联平衡板与补偿绳连接，因此要求承力索和接触线最好采用同材质的；如果采用异材质的，需要对并联的平衡板进行计算。

图 4-6-5 所示的鼓轮式补偿装置，其承力索和接触线同时连接到平衡板上，平衡板可以调节承力索和接触线内的张力。承力索和接触线因热胀冷缩造成的伸长（或缩短）的变化大小靠平衡板的比例来控制，其比例的大小是按承力索和接触线材质的线胀系数值计算出来的。

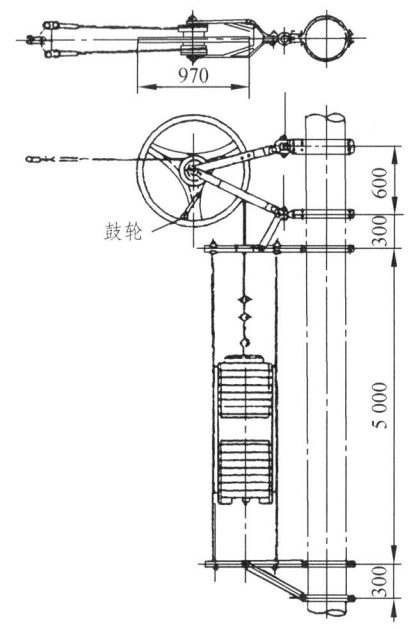

图 4-6-5　并联平衡板式补偿装置安装示意图

4. 棘轮补偿装置

棘轮补偿装置是我国高速铁路接触网系统补偿装置的一种常用形式，安装在锚段的两端，使用棘轮作为补偿装置，在接触线或者承力索的长度随温度的变化而发生变化时，加在其上的张力仍被维持在恒定状态。它能确保接触线或承力索承受正确和持续的补偿力，并有断线制动功能，可以防止在断线后坠砣落地而损坏下部设施及其他伤害，还可以减小事故造成的接触网损害。

棘轮补偿装置由棘轮、棘轮底座、棘轮连接架、补偿绳、平衡轮及双耳楔形线夹等组成。棘轮补偿装置的现场安装照片和结构示意图见图 4-6-6 和图 4-6-7。

（a）承力索棘轮　　　　　　　　　　（b）接触线伞齿状棘轮

图 4-6-6　棘轮补偿装置现场安装照片

棘轮本体大轮直径为 566 mm，小轮直径为 170 mm，传动比为 1∶3，补偿绳为柔性不锈钢丝绳。在工作状态下，棘齿与制动块之间有一定间隙，棘轮可以自由转动；当接触网线索断线后，棘轮和坠砣在重力作用下下落，棘轮卡在制动卡块上，从而能有效防止坠砣下落、缩小事故范围。

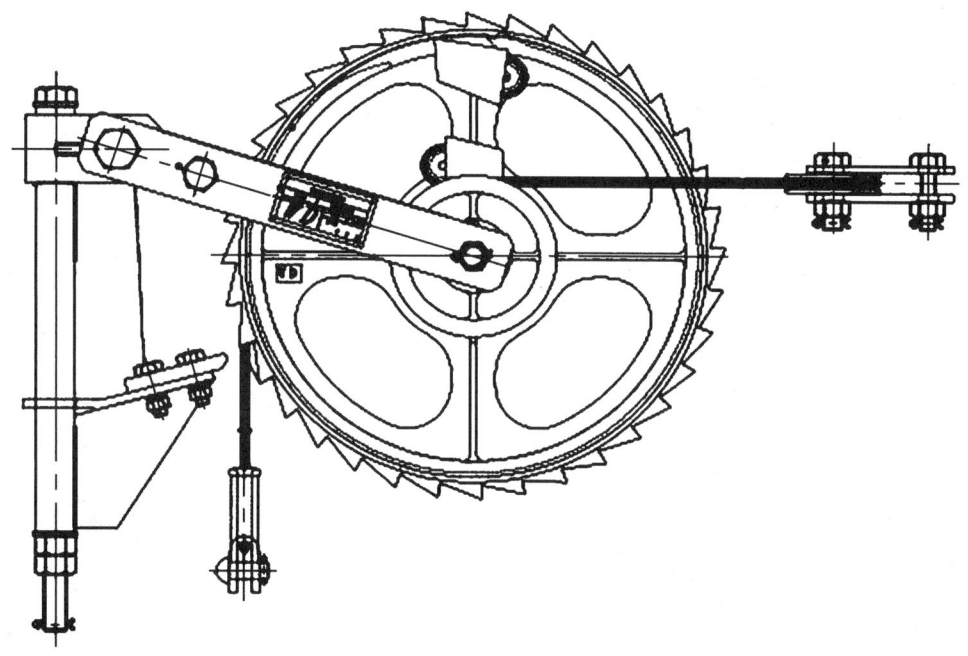

图 4-6-7 棘轮装置结构示意图

棘轮补偿装置能满足接触悬挂中承力索或接触线在支柱同侧下锚的要求；棘轮补偿装置在接触网终端张力补偿中的安装应满足各相关线路所规定的尺寸和功能要求，安装后应连接可靠、运转灵活、调整方便。在工作状态下，棘轮底座与补偿绳之间应无摩擦、偏斜、摆动等现象；在组合安装状态下上升或下降的传动效率≥97%；断线时，坠砣下落距离不大于 200 mm。棘轮补偿与滑轮补偿相比，具有占用空间少、转动灵活、传动效率高、防腐性能好、使用寿命长、具有断线止动功能等优点，但棘轮本体形状复杂，轮径大，薄壁部位多，对生产设备和工艺要求较高，造价略高于滑轮补偿装置。棘轮补偿如果设计和安装不恰当，也很容易产生卡滞而影响传动效率，因此棘轮装置必须保证棘轮下锚底座具有使固定棘轮框架的螺栓销在底座上横向调节的功能；隧道内坠砣串框架与坠砣限制架间采用滚动摩擦方式。

我国高铁最早引进德国技术的 Re200C 型补偿装置，其安装结构如图 4-6-8（a）所示。承力索和接触线是分别通过棘轮补偿装置固定到支柱上去的，支柱设有拉线（在图上没有显示）。从 A 向图上可以看出，承力索和接触线分别固定到支柱的两侧。为防止坠砣摆动，坠砣串上装有限制环，在温度变化时，限制环可以沿导杆上下移动。在结构上，接触线和承力索的补偿棘轮上都装有断线制动装置，以确保在断线时不致扩大事故范围并易于恢复，同时还可以防止坠砣串被破坏。图 4-6-8（b）为安装曲线，安装曲线下面标注的 300～800 m 是所使用的半个锚段的长度，右侧的数字从上至下为对应温度下坠砣的安装高度。安装曲线对应的安装温度是-40 ℃～+80 ℃，这一点与我国原来采用的计算最高温度不一样，我国的最高温度从南方至北方一律采用+40 ℃。这里采用+80 ℃，实际上是在最高计算温度上加了 40 ℃，它是考虑承力索和接触线在满电流负荷运行中，线索可能产生的最高温度。在这种情况下，承力索和接触线的伸长所形成的位移，不致使坠砣串的底部着地。

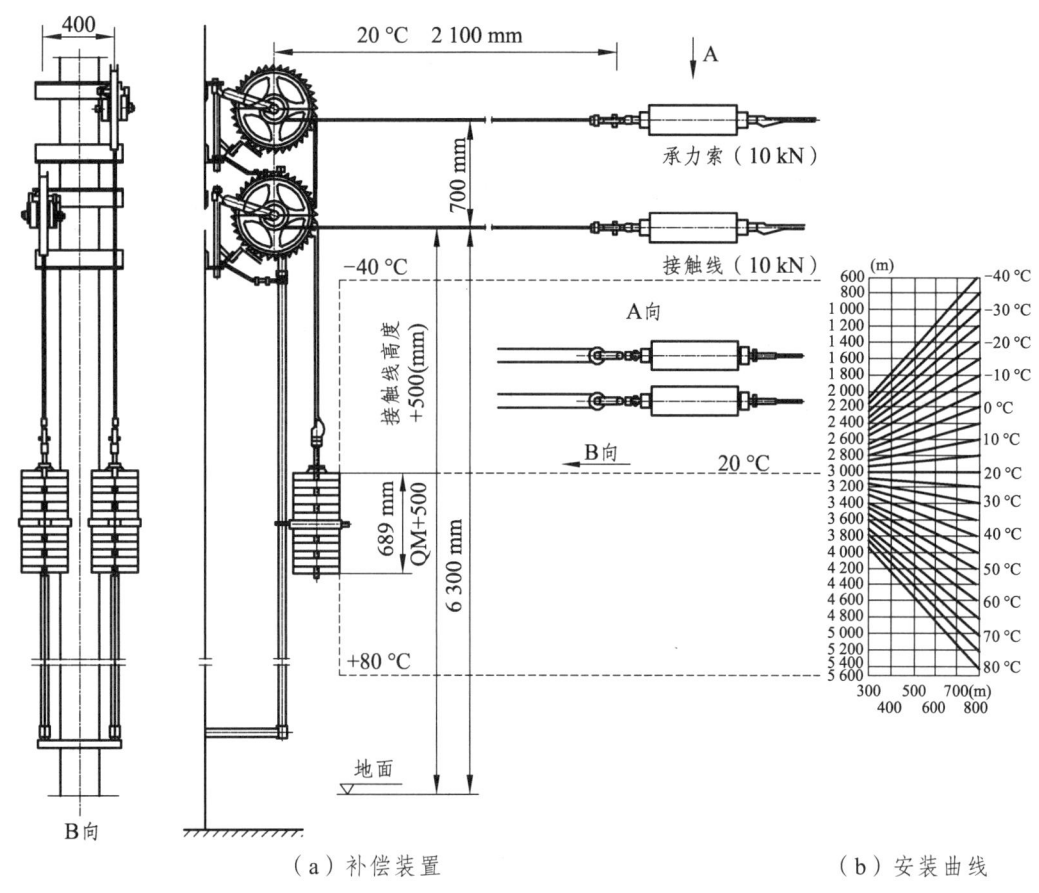

(a) 补偿装置　　　　　　　　　　　　（b）安装曲线

图 4-6-8　Re200C 型非并联棘轮式补偿装置

根据 Re200C 型非并联棘轮式补偿装置在哈大线（哈尔滨—大连）的运用情况，结合地理特点，选定 20 ℃ 为标准安装温度，在此温度下，坠砣串安装高度为 3000 mm，半个锚段长度为 300~800 m。在不同安装温度下，可根据半个锚段长度去查安装曲线，以确定坠砣串顶部应安装的高度。

从结构上看，采用这种棘轮时接触线和承力索不是并联连接到补偿器，而是分别连接到补偿器，同时，棘轮的中间有一个起断线制动作用的齿轮。这种补偿器的优点是不仅在承力索断线时具有快速制动功能，而且在发生事故以后较易修复，影响面较小。

这种棘轮式补偿装置的安装形式有两种：图 4-6-8 所示为接触线和承力索的下锚棘轮是上下布置的，这样会增加支柱的高度和容量；另一种是接触线和承力索的下锚棘轮是水平布置，两个棘轮安装在支柱的两侧，这样可以相应降低支柱的高度。这两种下锚方式在实际工程中都有采用，第二种下锚方式的结构图这里就不再介绍了。

第七节　绝缘子

电气化铁道接触网是利用绝缘子和空气间隙来实现绝缘要求的。绝缘子是接触网中应用非常广泛的重要部件之一，它既要保持接触悬挂对地的电气绝缘，又要承受一定的机械负荷。

绝缘子性能的好坏，直接影响接触网的正常工作。

一、绝缘子的分类

1. 按绝缘介质分类

绝缘子按照绝缘介质来分类，可分为瓷质绝缘子、钢化玻璃绝缘子、复合绝缘绝缘子（有机绝缘子）等。

瓷质绝缘子由瓷土加入石英砂烧制而成，表面涂有一层光滑的釉，以防止水分渗入瓷内。绝缘子的材质要求质地紧密而均匀，在任何断面上都不应有裂纹和气孔。由于绝缘子要承担机械负荷，故钢连接件和瓷体之间用不低于 425 号的硅酸盐水泥胶合剂浇注在一起，以保证足够的机械强度。常用的绝缘子有悬式、棒式、针式和柱式绝缘子 4 大类。

钢化玻璃绝缘子的形状及构件连接与瓷质绝缘子类似，绝缘伞裙采用烧制的钢化玻璃，具有机械强度高（为瓷质绝缘子的 2~3 倍）、电气性能好（在冲击波作用下其平均击穿强度为瓷质绝缘子的 3.5 倍）、使用寿命长、不易老化、维护方便和良好的自洁性等优点。它的最大特点是"零值自破"，即当绝缘子失去绝缘性能或机械过负荷时，伞裙会自动破裂脱落，因此很容易被发现并可以及时进行更换。而瓷质绝缘子老化或击穿后则很难被发现，因此往往容易造成事故。

复合绝缘子又称合成绝缘子或有机绝缘子，通俗地讲，就是使用有机绝缘材料制作的绝缘子，按结构不同分为棒形悬式复合绝缘子和棒形柱式绝缘子，其中柱式绝缘子又分为支柱绝缘子和腕臂绝缘子。复合绝缘子最早应用于国外，后进入国内电力系统，20 世纪 90 年代引入电气化铁路，最早应用于丰沙（丰台—沙城镇）线，目前已经广泛应用于国内各条电气化铁路，包括高速铁路、客运专线及普速铁路。

2. 按结构和用途分类

绝缘子按照结构不同，可分为棒式绝缘子、悬式绝缘子、针式绝缘子。

绝缘子按照用途不同，可分为腕臂绝缘子、下锚绝缘子、隔断绝缘子、柱式绝缘子等。

二、绝缘子的性能及技术要求

绝缘子在接触网中不仅起绝缘作用，而且还要承受一定的机械负荷，特别是下锚所用的绝缘子，承担着下锚的全部张力，所以对绝缘子的电气性能和机械性能都有严格的要求。

1. 绝缘子的电气性能

绝缘子的电气性能用干闪电压、湿闪电压和击穿电压来表示。

绝缘子的干闪电压，是指绝缘子在干燥、清洁的状态下，使其表面发生闪络的最低电压。干闪电压主要对于室内绝缘子有意义。

绝缘子的湿闪电压，是指雨水在降落方向与绝缘子表面呈 45°角淋在绝缘子表面时，使其表面发生闪络的最低电压。

绝缘子发生闪络时，只是沿瓷体表面放电，瓷体本身并未受损害，闪络消失后绝缘性能即可恢复。发生闪络后，其绝缘性能有所下降，容易再次发生闪络。

绝缘子的击穿电压，是指使绝缘子的绝缘介质被击穿损坏而失去绝缘作用的最低电压。绝缘子击穿后不能继续使用，必须更换。

绝缘子的冲击闪络电压，则表示了绝缘子满足一定防雷要求的电气性能指标。

绝缘子的干闪电压、湿闪电压和击穿电压的数值取决于工作电压，工作电压越高，则各数值的要求就越高。绝缘子的击穿电压至少比干闪电压高 1.5 倍。

绝缘子的电气性能不是一成不变的，随着使用时间的增长，其绝缘强度会逐渐下降，这种现象称为老化。

2. 绝缘子的机械性能

绝缘子除了要能承受规定要求的机械负荷外，还应有一定的安全系数，以使其在偶然发生负荷剧烈变化或接触悬挂振动或摆动的情况下也不致被破坏。

规程对绝缘子强度安全系数的规定如下：瓷及钢化玻璃悬式绝缘子不小于 2.0；瓷棒式绝缘子和针式绝缘子不小于 2.5；其他材质绝缘元件，无阳光照射处不小于 2.5，有阳光照射处应视材质抗老化性能酌情增加。

3. 空气绝缘间隙

空气绝缘间隙可按式（4-7-1）计算：

$$d = 0.1 + \frac{U_N}{150} \tag{4-7-1}$$

式中　d——空气绝缘间隙（m）；
　　　U_N——接触网额定电压（kV）。

4. 绝缘有关技术要求

① 接触网绝缘部件的泄漏距离，0、Ⅰ、Ⅱ级污秽等级区域不小于 1400 mm，Ⅲ、Ⅳ级污秽等级区域不小于 1400 mm。

在实行"V"型天窗的双线区段，上下行间分段绝缘子串的泄漏距离，一般地区不小于 1600 mm，污秽地区不小于 2000 mm。当海拔超过 1000 m 时，泄漏距离要按规定加大。

② 绝缘部件不得有裂纹和破损，瓷绝缘子的釉面剥落面积应不大于 300 mm^2，连接件不松动。

③ 在运输、装卸和安装绝缘子时应避免发生冲撞，不得锤击与瓷体连接的铁帽和金属件，也不得对其进行机械加工和热处理；绝缘子和铁帽应无锈蚀。

④ 瓷及钢化玻璃悬式绝缘子的裙边距接地体的距离应不小于 100 mm，困难情况下不小于 75 mm。棒式及有机合成材料绝缘子的裙边距接地体的距离应不小于 50 mm。

⑤ 接触网带电部分距固定接地物的空气绝缘距离应不小于 300 mm，困难情况下不小于 240 mm。受电弓摆动到极限位置和接触线被抬起到最高位置时，距接地体的空气绝缘距离应不小于 200 mm，困难情况下不小于 160 mm。接触网带电部分距机车车辆或装载货物的空气绝缘距离应不小于 350 mm。

⑥ 实行"V"型天窗的双线区段，上下行接触网带电部分之间的距离应不小于 2000 mm，困难时不小于 1600 mm；上下行接触网距下上行通过的电力机车受电弓的瞬时距离应不小于

2000 mm，困难时不小于 1600 mm。

三、交流电气化铁路接触网用瓷绝缘子

1. 棒形瓷绝缘子

工频单相交流 25 kV 电气化铁路接触网用棒形瓷绝缘子，按使用方式分为腕臂支撑用绝缘子和腕臂拉伸用绝缘子两大类；按产品公称爬电距离分为 1400 mm、1600 mm 两类；按绝缘方式分为单绝缘结构和双重绝缘结构两类；按机械弯曲强度分为 8 kN、12 kN、16 kN、20 kN、25 kN 等 5 类。

棒形瓷绝缘子型号说明：

QB：电气化铁路腕臂棒形绝缘子。

绝缘结构：单绝缘无字母表示、双重绝缘用 S 表示。

使用场所：N 表示绝缘普通型，公称爬电距离为 1200 mm；J 表示绝缘加强型，公称爬电距离为 1400 mm；G 表示绝缘高度加强型，公称爬电距离为 1600 mm。

25：系统标称电压为工频单相交流 25 kV。

机械弯曲强度等级：无标注 4 kN；8、12、16、20、25 分别表示为 8 kN、12 kN、16 kN、20 kN 和 25 kN。

棒形绝缘子的主要型号、主要尺寸和机电性能见图 4-7-1 和表 4-7-1、表 4-7-2。

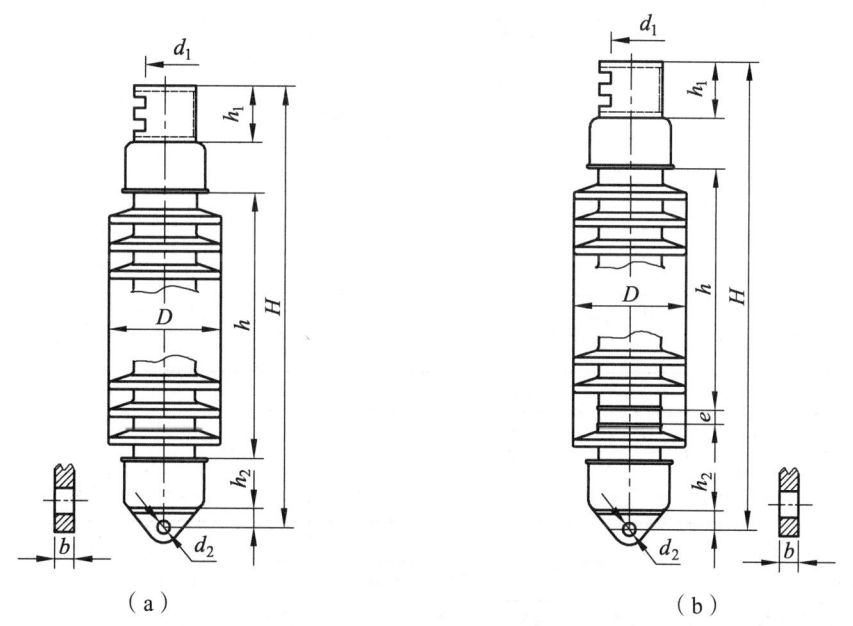

图 4-7-1 棒形瓷绝缘子结构示意图

表 4-7-1　图 4-7-1（a）所示棒形瓷绝缘子的性能指标

产品型号		QBJ-25/					QBG-25/				
		8	12	16	20	25	8	12	16	20	25
公称爬电距离/mm		1400					1600				
主要尺寸/mm	H	775					790				
	h	510					530				
	D	188	203	213	210/180	215/185	200	210	220	220/190	225/195
	h_1	90					90				
	h_2	30					30				
	d_1	62/72					62/72				
	d_2	21					21				
	b	16			18		16			18	
	e	/					/				
工频湿耐受电压/kV		140					150				
工频干耐受电压/kV		175					190				
雷电冲击耐受电压/kV		290					310				
人工污秽工频耐受电压/kV		31.5					36				
		灰密 2 mg/cm², 盐密 0.35 mg/cm²									
弯曲破坏负荷/kN		8	12	16	20	25	8	12	16	20	25
拉伸破坏负荷/kN		80	100	120	140	140	80	100	120	140	140

表 4-7-2　图 4-7-1（b）所示棒形瓷绝缘子的性能指标

产品型号		QBSJ-25/					QBSG-25/				
		8	12	16	20	25	8	12	16	20	25
公称爬电距离/mm		1400/145					1600/145				
主要尺寸/mm	H	865					880				
	h	510					530				
	D	188	203	213	220	220/190	200	210	220	230	225/195
	h_1	90					90				
	h_2	30					30				
	d_1	62/72					62/72				
	d_2	21					21				
	b	16			18		16			18	
	e	22					22				
工频湿耐受电压/kV		140					150				
工频干耐受电压/kV		175					190				
标准雷电冲击耐受电压（峰值）/kV		290					310				
人工污秽工频耐受电压/kV		31.5					36				
		灰密 2 mg/cm²；盐密 0.35 mg/cm²									
弯曲破坏负荷/kN		8	12	16	20	25	8	12	16	20	25
拉伸破坏负荷/kN		0	100	120	140	140	80	100	120	140	140

2. 悬式瓷绝缘子

型号说明：XP 表示普通型盘形悬式瓷绝缘子；XWP 表示双层伞耐污型盘形悬式瓷绝缘子。型号后的数字为设计序号，破折号后的数字为机电破坏负荷（kN）；T 表示球形铁帽、槽型钢脚。

高压线路盘形悬式绝缘子可作高压架空输配电线路中的绝缘和固定导线用，一般组装成绝缘子串用于不同电压等级的线路上。

绝缘子按其使用环境，可分为普通型、耐污型和高原型三类。普通型绝缘子适用于一般地区，适当增加片数可提高污闪性能。耐污型绝缘子按其伞形结构分为钟罩形和双层伞形两种，耐污型绝缘子适用于工业粉尘、化工、盐碱、沿海及多雾地区。高原型绝缘子适用于高原地区。绝缘子按其连接方式分为球形和槽形两种。悬式绝缘子由瓷件、铁帽和钢脚用不低于Ⅱ类胶合剂胶装而成。铁帽及钢脚与胶合剂接触表面均匀涂一层缓冲层。钢脚顶部有弹性衬垫。瓷件表面一般上白釉，根据需要也可以上棕釉或兰灰釉。铁帽、钢脚表面全部热镀锌。球形连接结构的推拉式弹性锁紧销有 W 型和 R 型两种形式，弹性及防腐性好，拆装方便。双层伞形耐污绝缘子爬距大，伞形开放，裙内光滑无棱，积灰速率低，风雨自洁性好。同一强度等级的普通型和耐污型绝缘子采用相同的球窝连接尺寸，可保证互换。

悬式瓷绝缘子的主要型号、主要尺寸和机电性能见图 4-7-2 和表 4-7-3。

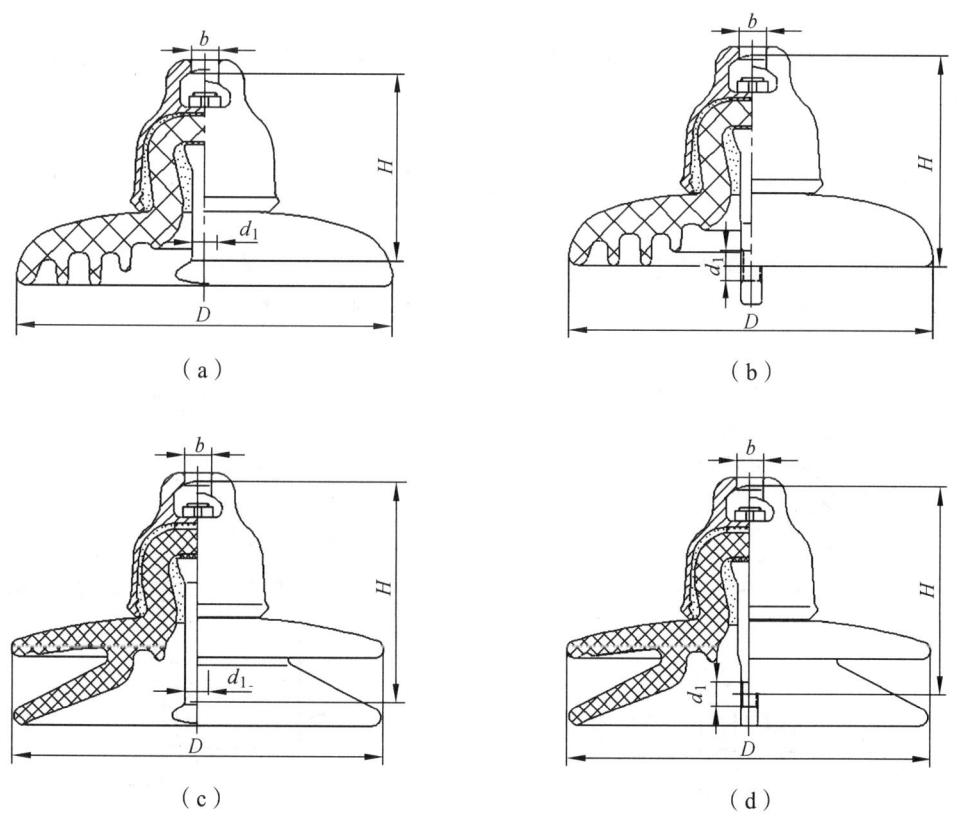

图 4-7-2 悬式瓷绝缘子结构示意图

表 4-7-3 悬式瓷绝缘子的性能指标

产品型号		XP-70（T）	XWP2-70（T）	XWP3-70（T）	XWP2-100（T）	XWP3-100（T）
图 号		（a）	（b）	（b）	（b）	（b）
主要尺寸	H/mm	146（166）	146（166）	146（166）	146（166）	146（166）
	D/mm	$\phi 255$	$\phi 255$	$\phi 280$	$\phi 255$	$\phi 280$
	b/mm	19.2	19.2	19.2	19.2	19.2
	d_1/mm	$\phi 19$	$\phi 17.5/\phi 19$	$\phi 19$	$\phi 19$	$\phi 19$
公称爬电距离/mm		295	400	450	400	450
额定机电破坏负荷/kN		70	70	70	100	100
工频湿耐受电压/kV		45	45	45	45	45
工频击穿电压/kV		110	120	120	120	120
雷电冲击全波耐受电压/kV		100	130	130	130	130

3. 针式瓷绝缘子

针式瓷绝缘子由瓷件和钢脚（或螺套）用Ⅱ类水泥胶合剂胶结为一体，主要用于高压架空输变电线路中绝缘和支持导线。

型号说明如下：

P 表示普通型针式绝缘子；PQ 表示加强重污型针式绝缘子；T 表示带脚，铁担；M 表示带脚，木担。

破折号后的数字表示额定电压，T 后的 16、20 表示下端螺纹直径。

针式瓷绝缘子的主要型号、主要尺寸和机电性能见图 4-7-3 和表 4-7-4。

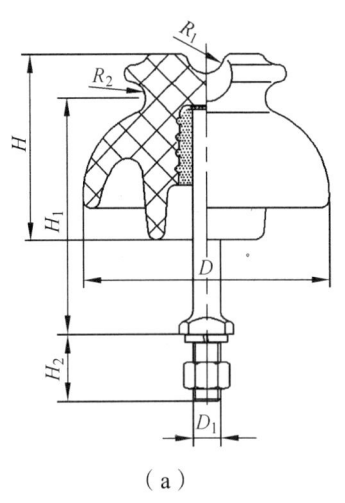

（a）

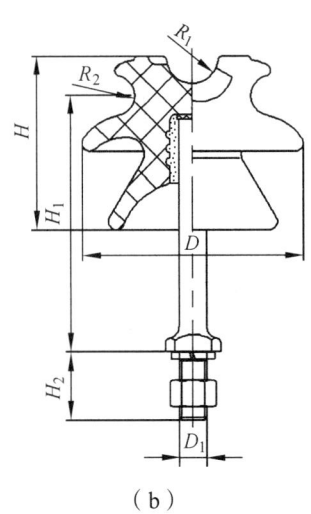

（b）

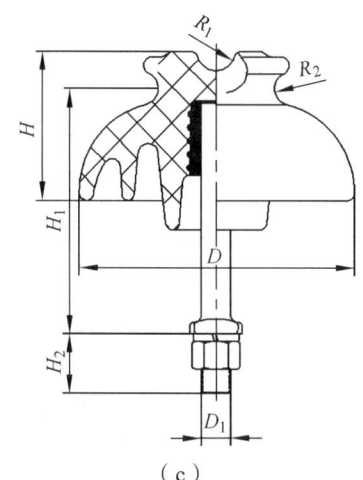 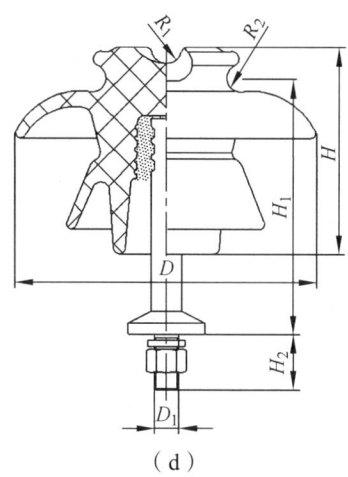

（c） （d）

图 4-7-3 针式瓷绝缘子结构示意图

表 4-7-4 针式瓷绝缘子主要尺寸及性能

产品型号	图号	主要尺寸/mm							公称爬电距离/mm	全波雷电冲击耐受电压/kV	工频电压/kV		弯曲耐受负荷/kN	瓷件弯曲破坏负荷/kN
		H	D	l	R_2	H_1	H_2	D_1			湿耐受	击穿		
P-10T	（a）	105	ϕ145	11	9	151	35	M16(M20)	195	75	32	95	1.4	13.7
P1-10T	（b）	110	ϕ145	17	14	148	35	M16(M20)	195	75	32	95	1.4	13.7
P-15T	（c）	120	ϕ190	13	11	193	40	M20	280	118	45	98	1.8	14
P-20T	（d）	150	2ϕ30	14	10	188	47	M20	370	140	57	111	1.8	13.3
PQ1-10T	（b）	133	ϕ140	13	9.5	183	40	M16(M20)	255	90	40	130	1.8	10.6

四、交流电气化铁路接触网用复合绝缘子

复合绝缘子由芯棒、硅橡胶护套与伞裙、金属附件等组成。

1. 复合绝缘子的分类

按使用方式分为：抗拉式的悬挂复合绝缘子和耐张用的复合绝缘子，以及抗弯的腕臂支撑用复合绝缘子。

按适用耐污程度分为：普通型复合绝缘子、绝缘加强型复合绝缘子、绝缘高度加强型复合绝缘子。

按绝缘方式分为：单绝缘复合绝缘子和双重绝缘复合绝缘子。

按机械强度分为：一般型复合绝缘子和加强型复合绝缘子。

2. 复合绝缘子的型号表示方法

（1）棒形悬式绝缘子，以 FQXG-25/120QT 为例：

FQ 为系列名称，表示复合材料，电气化铁道用绝缘子。

X 为安装方式，表示悬挂、耐张式；若字母为 D，则表示隧道定位式。

G 为爬电距离等级，表示绝缘高度加强型，爬电距离≥1600 mm；若字母为 J，表示加强型，爬电距离≥1400 mm；普通型没有字母表示，爬电距离≥1200 mm。

25 表示系统标称电压为工频单相交流电压 25 kV。

120 为机械拉伸强度等级，表示 120 kN。目前棒形悬式绝缘子的机械拉伸强度等级主要有 100 kN、120 kN、160 kN 等几种，160 kN 主要应用于客运专线及高速铁路。

QT 表示链接形式为球窝球头。其他如 QH 表示球窝单耳型，HH 表示单耳单耳型，等等。

另外，如果型号中有 S，如 FQXS-25/120HH，表示电气化铁路复合绝缘子，作悬挂耐张用，工频单相交流电压为 25 kV，拉伸破坏负荷为 120 kN，链接形式为单耳单耳，公称爬电距离≥1200 mm。

（2）棒形柱式绝缘子，以 FQBSG-25/12 为例：

FQB 为系列名称，表示电气化铁路腕臂用复合绝缘子。

S 表示绝缘结构为双绝缘，单绝缘无字母。

G 为爬电距离等级，表示绝缘高度加强型，爬电距离≥1600 mm；若字母为 J，则表示加强型，爬电距离≥1400 mm；普通型没有字母表示，爬电距离≥1200 mm。

12 为机械弯曲强度等级，表示 12 kN。目前棒形柱式绝缘子的机械弯曲强度等级主要有 8 kN、12 kN、16 kN 等几种，16 kN 主要应用于客运专线及高速铁路。

3. 复合绝缘子的技术要求

绝缘子端部金属附件的材料采用碳素结构钢，模锻工艺制造，表面全部采用热镀锌，金属附件与绝缘子成套。金属附件连接区的设计保证理想的应力分布，芯棒与金具的连接方式采用压接方式。

护套与伞裙为整体注射成型，护套与芯棒之间以及伞裙与护套之间的界面应是永久性的黏结，黏结部分高度密实，没有气泡和缝隙，以防止污秽物和水汽进入，且黏结强度应大于复合材料自身的破坏强度。芯棒护套的最小厚度应不小于 3.0 mm，且复合绝缘子产品在安装使用过程中不会出现伞裙严重变形不可恢复的情况。

绝缘子伞套表面单个缺陷面积（如缺胶、杂质、凸起等）不大于 25 mm^2，深度不大于 1 mm，凸起表面和合缝清理平整，凸起高度不大于 0.8 mm，总缺陷面积应不大于绝缘子总表面积的 0.2%。

芯棒是绝缘子的内绝缘部分，用于保证设计的机械强度。芯棒用玻璃纤维增强树脂棒制成，应具有较好的耐酸腐蚀性能。芯棒应能在较大温度范围内承受长期的机械负荷，同时还应承受长期的工作电压和短时过电压的作用。注射工艺应采用耐酸耐高温芯棒。芯棒在纵向和横向介电强度、玻璃丝含量、吸湿性等方面满足严格的质量控制标准。

4. 复合绝缘子的主要形式及技术参数

（1）悬式单绝缘（链接形式以 QH 为例）复合绝缘子的结构示意、主要尺寸与机电特性见图 4-7-4 及表 4-7-5。

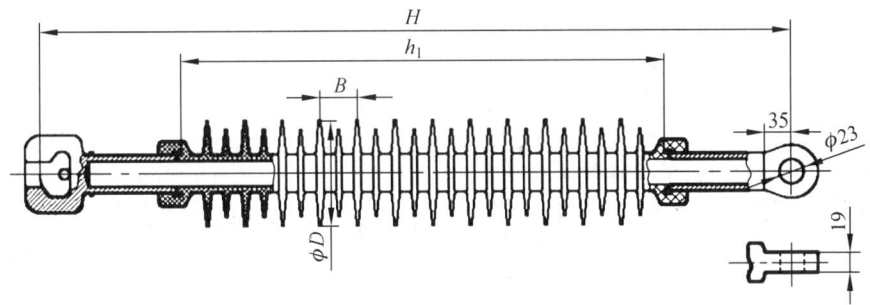

图 4-7-4 悬式单绝缘复合绝缘子结构示意

表 4-7-5 25 kV 悬式单绝缘复合绝缘子主要尺寸与机电特性

图号	绝缘子型号	额定电压 /kV	拉伸破坏负荷 /kN	结构高度 H /mm	最小电弧距离 h /mm	大伞直径 D /mm	大伞距离 B /mm	最小公称爬电间距 mm	雷电全波冲击耐受电压（峰值）/kV	工频 1 min 干耐受电压（有效值）/kV	工频 1 min 湿耐受电压（有效值）/kV	参考重量 /kg
3111	FQX-25/70、100、120-QH	25	70、100、120	700±20	500	145	78	1200	≥270	≥160	≥130	3.2
	FQXJ-25/70、100、120-QH	25	70、100、120	750±20	550	145	78	1400	≥290	≥175	≥140	3.2
	FQXG-25/70、100、120-QH	25	70、100、120	800±20	600	145	78	1600	≥310	≥190	≥150	3.5
3112	FQX-25/160-QH	25	160	750±20	500	100	35	1200	≥270	≥160	≥130	35
	FQXJ-25/160-QH	25	160	800±20	550	100	35	1400	≥290	≥175	≥140	3.7
	FQXC-25/160-QH	25	160	850±20	600	100	35	1600	≥310	≥190	≥150	3.9
3112	FQX-25/200-QH	25	200	750±20	500	100	35	1200	≥270	≥160	≥130	3.5
	FQXJ-25/200-QH	25	200	800±20	550	100	35	1400	≥290	≥175	≥140	3.7
	FQXG-25/200-QH	25	200	850±20	600	100	35	1600	≥310	≥190	≥150	3.9

（2）悬式双绝缘复合绝缘子的结构示意、主要尺寸与机电特性见图 4-7-5 及表 4-7-6。

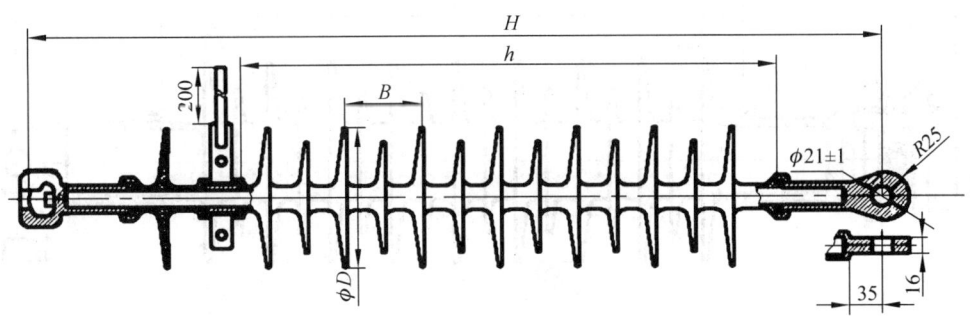

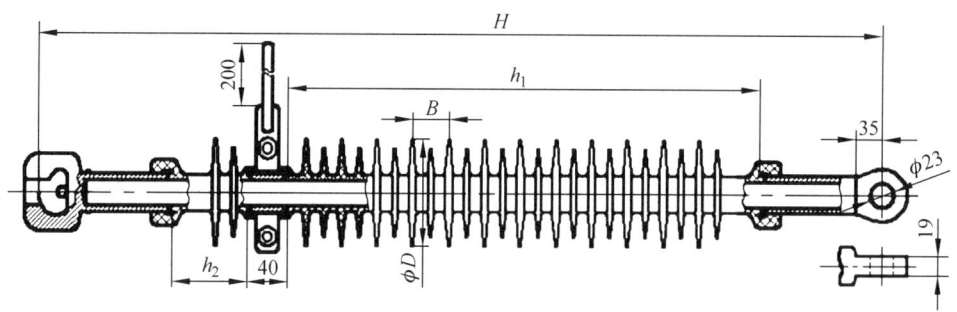

图 4-7-5 悬式双绝缘复合绝缘子结构示意

表 4-7-6　25 kV 悬式双绝缘复合绝缘子主要尺寸与机电特性

图号	绝缘子型号	额定电压/kV	拉伸破坏负荷/kN	结构高度 H/mm	最小电弧距离 h_1/h_2/mm	大伞直径 D/mm	大伞间距 B/mm	最小公称爬电距离/mm	雷电全波冲击耐受电压（峰值）/kV	工频 1 min 干耐受电压（有效值）/kV	工频 1 min 湿耐受电压（有效值）/kV	参考重量/kg
3211	FQXS-25/70、100、120-H	25	70、100、120	790±20	500/60	145	78	1200/145	≥270/50	≥160/30	≥130/23	3.8
	FQXSJ-25/70、100、120-QH	25	70、100、120	840±20	550/60	145	78	1400/145	≥290/50	≥175/30	≥140/23	4.0
	FQXSG-25/70、100、120-QH	25	70、100、120	890±20	600/60	145	78	1600/145	≥310/50	≥190/30	≥150/23	4.5
3212	FQXS-25/160-QH	25	160	840±20	500/56	100	35	1200/145	≥270/50	≥160/30	≥130/23	4.6
	FQXSJ-25/160-QH	25	160	890±20	550/56	100	35	1400/145	≥290/50	≥175/30	≥140/23	4.8
	FQXSG-25/160-QH	25	160	940±20	600/56	100	35	1600/145	≥310/50	≥190/30	≥150/23	5.0
3212	FQXS-25/200-QH	25	200	840±20	500/56	100	35	1200/145	≥270/50	≥160/30	≥130/23	4.6
	FQXSJ-25/200-QH	25	200	890±20	550/56	100	35	1400/145	≥290/50	≥175/30	≥140/23	4.8
	FQXSG-25/200-QH	25	200	940±20	600/56	100	35	1600/145	≥310/50	≥190/30	≥150/23	5.0

（3）腕臂单绝缘复合绝缘子的结构示意、主要尺寸与机电特性见图 4-7-6 及表 4-7-7。

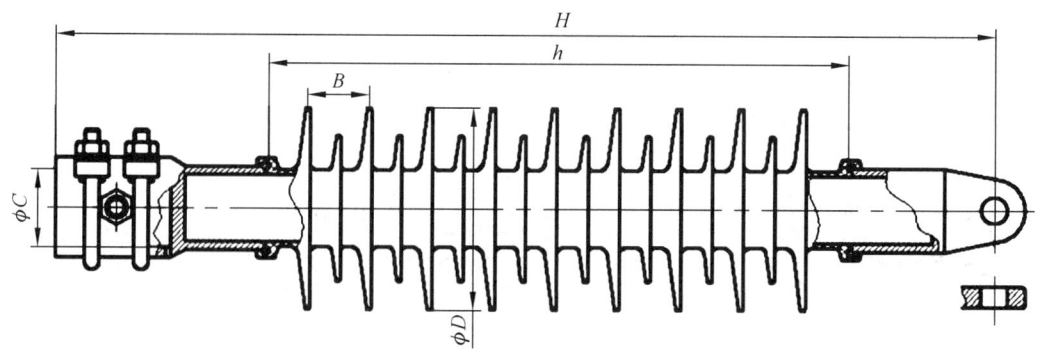

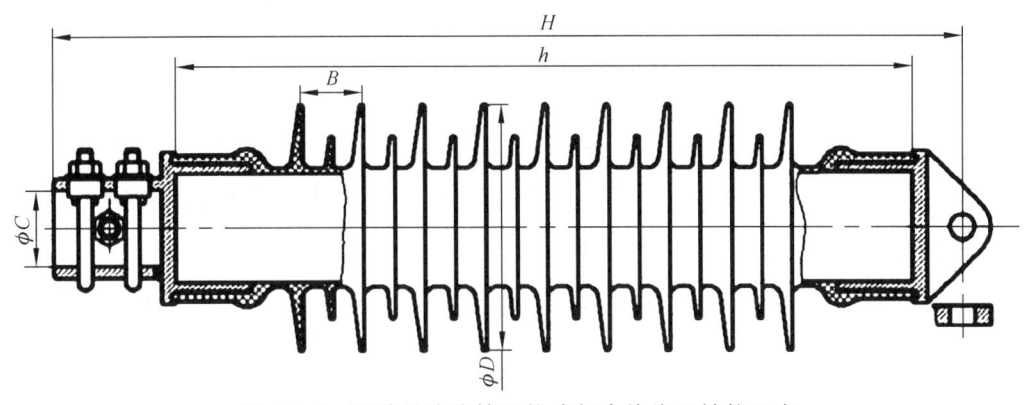

图 4-7-6 腕臂单绝缘棒形柱式复合绝缘子结构示意

表 4-7-7 25 kV 腕臂单绝缘棒形柱式复合绝缘子主要尺寸与机电特性

图号	绝缘子型号	额定电压 /kV	最小拉伸破坏负荷 /kN	最小弯曲破坏负荷 /kN	最小滑动负荷 /kN	结构高度 H /mm	最小电弧距离 h /mm	大伞直径 D /mm	大伞间距 B /mm	最小公称爬电距离 /mm	雷电全波冲击耐受电压（峰值） /kV	工频 1 min 干耐受电压（有效值） /kV	工频 1 min 湿耐受电压（有效值） /kV	接口尺寸 C /mm	参考重量 /kg
111 112	FQBJ-25/8	25/3	80	8	20	760±20	490	165	51	1400	≥290	≥175	≥140	51、62	10.4
	FQBG-25/8	25/3	80	8	20	800±20	520	165	51	1600	≥310	≥190	≥150	51、62	107
	FQBJ-25/12	25/3	100	12	25	760±20	490	180	51	1400	≥290	≥175	≥140	62、72	13.3
	FQBG-25/12	25/3	100	12	25	800±20	520	180	51	1600	≥310	≥190	≥150	62、72	13.7
	FQBJ-25/16	25/3	120	16	40	800±20	520	192	51	1400	≥290	≥175	≥140	62、72	17.2
	FQBG-25/16	25/3	120	16	40	800±20	520	192	51	1600	≥310	≥190	≥150	62、72	17.2
	FQBJ-25/20	25/3	140	20	40	800±20	500	202	51	1400	≥290	≥175	≥140	62、72	200
	FQBG-25/20	25/3	140	20	40	800±20	500	202	51	1600	≥310	≥190	≥150	62、72	20.0

（4）腕臂双绝缘复合绝缘子的结构示意、主要尺寸与机电特性见图 4-7-7 及表 4-7-8。

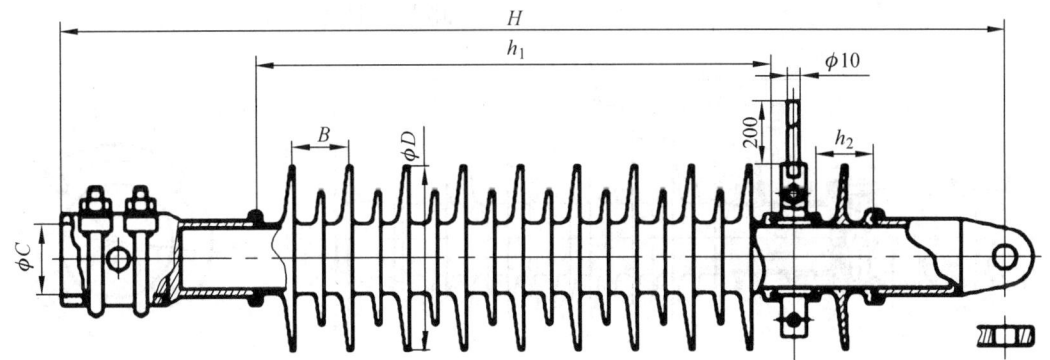

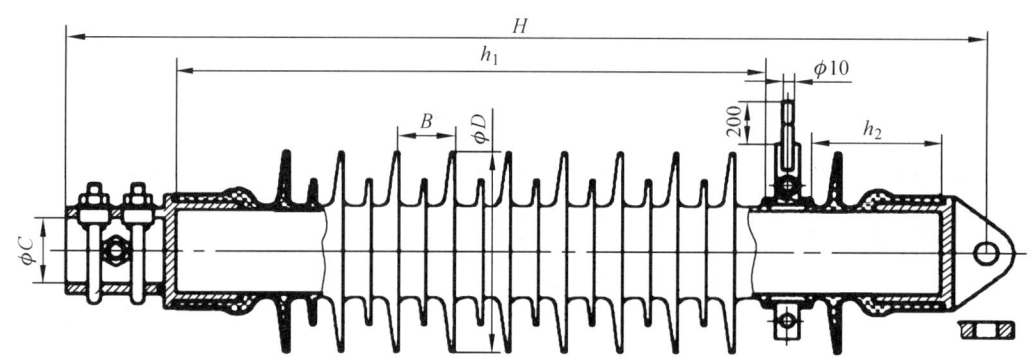

图 4-7-7 腕臂双绝缘棒形柱式复合绝缘子结构示意

表 4-7-8 25 kV 腕臂双绝缘棒形柱式复合绝缘子主要尺寸与机电特性

图号	绝缘子型号	额定电压/kV	最小拉伸破坏负荷/kN	最小弯曲破坏负荷/kN	最小滑动负荷/kN	结构高度 H/mm	最小电弧距离 h_1/h_2/mm	大伞直径 D/mm	大伞间距 B/mm	最小公称爬电距离/mm	雷电全波冲击耐受电压(峰值)/kV	工频1min干耐受电压(有效值)/kV	工频1min湿耐受电压(有效值)/kV	接口尺寸 C/mm	参考重量/kg
111 112	FQBSJ-25/8	25/3	80	8	20	850±20	490/60	165	51	1400/145	≥270/50	≥175/30	≥140/23	51、62	12.0
	FQBSG-25/8	25/3	80	8	20	890±20	520/60	165	51	1600/145	≥310/50	≥190/30	≥150/23	51、62	12.3
	FQBSJ-25/12	25/3	100	12	25	850±20	490/60	180	51	1400/145	≥270/50	≥175/30	≥140/23	62、72	15.3
	FQBSG-25/12	25/3	100	12	25	890±20	520/60	180	51	1600/145	≥310/50	≥190/30	≥150/23	62、72	15.7
	FQBSJ-25/16	25/3	120	16	40	890±20	520/60	192	51	1400/145	≥270/50	≥175/30	≥140/23	62.72	19.7
	FQBSG-25/16	25/3	120	16	40	890±20	520/60	192	St	1600/145	≥310/50	≥190/30	≥150/23	62、72	19.7
	FQBSJ-25/20	25/3	140	20	40	890±20	500/60	202	51	1400/145	≥270/50	≥175/30	≥140/23	62、72	22.8
	FQBSC-25/20	25/3	140	20	40	890±20	500/60	202	51	1600/145	≥310/50	≥190/30	≥150/23	62.72	22.8

（5）支柱式复合绝缘子的结构示意、主要尺寸与电机特性见表 4-7-8 及表 4-7-9。

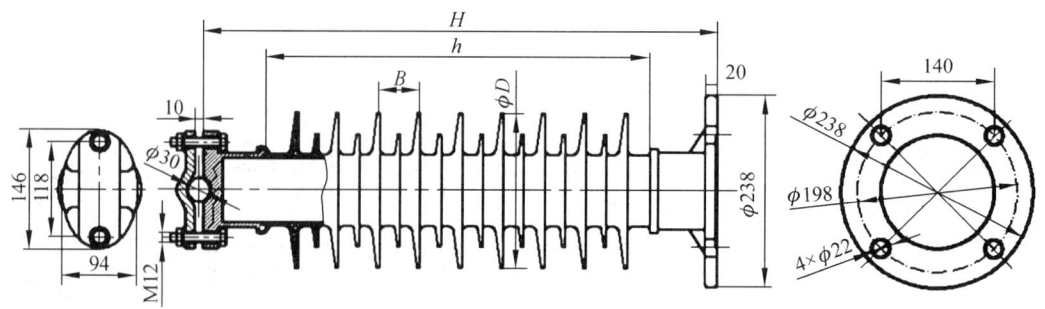

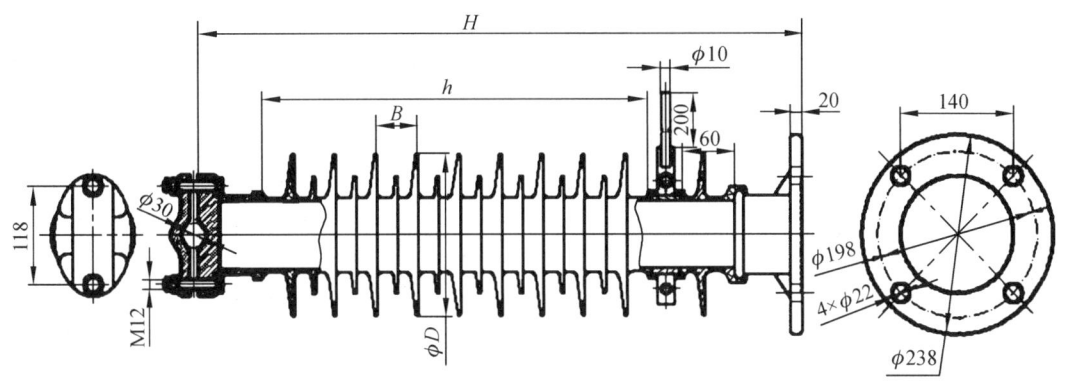

图 4-7-8 支柱式复合绝缘子结构示意

表 4-7-9　25 kV AF 线用支柱式复合绝缘子主要尺寸与机电特性

图号	绝缘子型号	额定电压/kV	额定弯曲耐受负荷/kN	结构高度 H/mm	最小电弧距离 h/mm	大伞直径 D/mm	大伞间距 B/mm	最小公称爬电距离/mm	雷电全波冲击耐受电压（峰值）/kV	工频1 min干耐受电压（有效值）/kV	工频1 min湿耐受电压（有效值）/kV	参考重量/kg
221	FQZG-25/16	25	16	630±20	468	192	51	1600	≥310	≥190	≥150	12.3
	FQZG-25/12	25	12	630±20	468	180	51	1600	≥310	≥190	≥150	105
	FQZG-25/8	25	8	630±20	468	165	51	1600	≥310	≥190	≥150	9.2
	FQZG-25/4-A	25	4	615±20	468	157	51	1600	≥310	≥190	≥150	8.3
222	FQZGS-25/16	25/3	16	800±20	490/60	202	51	1600/145	≥310/50	≥190/30	≥150/23	22.2
	FQZGS-25/12	25/3	12	800±20	490/60	180	51	1600/145	≥310/50	≥190/30	≥150/23	16.3

（6）隔离开关用复合绝缘子的结构示意、主要尺寸与机电特性见图 4-7-9 及表 4-7-10。

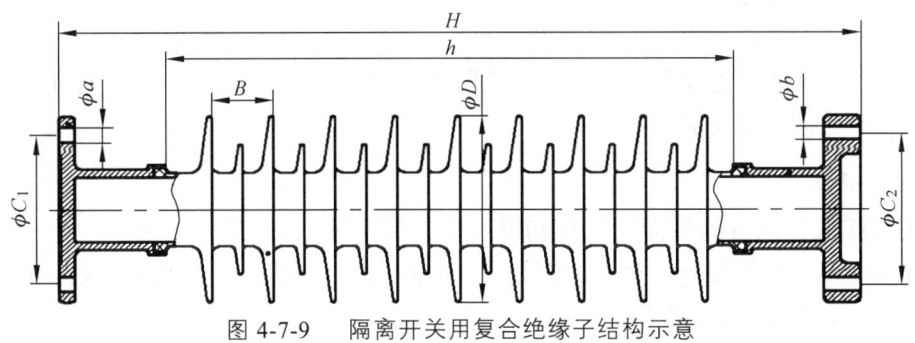

图 4-7-9　隔离开关用复合绝缘子结构示意

表 4-7-10 隔离开关用复合绝缘子主要尺寸与机电特性

图号	绝缘子型号	额定电压 /kV	拉伸破坏负荷 /kN	弯曲破坏负荷 /kN	结构高度 H/mm	最小电弧距离 h/mm	大伞直径 D/mm	大伞间距 B/mm	最小公称爬电距离 /mm	雷电全波冲击耐受电压(峰值) /kV	工频1min湿耐受电压(有效值) /kV	尺寸上法兰 孔间距 C_1/mm	尺寸上法兰 孔径 ϕa/mm	尺寸下法兰 孔间距 C_2/mm	尺寸下法兰 孔径 ϕb/mm	参考重量 /kg
51	FZSW-27.5/4	27.5	40	4	750±5	630	157	51	1940	≥310	≥150	140	14	140	14	12.0
	FZSW27.5/8A	27.5	80	8	628±5	468	161	50	1600	≥270	≥130	198	14	198	14	11.0
	FZSW-27.5/8B	27.5	80	8	680±5	486	172	51	1600	≥270	≥130	140	12.5	140	12.5	11.0
	FZSW-27.5/12	27.5	120	12	688±5	488	180	51	1600	≥270	≥130	198	14	198	14	11.0
	FZSW-27.5/16	27.5	160	16	688±5	488	192	51	1600	≥270	≥130	198	14	198	14	11.0

第八节 电连接与隔离开关

一、电连接

为导通电流、消除接触悬挂之间的电位差，在锚段关节、线岔、馈线上网点、电气设备（隔离开关、吸流变压器、避雷器）安装点、载流截面面积突变点均需安装电连接。

1. 电连接的作用

电连接的作用是将接触悬挂各分段供电间的电路连接起来，保证接触网各线、各分段、各股道之间电流的畅通。通过电连接可以实现并联供电，减少电阻，减少电能损耗，消除接触悬挂之间的电位差，提高末端电压，提高供电质量。

2. 电连接的结构

电连接由电连接线和电连接线夹组成。电连接线采用导电性能良好的材质制成，通常采用 95~150 mm² 的软铜绞线，允许通过电流不得小于被连接接触悬挂和供电线的额定载流量，且不得有接头。具体电连接截面的选型应根据接触悬挂的载流量选择，载流截面不应小于被连接悬挂的额定载流量要求。

3. 电连接的分类

电连接按其用途分为横向电连接和纵向电连接两种。

电连接根据安装位置分为横向电连接、股道电连接、锚段关节电连接、线岔电连接、隔离开关电连接、避雷器电连接等。

高速铁路接触网中常用的电连接形式如图 4-8-1 所示。

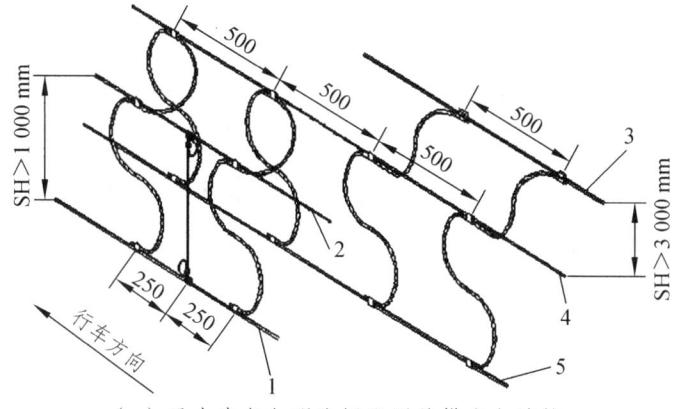

(a)承力索与加强线间设置的横向电连接

1—工作支接触线；2—工作支承力索；3—加强线；4—非工作支承力索；5—非工作支接触线

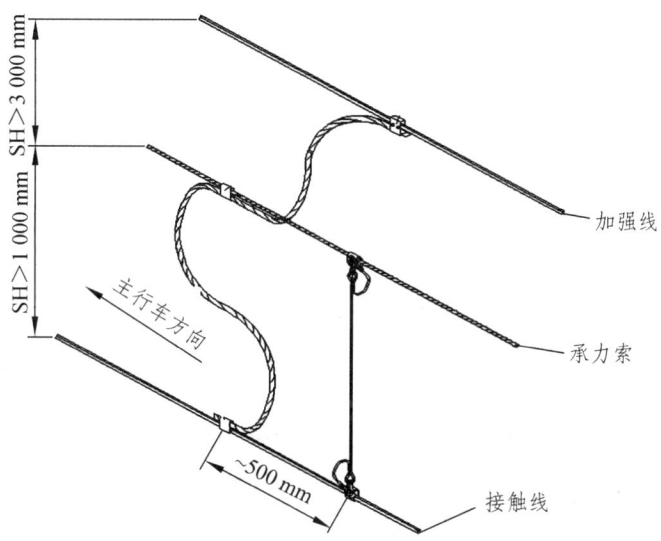

(b)加强线终端下锚处加强线与接触悬挂间的横向电连接

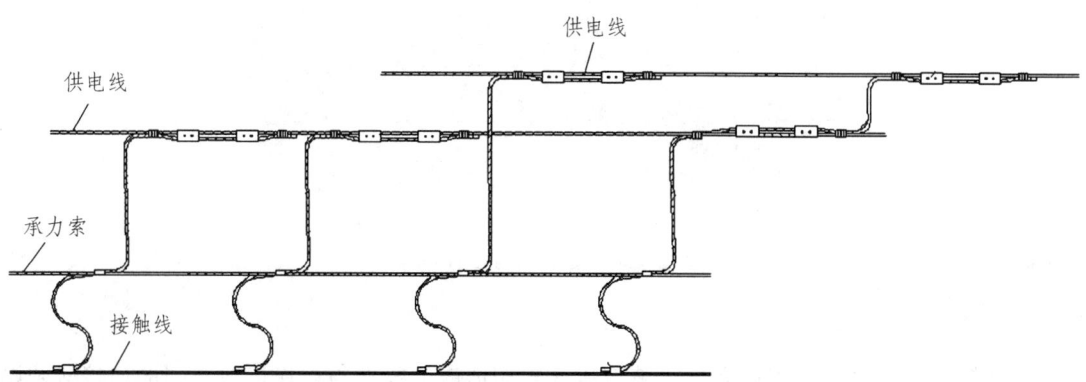

(c)变电所附近供电线与接触悬挂间的横向电连接

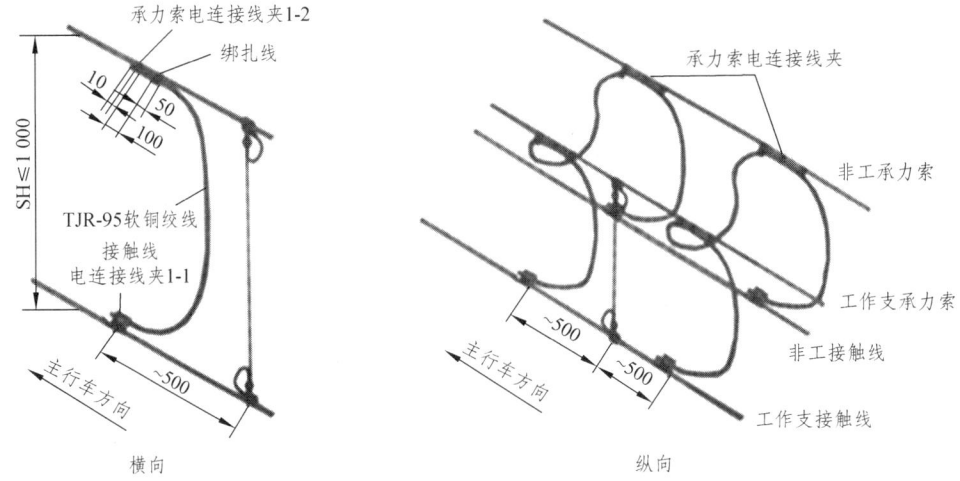

（d）C形电连接（适用于SH≤1000的地方）

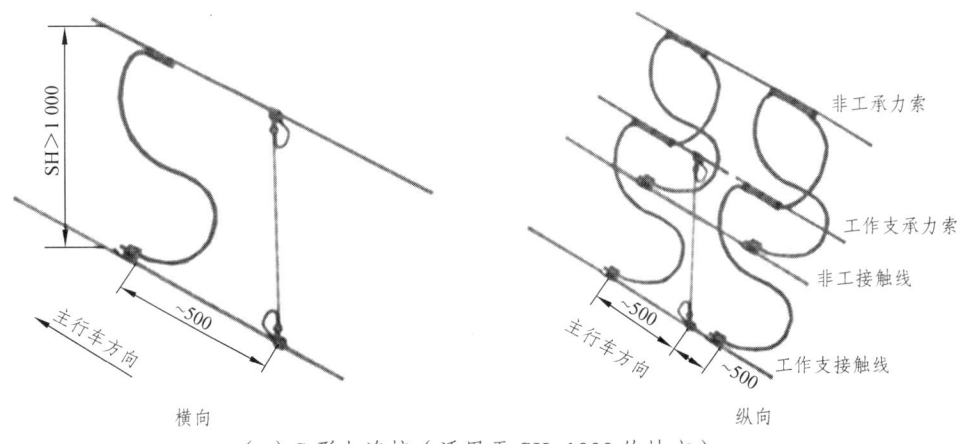

（e）S形电连接（适用于SH>1000的地方）

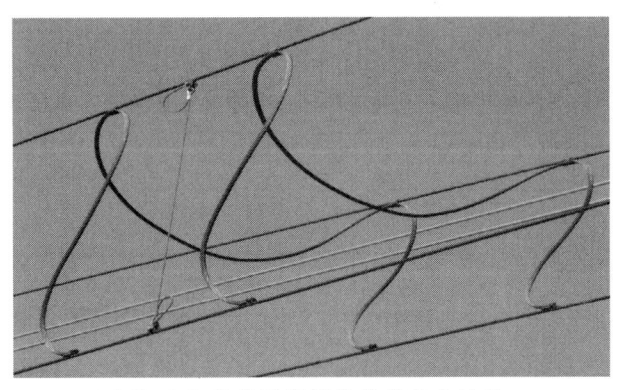

（f）无加强线区段锚段关节处电连接

图 4-8-1　常用的电连接形式

4. 电连接的安装及要求

电连接线夹的材质和规格必须与被连接线索相适应，线夹与被连接线之间的连接必须贴切、牢固，线夹内无异物并涂导电介质。

电连接安装一般采用压接法或并沟线夹连接。电连接线夹安装应考虑温度偏移,电连接线长度要考虑温度变化余量。电连接线夹压接安装工艺如图 4-8-2 所示。

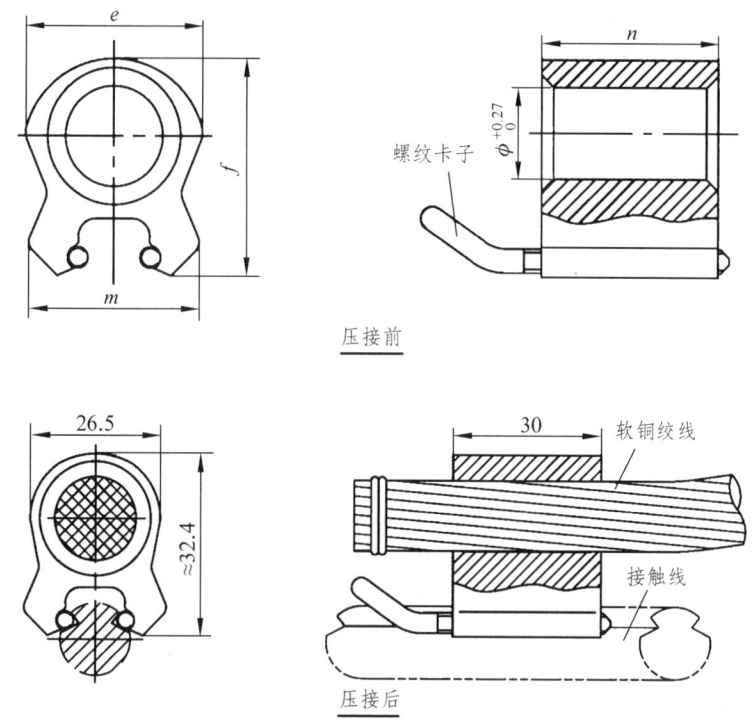

图 4-8-2　电连接线夹压接安装工艺

二、隔离开关

隔离开关是接触网的重要组成部分,主要安设在大型建筑物两端、车站装卸线、专用线、电力机车库线、机车整备线、绝缘锚段关节、分段绝缘器等电分段处或设备安装处。当供电线较长时,其上网点也应增设隔离开关。

1. 隔离开关的作用

隔离开关通常与电连接连通或切断接触网供电分段间的空载线路,增加供电灵活性,以满足检修和不同供电方式运行的需要;其主要作用是隔离电源、倒换母线、分合电压互感器和避雷器、分合 35 kV 长 10 km 以内的空载线路,在接触网中形成明显断点。

2. 隔离开关的分类及结构

接触网常用隔离开关,按闸刀的极数分为单极隔离开关和双极隔离开关;按有无接地闸刀分为带接地刀闸的隔离开关和不带接地刀闸的隔离开关;按能否带负荷操作分为隔离负荷开关和隔离开关(可带负荷操作的叫隔离负荷开关,无负荷操作的通常叫隔离开关);按工作状态分为常开隔离开关和常闭隔离开关。

FW-27.5/1250 型单极隔离负荷开关主要由真空灭弧室、开断机构、隔离外断口、操纵机构、接线端子、传动杆、柱式绝缘子、底座等组成,如图 4-8-3 所示。

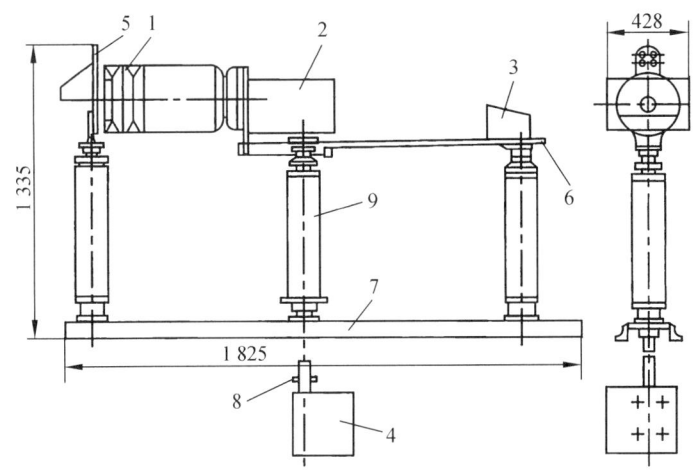

图 4-8-3　FW-27.5/1250 型隔离负荷开关结构示意

1—真空灭弧室；2—开断机构；3—隔离外断口；4—操作机构；5—上出线端；
6—下出线端；7—底座；8—中间传动轴；9—绝缘瓷柱

在高速铁路中，上网点、隧道外绝缘锚段关节和分相处（负荷开关）多为电动隔离开关，纳入远动控制。但是在大型客站基本站台相邻股道、动车运用所（库）和机务检修线路处仍然应该设置手动隔离开关。

SBE27.5 kV 型电动隔离开关及带接地闸刀的隔离开关外形如图 4-8-4 所示。

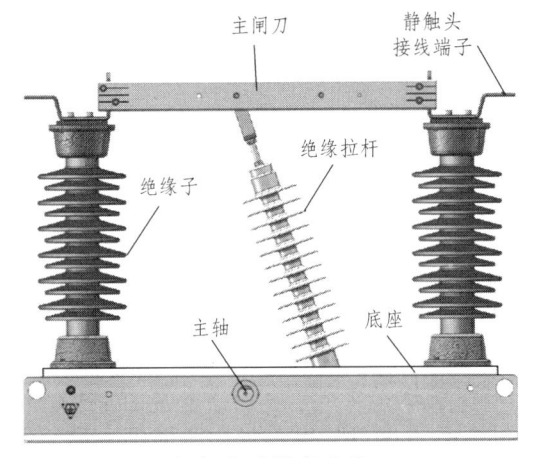
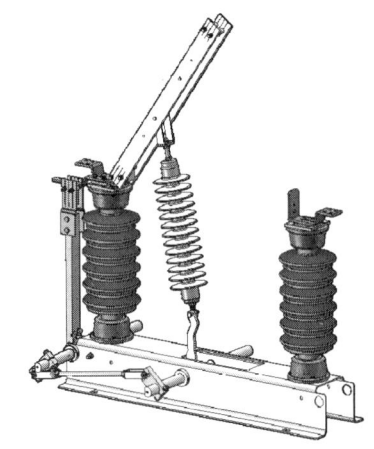

（a）电动隔离开关　　　　　（b）带接地闸刀的隔离开关

图 4-8-4　SBE27.5 kV 型电动隔离开关及带接地闸刀的隔离开关外形

一套电动隔离开关系统由支柱、隔离开关、操纵机构和安装支架组成。不同的使用环境，开关的安装位置不同；不同的支柱，开关和安装支架的固定方式也不一样。但是，抛开支柱和安装支架的差异，隔离开关和操纵机构的连接是不会变化的，调整方式也是相同的。

3. 隔离开关的安装位置及要求

隔离开关通常安装在户外，有些地区也安装在隧道内。在隧道内安装时，通常根据设计图纸，安装在隧道的侧壁开关专用位置。隔离开关安装时，对于腕臂柱安装在支柱顶部，对于软横跨柱则安装在支柱的二分之一处或柱顶处，导电刀闸通过电连接线与接触网连接。

隔离开关安装应符合下列要求：
（1）传动部件安装位置正确，固定牢靠，传动操作轻便灵活。
（2）操作机构的分、合闸指示与开关的实际分、合位置一致。
（3）隔离开关触头接触紧密，接触压力均匀，符合表4-8-1要求。

表 4-8-1 触头接触检验标准表

触头宽度/mm	检验工具	塞入深度/mm
线接触	0.05 mm×10 mm 塞尺	0
≤50		≤4
≥60		≤6

（4）设备接线端子连接部位涂复合脂。
（5）电动隔离开关操作机构箱体接地可靠。
（6）开关上网引线预留应满足温度变化的位移需要，并满足最大风偏的绝缘要求。

第九节　软横跨

在站场上，多股道的接触悬挂借助于单根或数根横向线索悬挂到布置在这些线路两侧的两根支柱上，这种装置称为软横跨。在一组软横跨中，有三根横向索道，即：横向承力索、上部定位索及下部定位索。横向承力索是软横跨受力的主要构件，它承受链形悬挂的垂直负荷。横向承力索一般由单根或数根钢绞索组成，对于跨越3~4股道的情况，通常使用单根横向承力索；而跨越股道较多、负载较大时，则由2根或4根钢绞索组成。为了将悬挂导线固定在水平面内的一定位置上，在横向承力索的下部还布置有定位索。

横向承力索一般用 GJ-70 钢绞线或 LXGJ-80、LXGJ-100 镀铝锌钢绞线，上、下部固定绳一般采用 GJ-50 或 LXGJ-50 钢绞线。两侧软横跨支柱，一般在跨越3~4股道时，采用钢筋混凝土软横跨柱；在跨越5股及以上时，采用钢柱；跨越股道数不宜超过8股。软横跨节点示意图如 4-9-1 所示。

节点 1、2 是软横跨在钢柱上的装配形式。
节点 3、4 是软横跨在钢筋混凝土柱上的装配形式。
节点 5 相当于一般中间柱装配。
节点 6、7 相当于道岔柱装配。
节点 8 用于软横跨股道间的绝缘。
节点 9 用于中间站台软横跨下部固定绳的绝缘。
节点 10 相当于转换柱装配。
节点 11、12 为非工作支在软横跨上的定位。
节点 13 用于中间站台处股道间绝缘。
节点 14 用于站场软横跨防串中心锚结。

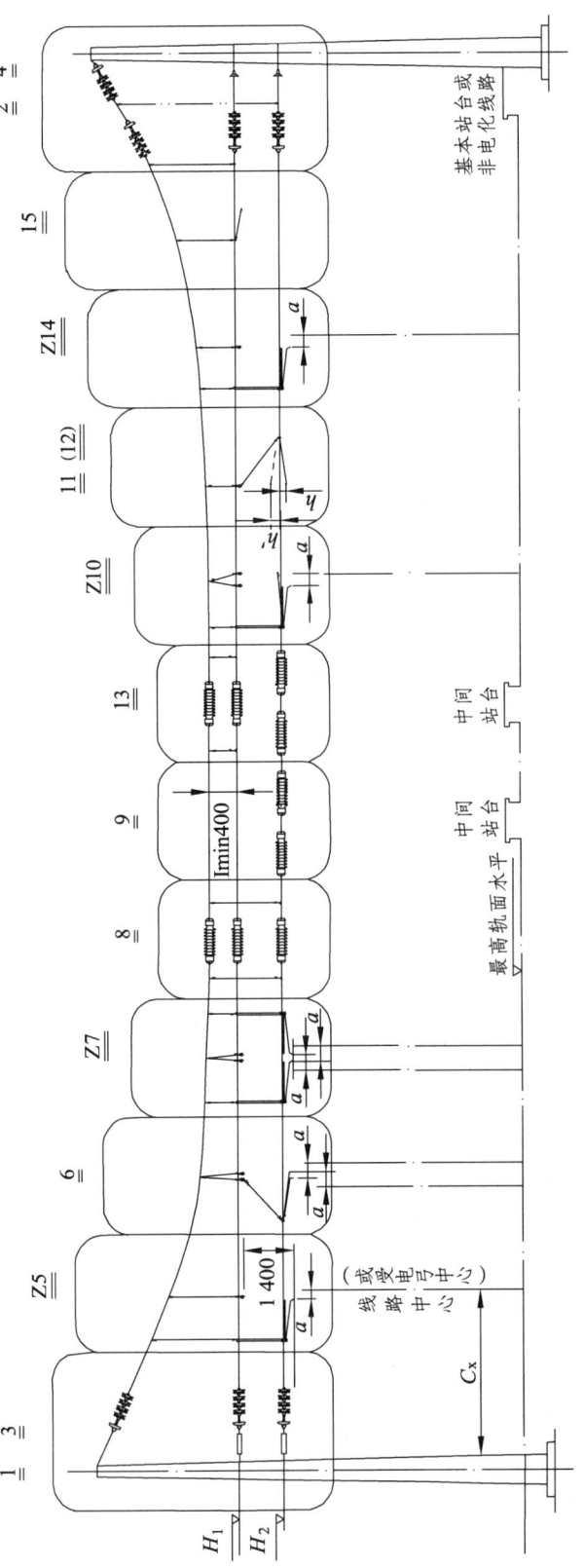

图 4-9-1 软横跨节点示意图

第十节　硬横跨

由支柱及横梁组成的多股道接触悬挂的横向支持装置称为硬横跨。

硬横跨跨度不同，所采用的支柱和硬横梁也会不同。硬横跨采用的支柱类型不同，其型号就会不同。硬横跨采用混凝土支柱、角钢支柱和钢管支柱时，其型号分别为 YHK-H 型、YHK-J 型、YHK-G 型，或连续硬横跨 LYHK-H 型、LFFLK-J 型、LYHK-G 型。

硬横跨跨度是指垂直于线路方向硬横跨两侧支柱中心线之间的水平距离，用 L 表示。当 $L \leqslant 25$ m 时，宜采用 YHK-H 型硬横跨，或使用钢管支柱时采用 YHK-G 型硬横跨；当 25 m$<L<$40 m 时，采用 YHK-J 型硬横跨。硬横跨单跨跨度不超过 40 m；当跨度超过 40 m 时，可采用两跨式、三跨式或多跨式。

硬横梁是横跨在铁路线路上方的桁架梁，按横截面形状分为矩形和三角形。矩形硬横梁由角钢焊接而成，用于 YHK-H 型、YHK-J 型硬横跨；三角形硬横梁由钢管焊接而成，用于 YHK-G 型硬横跨。

硬横跨跨越能力强，能有效降低支柱高度，个别特大站场可以采用两跨式、三跨连续式的硬横跨，既做到满足刚度及稳定性，又做到相对经济合理、适用。硬横跨具有机械上独立、股道之间不产生影响、事故范围小、结构稳定、抗振动、抗风性能好、稳定性强等优点。硬横跨结构示意图及各部尺寸允许偏差如图 4-10-1 和表 4-10-1 所示。

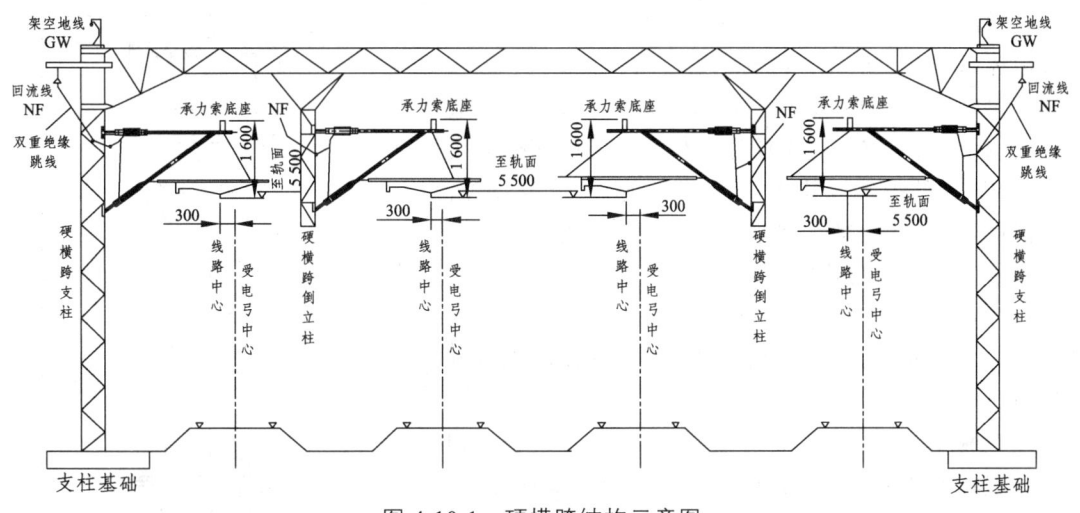

图 4-10-1　硬横跨结构示意图

表 4-10-1　硬横跨各部尺寸允许偏差

序号	项目名称			项点类别	允许偏差/mm
1	柱高			B	±20
2	柱及梁段侧面的弯曲度			A	L/1000
3	方形钢管硬横跨各截面边长			B	±5
4	直径		≤300 mm	B	±5
			>300 mm		外径的 ±1.5%

续表

序号	项目名称		项点类别	允许偏差/mm
5	法兰盘	端板厚度	B	±1.0
		连接法兰盘螺栓孔中心距	A	±1.5
		底座法兰盘螺栓孔中心距	B	±1.5
6	硬横梁跨度 L/m	$15<L\leqslant20$	B	±8
		$20<L\leqslant30$	B	±10
		$30<L\leqslant4$	B	±15
		$L>40$	B	±20

注：A 为关键项点，B 为主要项点。

第十一节 避雷器

避雷器是接触网的过电压保护设备，当过电压侵害到接触网时，避雷器对地放电，从而保护接触网设备安全。

接触网过电压主要有大气过电压和操作过电压。大气过电压即雷电过电压，它电压幅值高、能量大、破坏性强，如果不进行防护，就会烧毁设备、击穿绝缘，造成重大设备事故。操作过电压是由供电设备的切换形成的，如变压器的投入与退出，隔离开关的开、合操作等，都可能产生过电压。操作过电压的幅值可能为工作电压的几十倍，有较强的破坏性。

避雷器一般设置在绝缘锚段关节、长大隧道两端、变电所、开闭所、分区亭等处，对接触网线路和供电设备进行过电压保护。

接触网用避雷器主要有管型避雷器、阀型避雷器和氧化锌避雷器几种。氧化锌避雷器是一种新型避雷器，在目前接触网中广泛应用。

氧化锌避雷器将氧化锌电阻片装在绝缘套内，外连接高压接线端子。氧化锌避雷器绝缘外壳由瓷质或有机复合绝缘材料制成，其外形构造如图 4-11-1 所示。

避雷器可能安装在混凝土方柱、钢柱或混凝土柱等支柱上。不同支柱上的安装形式除避雷器托架型号不同外，其他相同。避雷器在混凝土方柱、钢柱上的安装形式如图 4-11-2 所示。

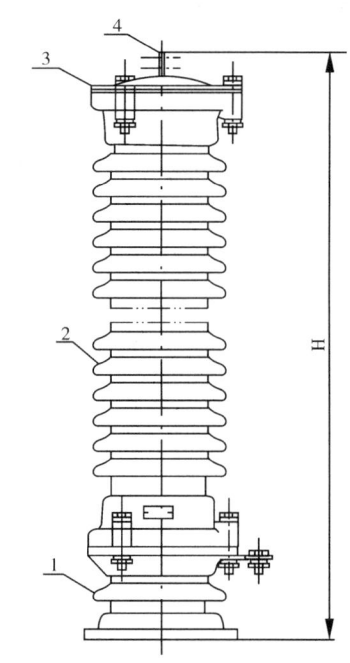

图 4-11-1 氧化锌避雷器外形图
1—底座；2—避雷器单元；3—顶盖；
4—高压接线端子

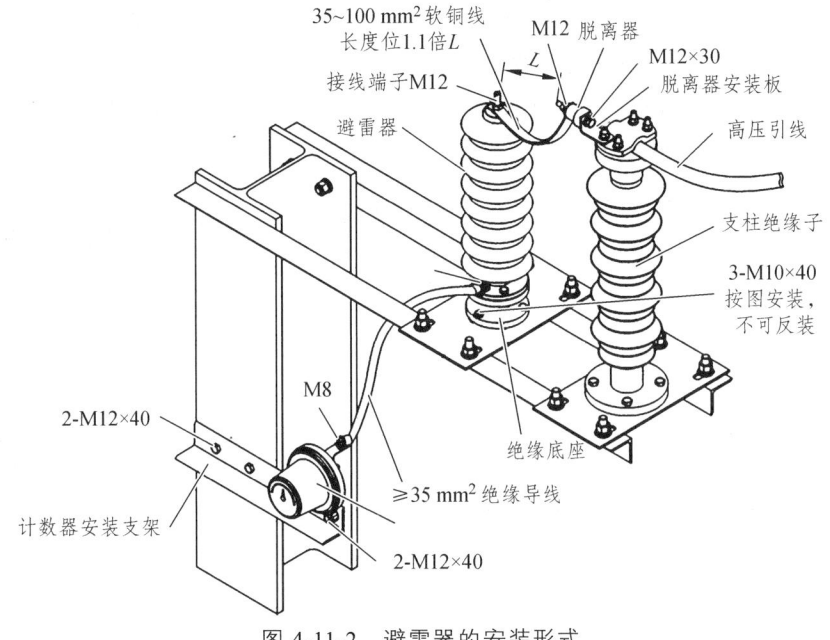

图 4-11-2　避雷器的安装形式

避雷器托架按设计高度安装，避雷器托架应安装牢固、水平，避雷器应呈竖直状态。引线安装时，避雷器线夹应除锈并涂电力脂。引线长度适当（考虑温度变化余量）。避雷器安装后，一定要把避雷器与接地端子连接并测量接地电阻，电阻值不应大于 10 Ω。连接避雷器与接地端子的引线应连续、完整、最短距离的引下并可靠接地。引下线的材质、结构和最小截面应满足雷电流强度检算并且不小于避雷线的铜当量载流截面。

第十二节　接地装置及吸上线

为了供电安全，接触网非带电金属体应接地，接触网接地根据作用分为工作接地和保护接地两种。工作接地是为满足供电系统需要而设置的设备中性点、中性线与地或轨道的连接，包括回流线接钢轨、自耦变压器中性点接钢轨、避雷器接地等。保护接地是为保证人身安全和设备安全而设置的接触网及其设备非带电金属部分与地或钢轨的连接，包括隔离开关接地刀接地、接触网悬挂非带电支持结构接地、支柱接地、设备金属外壳接地等。

保护接地的作用，当接触悬挂或设备绝缘子发生闪络和被破坏时，闪络电流由接地线通过钢轨或其他保护线路流回牵引变电所，使变电所继电保护装置动作，切断电源，从而保证人身安全和设备安全。

一、接地装置

1. 支柱地线

混凝土支柱地线是利用支柱内部金属体或沿支柱敷设的金属体与牵引轨连接。支柱地线可分为上部地线、中部地线和下部地线。拉杆底座至腕臂底座间的地线为上部地线；腕臂底座至支柱地线孔的地线为中部地线；支柱地线孔至钢轨的地线为下部地线。上部地线和中部地线一般用 $\phi 10$ mm 的圆钢制成，下部地线一般用 $\phi 12$ mm 的圆钢制成。如图 4-12-1 所示。埋入地的地线埋深不少于 100 mm。

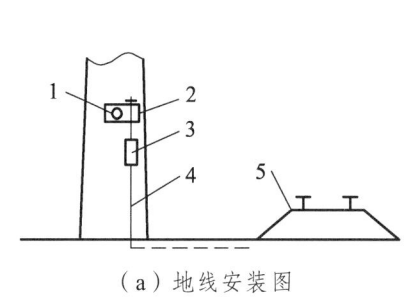

（a）地线安装图

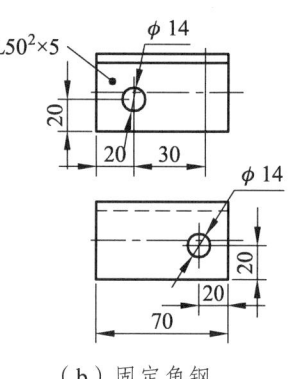

（b）固定角钢

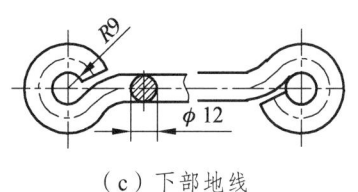

（c）下部地线

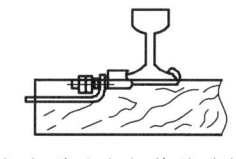

（d）地线与钢轨的连接

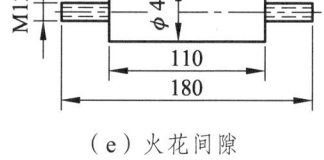

（e）火花间隙

1—连接螺栓；2—固定角钢；3—火花间隙；4—地线；5—接地线夹

图 4-12-1　混凝土支柱内设地线示意图

为了防止流经钢轨的牵引电流和信号电流泄漏，在接触网支柱与钢轨间的接地线上加装了火花间隙。在正常情况下，火花间隙将钢轨与支柱绝缘。当接触网绝缘破坏出现高电压时，火花间隙被击穿，接触网支柱与钢轨接通，短路电流经钢轨返回牵引变电所，使牵引变电所的保护装置作出反应。

常用的火花间隙型号为 H-1 型，其隙放电电压为 500 V。火花间隙是一次性的，间隙被击穿后本体将炸裂，等接触网绝缘恢复后，应进行更换。

2. 钢柱地线

钢柱本身是导体，所以钢柱只有下部地线。支柱地线的安装根据地线的布设情况测量各段长度，再加上圆环长度或连接长度截取圆钢后两端（或一端）加工成圆环。上部地线接到拉杆、腕臂底座及下锚角钢等固定螺栓上；中部地线上端接到腕臂底座固定螺栓上，下端通过地线孔螺栓或接地线连接线夹与下部地线相连；下部地线由支柱预留孔至钢轨并通过接地线夹与钢轨相连。下部地线应埋入地下约 100 mm，需设火花间隙的应加设火花间隙。

3. 隧道地线

隧道内地线有单独接地式和母线接地式两种形式。单独接地式地线将每一组支持装置埋入杆件单独与钢轨连接；母线式地线将支持装置的地线接入专设母线，母线每隔一定的距离接钢轨一次。接地母线固定在隧道壁 4.5 m 高度处。

4. 接地跳线

支柱地线可能对轨道电路造成干扰影响，使信号装置误动作影响行车，接入火花间隙后使得供电安全程度降低。为了解决上述问题，接触网保护接地采用接地跳线接回流线或保护线的形式，如悬挂支持装置、悬挂下锚装置、附加导线支持装置、附加导线下锚装置等。

5. 腕臂柱接地跳线

在架有保护线 PW 或回流线 NF 的接触网中，接触悬挂采用双重绝缘方式，如图 4-12-2 所示。双重绝缘方式下，绝缘子既保证接触悬挂对地绝缘，又保证接地跳线对地绝缘，所以叫双重绝缘方式。

双重绝缘方式的腕臂装配用的绝缘子为双重绝缘型绝缘子，如 QBZ2-25D、QBZ2-25DT 型绝缘子。接地跳线装置由跳线卡箍及接地跳线构成，跳线卡箍分别装于绝缘子的细颈处，跳线卡箍之间连接接地跳线。接地跳线一般由 U-50 铝绞线制成。单腕臂双重绝缘方式如图 4-12-2（a）所示，双腕臂方式如图 4-12-2（b）所示。

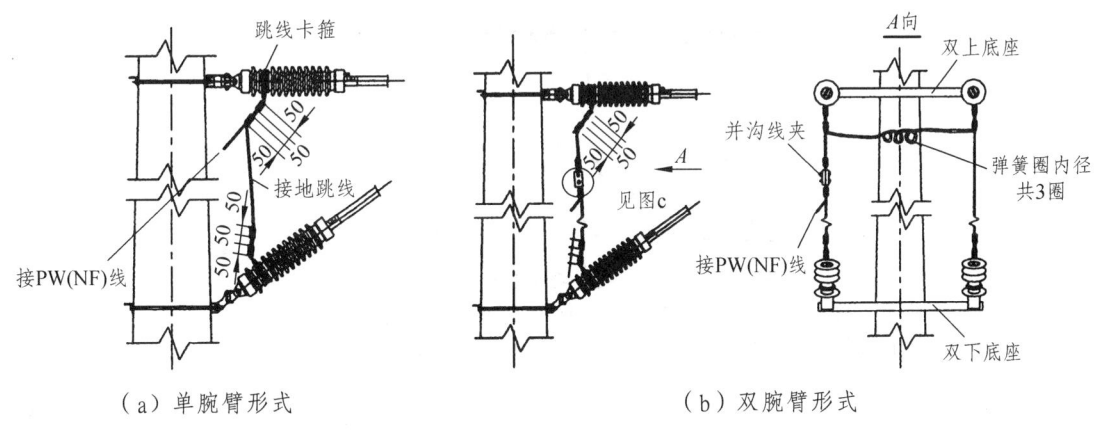

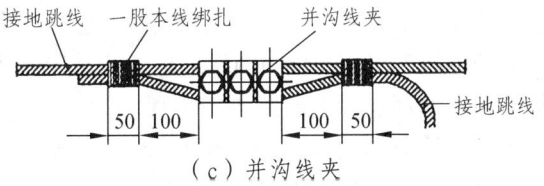

图 4-12-2 双重绝缘腕臂柱安装图

6. 软横跨接地跳线

在软横跨装置中，接地跳线将三串绝缘子非带电部分连接起来，再与回流线或保护线连接，如图 4-12-3 所示。

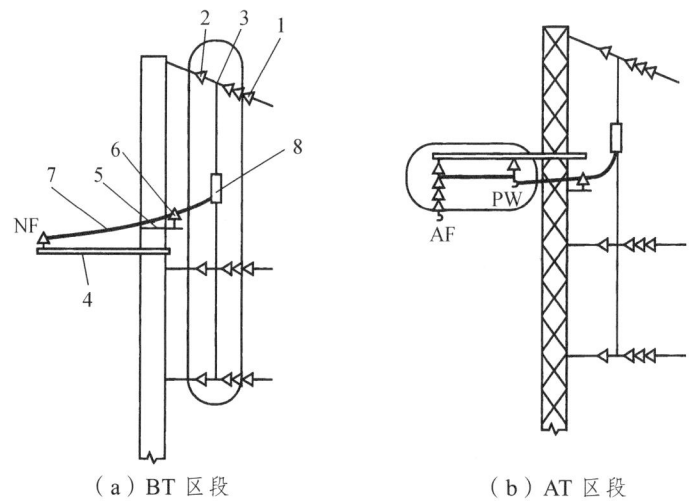

（a）BT 区段　　　　（b）AT 区段

图 4-12-3　软横跨接地跳线安装图

1，2—悬式绝缘子；3—接地跳线固定板；4—回流线肩架；5—跳线肩架；
6—针式瓷瓶；7—回流跳线；8—并沟线夹线

7. 下锚装置跳线

下锚装置跳线接地如图 4-12-4 所示。为考虑线索温度伸缩，接地跳线做 3～4 个弹簧圈。

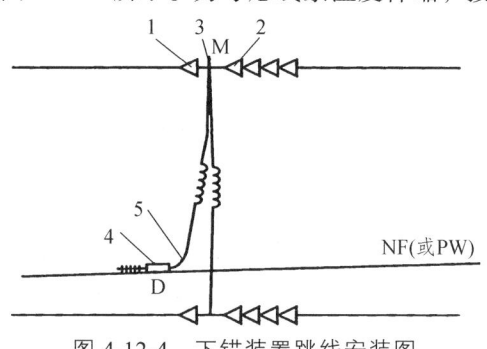

图 4-12-4　下锚装置跳线安装图

1，2—悬式绝缘子；3—接地跳线固定板；4—电连接线夹；5—接地跳线

8. 接地极

接地极由竖直接地体、水平接地体和连接地线构成，根据竖直接地体制造材料分为角钢接地体、钢管接地体和圆钢接地体。竖直接地体的选择根据接地土壤的电阻率确定，接触网接地极一般采用角钢竖直接地体。接地极的构造及埋设要求如图 4-12-5 所示。

竖直接地体用 L50^2×5 mm 的角钢制成，长度为 2500 mm。竖直接地体间的水平距离为 5000 mm，其根数根据土壤电阻率及允许接地电阻值确定。水平接地体用 40 mm×4 mm 的扁钢制成，其长度根据竖直接地体的根数确定。

接地装置的接地电阻应符合设计要求，否则可能导致设备不能正常工作，或造成人身伤亡和设备损伤事故。接地极的接地电

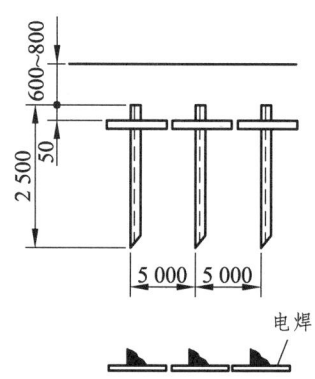

图 4-12-5　接地极结构图

阻越小越好，在任何情况下不得大于设计允许值。接地电阻允许值如表 4-12-1 所示。

表 4-12-1　接地电阻允许值

序号	接地类别	接地电阻允许值（Ω）
1	隔离开关、避雷器、吸流变压器、架空地线	>10
2	接触网支柱、接触网 5 m 内的金属结构	>30

目前广泛采用钳形电阻测试仪对接地电阻进行测量。

集中接地测量：在有接地极的支柱处，直接扣押扳机，打开钳口，钳住待测的下部地线（接地钢筋），待数值稳定后锁定当前显示值并记录。

单独接地测量：使用二点法，即在下部地线（接地钢筋）附近 2 m 范围内做一临时接地处，用 600 mm 钢钎楔入地下，用截面面积不小于 10 mm² 的软铜线连接钢钎和下部地线，形成测量回路，用测试仪测量。

二、吸上线

吸上线采用电力电缆，一端接回流线（或保护线），另一端接钢轨。根据有无信号轨道电路，吸上线与钢轨的连接有通过扼流线圈接钢轨和直接接钢轨两种形式，目前在我国电气化铁路中多采用通过扼流线圈接钢轨的形式。吸上线安装形式如图 4-12-6 所示。

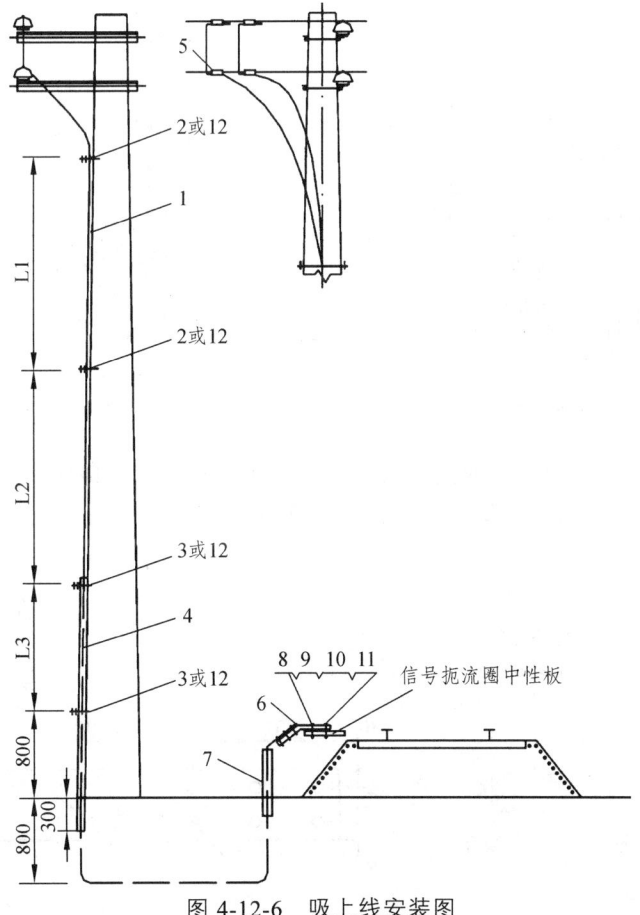

图 4-12-6　吸上线安装图

1—吸上线；2，3—回流线抱箍；4—吸上线护管；5，7—并沟线夹；6—设备线夹；8，9，10，11—连接螺栓

在带回流线的直接供电方式和 BT 供电方式中，连接"钢轨"与回流线的电缆称作吸上线。吸上线一般采用铜芯或铝芯电缆，吸上线中流过的是牵引电流。变电所和分区亭附近吸上线的截面应比其他地点吸上线的截面大些。

一般而言，吸上线是不能直接与钢轨连接的，应根据铁路信号的要求，采取不同的连接方式。目前，电气化铁路均采用双轨回流，全自动闭塞，吸上线应接至扼流变压器中性板上，如图 4-12-7 所示。

吸上线一般设置在两台吸流变压器中间，为减小"半段效应"，也可以将吸上线设置于靠近牵引变电所的一台吸流变压器附近。由于信号断轨检测需要，至少每隔一个闭塞分区应设置一处吸上线。

吸上线安装工艺如图 4-12-8 所示。

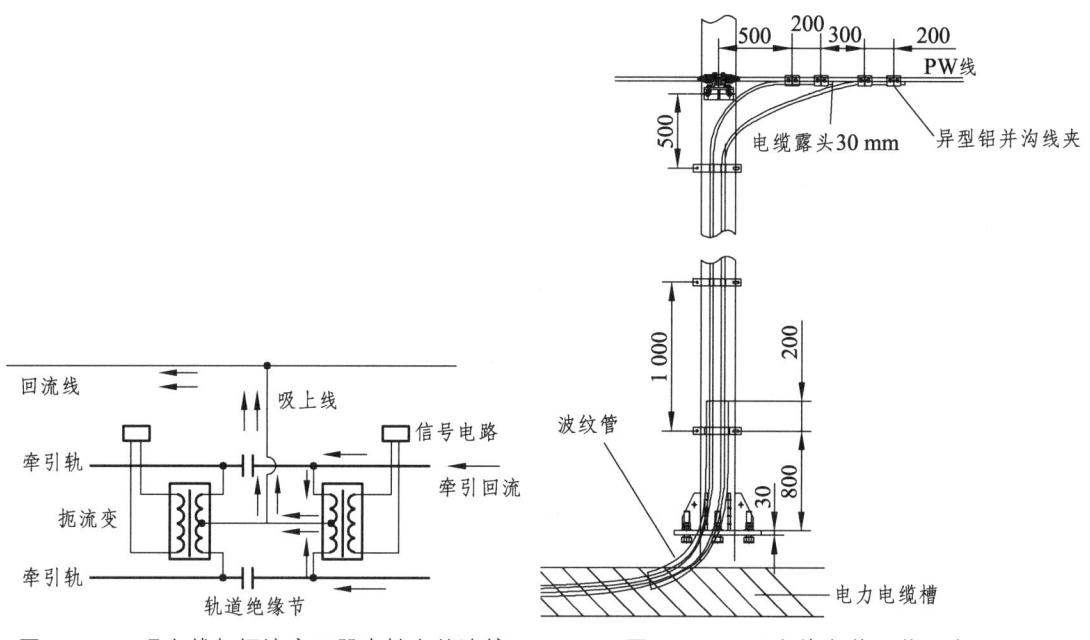

图 4-12-7 吸上线与扼流变压器中性点的连接　　图 4-12-8 吸上线安装工艺示意图

吸上线与扼流变压器中性点连接宜增加转换母排。吸上线与扼流变压器连接细部设计图如图 4-12-9 所示；转换母排细部设计图如图 4-12-10 所示。

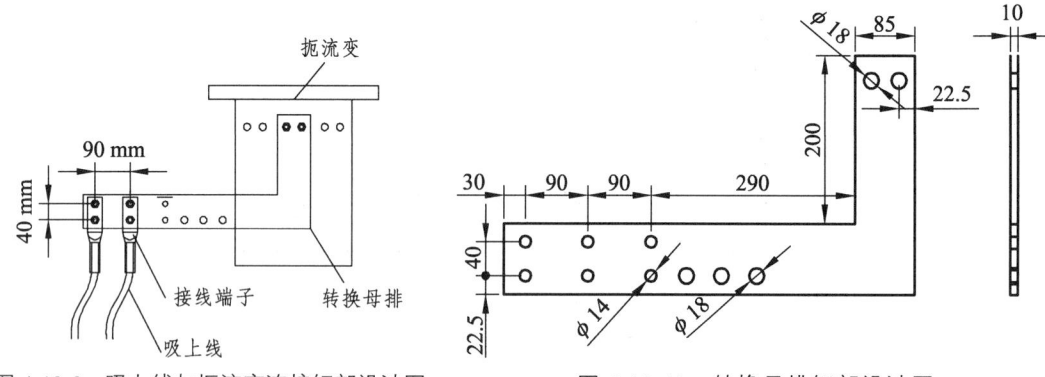

图 4-12-9 吸上线与扼流变连接细部设计图　　图 4-12-10 转换母排细部设计图

吸上线出入电缆槽宜套波纹管防护，采用非磁性抱箍固定。

避雷器采用双引线接地，设备底座和保护线连接，计数器下部与综合接地端子相连，避雷器接地工艺如图 4-12-11 所示。

隔离开关采用双接地，隔离开关托架与保护线相连，操作机构箱与综合接地端子相连，如图 4-12-12 所示。

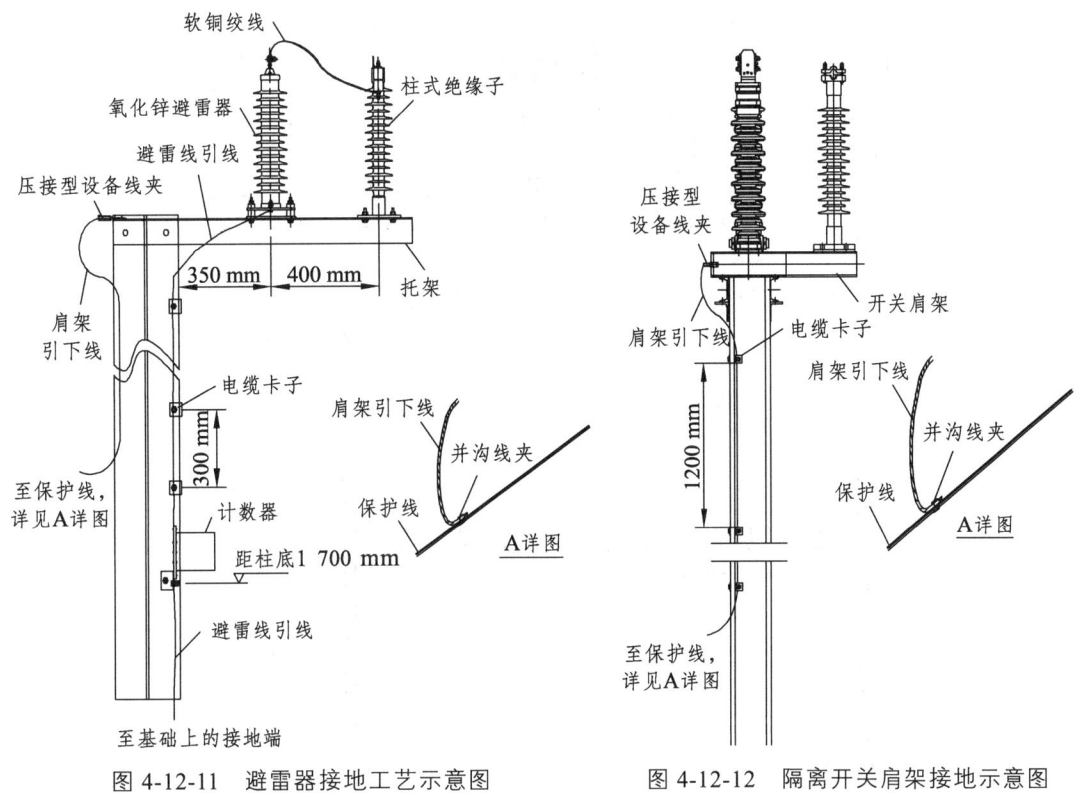

图 4-12-11　避雷器接地工艺示意图　　　　图 4-12-12　隔离开关肩架接地示意图

第十三节　接触网供电设备标志及限界

一、供电设备标志

在站台接触网支柱上距轨面 2.5 m 的处所，以及安全挡板、细孔网栅和跨线桥防护网栅处均应设置白底、黑字、红色闪电符号的"高压危险"警示标志，如图 4-13-1 所示。标志应完整无损、安装牢固、字迹清晰。

在机动车辆通过的平交道口处铁路两侧的公路上应设置限界门。限界门置于沿公路中心线距最近铁路线路中心不小于 12 m 的地方。限界门的宽度不得小于平交道口处公路路面的宽度，限界门的下缘距地面的高度为 4.5 m，限界门框柱涂以警示色标。在限界门处应按《电气化有关人员电气安全规则》的规定悬挂揭示牌。限界门结构及道口安全揭示牌如图 4-13-2 所示。

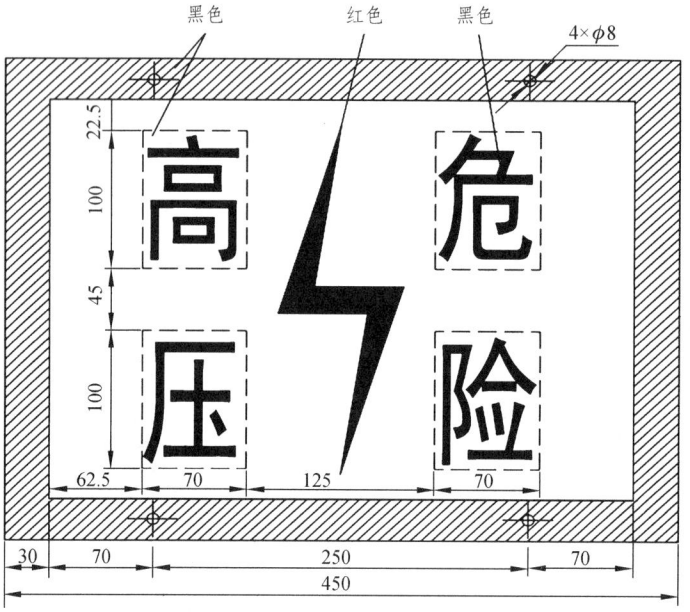

图 4-13-1 "高压危险"警示标志

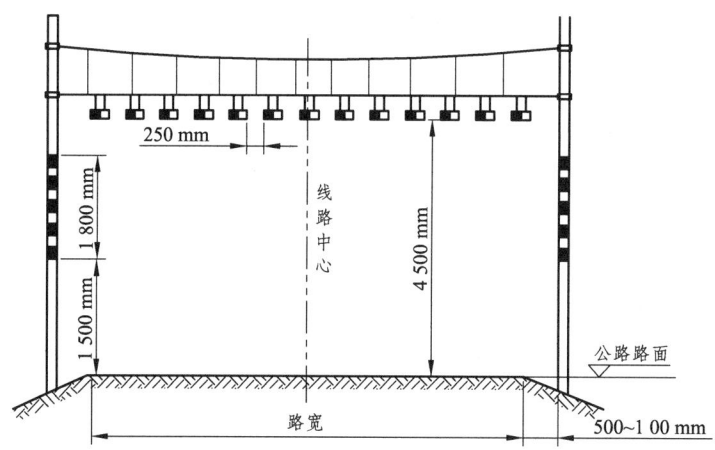

(a) 限界门结构

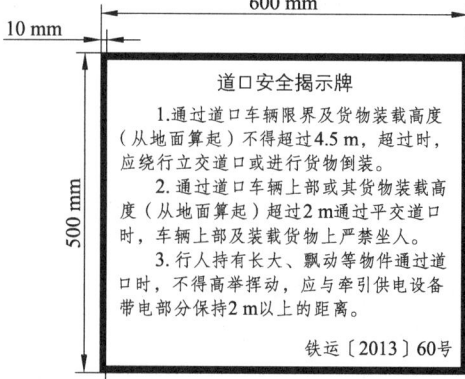

(b) 道口安全揭示牌

图 4-13-2 限界门结构及道口安全揭示牌

接触网有关标志介绍如下。

号码牌：每根接触网支柱顺线路两侧及田野侧均应安装反光号码牌。每个区间、车站、隧道均应分别单独编号，上行双号、下行单号，编号方向与线路公里标方向一致。

电力机车禁停标：在站场、区间接触网不同供电臂间的电分段两端设置电力机车禁停标。该标志提示的禁停区域内电力机车不得停留。电力机车禁停标设置位置及样式如图 4-13-3 和图 4-13-4 所示。

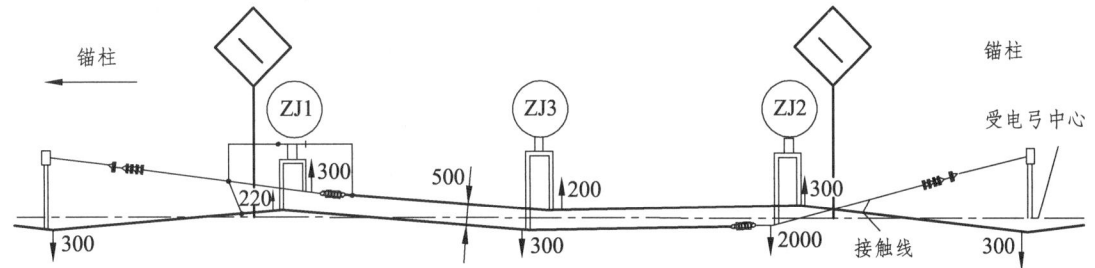

图 4-13-3　电力机车禁停标设置位置

 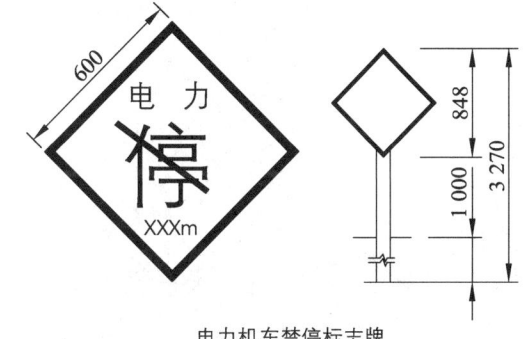

图 4-13-4　电力机车禁停标志样式

分相断/合标：高速铁路在接触网电分相前方设断电标，断电标设置在电分相中性区段起始位置前第 2 根支柱上（该支柱距电分相中性区段起始位置不小 80 m）；在接触网电分相后方设合电标，合电标设置在电分相中性区段终止位置后 400 m 处附近的接触网支柱上（该支柱距电分相中性区段终止位置不小于 400 m）。线路反方向按上述规定设置断电标、合电标，如图 4-13-5 所示。

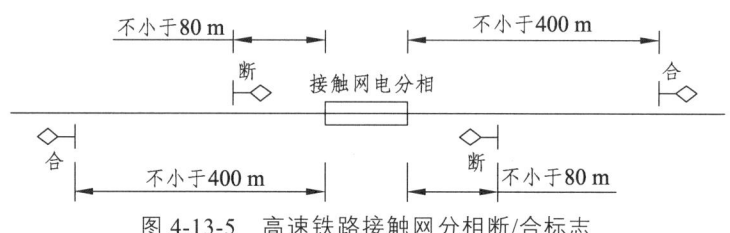

图 4-13-5　高速铁路接触网分相断/合标志

接触网终点标：在接触网终端应设置"接触网终点"标。"接触网终点"标应装设于接触网锚支距受电弓中心线不大于 400 mm 处接触线的上方或线路列车运行方向的左侧地面上，如图 4-13-6 所示。

分段绝缘器禁停标：联络线、渡线分段绝缘器处需安装分段绝缘器禁停标。分段绝缘器禁停标应装设在分段绝缘器正上方承力索上，且应高于分段绝缘器 250 mm 以上的高度，如图 4-13-7 所示。

图 4-13-6　接触网终点标志　　　　　　图 4-13-7　分段绝缘器禁停标志

上述标志均为白底黑框，黑字黑体。标志装设位置及规格符合《铁路技术管理规程（高速铁路部分）》《铁路电力牵引供电施工规范》等有关规定。各种标志和揭示牌应完整无损、安装牢固、字迹清晰、便于瞭望，不得侵入限界。与行车有关的标志一般应设于列车运行方向的左侧。

二、限　界

接触网支柱上、隧道每个定位点下方隧道边墙上，均要涂刷红色的"轨面标准线"。轨面标准线标画依据为正线股道靠近隧道边墙、站台或支柱侧的钢轨顶面的设计高程，如图 4-13-8 所示。

按《接触网检修规程》要求，须在轨面红线上下方标注接触网参数。以白漆底、黑字在轨面红线上方 100 mm 处刷记实际外轨超高（h）、接触线高度（H），在下方 100 mm 处刷记侧面限界（C_X）、接触线拉出值（a）等数据，单位统一为 mm，字体高度为 40 mm。格构钢柱上等特殊情况难以标注时，在距其基础 1500 mm 高处单独挂铁制小牌，如图 4-13-9 所示。

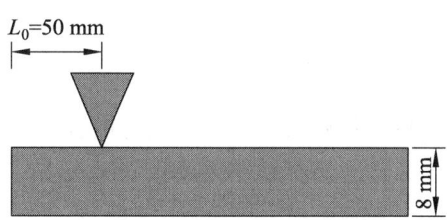

图 4-13-8　轨道红面示意图

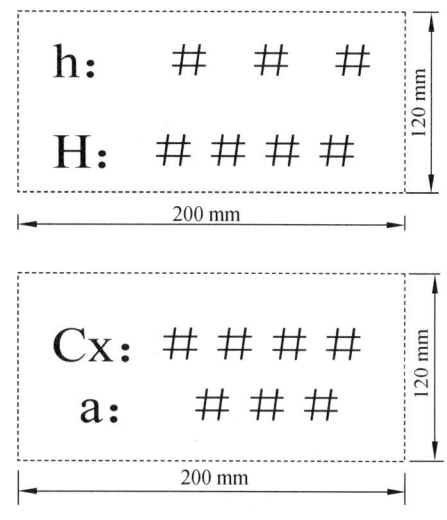

图 4-13-9　接触网参数牌

第五章　接触网识图

第一节　平面图识图

接触网平面图综合了接触网结构、接触网设计计算、接触网平面图绘制等内容。它集中反映了接触网设计上的主要技术原则，作为施工设计文件，它是接触网施工、交付运营及进行管理和维修的重要依据。

接触网平面布置工作应在掌握了可靠的线路资料并熟悉了设计及运营管理规程、规范的基础上进行。接触网平面布置前应进行必要的设计计算，如计算接触悬挂的各种负载、跨距长度、锚段长度、各种支柱容量等；确定设计所必需的各种技术参数，如拉出值、侧面限界、悬挂类型、供电分段等。

接触网平面图的设计步骤一般分为：

（1）室内设计：根据区间与站场平面图及线路纵断面图，初步确定支柱位置、锚段长度及中心锚结和锚段关节的位置，并提出外出测量时需要特别注意的有关问题。

（2）外业测量：核对室内设计与现场情况是否相符，进行实地测量以纠正室内设计上的错误，同时注意记录和收集与原资料相差较大的特殊情况，为最后完成平面图设计收集详细的外业资料。

（3）完成正式的施工设计图：将外业资料汇总整理，对室内设计进行必要的调整，完成平面图上的全部设计内容。

在绘制接触网平面布置图时，车站与区间的接触网平面图应相互衔接。一般是先作站场后作区间，绘图比例一般大站取 1∶1000，小站取 1∶2000。

一、站场接触网平面布置原则

站场接触网平面布置的主要依据是站场平面图，此外还应包括站场范围内的桥梁、涵洞和隧道等图表，这些资料可向线路设计和工务部门索取。

站场平面布置顺序及布置原则如下：

（1）放图工作。首先将车站有关部分描绘制图，包括站场全部电化股道（近、远期电化股道）；与架设接触网有关的非电化股道；股道编号及线间距；道岔编号、型号及站内最外方道岔中心里程；曲线起讫点、半径、缓和曲线长度及总长；桥梁名称、中心里程、总长、孔跨式样及结构形式；隧道名称、起讫里程及总长；涵管、虹吸管、平交道、地道、天桥、跨线桥、架空渡槽等中心里程及宽度；站场名称、中心里程；站台范围（长×宽×高）；线路两侧与接触网架设有关的建筑物（如站舍、雨棚、仓库、扳道房、水鹤、起重机械、煤台及上、下挡墙等）；进站信号机的位置及里程。

（2）支柱布置放图后即可着手进行站内支柱布置。应先从站场两端道岔集中的地段开始，向车站中心布置，最后完成两端咽喉道岔外侧的支柱布置。其设计原则及注意事项如下：

① 道岔处布置支柱时，对于正线上的道岔均应设计标准定位柱，其余道岔应尽量满足标准定位。

② 尽量采用已确定的设计允许最大跨距值，以减少支柱数量。除特殊情况外，相邻跨距之比不应大于 1:1.5，桥梁、隧道口、站场咽喉等困难地段可采用 1:2.0。绝缘锚段关节的转换跨距（即转换柱与中心柱间）应较一般跨距值缩减 5~10 m。

③ 跨距一部分在缓和曲线而另一部分在直线时，选择跨距应校验接触线的水平偏移值。跨距一半在缓和曲线而另一半在曲线时，按曲线选用或取稍大值。

④ BT 和直接供电方式区段，应在车站的一端（以电源侧为好）设绝缘锚段关节，AT 供电方式区段仅在有 AT 所的车站两端设绝缘锚段关节。该关节的位置不受站场信号机位置的限制，但其转换柱位置应设在距站场最外道岔的岔尖 50 m 以外，以便于机车转线。

⑤ 布置支柱时，应尽量避开风雨棚、站房、仓库、跨线桥、涵洞、信号机等建筑物。站台上要少设支柱，站内重要房舍（如值班室）近旁的支柱，要注意不得正堵着门窗，要适当考虑美观，站房两边支柱应尽量布置对称。

⑥ 基本站台或中间站台上的支柱，其线路侧内缘至站台边不得小于 1 500 mm，基本站台上的软横跨柱限界为 5.0 m，路肩上的支柱为 3.0 m，牵出线上的支柱限界为 3.1 m。

⑦ 位于股道中间的支柱必须保证两侧限界的要求，对于站内远期预留的电化股道，在布置支柱时支柱容量和侧面限界应考虑留有一定的余量，但单线腕臂柱的位置和容量可不考虑预留。

⑧ 设计锚柱的位置时，应考虑下锚拉线的安设情况，即在锚柱后 10 m 范围内不得有影响拉线安装的任何障碍物。

⑨ 终端柱距车挡不宜小于 10 m，因地形限制不能满足上述要求时，支柱可设于线路的一侧。

（3）划分锚段，确定锚段长度及经路，选择并确定下锚地点和中心锚结的位置。其设计原则是：

① 锚段长度和中心锚结的位置，应根据中心锚结与补偿器处线索的张力差来确定。半补偿、全补偿及简单悬挂接触线的张力差不得大于额定值的 ±15%；全补偿链形悬挂承力索的张力差不得大于额定值的 ±10%。

② 站内锚段的划分一般为一股道一个锚段，对于大站，若正线较长需要设两个锚段时，则两锚段在站内衔接处设三跨非绝缘锚段关节。站内渡线应尽量合并到别的锚段中去，不得已时也可以自成一个锚段。

③ 在确定锚段经路及下锚位置时，应尽量避免在线岔处出现二次交叉，最好采用一次交叉的方式，如图 5-1-1 所示。

以此交叉即在道岔定位柱一侧出现交叉（线岔侧），另一侧不出现交叉。相邻两组线岔间接触悬挂以布置成平行状为好，线岔处接触线拉出值一般不超过 450 mm。在低速道岔上允许不定位，但定位点两侧接触线应为自然直线状，当非工作支离股道中心较远时，要注意不使腕臂和定位器加得太长。

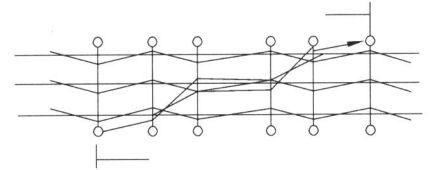 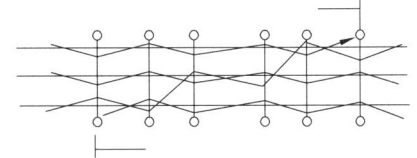

（a）比较合理时道岔处交叉一次　　　　（b）不够合理时道岔处交叉两次

图 5-1-1　锚段走向示意图

④ 接触线改变方向时，与原方向的水平夹角一般情况不宜超过 6°，困难情况下不宜大于 12°。

（4）确定接触线的拉出值（或"之"字值）。接触线拉出值确定与支柱布置的方法相同，也从道岔集中区段开始，对于大站应在咽喉道岔处画出局部的接触网经路放大图，以明确相邻道岔接触线拉出值和线岔的分布情况。

选定拉出值时，应保证在最大风负载作用下，跨距中任一点接触线的最大风偏移值不超过技术要求。对于道岔连接曲线上的拉出值，在选定后应进行接触线风偏移校验，当超过设计要求时，在线路条件允许的情况下可增设定位柱加以解决。

（5）根据技术标准确定支柱侧面限界。

（6）确定支柱类型。根据平面布置前的计算依据，选择不同类型的腕臂柱和软横跨柱。设计原则和注意事项如下：

① 设计规范规定：软横跨跨越股道数不宜超过 8 股，在支柱容量允许时宜优先选用钢筋混凝土支柱。

② 在装卸圆木、矿石等作业繁忙容易发生碰毁支柱的场所，采用钢柱，并应对支柱采取必要的防护措施。

③ 在软横跨钢柱上下锚时，可将普通钢柱容量加一级，并打拉线后用作锚柱。

④ 当软横跨跨越股道数超过 8 股道时，且股道间距允许的话，应在中间增设一根软横跨柱，该支柱类型应按较大一侧的支柱容量来确定。

（7）选择支持装置、安装图号及软横跨节点。根据支柱所在位置、侧面限界及用途，通过接触网安装图选择不同的装配结构，并将所选图中的水平拉杆、腕臂、定位管、定位器等设备的规格和软横跨节点及安装图号，一起标注在接触网平面图相应栏目内。

（8）根据地质条件（土壤承压力和安息角）选择钢柱基础及横卧板类型。

（9）设备安装，即确定站内各种电气设备的安装位置，如根据供电分段的要求，确定分段、分相绝缘器、隔离开关、绝缘锚段关节、股道电连接、线岔、避雷器、接地线、限界门的安设位置。其设计原则为：

① 在有几个电气化车场的大站，应将每个车场单独分段。装卸线、旅客列车整备线、机车整备线等均应单独分段，并在该处安装带接地刀闸的隔离开关。路外专用线应单独分段，封闭的水鹤、到发线、安全线、牵出线、机车走行线等不宜设接触网电分段。

② 根据供电要求，应在牵引变电所及分区亭所在站设置接触网电分相装置，其位置的选择应综合考虑电力机车运行、调车作业的方便、供电线经路的合理性及进站信号机位置和显示的要求，并避免设在大坡道上。

③ 隔离开关的安装位置应便于电连接跳线，并符合操作机构的操作方向（操作手柄应朝向田野侧）。绝缘锚段关节处的隔离开关应装设于非工作支在支柱侧的绝缘转换柱上（即开口侧），如图 5-1-2（a）所示。

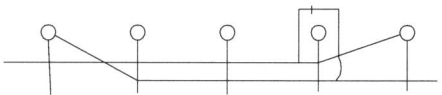

（a）绝缘锚段关节处隔离开关安装位置

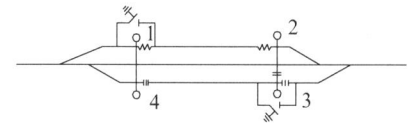

（b）软横跨柱上分段绝缘器附属隔离开关安装位置

图 5-1-2　隔离开关安装位置图

安装于软横跨柱上的分段绝缘器附属隔离开关，应选择图 5-1-2（b）中的位置 1 或 3，不宜选择 2 或 4。

④ 股道电连接线，小站一般设一处位于站场中部，大站设两处位于站场两端机车起动点处（约车站长度的 1/3 处）。

⑤ 凡通行机动车和兽力车的平交道口均应设限界门，其通过高度不得低于 4.5 m。

（10）编排支柱号码，一般是顺着公里标方向，按从上行到下行先左侧后右侧的顺序编。对复线区段，一般下行线侧采用单数，上行线侧采用双数。

（11）编写该站场的接触网主要设备材料表，如各种线索、横卧板、基础、隔离开关、分段、分相绝缘器、避雷器、支柱等设备的型号和数量；安装图号和软横跨节点的编号及数量。

（12）编写必要的技术说明，如接触网平面的设计依据；悬挂点处接触线的工作高度；各股道悬挂类型；道岔定位及设计时必须明确的主要技术原则；接地线情况及一些特殊地段的设计说明等。

二、区间接触网平面布置原则

区间接触网平面布置所依据的资料主要是线路纵断面图以及区间内桥梁、涵洞、隧道等图表。

区间平面布置图绘图比例一般为 1∶2 000；其平面布置的次序及设计原则如下：

（1）划分区间接触网锚段、锚段长度和中心锚结位置，确定方法与站场相同，锚段应尽量长，以减少锚段的数量。整个区间内各锚段长度在地形差异不太大时，应尽量均匀。

（2）区间内支柱布置一般从车站两端锚段关节处开始，应根据计算尽量采用最大允许跨距，相邻跨距不等时可参照站场支柱布置情况。

（3）缓和曲线上的支柱布置应参照站场支柱布置原则执行。布置时要避开涵洞、小桥、小隧道等建筑物。

（4）在曲线区段，特别是小半径曲线（包括缓和曲线），支柱应尽量设在曲线外侧，便于施工和维修。在单线区段，为了不妨碍信号标志的显示，在远方信号机及进站信号机前的接触网支柱，应尽量设在信号机的对侧，如果是同侧支柱应适当加大侧面限界。在曲线区段，支柱应设于信号显示前方 5 m 以外的地方。

（5）在隧道口处，当接触线高度需要改变时，其坡度一般地区不应大于 3‰，困难区段不应大于 5‰。

（6）尽量避免在桥上设立支柱，长大桥梁上可采取在桥墩台上设立钢柱的方法。

（7）直线区段的锚段关节，若同侧下锚时的下锚跨距小于 45 m，最好采用异侧下锚，避免转换柱腕臂上的水平拉杆受压。

（8）在复线电气化区段，各条正线接触悬挂在机械上和电气上应尽量独立。

（9）对于跨线桥、天桥、衍梁桥等建筑物，接触悬挂的通过方式可视具体情况而定，但任何通过方式都要保证在极限温度情况下，接触线被受电弓抬高后（抬升高度按 100 mm 考虑）对地有足够的绝缘间隙，并应考虑留有一定的安装调整余量。

（10）对于链形悬挂，当承力索在支柱与相邻建筑物悬挂点上的高差较大时，要检查两者之间是否出现上拔力。如果该跨距由于高差而出现式（5-1-1）情况时，则存在上拔力（即高悬挂点对低悬挂点有向上拉的力）。这时需要采取措施，如调整跨距的长度、降低悬挂点间高差等。

$$L_h = \sqrt{\frac{2Z_x h}{W_x}} \tag{5-1-1}$$

式中 L_h—— 所检查的跨距值（m）；

h—— 相邻悬挂点间的高度差（m）；

Z_x—— 链形悬挂归算张力（N）；

W_x—— 链形悬挂归算负载（N/m）。

（11）区间支柱应单独编号，对单线区段应从上行至下行顺序编，复线区段下行线侧支柱编单号，上行线侧支柱编双号。

区间平面图中其他布置原则与站场相同。

三、隧道内接触网平面布置原则

由于隧道内不设支柱，且气象条件与区间有所不同，因此隧道内接触网平面布置比区间和站场简单，其设计原则如下：

1. 技术条件

（1）在气象条件上与区间比较，长大隧道内最高气温低 10 ℃，最低气温高 5 ℃。对于接触悬挂，可以不考虑冰、风负载。

（2）隧道内常采用的悬挂类型有简单悬挂、半补偿和全补偿简单链形悬挂，一般根据隧道净空高度来选择，不受区间悬挂类型的限制。

（3）绝缘间隙应符合表 5-1-1 中的规定。

表 5-1-1　空气绝缘间隙值

序号	有关情况		空气绝缘间隙值/mm	
			正常值	困难值
1	绝缘锚段关节两悬挂点间隙	一般情况（适用于任何海拔高度）	450	—
		吸流变压器处	300	—
2	+25 kV 带电体距−25 kV 带电体间隙		500	—
3	25 kV 带电体距固定接地体间隙		300	240
4	25 kV 带电体距机车车辆或装载货物间隙		350	—
5	受电弓振动至极限位置和导线被抬起的最高位置距接地体的瞬间间隙		330	160
6	隔离开关引线、电连接线（包括跨另一只接触悬挂时）及供电线跳线距接地体间隙		100	—
7	绝缘元件接地侧裙边距接地体间隙（适用于任何海拔高度区段）	瓷及钢化玻璃绝缘子	50	75
		环氧树脂绝缘元件		50

注：① 污秽地区的绝缘于泄漏距离增大时，表中所列的空气绝缘间隙值可不增大。
② 在海拔超过 1 000 m 的地区，海拔每增高 100 m，表中所列空气绝缘间隙均应增大 1%。
③ 在已建成的低净空的隧道、跨线桥等建筑物范围内，采用正常间隙确有困难时，方可采用表中困难值，且重雷区及距海岸线 10 km 以内的区段的空气间隙，应采用正常值。如确需采用困难值时，则应相应采取防雷措施。

此表中的数据也适用于区间和站场平面布置。

（4）链形悬挂结构高度应保证最短吊弦长度不小于 250 mm。在布置定位点时，根据悬挂的跨距，可以每个悬挂点设定位，也可以隔 1~2 个悬挂点设定位，应满足接触线对受电弓中心的偏移不超过 500 mm。

2. 隧道内平面布置的一般原则

（1）在隧道内尽量采用最大允许跨距，跨距的大小在直线区段取决于允许的接触线弛度，曲线区段取决于接触线的允许弛度和接触线对受电弓中心的最大水平偏移。跨距越大则接触线弛度越大，在满足接触线最低高度的条件下，对隧道净空的要求也高。

（2）隧道口第一个悬挂点的位置及接触线的拉出值，应与隧道口外相邻支柱的位置和拉出值相协调，应满足线索在规定坡度下，其带电部分对拱顶的距离不小于表 5-1-1 的规定。一般在距隧道口 0.3~1.0 m 范围内安设第一个悬挂点。

（3）长隧道内（包括隧道间无法设锚段关节的隧道群），如为新建隧道，应利用隧道内已开挖的锚段关节断面，此时锚段长度可采用 2 000 m。既有线长隧道内未开挖锚段关节断面时，锚段长度可采用 3 000 m。

3. 平面布置的主要内容

平面布置的主要内容包括跨距、悬挂点的数量及安装埋入孔的位置、定位点的配置、拉出值数值、锚段关节及中心锚结的位置等。

四、接触网平面图组成

接触网平面布置图简称接触网平面图，它用接触网图例具体描述了接触网的设备位置、悬挂走向和线路情况，是接触网施工和运营维护的主要依据和主要技术文件。

接触网平面图有：站场平面图、区间平面图和隧道平面图三大类，其基本布局如图 5-1-3 所示。它由图框、图标、平面布置图、附栏、主要工程数量及材料设备表、设计说明、会签栏等内容组成。

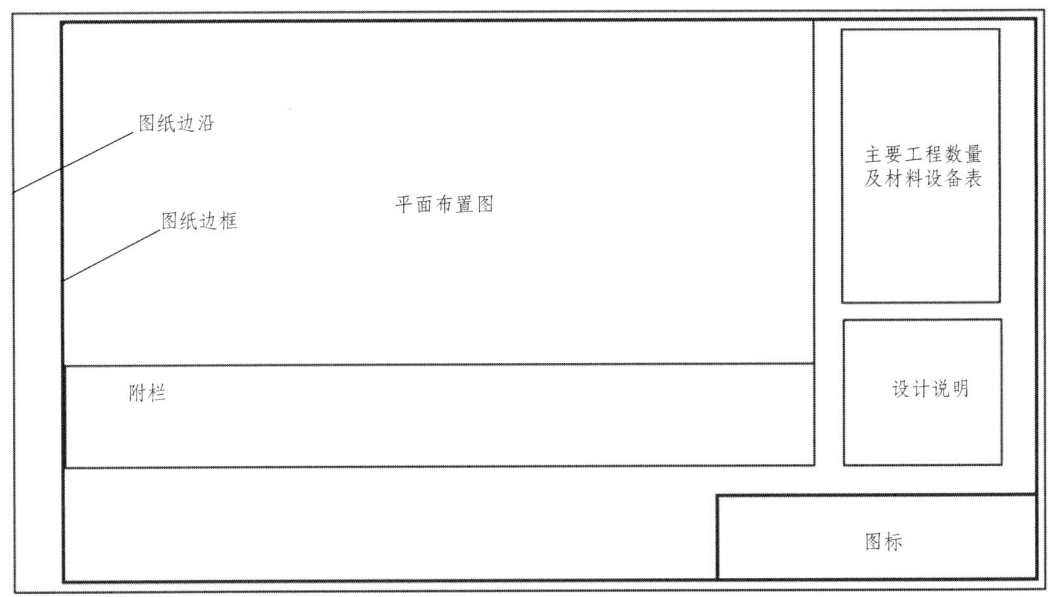

图 5-1-3　接触网平面图布局

接触网平面图上的附注栏如图 5-1-4 所示，主要有支柱号、侧面限界、支柱类型、地质情况、基础类型、安装图号、工程数量和设备清单以及设计、复核、审核、图纸比例等重要信息。一般附注栏内的支柱号与平面图上的内容是对应关系，为方便看图，一般附注在图纸内容的垂直下方位置。

	接触网及线路平面图		主要工程数量及材料设备表				
	侧面限界						
	支柱类型						
	地质情况		说明				
	基础类型						
	安装图号						
附加导线	肩架/安装高度		设计者	设计单位	图号		
	安装图号		复核者		比例		
附　注			设计负责人		日期		
					第　张	共　张	

图 5-1-4　接触网平面图附注栏

侧面限界是表示支柱侧面离钢轨的距离的参数，定义为在轨平面处支柱内缘到相邻铁轨的轨顶连线中心的水平距离，用 C_X 表示。直线区段侧面限界不得小于 2 500 mm，一般高速铁路接触网取 3 000 mm。

"支柱类型"表示支柱的材质、型号、容量及数量。如 2×H48-25，表示两根垂直线路方向容量为 4.8 kN·m、顺线路方向容量为 250 kN·m 的支柱。由于支柱为定型设计生产，很多时候为简便起见，在不产生误会的情况下，在接触网平面图中，支柱常简写为 H48，省略其他内容。

"地质情况"表示平面图中该支柱所在位置的地质情况，如土壤的种类、挖方、填方等。在平面图中标注为"+"表示该区段为填方，"−"表示该区段为挖方。

"基础类型"表明该支柱所配套的安装方式，钢支柱要用钢筋混凝土浇灌基础，其他支柱则一般是直接挖坑填埋，遇到地质不好的情况时，则添加横卧板进行加固即可。

"安装图号"是附注中最重要的内容，在平面图上查阅具体支柱对应的安装图号后即可查找到该支柱的详细装配内容。一般包括安装图号、软横跨节点、拉杆、腕臂、定位管、定位器类型等详细信息。

工程量和设备统计表则注明如：避雷器、隔离开关、接触线、承力索、吊弦、支柱、横卧板、基础、拉（压）管、腕臂、定位管、定位器、线岔、分段绝缘器、悬式绝缘子、棒式绝缘子等主要设备、线材、部件及构件的数量、规格、型号。

技术说明内容主要包括：在平面图上不易标注清楚的，或是为避免重复的，或是设计中有特别协议、约定、规定的，以及采用新产品和新设备的技术政策等。如：悬挂类型、接触线高度、接触线坡度变化率，道岔柱定位形式及接触线拉出值大小，接地方式，支柱及距带电体 5 m 内的金属体接地方式，支柱安装特殊条件，悬挂零件的改型，某些特殊设计的技术要求等。

一张完整的接触网平面图上不允许有似是而非或不确定的问题。

五、接触网平面图图例

为便于交换图样和技术沟通，接触网平面图必须按规定图例进行绘制。具体接触网常见图例如表 5-1-2 所示。

表 5-1-2 接触网觉图例

序号	名 称	符 号	序号	名 称	符 号
1	电化站场正线		9	保护线（PW）	
2	电化战线及段管线		10	架空线（GW）	
3	预备线路		11	接触线、供电线硬锚	
4	非电化既有线		12	股道间电连接	
5	非工作支、供电线		13	常分隔离开关	
6	加强线		14	常合隔离开关	
7	回流线		15	带接地刀闸的常分隔离开关	
8	正馈线（AF）		16	带接地刀闸的常合隔离开关	

续表

序号	名称	符号	序号	名称	符号
17	管型避雷器		41	站场曲线及头尾	
18	火花间隔		42	区间曲线及头尾	R-L-1
19	放电器		43	回流线跨越接触悬挂	
20	接地极		44	道岔及编号	N39
21	站场单线腕臂钢柱		45	支柱处路基为填方	+
22	站场单线腕臂水泥柱		46	支柱处路基为挖方	−
23	区间单线腕臂水泥柱	3	47	跨距长度	65
25	站场单线腕臂水泥柱		48	土壤安息角	30°
26	站场双线腕臂钢柱		49	土壤承压力	2.0
27	站场水泥柱软横跨		50	拉出值及方向	
28	站场钢支柱软横跨		51	吸上线位置	▽
29	站场钢支柱硬横跨		52	吸流变压器	
30	承力索硬锚		54	通过高柱色灯信号机	
31	接触线补偿下锚		55	进站高柱色灯信号机	
32	承力索补偿下锚		56	区间公里标	
33	链形悬挂硬锚		57	区间长（短）标记	114.5 4 20~25
34	半补偿链形悬挂下锚		58	小桥、涵渠	3 9
35	全补偿链形悬挂下锚		59	非绝缘锚段关节	
36	加强线下锚		60	绝缘锚段关节	
37	回流线下锚		61	站场全补偿链形悬挂中心锚结	
38	分段绝缘子串		62	半补偿链形悬挂中心锚结	
39	分段绝缘器		63	区间全补偿链形悬挂中心锚结	
40	分相绝缘器		64	站场全补偿防串中心锚结	

续表

序号	名称	符号	序号	名称	符号
65	有限界门的平交道		74	下承式栓焊梁桥	
66	托盘式路基墙		75	天桥	
67	路肩挡墙		76	地道	
68	仓库		77	站场隧道	
69	雨棚		78	区间隧道	
70	机车检查坑		79	隧道内绝缘关节	
71	架空水槽、水管		80	隧道内非绝缘关节	
72	设计电化线路在桥下面的立交桥		81	接触网起测点	
73	上承式或电化线路在上的立交桥、拱桥等		82	接触网工区	

注：1. 本标准适用于一般站场和区间接触网平面图；
    2. 本标准采用的线条宽度规定为以下三种：
   （1）粗型 —————— 宽度为 0.9 mm；
   （2）中型 —————— 宽度为 0.6 mm；
   （3）细型 —————— 宽度为 0.3 mm。

六、接触网平面图设计步骤

接触网平面图设计步骤如图 5-1-5 所示。

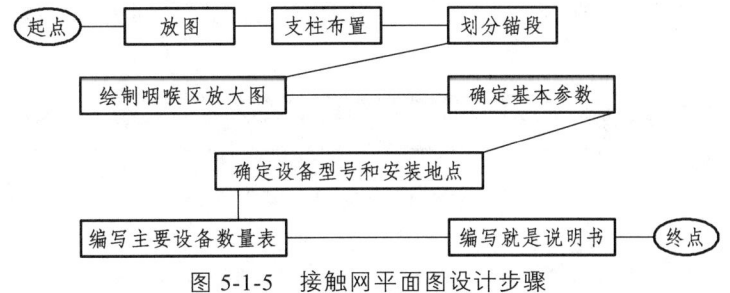

图 5-1-5 接触网平面图设计步骤

第二节 零件识图

一、高速铁路腕臂系统零件

接触网腕臂系统对接触悬挂重力起着支撑作用，用于将接触悬挂固定在线路上方的一定高度上，并对承力索进行水平定位。腕臂支撑系统应具有较高的机械强度，尽量简单、轻巧、耐用，便于施工，具有可替换性和易于检修维护。

高速铁路接触网腕臂一般由平腕臂、斜腕臂、套管座、承力索座、腕臂支撑、套管单耳、管帽等组成，如图 5-2-1 所示。平腕臂用于组成旋转腕臂结构三角形的上部，平腕臂悬臂一端通过铝合金承力索座支撑承力索，另一端与棒式绝缘子相连，通过铝合金套管座与斜腕臂连接。斜腕臂用于组成腕臂支持结构的三角形斜边，斜腕臂一端通过腕臂连接装置与平腕臂相连接，另一端通过棒式绝缘子与下腕臂底座相连接。腕臂支撑用在平腕臂与斜腕臂之间以增加腕臂的负荷能力。铝合金套管座用于平腕臂和斜腕臂相交处的连接。承力索座用于平腕臂上悬挂、固定双支或单支承力索。套管单耳安装在平、斜腕臂上，用于连接腕臂支撑。管帽安装在腕臂端头，用于防尘、防水保护。

1. 承力索座

承力索座如图 5-2-2 所示，该零件适合用在 $\phi 60$ 平腕臂上悬挂承力索。

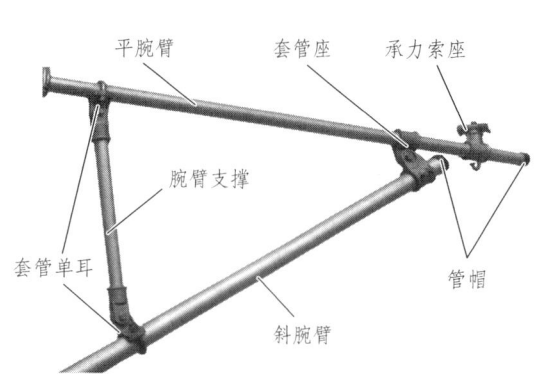

图 5-2-1 高速铁路接触网腕臂结构图

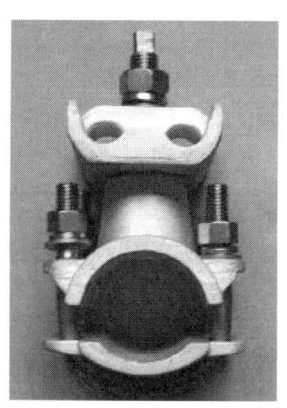

图 5-2-2 承力索座

2. 腕臂支撑

腕臂动支撑如图 5-2-3 所示，该零件适合用于平、斜腕臂之间加强连接。

图 5-2-3 腕臂支撑

3. 平腕臂

平腕臂如图 5-2-4 所示，该零件用于构成腕臂装置的上部，与斜腕臂形成稳定的三角形结构。平腕臂悬臂一端通过铝合金承力索座支撑承力索,另一端与棒式绝缘子相连,通过铝合金套管座与斜腕臂连接。

4. 斜腕臂

斜腕臂如图 5-2-5 所示,零件用于构成腕臂三角形稳定支撑结构的下部分,一端通过腕臂连接装置与平腕臂相连接,另一端通过棒式绝缘子与下腕臂底座相连接。

图 5-2-4　平腕臂　　　　　　　　　图 5-2-5　斜腕臂

5. 锚支定位卡子

锚支定位卡子如图 5-2-6 所示,该零件适用于正线或站线锚段关节非工作支接触线或承力索定位处。

6. 铝合金套管座

铝合金套管座如图 5-2-7 所示,该零件用于平腕臂和斜腕臂的连接,构成三角形结构。

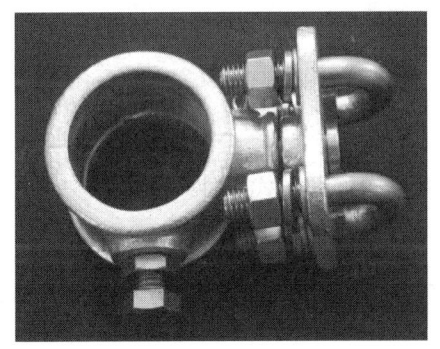 

图 5-2-6　锚支定位卡子　　　　　　图 5-2-7　铝合金套管座

7. 定位环

定位环如图 5-2-8 所示,该零件适合用于斜腕臂及定位管中连接定位器或连接其他带钩头的零件。

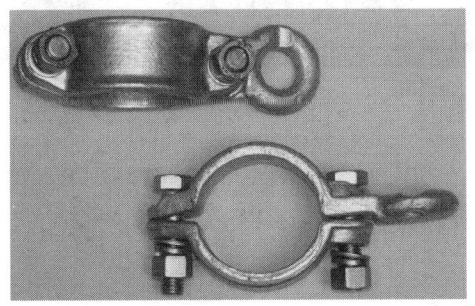 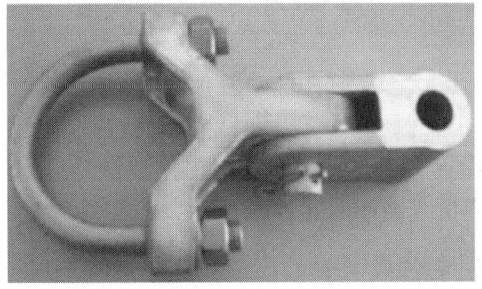

图 5-2-8　定位环

二、高速铁路定位装置零件

定位装置主要有定位器、定位环、定位线夹等。定位装置连接于腕臂结构上，其中一端通过定位环与斜腕臂连接，另一端用定位管吊线与承力索座相连接。定位装置中的定位器通过定位线夹与接触线相连。定位装置有多种不同的外形，但功能都是为了将接触线限制固定在指定的垂直高度和水平位置上，并要求定位装置尽可能轻以减少硬点，有合适的抬升空间以具备充足的弹性。高速铁路接触网定位装置结构如图 5-2-9 所示。

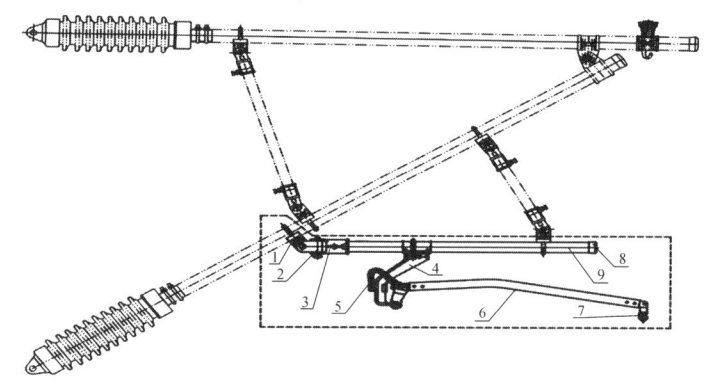

图 5-2-9　高速铁路接触网定位装置结构

1—铝合金定位环；2—铝合金旋转接头；3—ϕ55 双耳套筒；4—W 型铝合金定位支座；5—电气连接线；
6—折角形铝合金定位器；7—定位线夹；8—ϕ55 管帽；9—铝合金定位管

1. 套管双耳

套管双耳如图 5-2-10 所示，该零件用于斜腕臂上方连接耳环式零件。

2. 组合定位器

组合定位器如图 5-2-11 所示，该零件用于直线区段或 $R>800$ m 的曲线段腕臂柱上通过定位线夹固定接触线。

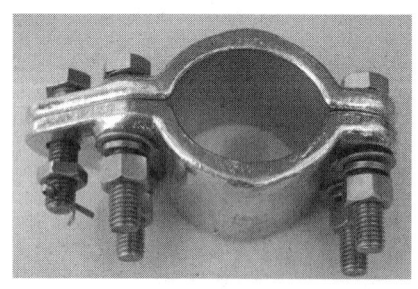 

图 5-2-10　套管双耳　　　　　　　图 5-2-11　组合定位器

3. 定位线夹

定位线夹如图 5-2-12 所示，该零件适用于定位处固定接触线。

4. 定位管卡子

定位管卡子如图 5-2-13 所示，该零件适用于腕臂和定位管上固定耳环类零件。

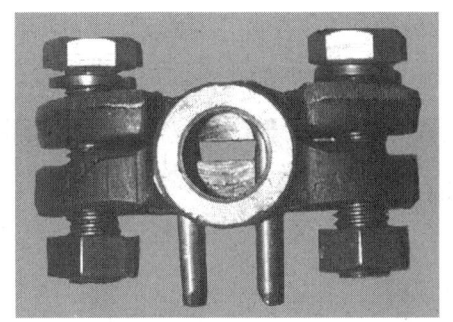
图 5-2-12　定位线夹

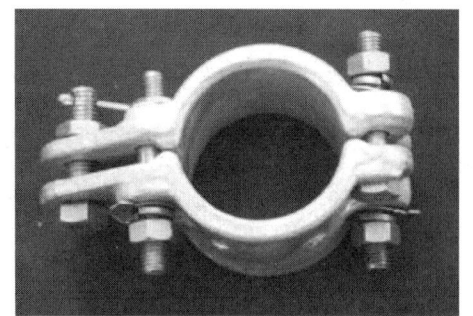
图 5-2-13　定位管卡子

5. 定位管

定位管如图 5-2-14 所示，该零件用于承担定位器所受的重力。

6. 定位钩

定位钩如图 5-2-15 所示，该零件用于和定位支座上的定位环连接，将定位器固定于定位管上。

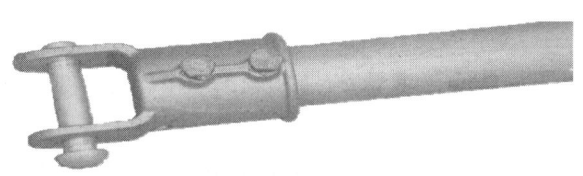
图 5-2-14　定位管

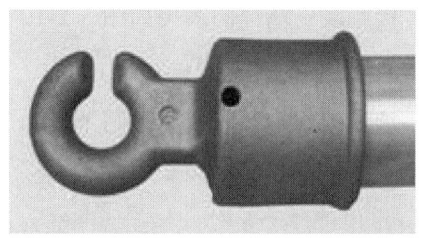
图 5-2-15　定位钩

7. 定位支座、长定位环

定位支座如图 5-2-16（a）所示，该零件用于定位管和定位器的连接固定。定位环端部与定位器端部的定位钩相连接。

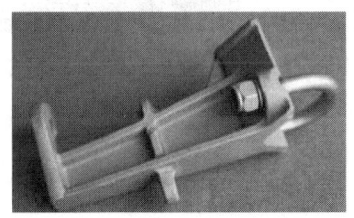
（a）定位支座

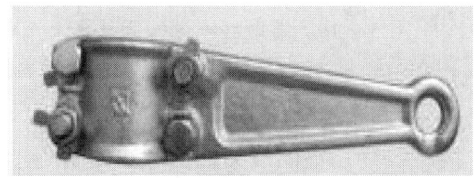
（b）长定位环

图 5-2-16　定位支座和长定位环

三、高速铁路自动补偿装置部件

1. 接触线棘轮补偿装置

接触线棘轮补偿装置如图 5-2-17 所示，该装置用于接触网下锚处调整导线张力。

2. 承力索棘轮补偿装置

承力索棘轮补偿装置如图 5-2-18 所示，该装置用于接触网下锚处调整承力索张力。

图 5-2-17　接触线棘轮补偿装置　　　　图 5-2-18　承力索棘轮补偿装置

3. 接触线终端锚固线夹

接触线终端锚固线夹如图 5-2-19 所示，该零件用于铜合金或铜接触线终端锚固处。

4. 承力索终端锚固线夹

承力索终端锚固线夹如图 5-2-20 所示，该零件适合线型为（TJ95-127）和（LXGJ80-100）的承力索终端锚固使用。

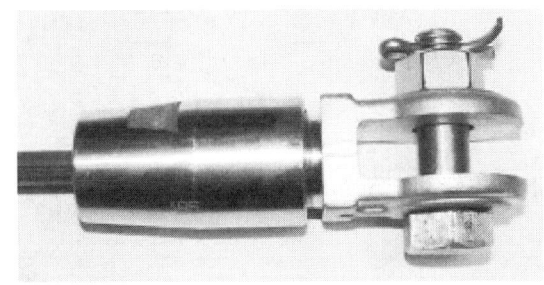 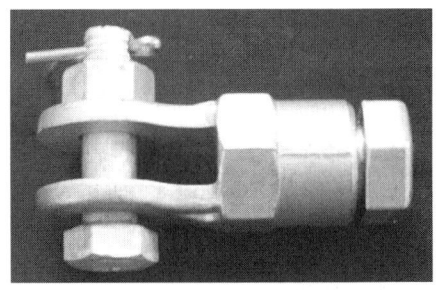

图 5-2-19　接触线终端锚固线夹　　　　图 5-2-20　承力索终端锚固线夹

5. 接触线终端锚固线夹

接触线终端锚固线夹如图 5-2-21 所示，该零件用于接触网锚段终端的锚固，另一端通过楔形线夹与悬式绝缘子连接后下锚。

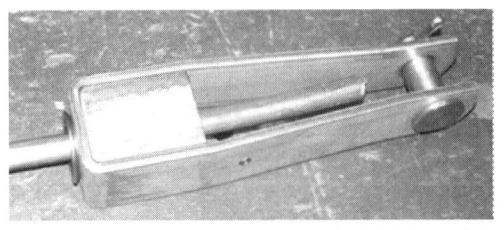 

图 5-2-21　接触线终端锚固线夹

四、高速铁路接触网悬吊类零件及装置

1. 整体吊弦

整体吊弦如图 5-2-22 所示。整体吊弦适用于电气化铁路接触网系统中在承力索上悬吊接触线。

2. 杵座鞍子

杵座鞍子如图 5-2-23 所示。本零件适用于电气化铁道接触网系统中悬挂直径为 9~20mm^2 的金属绞线。

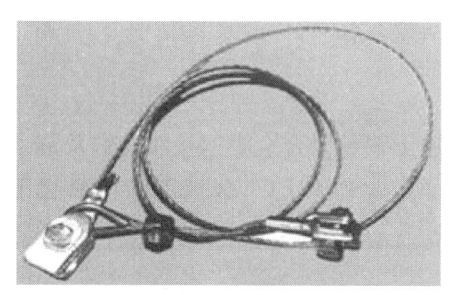

图 5-2-22 整体吊弦

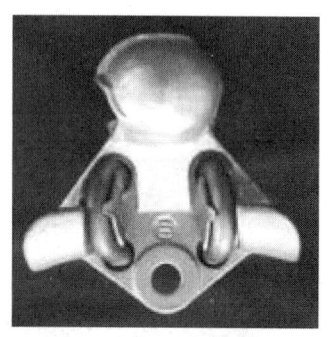

图 5-2-23 杵座鞍子

3. 接触线中心锚结线夹

接触线中心锚结线夹如图 5-2-24 所示。该零件适用于电气化铁路接触网系统中防止整个锚段向一侧窜动或接触悬挂断线时缩小事故范围。

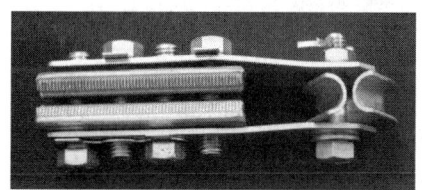 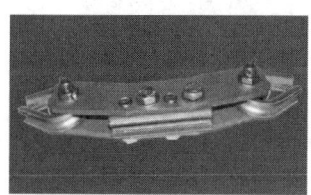 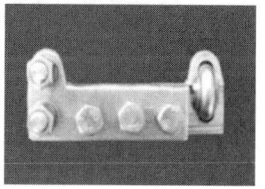

图 5-2-24 接触线中心锚结线夹

4. 承力索中心锚结线夹

承力索中心锚结线夹如图 5-2-25 所示,该零件适用于电气化铁路接触网系统中防止整个锚段向一侧窜动或接触悬挂断线时缩小事故范围。

图 5-2-25 承力索中心锚结线夹

5. 接触线电连接线夹

接触线电连接线夹如图 5-2-26 所示，该零件适用于标称截面为 85 mm²、110 mm²、120 mm²、150 mm² 的铜合金或铜接触线与软铜绞线 TRJ95、TRJ120 之间电气连接处。

 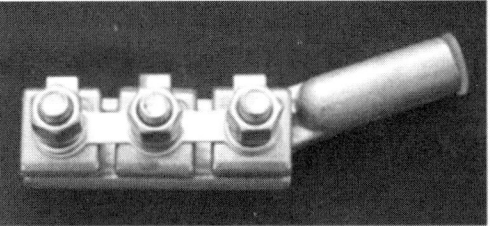

图 5-2-26　接触线电连接线夹

6. 承力索电连接线夹

承力索电连接线夹如图 5-2-27 所示。该零件适用于铜及铜合金电连接线与铜及铜承力索或铜合金承力索与钢承力索（GJ80、GJ100）、铝包钢芯承力索（GLZC120/35）、铝包钢承力索（GLJE30/50、LBGJ70、LBGJ90）的电气连接处。

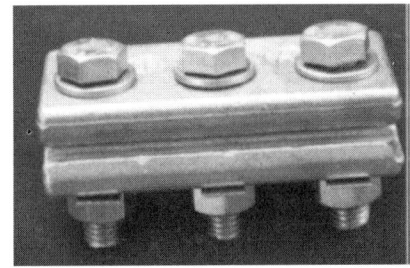 

图 5-2-27　承力索电连接线夹

7. 定位环线夹

定位环线夹如图 5-2-28 所示。该零件适用于电气化铁路接触网系统中软横跨 $\phi 9 \sim \phi 1.15$ mm 的定位索上安装定位器或悬吊接触悬挂。

8. 横承力索线夹

横承力索线夹如图 5-2-29 所示。该零件适用于电气化铁路接触网系统中截面为 50 ~ 80 mm² 的软横跨承力索处悬吊吊线。

 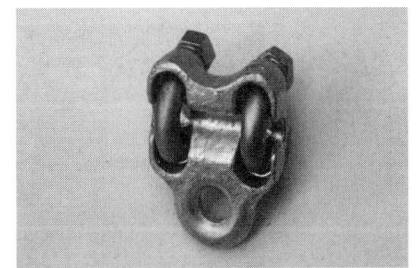

图 5-2-28　定位环线夹　　　　　　图 5-2-29　横承力索线夹

9. 双耳楔形线夹

双耳楔形线夹如图 5-2-30 所示。该零件用于电气化铁路接触网系统中截面为 50、80、100 mm² 的铜包钢绞线或镀铝锌钢绞线终端锚固处。

10. 悬吊滑轮

悬吊滑轮如图 5-2-31 所示。该零件适用于电气化铁路接触网系统中悬挂承力索和弹性吊索。

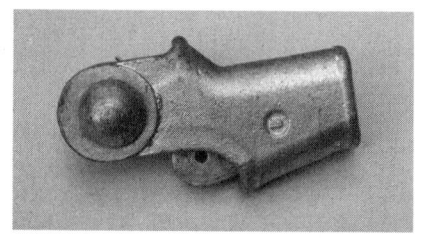
图 5-2-30　双耳楔形线夹

图 5-2-31　悬吊滑轮

第三节　接触网安装图识图

接触网是沿钢轨架设的、向电力机车提供电能的特殊的供电线路，前面我们已经学习了它的平面图，通过平面图查找到具体设备的位置，就能查找到它对应的安装图号，从而可以针对该设备进行具体的安装和调试。

一、接触网安装图的内容

接触网安装图是表述设备上各零件之间的方向与位置，以及各设备之间的相互位置关系，用以指导接触网设备安装、调试的图样。

接触网安装图的内容包括：一组视图；必要的尺寸和标注；标题栏和明细栏。

（1）一组视图：选用一组恰当的视图来表达机器或部件的工作原理，各零件间的装配、连接关系和主要形状等。

（2）必要的尺寸：安装图中的尺寸一般只标注机器或部件的规格尺寸、装配尺寸、安装尺寸、总体尺寸以及其他主要尺寸。

（3）必要的技术要求：用文字或符号说明机器或部件的性能、装配、调试和使用等方面的要求。

（4）零件的序号、明细栏及标题栏：序号是将装配图中各组成零件按一定的格式编号；明细栏用作填写零件的序号、代号、名称、数量、材料、重量、备注等；标题栏的内容、格式、尺寸等已经标准化，且与零件图的标题栏完全一样，主要填写机器或部件的名称、代号、比例及有关部门人员的签名等。

接触网安装图与一般机械制图的区别在于，由于设备是标准化生产的，接触网安装图不需要完整的表示设备结构，常常只要两个视图，能表示清楚相关安装、调试顺序即可，尺寸仅仅标注设备中各零件之间的相互位置关系。标题栏用于注明安装图序号、设计、审核、比例等相关信息，其中技术说明是用文字表达安装图中不需要或无法用图样、图例符号表达的设计内容，如设计依据、引用的标准图集，使用的材料品种、元器件型号列表、施工技术要求及其相关技术参数等。明细栏书写于标题栏上方，用与视图中对应的序号来说明各零件名称、材料、型号、数量和备注其他需要说明的事项。

二、接触网安装图的读图要求

（1）了解部件的功用、使用性能和工作原理。
（2）弄清各零件的作用和它们之间的相对位置、装配关系和连接固定方式。
（3）弄懂各零件的结构形状。
（4）了解部件的尺寸和技术要求。

读接触网安装图（见图 5-3-1 和图 5-3-2）的一般方法和步骤如下：

（1）概括了解。
（2）了解装配关系和工作原理。
（3）分析零件的作用及结构形状。
（4）尺寸分析。
（5）总结归纳。

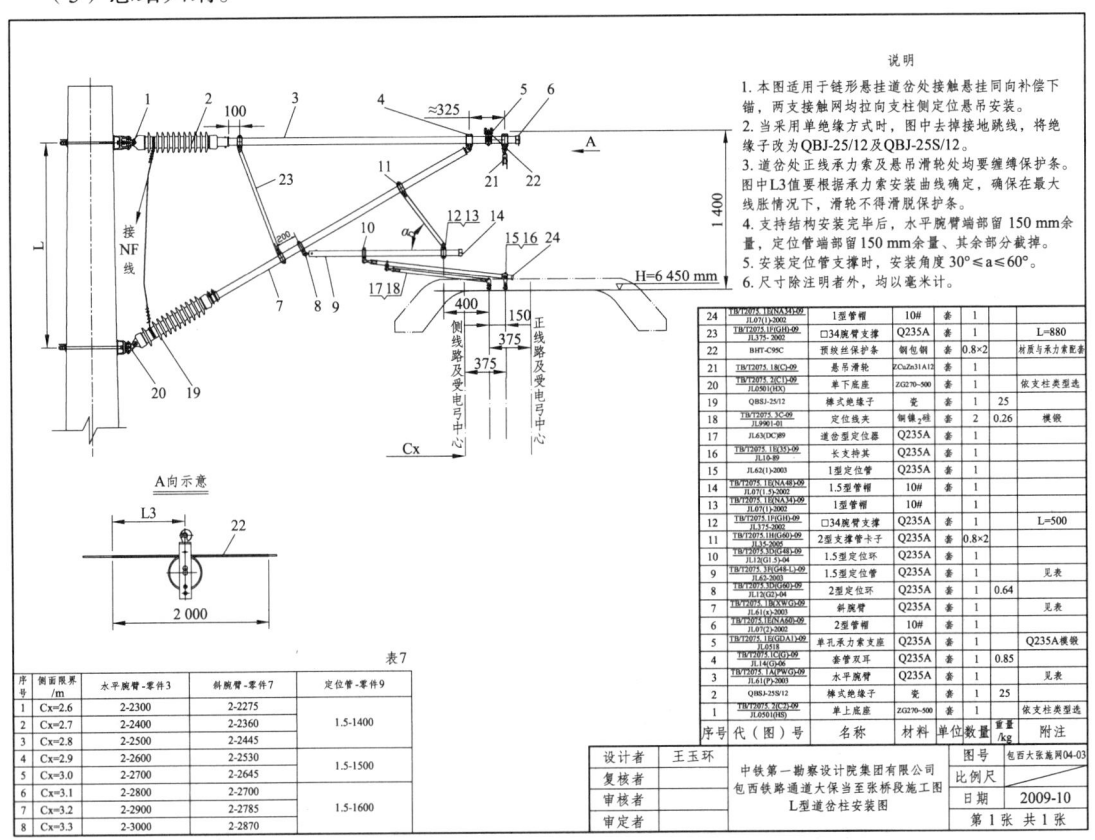

图 5-3-1　直线正定位中间柱安装图

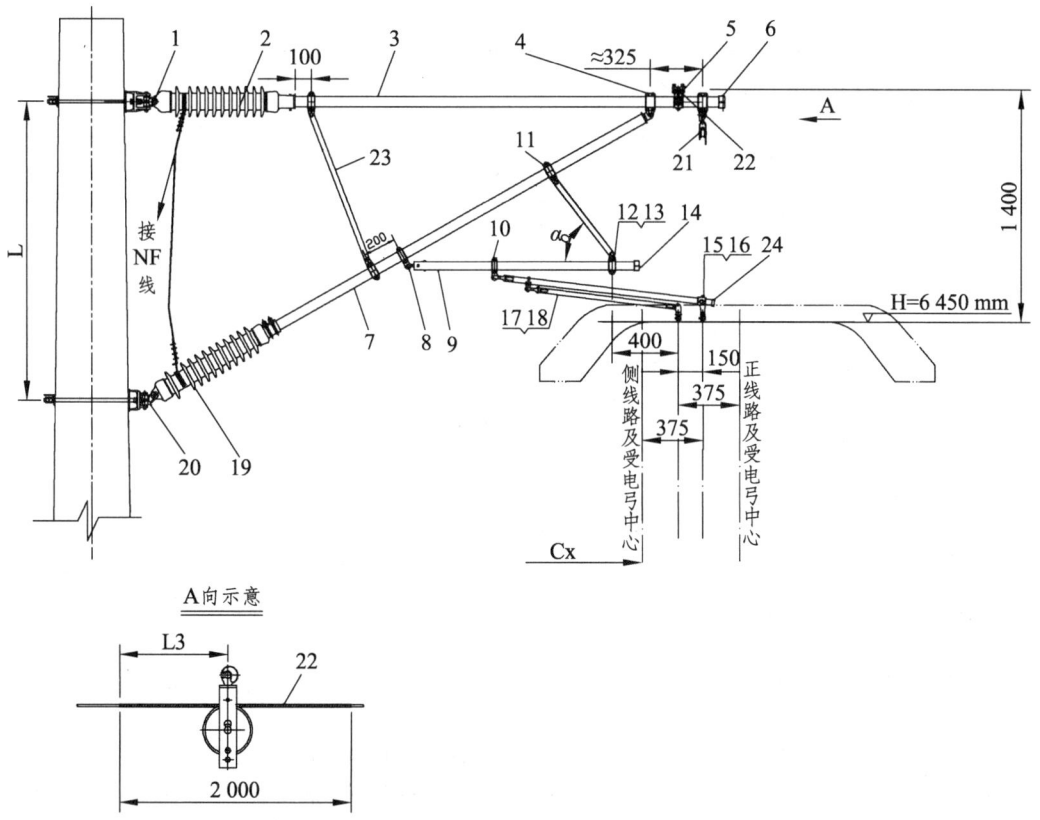

图 5-3-2 直线正定位中间柱安装图的尺寸和视图

说明：

1. 本图为直线及 $R \geqslant 4\,500$ m 的曲线中间柱或转换柱工作支正定位安装图。

2. 当为转换柱工作支时，零件 1、2 取消。

3. 选用表中各零件的长度为双重绝缘中间柱安装时指定零件的长度。

4. 当为非双重绝缘安装时，须将零件 3、4 分别更换为非双重绝缘棒式绝缘子（QBN—8D、QBN2—25/8D），并取消零件 16、17。X 型腕臂的长度分别增加 90 mm，其余不变。

5. 本图外轨超高按 0 计。

6. 本图中零件 12 含防风拉线，零件 13 含定位管卡子。

7. 除注明者外，本图尺寸单位以毫米计。

通过对照图 5-3-1 中的序号位置和图 5-3-2 中各序号，可以通过表 5-3-1 查出各零件名称、代号、材料和数量，为后续接触网设备安装作业做好准备。

表 5-3-1 直线正定位中间柱安装图的技术说明

序号	代(图)号	名 称	材 料	单位	数量	重量/kg	附注
1	TB/T2075.2(C2)-09 JL0501(HS)	单上底座	ZG270~500	套	1		依支柱类型选
2	QBSJ-25S/12	棒式绝缘子	瓷	套	1	25	

续表

序号	代(图)号	名 称	材料	单位	数量	重量/kg	附注
3	TB/T2075.1A(PWG)-09 JL61(P)-2003	水平腕臂	Q235A	套	1		见表
4	TB/T2075.1C(G)-09 JL14(G)-06	套管双耳	Q235A	套	1	0.85	
5	TB/T2075.1E(GDA1)-09 JL0518	单孔承力索支座	Q235A	套	1		Q235A 模锻
6	TB/T2075.1E(NA60)-09 JL07(2)-2002	2 型管帽	10#	套	1		
7	TB/T2075.1B(XWG)-09 JL61(x)-2003	斜腕臂	Q235A	套	1		见表
8	TB/T2075.3D(G60)-09 JL12(G2)-04	2 型定位环	Q235A	套	1	0.64	
9	TB/T2075.3F(G48-L)-09 JL62-2003	1.5 型定位管	Q235A	套	1		见表
10	TB/T2075.3D(G48)-09 JL12(G1.5)-04	1.5 型定位环	Q235A	套	1		
11	TB/T2075.IH(G60)-09 JL35-2005	2 型支撑管卡子	Q235A	套	0.8X2		
12	TB/T2075.1F(GH)-09 JL375-2002	□34 腕臂支撑	Q235A	套	1		$L=500$
13	TB/T2075.1E(NA34)-09 JL07(1)-2002	1 型管帽	10#		1		
14	TB/T2075.1E(NA48)-09 JL07(1.5)-2002	1.5 型管帽	10#	套	1		
15	JL62(1)-2003	1 型定位管	Q235A	套	1		
16	TB/T2075.1E(35)-09 JL10-89	长支持器	Q235A	套	1		
17	JL63(DC)89	道岔型定位器	Q235A	套	1		
18	TB/T2075.3C-09 JL9901-01	定位线夹	铜镍2硅	套	2	0.26	模锻
19	QBSJ-25/12	棒式绝缘子	瓷	套	1	25	
20	TB/T2075.2(C1)-09 JL0501(HX)	单下底座	ZG270~500	套	1		依支柱类型选
21	TB/T2075.18(C)-09	悬吊滑轮	ZCuZn31A12	套	1		
22	BHT-C95C	预绞丝保护条	钢包钢	套	0.8×2		材质与承力索配套
23	TB/T2075.1F(GH)-09 JL375-2002	□34 腕臂支撑	Q235A	套	1		$L=880$
24	TB/T2075.1E(NA34)-09 JL07(1)-2002	1 型管帽	10#	套	1		

第六章　接触网检修工具

第一节　接触网检修受力类工具

电气化铁道接触网在实际的运营过程中，由于其露天架设、用电负荷位置随时变化的特性，造成接触网必须及时检测和维护，以及具备事故抢修的能力。因此，为满足接触网运营检修需求，设计应用了许多专门针对接触网检修作业使用的工具和仪表。

一、扳手类受力工具

1. 电气化铁路专用棘轮扳手

电气化铁路专用棘轮扳手如图 6-1-1 所示。它主要应用于电气化钢柱高速铁路 H 型钢柱的螺栓紧固，亦可紧固所有钢轨螺栓，解决了 H 型钢柱螺栓紧固的难题。本产品已获国家专利，广泛应用于首条时速 350 km 的京津城际铁路及合宁（合肥—南京）、合武（合肥—武昌）、武广（武昌—广州）、郑西（郑州—西安）、甬台温（宁波—台州—温州）等客运专线铁路施工中。其结构简单、轻便、省力、省时、效率高。

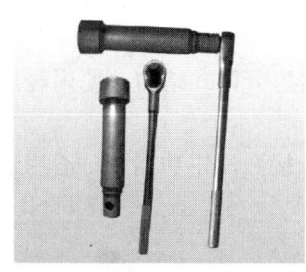 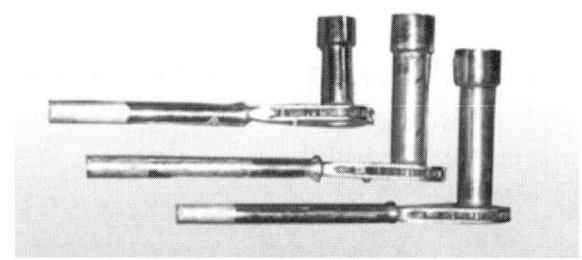

图 6-1-1　电气化铁路专用棘轮扳手

2. 扭力扳手

扭力扳手也叫扭矩扳手，如图 6-1-2 所示。力矩就是力和距离的乘积，在紧固螺丝、螺栓、螺母等螺纹紧固件时需要控制施加的力矩大小，以保证螺纹紧固且不至于因力矩过大破坏螺纹，所以用扭矩扳手来操作。使用扭矩扳手时，首先设定好一个需要的扭矩上限值，当施加的扭矩达到设定值时，扳手会发出"卡塔"声响，这就代表已经紧固到位，后续继续紧固也不再加力了，如图 6-1-2 所示。

3. 多功能电气化铁路专用扳手

多功能电气化铁路专用扳手如图 6-1-3 所示，它是一种多功能、多用途的电气化铁路专用设备，一端做成棘轮扳手形式减少旋转角度，有助于提高效率；另一端附加带凹槽的锤头，可以用来敲击，凹槽可以包在接触线上自由滑动，方便调整线夹位置，而又不会损伤接触线体表面。

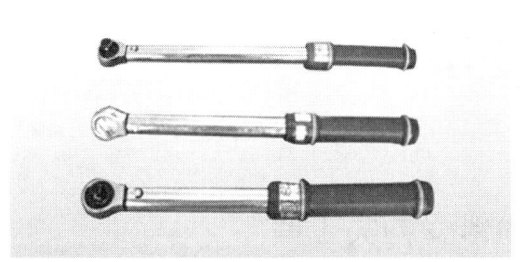

图 6-1-2　扭力扳手

图 6-1-3　多功能电气化专用扳手

4. 棘轮/扭矩数显两用扳手

棘轮/扭矩数显两用扳手的力矩采用数字显示方式，精度高，适用于各种对力矩精度要求高的安装工作，如图 6-1-4 所示。

图 6-1-4　数显两用扭力扳手

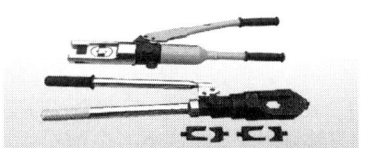

图 6-1-5　整体液压压接钳

二、钳子类接触网工具

（1）整体液压压接钳，如图 6-1-5 所示。整体液压压接钳带液压传动，省力省时，用于压接各种铜、铝导线。

（2）分体液压压接钳，如图 6-1-6 所示。分体液压压接钳为分体式结构，使用轻便，适用于压接铜、铝、钢芯导线。

（3）液压剪切/压接两用钳，如图 6-1-7 所示。液压剪切/压接两用钳功能多，适用于压接/剪切铝、钢绞线。

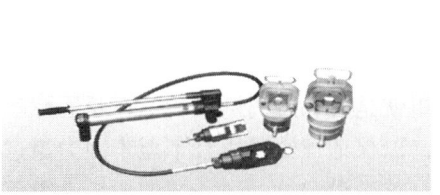

图 6-1-6　分体液压压接钳

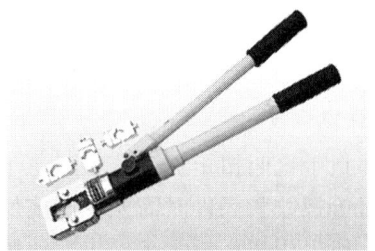

图 6-1-7　液压剪切/压接两用钳

（4）断线钳。断线钳轻巧灵活，剪切速度快，适用于剪切小截面导线。

（5）手动式导线压接钳，如图 6-1-8 所示，手动式导线压接钳压接压力大，适用于压接铝、钢芯导线。

（6）机械式导线压接钳，如图 6-1-9 所示，机械式导线压接钳采用机械传动，压力传动进度可靠，压接压力便于控制，自重轻，操作轻便，便于维护，用于压接各种铜、铝导线。

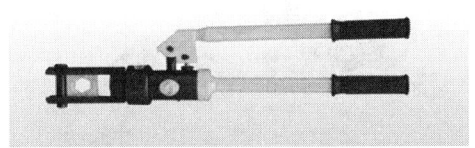

图 6-1-8　手动式导线压接钳

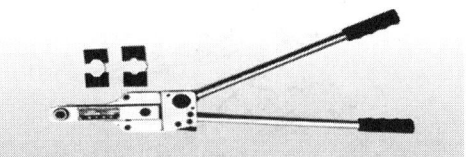

图 6-1-9　机械式导线压接钳

三、剪切类接触网工具

（1）链条式断线剪刀，如图 6-1-10 所示。链条式断线剪刀适用于各种绞线的剪切。

（2）齿式线缆剪刀，如图 6-1-11 所示。齿式线缆剪刀采用机械变速增力原理，适用于各种电力线缆的剪切。

（3）电缆（绝缘导线）剥皮刀，如图 6-1-12 所示。电缆剥皮刀适用于电缆或者绝缘导线外绝缘层剥切，可以在任意位置剥切。

（4）电缆剥刀，如图 6-1-13 所示。电缆剥刀适用于电缆外绝缘层剥切。

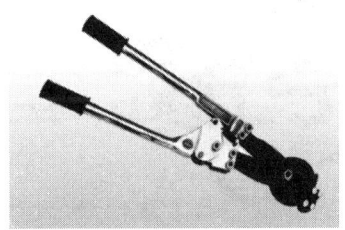

图 6-1-10　链条式断线剪刀

图 6-1-11　齿式线缆剪刀

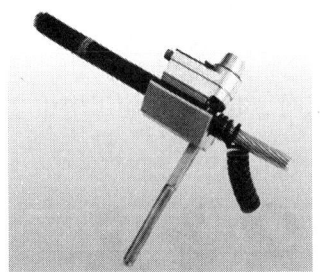

图 6-1-12　电缆（绝缘导线）剥皮刀

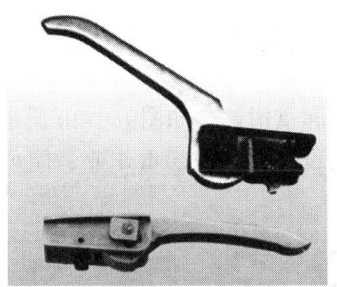

图 6-1-13　电缆剥刀

四、紧线器类接触网工具

紧线器用于架空线路敷设施工中拉紧导线。使用时，先把紧线器上的钢丝绳或镀锌铁线松开并固定在横担上，用夹线钳夹住导线，然后扳动专用扳手。由于棘爪的防逆转作用，逐渐把钢丝绳或镀锌铁线绕在棘轮滚筒上，使导线收紧。把收紧的导线固定在绝缘子上，然后先松开棘爪，使钢丝绳或镀锌铁线松开，再松开夹线钳，最后把钢丝绳或镀锌铁线绕在棘轮的滚筒上。常用紧线器类接触网工具如图 6-1-14～图 6-1-19 所示。

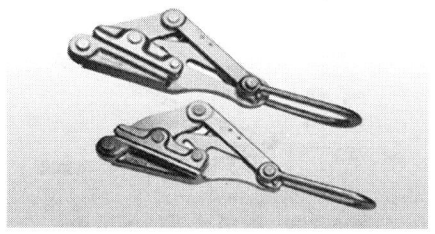

图 6-1-14　铝合金导线卡线器

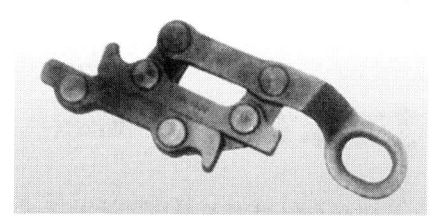

图 6-1-15　KXQ I 新型卡线器

图 6-1-16　棘轮紧线器

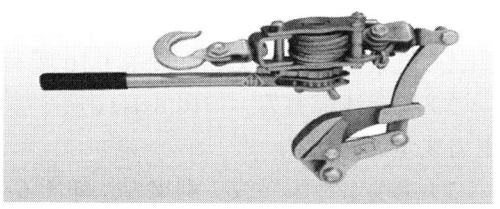

图 6-1-17　多功能紧线器

图 6-1-18　链条手拉葫芦

图 6-1-19　链条手扳葫芦

五、滑轮类接触网工具

（1）起重滑轮，如图 6-1-20 所示。起重滑轮用于接触网、电力线缆施工中组立杆塔、架线、吊装设备及其他起重作业，能承受大负荷。

图 6-1-20　起重滑轮

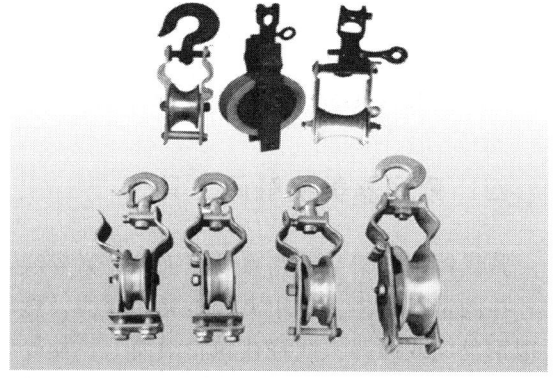

图 6-1-21　座挂两用滑轮

（2）座挂两用滑轮，如图6-1-21所示。座挂两用滑轮用于延放小面积导线，既可作挂钩使用，又可作朝天式使用，按材质分为铝合金和尼龙两种。

（3）放线滑轮，如图6-1-22所示。改线滑轮直接固定在横担上，使用于240 mm² 以下导线延放，又叫朝天放线滑轮。

（4）可调式地线滑轮，如图6-1-23所示。可调式地线滑轮用于延放地线，利用丝杆升降安装附件。

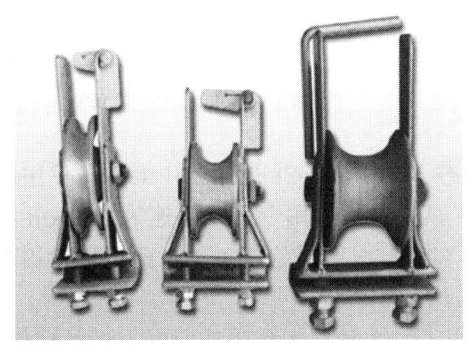

图 6-1-22　放线滑轮

图 6-1-23　可调式地线滑轮

六、直弯器类接触网工具

（1）导线直弯器，如图6-1-24所示。导线直弯器利用品字排列的滑轮沿导线滚动对接触线进行校直，其校直精度高，不伤线面，校直力大小可以通过人工自行调节，方便省力。导线直弯器有三轮、五轮、七轮等多种型号。

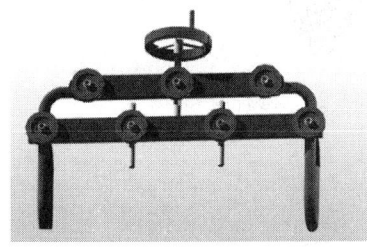　　

（a）七轮　　　　　　　（b）五轮　　　　　　　（c）三轮

图 6-1-24　导线直弯器

（2）液压直弯器，如图6-1-25所示。液压直弯器适用于接触网导线及承力索局部硬点整正，结构简单，方便有效。

（3）接触线搣弯器，如图6-1-26所示。接触线搣弯器是接触线搣弯的专用工具，可以搣制任意角度，保证不扭曲线面，不伤线；接触线搣弯器设计了增力机构，操作有力，使用简便。

（4）导线扭（拧）面器，如图6-1-27所示。接触线在展放后会出现线面扭曲现象，造成线面不正，导致吊弦线夹不正，因此可能出现打弯现象。导线扭（拧）面器可以将不正的线面扭正，确保不出现线夹打弯现象。

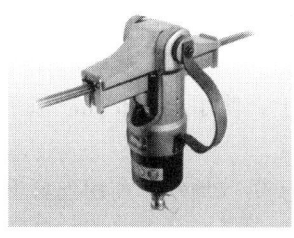 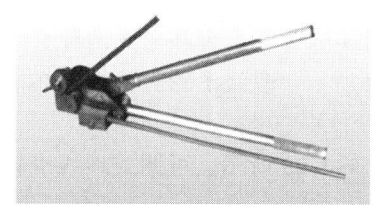 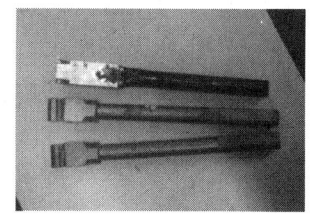

图 6-1-25　液压直弯器　　　图 6-1-26　接触线揻弯器　　　图 6-1-27　导线扭（拧）面器

七、登高工具类接触网工具

（1）H 型钢柱专用脚扣，有可调式和固定式两种，如图 6-1-28 所示。H 型钢柱专用脚扣主要针对高速铁路客运专线开发的 H 型钢柱攀爬工具，广泛应用于首条时速为 350 km 的京津城际铁路及合宁、合武、武广、郑西、甬台温等客运专线铁路施工中。H 型钢桩专用脚扣结构简单、轻便、结实、耐用，不损伤 H 型钢柱油漆。

（2）圆杆脚扣，如图 6-1-29 所示。圆杆脚扣适用于电力线路圆形钢筋混凝土杆登杆作业。

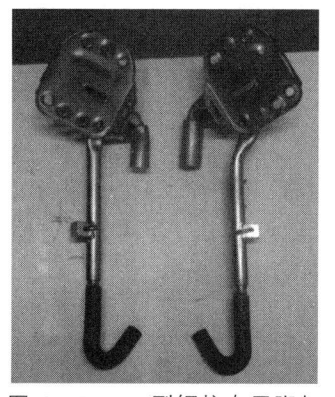 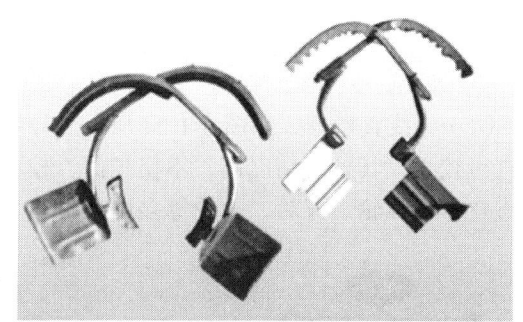

图 6-1-28　H 型钢柱专用脚扣　　　　　图 6-1-29　圆杆脚扣

八、支柱整正类接触网工具

支柱整正类接触网工具用于校正支柱，根据支柱类型不同，有圆形和方形两种，分别如图 6-1-30 和图 6-1-31 所示。

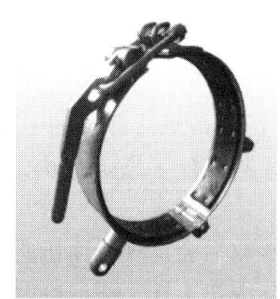 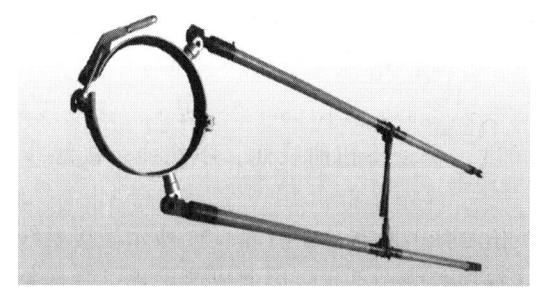

图 6-1-30　圆形整杆器

图 6-1-31 方形整杆器

九、放线架类接触网工具

(1) 线缆盘支架,人力放线架。如图 6-1-32 所示,线缆盘支架双侧采用导轨形式,底盘可拉伸,稳定性高,可以控制线盘转动的速度,节省人力。

(2) 张力放线架。与作业车配合,如图 6-1-33 所示,张力放线架采用组合式结构,扭力臂滑动调节部分可适用于不同线盘,张力系统使线盘匀速转动,保证恒定张力,提高放线质量,减少线索损伤。

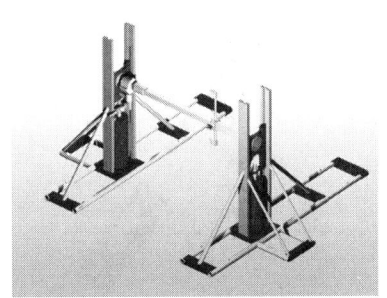

图 6-1-32 线缆盘支架

图 6-1-33 张力放线架

第二节 接触网测量类工具

一、多功能激光接触网检测仪

多功能激光接触网检测仪如 6-2-1 所示,该检测仪是电气化铁路接触网几何参数测量的专用仪器。该仪器采用 635 nm 半导体激光器、专用摄像头,视频监控和相位脉冲技术,可对接触网的导高、拉出值、定位器坡度、锚段关节、线岔、超高、轨距及红线等 14 个几何参数进行快速测量。该仪器背面的定位基点与配套的定位装置,可实现快速安装定位。该仪器通过手持式显示装置,直接观察被测目标,可以方便直观地观测定位;上面的 TFT 显示屏是视频显示,下面的液晶显示屏是测量模块显示屏。因此,该仪器具有体积小、重量轻、显示直观、测量速度快、安全可靠等特点。该仪器还配有照明装置,可适应夜间作业和隧道作业的需求。目前已广泛应用于北京、郑州、成都、沈阳等各大铁路局集团公司及高速铁路施工现场。

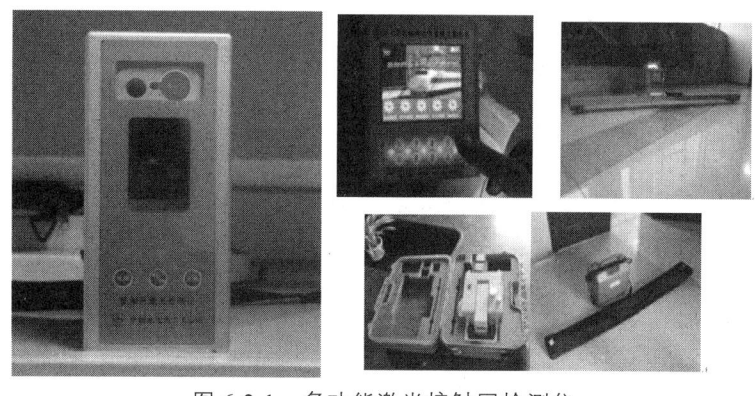

图 6-2-1　多功能激光接触网检测仪

二、数显式接触网腕臂定位角度测量仪

数显式接触网腕臂定位角度测量仪如图 6-2-2 所示，该测量仪是一种数字显示的角度测量仪器，比一般刻度指示式角度尺读数更方便准确。数量式接触网腕臂定位角度测量仪主要用于接触网支柱、腕臂安装和定位器调整等角度的测量和设定；它也可以用作一般的水平尺，快速测量被测物的水平和垂直度；能实现机械锁定：保持划线和测量过程角度恒定不变；其测量范围为 0～225°，按 0.1°连续递增（减）。

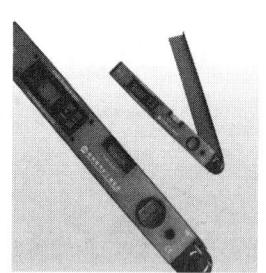
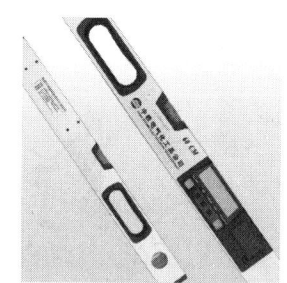

图 6-2-2　数显式接触网腕臂定位角度测量仪　　图 6-2-3　数显式接触网腕臂定位测斜尺

三、数显式接触网腕臂定位测斜尺

数显式接触网腕臂定位测斜尺（简称数量测斜尺）如图 6-2-3 所示。数显测斜尺具有绝对角度与相对角度测量、角度锁定、偏角补偿、多个工作面等功能。角度尺有三种角度测量模式：角度测量模式，百分比模式，相对角度模式；可根据实际测量需要，使用不同的测量模式。数显测斜尺使用方法简便，只需将该测斜尺贴到测量对象上，即可定量显示实际测量角度，这种测量方式替换了传统水泡式测量方法，角度与倾斜度切换；角度数据反应快；0°、45°、90°特殊角度声音提示功能，提高了测量精度。

四、激光测距仪

激光测距仪如图 6-2-4 所示，测量阳光下和远距离目标；可将仪器放在目标上测量倾斜角；或通过间接测量倾斜角、高度和距离来测量难以接近的部位；测量范围为 0.05～200 m，精度达到±1.5 mm。广泛应用于电气化限界，杆距支柱斜率等测量，减少人力，快速方便，安全实用。

五、超声波限界测量仪

超声波限界测量仪如图 6-2-5 所示。用超声波限界测量仪测量钢轨侧面限界，无须测线路中心到钢轨的距离，直接将超声波测距仪卡在钢轨上，激光定位，对准立杆，显示读数即为侧面限界值，测量准确方便。

图 6-2-4 激光测距仪

图 6-2-5 超声波限界测量仪

六、全站仪

如图 6-2-6 所示，全站仪即全站型电子测距仪，是一种集光、机、电为一体的高技术测量仪器，是集水平角、垂直角、距离（斜距、平距）、高差测量功能于一体的测绘仪器系统。与光学经纬仪比较，全站仪将光学度盘换为光电扫描度盘，将人工光学测微读数代之以自动记录和显示读数，使测角操作简单化，且可避免读数误差的产生。因其一次安置仪器就可以完成该测站上全部测量工作，所以称之为全站仪。

七、经纬仪

如图 6-2-7 所示，经纬仪是测量水平角和竖直角的仪器，是根据测角原理设计的。目前最常用的电子经纬仪部分采用光栅增量式数字角度测量系统,使用微型计算机技术进行测量、计算、显示、存储等，因此可用于较高精度的角度坐标测量和定向准直测量场合，主要应用于接触网电力变电所的测量。

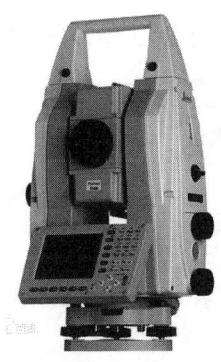

图 6-2-6 全站仪

图 6-2-7 经纬仪

八、水准仪

如图 6-2-8 所示，水准仪是根据水准测量原理测定地面两点间高差的仪器。高精度自动安平水准仪，是用于测量、工程和工业技术领域的精密水准仪，它具有水准仪应有的所有优点：高精度、专业化，每千米往返测中误差≤0.7 mm；配 GPM3 平行玻璃板测微器，精度可达 0.3 mm；配进口 GST20 脚架，进一步提高稳定性；防霉、防震、防水设计，坚固耐用；自动安平视准线，测量工作快捷高效；无限位螺旋，操作方便；采用粗、精调聚焦技术及精密补偿器，目标清晰准确；采用顶级光学器件，人眼不易疲劳。其用途广泛，主要应用于接触网、电力变电的测量。

九、导线曲率测量尺

导线曲率测量尺如图 6-2-9 所示，它有 1.5 m、2 m 两种规格，精度可达 0.001 mm，使用时配以高精度塞尺，可实现准确检测导线曲率，从而保证接触线曲率设计要求。导线曲率测量尺目前已广泛应用到北京、郑州、成都、沈阳等各大铁路局集团有限公司及各高速铁路施工现场。塞尺厚度有 0.02～1.0 mm 各种规格。

图 6-2-8　水准仪

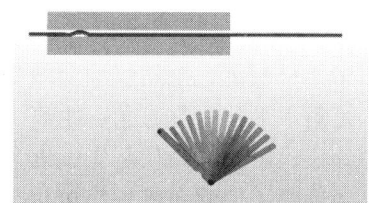

图 6-2-9　导线曲率测量尺

十、丁字限界尺

丁字限界尺如图 6-2-10 所示，它采用高强度不锈钢材料制成，重量轻，携带方便，直接读取数据限界尺寸，无须计算，适用于接触网界限测量。

十一、轨距尺

轨距尺如图 6-2-11 所示，它适用于铁路线路轨距测量，重量轻，携带方便，使用操作简单。

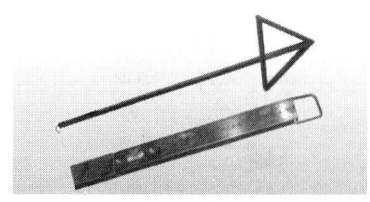

图 6-2-10　丁字限界尺

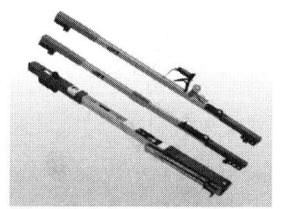

图 6-2-11　轨距尺

第二篇　接触网设计部分

第七章　接触网设计组成及计算条件

第一节　接触网设计程序

接触网工程是属于铁路电气化工程的子项目,其设计程序和铁路电气化工程的设计阶段相一致。一般按三个阶段设计,即初步设计、技术设计和施工设计。对于工程简易、技术不复杂的,可以按两个阶段设计,即扩大初步设计和施工设计。具体步骤为:研究任务书→初步设计→初步设计文件鉴定→技术设计→技术设计文件审批→施工设计→施工配合及处理→参加交接验收。

一、初步设计

初步设计的目的在于确定电气化铁路的规模,确定主要技术标准和主要设计原则及配合关系,确定经济技术比较和主要工程概算。初步设计文件经鉴定后,作为技术设计和国家控制建设项目投资的依据。

接触网的初步设计是根据国家下达的"设计任务书"进行的。初步设计阶段完成的主要技术文件为技术说明书和若干装配示意图。说明书中应该确定的主要技术原则如下。

（1）线路、车站概况说明。
（2）气象条件及污秽区划分情况。
（3）接触网架设范围。
（4）接触网悬挂类型,包括:
① 站场、区间及大型建筑物采用的悬挂类型,方案优缺点比较,线材规格及许用张力。
② 悬挂高度,包括站场、区间及大型建筑物内的悬挂高度、结构高度等。
（5）平面布置,包括:
① 供电分段与锚段关节。变电所及分区亭的位置和供电方式,分相结构及形式,站场、区间及大型建筑物的纵向分段、横向分段,锚段关节形式以及是否允许反向行车等。
② 接触网平面布置的主要技术原则。
③ 平面布置的主要数据。跨距长度、锚段长度及补偿形式、侧面限界及绝缘距离等。
（6）支柱设备及支持装置。
① 区间支持装置及支柱设备,包括支柱类型及支持方式。
② 站场支持装置。包括大站及小站的支持装置形式及支柱、基础类型。
③ 隧道内支持装置。包括支持形式及方案比较说明。
（7）附加导线的架设标准,包括:
① 供电线的类型及支持方式。

② 加强导线的类型及架设方式。
③ 其他附加导线（电力线、迂回线、回流线、捷接线、正馈线等）的类型及支持方式。
（8）防护措施，包括：
① 防雷保护（大气过电压防护）。
② 支柱防护。
③ 接地方式。
④ 绝缘间隙及绝缘配合。
⑤ 特殊抗干扰防护。
（9）接触网维修组织，包括：
① 领工区、工区位置、规模及管辖范围。
② 主要维修设备及交通机具。
（10）重大特殊设计的原则及新技术应用。
（11）存在以及待解决的问题。

根据上述设计原则，结合电气化铁路的特点，初步设计说明书中应附有必要的安装示意图。一般包括中间支柱安装示意图、软横跨或硬横跨安装示意图、隧道悬挂安装示意图以及特殊设计安装示意图等。

此外，在初步设计说明书中还应列入主要材料设备表，包括接触线、承力索、支柱、基础、硬横梁、附加导线、隔离开关、避雷器、绝缘子、腕臂及主要型材等。

二、技术设计

铁路电气化技术设计的目的，在于进一步补充、完善和修改初步设计，或者解决说明初步设计鉴定中出现的各类问题，它是对初步设计的深化和完善，实际上它是接触网设计中的"齐、优、新"问题，即要求设计的内容齐全、选择的设备优良、采用的技术先进。技术设计应包括三个方面：技术说明书，附件及附表，附图。

1. 技术说明书

技术设计是在初步设计鉴定原则通过的基础上进行的，应充分反映初步设计以后的变化及技术设计的相关内容。

（1）设计依据。

首先应阐述初步设计鉴定及审批意见的执行情况；其次应给出有关接触网设计的相关重大原则问题，诸如电气化范围，电气化限界，技术改造的意见及要求，初步设计确定的技术条件、受电弓特性和接触线允许的风偏移等。

（2）接触悬挂。

包括站场、区间接触悬挂的类型以及大型建筑物内的悬挂类型及结构高度等。

（3）平面设计。

包括接触网平面布置的原则、相邻跨距的配合，区间、站场及大型建筑物间的配合，供电与分段形式，锚段关节的结构与类型，允许跨距和许可锚段长度，之字值与拉出值的取值范围等。

（4）支持装置。

包括区间支持装置、站场支持装置、桥梁支持装置、隧道内支持装置以及天桥、跨线桥下的支持装置等。

（5）附加导线的类型及支持方式。

包括供电线、回流线、正馈线的类型及支持方式，同杆架设在接触网支柱上的非牵引电力线的要求及结构，以及对电力架空线路的交叉跨越的要求等。

（6）防护措施。

包括大气过电压防护、接地方式、绝缘距离及绝缘配合以及其他安全措施等。

（7）主要设备选择。

包括所选设备类型、性能、生产厂家及设备比选情况。

（8）存在的问题。

2. 附件及附表

技术设计除了上述技术说明书以外，还应具有下列附件及附表：

（1）主要设备表；

（2）主要材料表；

（3）主要工程数量表；

（4）有关协议、相关问题谈话记录与公文指示等；

（5）图纸目录表。

3. 附　图

在技术设计阶段应该完成更为完善和详尽的图纸，包括：

（1）供电与分段示意图；

（2）站场、区间与隧道内的平面布置图例图；

（3）锚段关节示意图；

（4）软横跨（含硬横跨）装配示意图；

（5）桥梁支柱、支持结构示意图；

（6）隧道悬挂结构图及隧道内下锚安装示意图；

（7）供电线设计图；

（8）典型支柱安装示意图；

（9）其他特殊设计图。

三、施工设计

施工设计应根据已批准的技术设计文件进行，应完成全部施工图纸，作为接触网工程施工的依据。在施工设计阶段，如因情况变化，发生技术标准与技术设计确定的技术原则或鉴定意见不符合时，应报有关主管部门批准。技术设计的图纸在施工设计中不再变动时，允许加绘图标后作为施工图。施工设计应完成的文件有下述三部分：

1. 施工图设计说明书
（1）技术设计审批意见及执行情况；
（2）施工设计的必要说明；
（3）施工注意事项。

2. 附件及附表
在施工设计中应完成相应工程统计表，具体包括下述诸项：
（1）工程数量表；
（2）主要设备表；
（3）主要材料表；
（4）采用的标准图、通用图目录；
（5）有关协议，重要谈话记录与公文指示；
（6）图纸目录表。

3. 附　图
（1）站场接触网平面设计图；
（2）区间接触网平面设计图；
（3）隧道内悬挂平面设计图；
（4）供电线、回流线、捷接线、正馈线、保护线平面设计图；
（5）接触网供电分段图；
（6）锚段关节示意图；
（7）各类支柱（中间支柱、绝缘转换支柱、非绝缘转换支柱、中心支柱、道岔支柱、定位支柱、锚支柱、多线路腕臂柱、桥梁支柱等）装配图；
（8）软横跨（含硬横跨）装配图；
（9）接触悬挂安装曲线（或安装表）；
（10）各类设备（隔离开关、避雷器、分段绝缘器、吸流变压器或自耦变压器等）安装图；
（11）隧道内悬挂安装图及结构图；
（12）中心锚结安装图；
（13）电连接安装图；
（14）吊弦安装图；
（15）线岔安装图；
（16）接地装置安装图；
（17）腕臂结构图；
（18）定位器设计图；
（19）隧道内悬挂下锚结构图及安装图；
（20）隧道口悬挂下锚结构图及安装图；
（21）接触网工区设计图；
（22）支柱设计图；
（23）基础设计图；

(24)硬横梁设计图;
(25)零件设计图册;
(26)大型建筑防护网/栅图;
(27)非标准零件设计图;
(28)其他设计或特殊设计图。

四、施工配合与技术处理

严格地讲,完成了施工设计,设计单位就算是完成了全部工作。然而事实并非如此。虽然设计工作已基本完成,但还有许多后续工作要做。在施工阶段,设计单位要派技术人员到现场进行施工配合或技术处理。在设计中由于各种各样的原因,设计图不免有遗漏、疏忽甚至出差错的地方;还有一些是现场实际勘测阶段勘测数据不准或不符合实际的地方。这时设计单位的技术人员就应配合工程部门在现场就实际存在或新出现的问题进行就地协商处理,以免影响工程进度或工程质量。

在整个工程完成以后,设计单位还应参加工程部门与运营单位共同组织的交接验收工作。

第二节 接触网设计的原始资料

接触网工程是一项复杂的多专业配合的技术工程,与许多学科和工程都密切相关,甚至有些工程数据是接触网设计的依据和先决条件。一般进行接触网设计应具备下列主要技术资料:

一、气象资料

(1)大气温度;
(2)最大风速;
(3)覆冰厚度;
(4)雷电活动资料;
(5)用于确定设计计算的其他气象资料。

二、线路资料

(1)区间线路平纵断面图,车站平面图(含地下设施);
(2)标准横断面图,平剖面缩图;
(3)正线轨道类型、轨道标准高度、线路超高及道床厚度;
(4)复线区段线距表、既有线(单线)拨距表;
(5)沿线电缆、管道埋设位置;
(6)道口表及机械化养护平台。

三、行车供电资料

（1）最大行车速度及列车对数；
（2）导线截面、供电线截面，有无加强线、回流线、正馈线等及其截面和要求；
（3）电力机车及受电弓类型；
（4）电化范围；
（5）供电分段形式、牵引变电所、分区亭及开闭所位置以及对电分相绝缘器的要求；
（6）吸上线及吸流变压器的分布与位置；
（7）额定电流、短路电流的最大值及最小值。

四、桥梁隧道资料

（1）大、中桥梁总表；
（2）大、中桥梁总布置图、墩台类型；
（3）区间线路建筑物位置及净空尺寸；
（4）小桥涵表；
（5）隧道（包括明洞、棚洞）总表；
（6）隧道断面设计图；
（7）隧道内预留锚段关节位置及断面图；
（8）跨线桥、天桥、挡土墙等资料。

五、地质资料

（1）土壤种类、允许承载力及安息角；
（2）地形特点及挖方、填方状态；
（3）个别路基设计地段表。

六、信号资料

（1）行车闭塞方式；
（2）车站信号设备类型；
（3）站场及区间各种信号机位置及类型；
（4）轨道电路类型及扼流变压器位置。

七、站场资料

（1）站场表及车站类型；
（2）站场平面图；

（3）电化股道表；
（4）站线轨道类型及高度；
（5）站场横断面图；
（6）站内平交道、平过道及地道表。

八、概算资料

（1）综合设计工资标准；
（2）主要材料机具价格表及当地材料调价差额；
（3）施工管理费计算办法；
（4）行车干扰费计算办法；
（5）机械（含机车）台班费及数量；
（6）拆迁费、购地费及青苗补偿费标准；
（7）主要劳资财务项目。

九、其他资料

（1）新材料、新设备、重大技术成果及特殊设计的有关资料；
（2）接触网接电位置及变压器容量；
（3）供电段管辖范围等。

十、向相关专业提供的配合资料

接触网设计除了应有上述资料之外，由于铁路电气化工程是一项很复杂的技术及系统工程，各工种之间的协作与配合是十分重要的，因此，在接触网设计过程中，还应向有关专业提出本专业的技术要求及资料，包括：
（1）既有线电气化改造时，接触网线路对站场及桥隧建筑物的测量及技术改造的要求；
（2）新线电气化线路对桥隧建筑物内接触网的预留要求；
（3）独立供电线、捷接线的径路测量要求；
（4）接触网工区分布、规模，工区用电负荷及工区电话种类及数量的要求；
（5）对接触网领工区、工区生产用房面积及空间的要求；
（6）桥上接触网支柱位置、负荷及侧面限界的要求；
（7）供电施工预算单位应具有的接触网单项概算、正线架线公里概算及主要材料表等。

第三节 接触网设计的主要内容

接触网设计从设计阶段（或设计程序）分，有初步设计、技术设计和施工设计；从设计内容讲，有设计计算、平面设计、设备选择和技术校验等。

一、设计计算

接触网是一种复杂的供电设备，为了保证接触网安全运营，使之既具有经济性，又有一定的可靠性，需要进行一系列的计算，包括气象条件及负载计算、悬挂导线的张力与弛度计算、跨距许可长度的计算、锚段长度的计算、安装曲线的计算等。

二、平面设计

接触网平面图是工程单位进行施工的依据。平面设计包括许多复杂的内容，如地形、地理、地貌、地质以及错综复杂、变化多端的线路条件等，而且每一条线路、每一个站场都各不相同，有时相差还很大，因此要一个站场一个站场、一个区间一个区间地进行设计。接触网平面设计是一项技术性很强而又非常繁杂的工作，也是一项非常重要的工作。

三、设备选择

接触网电气设备和机械设备的类型很多，电气设备包括隔离开关、避雷器、变压器、电分相及分段绝缘器等；机械设备有支柱、腕臂以及定位装置等。除此之外，还有许多线材需要选型，如接触线、承力索以及其他器材。

四、技术校核

技术校核包括两个方面：
（1）强度和稳定性方面的校核，如腕臂强度校验、反定位的主定位管以及曲线内侧的压管稳定性校验等。另外，还有支柱的稳定性、基础抗倾覆的稳定性校验等。
（2）技术性能方面的校验，如缓和曲线区段接触线最大偏移值的校验，道岔附带曲线以及特殊区段最大跨距接触线偏移值的校验，锚段长度张力增量的校验以及温度变化时吊弦最大偏角的校验等。

第四节　气象条件的确定

接触网设计中所用到的气象资料包括：最高温度、最低温度、最大风速及其出现时的温度、线索覆冰厚度、覆冰时的风速及温度、雷电日（或小时）、接触线无弛度时的温度、吊弦及定位器处于正常位置时的温度，此外还有线路横跨河滩及山谷时的最大风速等。

一、气象条件的确定

1. 最大风速

最大风速采用距地面 10 m 高处（基本风速高度）、15 年一遇的 10 min 最大值。其计算方法有：平均法、变通法和数理统计法，其中常用数理统计法。

1）平均法

平均法是将占有的年份气象资料分成若干组，然后求得各组最大风速值的平均值作为最大计算风速。例如，设有 n 年气象资料，按每 5 年为一组，可分为 $n/5$ 组（取整数，如遇小数可四舍五入），然后在 $n/5$ 组资料中取每组中的最大值，再取最大值的平均值可得

$$v_{\max} = \frac{\sum_{i=1}^{n/5} v_{i,\max}}{n/5} \tag{7-4-1}$$

式中　$v_{i,\max}$ ——第 i 组中的最大风速值；

　　　n ——占有资料的年份数；

　　　$n/5$ ——占有资料的组数。

2）变通法

变通法即是将求得的各组最大风速的平均值作为最大计算风速。计算中只是所占有风速资料年份的分组方法与平均法不同。即

$$v_{\max} = \frac{\sum_{i=1}^{n/5} v_{i,\max}}{n-4} \tag{7-4-2}$$

式中　$v_{i,\max}$ ——第 i 组中的最大风速值；

　　　n ——占有资料的年份数；

　　　$n-4$ ——划分的组数。

3）数理统计法

设计上要求一定概率下的最大风速，即一定重现期的年极大风速值。在重现期内不出现这种极大风速的保证率是

$$(1-p)^{1/p} \tag{7-4-3}$$

而出现大于此值的极大风速的概率为

$$1-(1-p)^{1/p} \tag{7-4-4}$$

各种各样的统计方法归纳起来不外乎两个方面：一是从统计理论上确定年极大风速应该服从的概率线型，然后从实际资料决定其参数；二是从经验概率上确定年极大风速分布线型，然后从实际资料决定其参数。其计算公式为

$$p = \frac{m}{n+1} \tag{7-4-5}$$

式中　p ——风速出现的频率；

　　　n ——占有资料的年份数；

　　　m ——将统计年份内出现的全部风速值由大到小按递减次序排列的序号数。

2. 最高温度与最低温度

最高温度与最低温度,应根据线路通过地区的实际极限温度并参考典型气象区来确定。为了便于计算,在数值上宜取与极限温度接近的 5 的整数倍的数值。

3. 最大风速出现时的温度

最大风速出现时的温度因地区而异,即便在一个地区,也有时高、有时低,故不易选出合适的数值。一般是选取风速大而出现次数多的月份的温度平均值。

4. 覆冰厚度

接触线和承力索的覆冰厚度,系指圆筒形的冰壳厚度。在覆冰季节,可用单位长导线覆冰后的重量换算出覆冰的平均厚度,即

$$b = \sqrt{R^2 + \frac{(g_b - g) \times 10^9}{9.81\pi\gamma_b}} - R \tag{7-4-6}$$

式中 g_b——单位长度导线覆冰后的总重力负载(kN/m);

g——无冰时单位长度导线自重负载(kN/m);

R——导线半径(mm);

γ_b——冰的密度,取 900 kg/m³。

接触线的覆冰厚度,取承力索冰壳厚度的 50%,不考虑吊弦及线夹上的覆冰荷载。

5. 线索覆冰时的风速

在设计时,若无实际观测资料,其覆冰时风速为 10 m/s;但在沿海及草原地区,风速要大一些,此值可取 15 m/s。

6. 接触线无弛度时的温度

接触线无弛度时的温度 t_0,是选取接触线处于水平状态时的温度,这个温度可以根据接触悬挂的实际运营状态确定。

简单链形悬挂时

$$t_0 = \frac{t_{max} + t_{min}}{2} - 10 \tag{7-4-7}$$

弹性链形悬挂时

$$t_0 = \frac{t_{max} + t_{min}}{2} - 5 \tag{7-4-8}$$

7. 吊弦及定位器处于正常位置时的温度

吊弦及定位器处于正常位置时的温度,是取全年保持时间最长的温度,目前在设计工作中,取该地区最高温度和最低温度的平均值,即

$$t_d = \frac{t_{max} + t_{min}}{2} \tag{7-4-9}$$

二、我国气象区的划分

根据前述确定气象条件的方法,结合我国气象工作所积累的大量气象资料,全国划分为

9个标准气象区，如表7-4-1所示。

表7-4-1 我国标准典型气象区

计算条件		I	II	III	IV	V	VI	VII	VIII	IX
大气温度（°C）	最高	+40								
	最低	−5	−10	−10	−20	−10	−20	−40	−20	−20
	覆冰	—					−5			
	最大风速	+10	+10	−5	−5	+10	−5	−5	−5	−5
	安装	0	0	−5	−10	−5	−10	−15	−10	−10
	大气过电压	+15								
	内部过电压年平均气温	+20	+15	+15	+10	+15	+10	−5	+10	+10
风速（m/s）	最大风速	35	30	25	25	30	25	30	30	30
	覆冰	10					15			
	安装	10								
	大气过电压	15					10			
	内部过电压	0.5×最大风速（不低于15 m/s）								
覆冰厚度（mm）		—	5	5	5	10	10	10	15	20
覆冰的密度（kg/m³）		900								

注：① I 区为南方沿海易受台风侵袭的地区，如浙江、福建东部、广东、广西沿海的区等；
② II 区系指华东大部分地区，包括安徽、山东、江苏大部分地区；
③ III 区包括西南部的非重冰地区以及福建、广东等受台风影响较弱的地区；
④ IV 区包括西北大部分地区、华北及京、津、唐等地区；
⑤ V 区适用于华东、中南和西南三个地区的广大山区；
⑥ VI 区泛指湖北、湖南、河南以及华北平原的大部分地区；
⑦ VII 区适用于寒潮风较强烈的地带，如东北大部分地区，河北的承德、张家口一带；
⑧ VIII 区适用于覆冰严重的地区，如山东、河南的大部分地区，湘中重冰地带；
⑨ IX 区系指云贵高原重冰地区。

第五节 计算负载的确定

计算负载分为垂直负载和水平负载两种。垂直负载对于简单悬挂而言，包括本身重量和接触线的覆冰重量等；对于链形悬挂而言包括本身的重量，即承力索、接触线、吊弦及线夹的重量，接触线及承力索的覆冰重量等。水平负载包括风负载和由吊弦偏斜所造成的负载，后者在设计中一般不予考虑。

一、自重负载

自重负载的表达式为

$$g = S\gamma g_H \times 10^{-9} \tag{7-5-1}$$

式中　g——线索单位长度的重力负载（kN/m）；
　　　S——线索的横截面面积（mm²）；
　　　γ——所求线索的密度（kg/m³）；
　　　g_H——自由落体重力加速度，取 9.81（m/s²）。

对于钢铝接触线，由于钢和铝的密度不同，应分别计算，若设 S_G、S_L 及 γ_G、γ_L 分别为钢和铝的实际横截面面积和密度，则单位长度的自重负载为

$$g = 9.81 \times 10^{-9}(S_G\gamma_G + S_L\gamma_L) \tag{7-5-2}$$

在垂直负载中，应考虑吊弦及线夹的重力负载，通常把它换算为单位长度重力负载为 0.5×10^{-3} kN/m。

二、冰负载

冰负载由下式表示

$$\begin{aligned} g_{b0} &= 0.25 \times 10^{-9} \gamma_b \cdot g_H \cdot \pi[(d+2b)^2 - d^2] \\ &= \pi \cdot \gamma_b \cdot b(b+d)g_H \times 10^{-9} \end{aligned} \tag{7-5-3}$$

式中　g_{b0}——承力索（或接触线）的覆冰重力负载（kN/m）；
　　　b——覆冰厚度（mm）；
　　　d——线索直径，对于接触线取平均直径，即 $d = \dfrac{A+B}{2}$（mm）；
　　　γ_b——覆冰密度（kg/m³）；
　　　g_H——重力加速度（m/s²）。

三、风负载

风负载就是风作用到线索上的力。具有当地的风速观测资料时，接触网悬挂线索单位长度的风负载可由下式计算：

$$p = 0.615aKdlv^2 \sin\theta \tag{7-5-4}$$

式中　a——风速不均匀系数，其取值参见表 7-5-1；
　　　K——风负载体型系数，其取值参见表 7-5-2；
　　　d——线索的直径（mm）；
　　　l——接触悬挂跨距（m）；
　　　v——设计计算风速（m/s）；
　　　θ——风向与线路方向的夹角。

表 7-5-1 风速不均匀系数

计算风速/(m/s)	a
20 以下	1.00
20～30	0.85
31～35	0.75
35 以上	0.70

表 7-5-2 风负载体型系数

受风件特征			系数 K
支柱	圆形钢筋混凝土支柱		0.60
	矩形钢筋混凝土支柱		1.40
	四边形角钢支柱		$1.4(1+\eta)$
线索	链形悬挂		1.25
	一般悬挂	$d<17$ mm	1.20
		$d\geqslant 17$ mm	1.10

式（7-5-4）是表示一个跨距内线索所受的实际风负载。在计算时，风向与线路方向的夹角一般取 $\theta=90°$，$\sin\theta=1$，当 l 取为 1 m 时，则式（7-5-4）可变为单位长度风负载的计算公式，即

$$p = 0.615aKd^2v \times 10^{-6} \tag{7-5-5}$$

对于支柱所受的风负载，应换算成

$$p_0 = 0.615KFv^2 \times 10^{-3} \tag{7-5-6}$$

式中 p_0——支柱风负载（kN）；

K——风负载体型系数；

F——塔身迎风面的构建投影面积（m²）。

空间桁架背风面的风负载降低系数，设计中，一般取表 7-5-3 中所列的数值，表中 F 为桁架构建的实际投影面积，F_K 为桁架的轮廓面积。

表 7-5-3 空间桁架背风面的风负载降低系数

F/F_K	η
≤0.1	1.0
0.2	0.85
0.3	0.66
0.4	0.50
0.5	0.33
0.6	0.15
1.0	0.15

四、合成负载

在线索同时承受垂直负载（重力负载）和水平负载（风压载）时，合成负载是它们的矢量和。最大风速时的合成负载为

$$q_{v_{\max}} = \sqrt{(g_j + g_c + g_d)^2 + p_{cv}^2} \tag{7-5-7}$$

无冰、无风的合成负载

$$q_0 = g_j + g_c + g_d \tag{7-5-8}$$

式中 g_j——接触线单位长度的重力负载（kN/m）；

g_c——承力索单位长度的重力负载（kN/m）；

g_d——吊弦及线夹重力负载，取为 0.5×10^{-3}（kN/m）；

p_{cv}——承力索单位长度的风负载（kN/m）；

q_0——链形悬挂重力负载（kN/m）。

第六节 接触线风偏移值的计算

在强风作用下，接触线距受电弓中心的最大偏移值，在线路直线区段不应超过 500 m，在线路曲线区段不应超过 450 m。

一、风偏移值的平均值计算法

接触线与承力索的偏移值为每米导线的风负载与导线张力之比。在求算承力索与接触线的风偏移值时假定它们互不相关，则可得

$$b_c = \frac{p_c l^2}{8 T_c} \tag{7-6-1}$$

$$b_j = \frac{p_j l^2}{8 T_j} \tag{7-6-2}$$

由此可以求得比值为

$$\frac{b_j}{b_c} = \frac{p_j / T_j}{p_c / T_c} \tag{7-6-3}$$

式中 b_c, b_j——承力索和接触线的风偏移值（m）；

p_c, p_j——承力索和接触线单位长度的风负载（kN/m）；

T_c, T_j——承力索和接触线的张力（kN）。

由式（7-6-3）右边分子与分母的比值，可判断承力索和接触线相互作用的性质。若 $p_j / T_j > p_c / T_c$，则承力索将会减小接触线的偏移；当 $p_j / T_j < p_c / T_c$ 时，承力索将通过吊弦把接触线拉过来；而当 $p_j / T_j = p_c / T_c$ 时，接触线和承力索的偏移值相等。依据这一概念，可以求出接触线最大偏移公式为

$$b_{\mathrm{j}} = \left(\frac{p_{\mathrm{j}}}{T_{\mathrm{j}}} + \frac{p_{\mathrm{c}}}{T_{\mathrm{c}}}\right)\frac{l^2}{16} + \frac{4a^2}{\left(\dfrac{p_{\mathrm{j}}}{T_{\mathrm{j}}} + \dfrac{p_{\mathrm{c}}}{T_{\mathrm{c}}}\right)l^2} + \gamma_{\mathrm{j}} \qquad (7\text{-}6\text{-}4)$$

该式物理意义为，把接触线和承力索看成两个单独的简单悬挂，同时又考虑到在风负载作用下，承力索对接触线的影响。因此，接触线的受风偏移取接触线的受风偏移和承力索受风偏移的平均值。

二、风偏移值的当量理论计算法

我国在电气化铁路接触网设计中提出的链形悬挂的当量理论计算公式如下：

$$b_{\mathrm{j}} = \frac{m \cdot p_{\mathrm{j}} \cdot l^2}{8T_{\mathrm{j}}} + \frac{2a^2 T_{\mathrm{j}}}{m \cdot p_{\mathrm{j}} \cdot l^2} + \gamma_{\mathrm{j}} \qquad (7\text{-}6\text{-}5)$$

式中，m 为当量系数，对于链形悬挂，一般取 0.85～0.90。

比较式（7-6-4）与式（7-6-5）可得

$$m = \frac{1}{2}\left(1 + \frac{P_{\mathrm{c}} T_{\mathrm{j}}}{T_{\mathrm{c}} P_{\mathrm{j}}}\right) \qquad (7\text{-}6\text{-}6)$$

当引用了当量系数 m 值后，链形悬挂接触线的最大风偏移值 $b_{\mathrm{j,max}}$ 及跨距值 $l_{\max}$ 如下：

（1）直线区段上等之字布置时

$$b_{\mathrm{j,max}} = \frac{mpl^2}{8T_{\mathrm{j}}} + \frac{2a^2 T_{\mathrm{j}}}{mp_{\mathrm{j}} l^2} + \gamma_{\mathrm{j}} \qquad (7\text{-}6\text{-}7)$$

$$l_{\max} = 2\sqrt{\frac{T_{\mathrm{j}}}{mp_{\mathrm{j}}}\left[b_{\mathrm{jx}} - \gamma_{\mathrm{j}} + \sqrt{(b_{\mathrm{jx}} - \gamma_{\mathrm{j}})^2 - a^2}\right]} \qquad (7\text{-}6\text{-}8)$$

（2）曲线区段上

$$b_{\mathrm{j,max}} = \frac{l^2}{8}\left(\frac{mp_{\mathrm{j}}}{T_{\mathrm{j}}} + \frac{1}{R}\right) - a + \gamma_{\mathrm{j}} \qquad (7\text{-}6\text{-}9)$$

$$l_{\max} = 2\sqrt{\frac{2T_{\mathrm{j}}}{mp_{\mathrm{j}} + \dfrac{T_{\mathrm{j}}}{R}}\left(b_{\mathrm{jx}} - \gamma_{\mathrm{j}} + a\right)} \qquad (7\text{-}6\text{-}10)$$

（3）缓和曲线上

$$b_{\mathrm{j,max}} = \frac{l^2}{8}\left(\frac{mp_{\mathrm{j}}}{T_{\mathrm{j}}} + \frac{l_{\mathrm{x}}}{R l_0}\right) - \frac{a_1 + a_2}{2} + \gamma_{\mathrm{j}} \qquad (7\text{-}6\text{-}11)$$

式中 l_{x} ——直缓点至观测点的距离（m）；

l_0——缓和曲线长度（m）；

p_{j}——接触线单位长度所受的风载（kN/m）；

γ_{j}——接触线水平面内的支柱挠度（mm）；

b_{jx}——接触线许可风偏移值（mm）。

最后还应指出两点：

（1）按照最大风偏移值决定跨距，目前，我国最大跨距用 65 m。

（2）在风压相同的地区或线路区段，当遇有最大曲线半径的时候，一般就取直线区段上的最大值。

第七节　锚段长度的计算

一、锚段长度的确定原则

锚段长度应按照下列原则确定：

1. 直线区段

对于全补偿链形悬挂，锚段长度一般情况不大于 1800 m，困难条件时不大于 2000 m；对于半补偿链形悬挂，锚段长度一般情况不大于 1600 m，困难条件时不大于 1800 m。

2. 曲线区段

对于全补偿链形悬挂，在曲线半径小于 1500 m、曲线长度占锚段长度的 50% 及以上时，其锚段长度不得大于 1500 m，直线区段可适当加长。

目前在设计中，规定在计算极限温度下，中心锚结和补偿器间的张力差 ΔT 不许超过 $\pm 15\% \Delta T_j$。T_j 代表接触线在补偿器处的张力。

二、链形悬挂锚段长度的计算

1. 吊弦造成的张力增量

在直线区段上，接触线由于温度变化而伸长（或缩短），因吊弦偏移而造成接触线内的张力变化按下式进行计算

$$\Delta T_{jd} = \frac{L(L-l)g_j(\varepsilon - \alpha \cdot \Delta t)}{2c} \tag{7-7-1}$$

式中　ΔT_{jd}——只考虑温度变化时，吊弦所引起的张力增量；

g_j——接触线单位长度自重负载（kN/m）；

L——从中心锚结至补偿器的距离（m）；

α——线胀系数（K^{-1}）；

c——吊弦长度，取平均值，$c = c_{\min} + \dfrac{F_0}{3}$，$c_{\min}$ 为最短吊弦，其值为 $c_{\min} = h - F_0'$。

式（7-7-1）的应用条件是在直线区段上，且只考虑吊弦所造成的张力变化和温度引起的伸长。

2. 定位器形成的张力增量

在直线区段上，由于定位器对接触线张力变化影响小，可以忽略。因而，由于定位器的偏移引起的接触线张力增量为

$$\Delta T_{\text{jw}} = \frac{L(L-l)(\varepsilon - \alpha \cdot \Delta t)}{2Rd - 0.5L(L-l)(\varepsilon - \alpha \cdot \Delta t)}\left(T_{\text{jm}} + \frac{2\Delta T_{\text{jd}}}{3}\right) \tag{7-7-2}$$

式（7-7-2）的应用条件为在曲线区段，且只考虑温度伸长和定位器偏移所引起的张力变化。

如果引入弹性变形的影响，则接触线因吊弦和定位器共同作用所产生的总张力增量可由下式求得

$$\Delta T_{\text{jE}} = \frac{\Delta T_{\text{jd}} + \Delta T_{\text{jw}}}{1 - \frac{2}{3} \cdot \frac{\Delta T_{\text{jd}} + \Delta T_{\text{jw}}}{E \cdot S(\alpha \cdot \Delta t - \varepsilon)}} \tag{7-7-3}$$

式中　E——接触线的弹性系数，取 124 000 MPa；

S——接触线的横截面面积，取 120 mm²。

若同时还考虑接触线的弹性伸长，则张力增量按下式计算

$$\Delta T_{\text{jdE}} = \frac{L(L+l)g_{\text{j}}(\varepsilon - \alpha \cdot \Delta t)}{2C + \frac{2}{3} \cdot \frac{L(L+l)g_{\text{j}}}{E \cdot S}} \tag{7-7-4}$$

对于全补偿链形悬挂来说，除了考虑接触线的张力增量以外，还要考虑因温度变化使承力索伸长（或缩短）引起的张力增量。

当支柱位于曲线外侧且锚段位于同一曲线半径的曲线上时，可由下式决定承力索的张力增量值

$$\Delta T_{\text{c}} = \frac{-L(L-l)\alpha \cdot \Delta t}{2Rd_{\text{k}} + 0.5L(L-l)\alpha \cdot \Delta t}T_{\text{cm}} \tag{7-7-5}$$

式中　d_{k}——水平拉杆长度（m）；

R——曲线半径（m）；

T_{cm}——承力索在补偿器处的张力（kN）；

L——由中心锚结至补偿器间的距离（m）。

式（7-7-5）为只考虑温度变化时，计算承力索张力增量的公式，式中分母的第二项与 $2Rd_{\text{k}}$ 比较，其值很小，在考虑承力索的弹性伸长时，可以忽略它的影响。此时，承力索张力增量值可由下式求得

$$\Delta T_{\text{cE}} = \frac{\Delta T_{\text{c}}}{1 - \frac{2\Delta T_{\text{c}}}{3E \cdot S\alpha \cdot \Delta t}} \tag{7-7-6}$$

式中　ΔT_{c}——承力索只考虑温度变化的张力增量；

α——承力索的线胀系数（K⁻¹）；

E——承力索的弹性系数（MPa）；

S——承力索计算横截面面积（mm²）；

Δt——平均温度与计算极限温度之差（°C）。

对于全补偿链形悬挂，由于温度的变化，接触线和承力索在补偿器的作用下往往是向同方向移动的。如果承力索的线胀系数 α_{c} 和接触线的线胀系数 α_{j} 的量值相等（即 $\alpha_{\text{c}} = \alpha_{\text{j}}$），则

吊弦总是成铅垂状态的，这时吊弦无论是对接触线还是对承力索都不会产生张力增量。而对接触线起作用的是定位器，对承力索起作用的是腕臂的拉杆。如果即 $\alpha_c \neq \alpha_j$，则吊弦对接触线产生一定的张力增量影响，此时，上式中的 α 用（即 $\alpha_c - \alpha_j$）代替，即可求得接触线的张力增量。同时，在全补偿链形悬挂中，接触线弛度的变化更小，因温度变化而耗损于弛度变化方向的纵向位移也更小。故在计算中 ε 就忽略不计了，即令 $\varepsilon = 0$。

第八节　安装曲线的计算

安装曲线绘制包括6个部分：有载承力索张力曲线，承力索实际跨距弛度曲线，接触线弛度曲线，接触线在悬挂点处的高度变化曲线，无载承力索张力曲线，无载承力索实际跨距弛度曲线。

安装曲线具体计算步骤如下。

一、计算当量跨距

$$l_D = \sqrt{\sum_{i=1}^{n} l_i^3 \Big/ \sum_{i=1}^{n} l_i} \tag{7-8-1}$$

式中　l_D——当量跨距（m）；
　　　l_i——任一跨距（m）；
　　　n——计算锚段内的跨距数。

二、计算结构系数

结构系数用于表示接触悬挂的结构特征，其计算公式如下：

$$\varphi = \frac{(l_D - 2e)^2}{l_D^2} \tag{7-8-2}$$

式中　φ——链形悬挂的结构系数；
　　　l_i——当量跨距（m）；
　　　e——支柱悬挂点至第一根简单吊弦间的距离（m）。

三、确定临界负载

$$q_{lj} = -g_0 \frac{\varphi T_j}{T_{c0}} + \sqrt{\frac{24\alpha^* Z_{max}^2 (t_b - t_{min})}{l_D^2} + W_{min}^2} \tag{7-8-3}$$

式中　q_{1j}——链形悬挂的临界负载（kN/m）；
　　　g_0——链形悬挂的自重负载（kN/m）；
　　　φ——结构系数；
　　　T_j——接触线张力（kN）；
　　　T_{c0}——接触线无弛度时承力索的张力（kN）；

α——承力索线膨胀系数（1/℃）；

Z_{max}——归算张力最大值（kN）；

t_b——覆冰时温度（℃）；

t_{min}——最低温度（℃）；

l_D——当量跨距（m）；

W_{min}——最低气温时归算负载（kN/m）。

四、确定起始条件

若 q_b 为最大值，则以 t_b 为起始计算条件；若 q_v 为最大值，则以 t_v 为起始计算条件；若 q_{1j} 为最大值则以 t_{min} 为起始计算条件。

五、精确计算 T_{c0}

$$T_{c0}^3 + A \cdot T_{c0}^2 + B \cdot T_{c0} + C = 0 \tag{7-8-4}$$

其中：$A = \dfrac{q_1^2 l_D^2 ES}{24(T_{cmax} + \varphi T_j)^2} + \alpha ES(t_0 - t_1) - T_{cmax}$

$B = \dfrac{q_1 q_0 \cdot \varphi \cdot T_j \cdot l_D^2 \cdot E \cdot S}{12(T_{cmax} + \varphi T_j)^2}$

$C = \dfrac{q_0^2 \cdot l_D^2 \cdot E \cdot S}{24}\left[\dfrac{\varphi^2 \cdot T_j^2}{(T_{cmax} + \varphi T_j)^2} - 1\right]$

在方程中，q、t 的下标"1"表示计算的起始情况，x 表示计算的待求情况，"0"表示接触线无弛度状态；"max"表示最大极限值。

式中　T_{c0}——链形悬挂在接触线无弛度状态时承力索的张力（kN）；

q——线索合成负载（kN/m）；

T_j——接触线张力（kN）；

α——线索膨胀系数（1/℃）；

φ——链形悬挂的结构系数；

E——计算线索的弹性系数（MPa）；

l_D——当量跨距（m）；

T_{cmax}——承力索最大允许使用张力（kN）；

S——线索横截面面积（mm²）。

六、求解状态方程（绘制承力索张力曲线）

由精确计算的 T_{c0} 确定 W_x，W_1，Z_x，Z_1，然后代入下面的状态方程：

$$t_x = \left[t_1 - \dfrac{l_D^2 W_1^2}{24\alpha Z_1^2} - \dfrac{z_1}{\alpha ES}\right] + \dfrac{W_x^2 l_D^2}{24\alpha z_x^2} - \dfrac{Z_x}{\alpha ES} \tag{7-8-5}$$

求解状态方程,即可画出有载承力索的张力曲线 $T_{cx} = f(t_x)$。

设:大气温度为 t,有下标"1"为起始条件,有下标"x"为待求条件。

式中　α——计算线索的线胀系数(1/℃);

　　　W——链形悬挂换算负载(kN/m);

　　　E——计算线索的弹性系数(MPa);

　　　l_D——当量跨距(m);

　　　Z——链形悬挂换算张力(kN);

　　　S——计算线索的计算横截面面积(mm^2)。

第八章 线索张力计算

第一节 概 述

悬挂导线是一根有数个支点并能在重力作用下弯曲的受拉杆件。计算这种杆件的张力与它的长度和刚度有关。杆件的长度取决于固定它的支柱之间的距离,而其刚度则取决于它的材质、截面和结构(单股导线或多股导线)。如果杆件很短、刚度很大的话,那么就可以把它看成是一根梁,这样,结构力学中的原理就能用于这种情况。随着杆件长度的增加,其刚度的影响将逐步减小,因此在确定弛垂曲线形状时,可以假设它是一根绝对柔软的导线,也就是说是一根在任一截面上的弯矩均等于零的导线。在确定弛垂曲线几何形状时,做这样的假设不会带来什么明显的误差。我们还可以在假设弯矩等于零的条件下求算导线张力。只有在集中负载的作用点上,弯矩的影响才会表现出来。对架空线来说,支柱反力就是集中负载;而对接触网来说,除支柱反力外,受电弓压力也是集中负载。在研究导线的工作状态和计算方法时,可以把它看成是柔软导线。至于弯矩在集中负载作用点上的影响,则可以专门进行分析研究。

风和覆冰会增大导线的张力和弛度。气温的变化、因电流通过导线而使其温度上升,都会使导线伸缩,其结果是导线张力和弛度发生变化。因此在设计时,要确定导线在各种气温条件下安装时所应具有的张力,以便今后在发生最严重的气象条件时,张力不致超出最大允许值。

接触导线的主要任务是通过与受电弓的接触将电能输送给机车。因此为了改善受流,应使导线尽可能有较大的张力。如果导线不是用来受流的(例如供电线),则为了降低支柱高度,导线也宜有较大的张力,这样在很多情况下就可以降低施工造价。如果不能考虑上述条件(譬如说支柱早已加工好并具有足够的高度),而且减小张力能使支柱负载降低的话,那么在导线计算时应该给出一个最大允许的弛度值。

无论采用什么样的计算条件,都不仅要对最大张力或最大弛度的工作条件进行计算,而且还要对其他条件进行计算。所谓导线的工作条件,就是指能确定负载及导线张力的各种气象条件的总和。气温是恒定条件,而有风、覆冰和大风则是瞬时条件。因为导线可以在任何季节、在没有附加负载的情况下进行安装,所以要在最低与最高气温的变化范围内每隔 10 ℃ 进行一次计算。张力和弛度相对于气温的关系可以用数表或曲线的形式表示。安装导线时,可以根据数表中所列的数据选定所需的张力值和弛度值。这种数表和曲线称为安装数表和安装曲线。

架空导线的计算有两种形式的计算公式和推导方法。第一种形式多用在接触网的计算中,采用导线的张力和负载值。第二种形式用于电力传输线计算,采用的是单位导线截面的张力和负载值。在这种情况下,用应力代替张力,用所谓单位负载代替负载。下面所有推导都是适用于第一种形式的，而第二种形式表示的计算方程的方法，这里就不再论述。

第二节 简单悬挂的弛度计算

在两个支柱间，悬挂一根固定截面的接触线或其他导线时，则此线在自重和附加负载的作用下，就自然形成一个弛度。弛度的大小对运行质量将产生直接的影响。因此，正确、合理地确定弛度的量值是十分重要的。

简单接触悬挂是接触网中一种最基本、最简单的悬挂方式。它与供电线的架设基本相同，但又不完全相同，因为接触网有一个与它直接接触的移动受电弓。这一特点要求简单接触悬挂有较大的张力与较小的弛度，以保证机车受电弓对接触线的良好滑动和可靠接触。

设 A、B 是两悬挂点，当两悬挂点在同一水平位置时为等高悬挂。从接触弧线最低点，到连接两悬挂点间的垂直距离，称为弛度，用 F 表示，如图 8-2-1（a）所示。

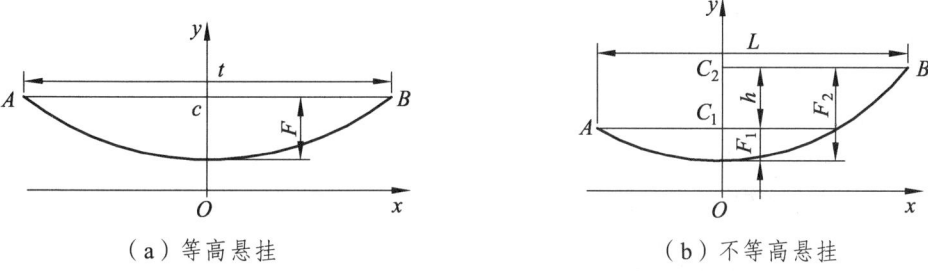

（a）等高悬挂　　　　　　　　　　（b）不等高悬挂

图 8-2-1　简单悬挂的弛度

当悬挂点不在同一水平面时，由接触弧线最低点到两悬挂点的垂直距离，分别为悬挂点 A 和 B 的弛度，用 F_1 和 F_2 表示，如图 8-2-1（b）所示。

在接触线的张力与弛度计算中，因为接触网支柱间的跨距较大，所以接触线、承力索材料的刚度实际影响很小，可以近似把接触线、承力索或其他导线看作理想的软线，其刚度忽略不计。另外，线索的自重负载实际上是沿其长度均匀分布的，此外可以认为是沿跨距均匀分布的。为了简化计算，下面就根据这两条假设来研究线索的张力和弛度。

一、等高悬挂的弛度计算

设 A、B 两点为接触线的悬挂点，l 为跨距，g 为单位长度的自重负载，F_A、F_B、T_A、T_B 分别为悬挂点 A、B 的垂直分力与水平分力，如图 8-2-2 所示。

根据力的平衡原理，由 $\sum F_x = 0$ 得

$$T_A - T_B = 0，即 T_A = T_B = T$$

这说明在垂直负载作用下，接触线内任一截面上的水平张力是一个常数。同时，由力的平衡方程 $\sum F_y = 0$ 得

$$F_A + F_B - gl = 0$$

则
$$F_A = F_B = \frac{gl}{2}$$

它说明悬挂点垂直反力 F_A 和 F_B 的大小取决于单位自重负载和跨距长度，而与接触线的弛度大小无关。任取接触网上一点 O 并取 $\widehat{OA}$ 为分离体，设 O 点距 A 点的水平距离为 x，该点挠度为 y，$\widehat{OA}$ 段接触线自重负载为 g_x，对 O 点取力矩，则

$$\sum M_0 = 0$$

即
$$T_A y - F_A x + gx \cdot \frac{x}{2} = 0 \tag{8-2-1}$$

将 $F_A = \frac{gl}{2}$，$T_A = T$ 代入式（8-2-1），得

$$Ty = \frac{gl}{2} \cdot x - \frac{gx^2}{2}$$

所以
$$y = \frac{gx(l-x)}{2T} \tag{8-2-2}$$

当 $x = \frac{l}{2}$ 时，$y = y_{\max} = F$，即

$$F = \frac{gl^2}{8T} \tag{8-2-3}$$

$$T = \frac{gl^2}{8F} \tag{8-2-4}$$

将式（8-2-4）代入式（8-2-2），得

$$y = \frac{4Fx(l-x)}{l^2} \tag{8-2-5}$$

式（8-2-5）为简单悬挂的曲线方程，在水平均匀负载下，接触线呈抛物线形状。

对于弹性简单悬挂，上述公式仍是适用的，只不过弹性简单悬挂增加了弹性吊索，实际跨距的长度由 l 变成了 l_2，如图 8-2-3 所示。其张力与弛度的关系亦仍遵循式（8-2-2）的变化规律。

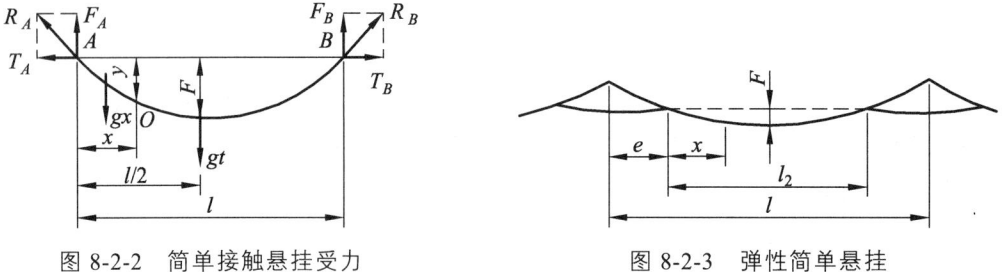

图 8-2-2 简单接触悬挂受力 　　　　图 8-2-3 弹性简单悬挂

由式（8-2-3）和式（8-2-4）可以看出：弛度 F 和张力 T 之间存在着一定的关系。每取一个数值 T，就能得到一个相应的 F 值，从而可以得出在特定条件下张力与弛度的关系曲线。

应当指出，悬挂导线的张力并不是常数，而是变化的，其张力的方向是沿切导线方向。如图 8-2-4 所示，在接触线上任取一点 O，由式（8-2-5）可得抛物线在 O 点的倾角 θ 的正切，即

$$\tan\theta = \frac{dy}{dx} = \frac{4F}{l} - \frac{8Fx}{l^2} \quad (8\text{-}2\text{-}6)$$

由此可知接触线在 O 点的张力为：

$$R = \frac{T}{\cos\theta} = T\sqrt{1+\tan^2\theta}$$

将式（8-2-6）代入上式，得

$$R = T\sqrt{1+\frac{16F^2}{l^2}\left(1-2\cdot\frac{x}{l}\right)^2} \quad (8\text{-}2\text{-}7)$$

从式（8-2-7）可以看出，当 $x=0$ 或 $x=l$ 时，在悬挂点处的张力具有最大值，其值为

$$R_{\max} = T\sqrt{1+16F^2/l^2} \quad (8\text{-}2\text{-}8)$$

当 $x=\dfrac{1}{2}$ 时，即在跨距中点处的张力具有最小值，为

$$R_{\min} = T\sqrt{1+16F^2/l^2\left(1-2\cdot\frac{l/2}{l}\right)} = T \quad (8\text{-}2\text{-}9)$$

简单接触悬挂要求有较小的弛度，因此可充分利用接触线的许可张力。在这种条件下，水平张力 T 与接触线的实际张力 R 间的夹角 θ 是很小的，如图 8-2-4 所示。从图中可以看出，R 与 T 的差别也很小，通常认为它们近似相等。计算表明，忽略了 $4\cdot\dfrac{F}{l}$，用水平张力 T 代替实际张力 R，在工程计算中是许可的，即

$$R \approx T$$

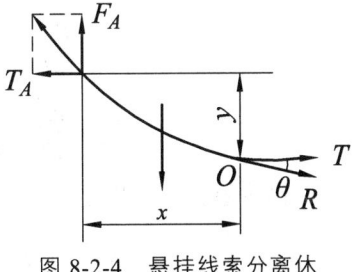

图 8-2-4　悬挂线索分离休

二、不等高悬挂的弛度计算

1. 不等高悬挂的弛度计算

由于地形不平或支柱高度不同，例如软横跨支柱一个在站台上，另一个在地平面上，这样就形成了悬挂点的高度不一样。在接触网支柱沿线路布置时，因线路坡度的变化，也会形成悬挂点的高度不一致。在软横跨的计算中，约有 60%以上属于不等高悬挂。因此，对这种情况加以讨论并找出它的特点是完全必要的。

设有实际跨距为 l，高差为 h，接触线最低点 O 分别到两悬挂点的水平距离为 l_1，l_2 的不等高悬挂，如图 8-2-5 所示。

在此情况下，最低点 O 不在跨距的中心，而是向低悬挂点方向偏移，其偏移量的大小取决于高差 h。在计算不等高悬挂的弛度 F_1 及 F_2 时，是以最低点 O 为坐标原点，进而找出两个假想的等高悬挂，把抛物线近似地看作 $\widehat{AOB'}$ 和 $\widehat{A'OB}$。然后从 O 点把悬挂分成两部分，再分别对悬挂 $\widehat{OA}$ 和半个悬挂 $\widehat{OB}$ 按对称方法进行计算。

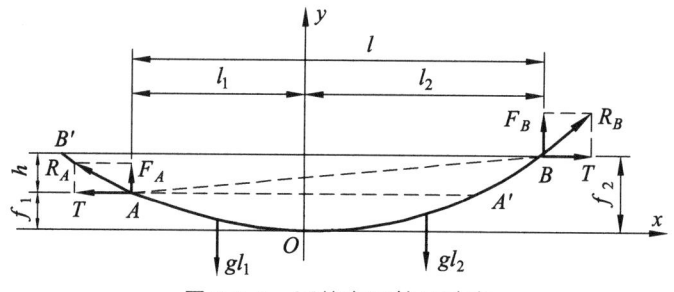

图 8-2-5 不等高悬挂的弛度

将 $\overparen{OA}$ 和 $\overparen{OB}$ 两部分的各力分别取水平投影和垂直投影之和等于零，得

$$T_A = T, \quad T_B = T$$
$$F_A = gl_1, \quad F_B = gl_2$$

将这两部分对 O 点分别取力矩，即得

$$TF_1 + \frac{gl_1^2}{2} - gl_1^2 = 0$$

$$TF_2 + \frac{gl_2^2}{2} - gl_2^2 = 0$$

整理得

$$F_1 = \frac{gl_1^2}{2T} = \frac{g}{8T}(2l_1)^2 \qquad (8\text{-}2\text{-}10)$$

$$F_2 = \frac{gl_2^2}{2T} = \frac{g}{8T}(2l_2)^2 \qquad (8\text{-}2\text{-}11)$$

因为悬挂点高度差为

$$h = F_2 - F_1 = \frac{g}{2T}(l_2^2 - l_1^2)$$

$$= \frac{g}{2T}(l_1 - l_2)(l_1 + l_2)$$

而

$$l_1 + l_2 = l \qquad (8\text{-}2\text{-}12)$$

$$l_2 - l_1 = \frac{2Th}{gl} \qquad (8\text{-}2\text{-}13)$$

解上述联立方程得

$$l_2 = \frac{l}{2} + \frac{Th}{gl} \qquad (8\text{-}2\text{-}14)$$

$$l_1 = \frac{l}{2} - \frac{Th}{gl} \qquad (8\text{-}2\text{-}15)$$

将式（8-2-14）及式（8-2-15）分别代入式（8-2-10）及式（8-2-11），可以求得 F_1 及 F_2。则

$$F_2 = \frac{g}{8T}\left(l + \frac{2Th}{gl}\right)^2 = \frac{g}{8T}l^2 + \frac{h}{2} + \frac{Th^2}{2gl^2}$$

在跨距相同条件下，等高悬挂的弛度为 $F=\dfrac{gl^2}{8T}$，所以上式可写为

$$F_2 = F + \dfrac{h}{2} + \dfrac{h^2}{16F} = F\left(1 + \dfrac{h}{2F} + \dfrac{h^2}{16F^2}\right)$$

所以
$$F_2 = F\left(1 + \dfrac{h}{4F}\right)^2 \qquad (8\text{-}2\text{-}16)$$

同理可以求得 F_1 为

$$F_1 = \dfrac{g}{8T}\left(l - \dfrac{2Th}{gl}\right)^2 = F\left(1 - \dfrac{h}{4F}\right)^2 \qquad (8\text{-}2\text{-}17)$$

式（8-2-16）和（8-2-17）表明，在悬挂点不等高时，高、低悬挂点计算的弛度（在相同条件下）与悬挂点等高弛度之间的关系。式中 F 为跨距等于 l、悬挂点等高的弛度。

2. 斜弛度计算

上面研究了从高低不等的两悬挂点到悬挂最低点的弛度，这里还要讨论一下斜弛度的问题。连接不等高的两悬挂点 A、B，如果引一条与 AB 平行且与导线所形成的曲线相切的直线并过切点作一条铅垂线与直线 AB 在 D 点相交，则线段 CD 的长度，就称为斜弛度，如图 8-2-6（b）所示。这个斜弛度的特点是在跨距和导线水平张力相同的情况下，其值就等于水平悬挂的弛度值，即 $F' = F$。这种关系可用下述简便方法得到证明。

欲确定斜弛度 F' 的长度，必须先找出 C 和 D 点在曲线上和直线上的坐标位置，如图 8-2-6（b）所以。

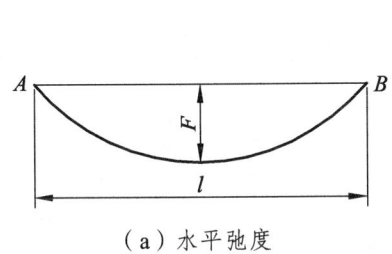

（a）水平弛度　　　　　（b）斜弛度

图 8-2-6　水平弛度与斜弛度

设此曲线为抛物线，其方程为

$$y - \dfrac{gx^2}{2T} + K$$

式中　K 为常数。若 DC 为所求的斜弛度，则在抛物线上 C 点的曲线斜率和直线 AB 的斜率 h/l 应相等，即

$$\left(\dfrac{\mathrm{d}y}{\mathrm{d}x}\right)_C = \dfrac{gx_C}{T} = \dfrac{h}{l}$$

所以
$$x_C = \frac{Th}{gl}$$

$$y_C = \frac{g}{2T}\left(\frac{Th}{gl}\right)^2 + K = \frac{Th_2}{gl^2} + K$$

直线 AB 的方程为

$$y - (F_1 + K) = \frac{h}{l}[x - (-l_1)] = \frac{h}{l}(x + l_1)$$

在 D 点的 y 坐标为

$$y_D = \frac{h}{l}(x + l_1) + (F_1 + K)$$

由式（8-2-5）可知，$l_1 = \frac{l}{2} - \frac{Th}{gl}$，并且 $x_C = x_D = \frac{Th}{gl}$，所以

$$y_D = \frac{h}{l}\left(\frac{Th}{gl} + \frac{l}{2} - \frac{Th}{gl}\right) + F_1 + K = F_1 + K + \frac{h}{2}$$

将式（8-2-17）代入上式，得

$$y_D = \frac{g}{8T}\left(l - \frac{2Th}{gl}\right)^2 + K + \frac{h}{2}$$

因为 $F' = y_D - y_C$，则量值应等于等高悬挂的水平弛度，为

$$\begin{aligned} F' &= y_D - y_C \\ &= \frac{g}{8T}\left(l - \frac{2Th}{gl}\right)^2 + K + \frac{h}{2} - \frac{Th^2}{2gl^2} - K \\ &= \frac{gl^2}{8T} = F \end{aligned}$$

而且 F' 是在跨距中点处，即

$$x_C - x_A = l_1 + \frac{Th}{gl} = \frac{l}{2} - \frac{Th}{gl} + \frac{Th}{gl} = \frac{l}{2}$$

推证结果表明：不等高悬挂的斜弛度 F'，等于跨距相同时的等高悬挂的水平弛度 F。这是一个非常重要的关系，它可以把不等高悬挂的弛度计算，转换为跨距相等条件下悬挂点等高时的弛度计算，这一概念将在工程中得以广泛的应用。

不等高悬挂不仅是斜弛度与等高悬挂的水平弛度相等，而且不难证明，不等高悬挂点间的连线上任意一点与导线所成曲线的垂直距离，只与跨距、导线材质、拉力及该点横坐标有关，而与悬挂点的高度差无关。

下面可以用另外一种方法加以证明：取低悬挂点 O 为直角坐标原点，如图 8-2-7（a）所示。其高悬挂点的坐标为 $P(l,h)$，则悬挂点间的连线 $\overset{\frown}{OP}$ 的方程为

$$y = \frac{h}{l} \cdot x$$

导线形成曲线 $\overset{\frown}{OP}$。而曲线 $\overset{\frown}{OP}$ 除通过 O、P 点外，还必须通过斜弛度的切点 $N\left(\dfrac{l}{2},\dfrac{h}{2}-F\right)$。假定 $y=ax^2+bx+c$ 为导线所成曲线的方程式，那么根据上述三点的关系可以确定其系数。

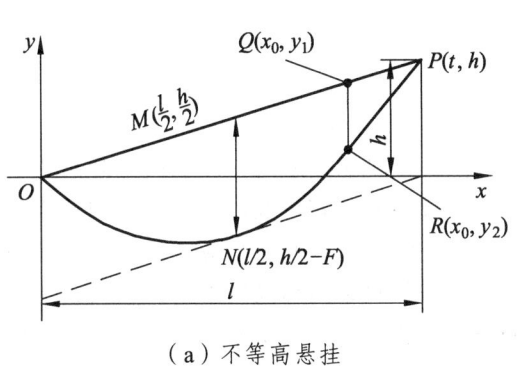
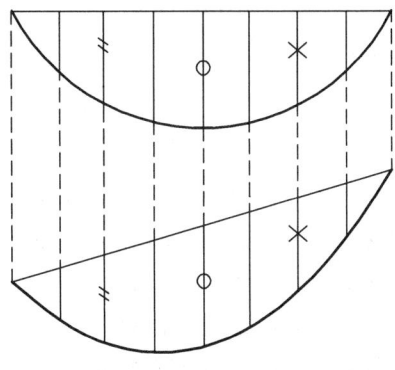

（a）不等高悬挂　　　　　　　（b）等高与不等高悬挂的对应弛度

图 8-2-7　不等高悬挂任意点的弛度

当 $x=0$ 时，$y=0$，所以 $c=0$，因此判明曲线的方程为 $y=ax^2+bx+c$。对于 N 点，当 $x=\dfrac{l}{2}$，$y=\dfrac{h}{2}-F$ 时，有

$$\dfrac{h}{2}-F=a\left(\dfrac{l}{2}\right)^2+b\left(\dfrac{l}{2}\right)$$

对于 P 点则有

$$h=al^2+bl$$

解上述联立方程式，则可以得 $a=\dfrac{4F}{l^2}$，$b=\dfrac{h-4F}{l}$。故导线所形成的曲线方程式为

$$y=\dfrac{4F}{l^2}x^2+\dfrac{h-4F}{l}x$$

所以取任意一点，其横坐标 x_0 在直线 OP 上与其对应的为 Q 点，导线所形成曲线与其相对应的为 R 点时，则垂直距离 QR 为

$$\begin{aligned}QR&=y_1-y_2\\&=\dfrac{h}{l}x_0-\left(\dfrac{4F}{l^2}x_0^2+\dfrac{h-4F}{l}x_0\right)\\&=-\dfrac{4F}{l^2}x_0^2+\dfrac{4F}{l}x_0\end{aligned}$$

因为上式中没有 h，由此可见，不等高悬挂导线所形成的曲线上任意一点的弛度 QR 与悬挂点的高度差无关。在等高悬挂时，任意一点的弛度为

$$y=\dfrac{gx(l-x)}{2T}$$

而
$$T = \frac{gl^2}{8F}$$

所以
$$y = \frac{4Fx(l-x)}{l^2}$$

当 $x = x_0$ 时，有

$$y = -\frac{4F}{l^2}x_0^2 + \frac{4F}{l}x_0$$

因此，不等高悬挂时任意一点的弛度 QR 与等高悬挂时相应距离（任意点）的弛度 y 相等。图 8-2-7（b）表明：将等高悬挂点间的水平直线分为若干相等线段，其各点和导线所形成曲线间的垂直距离，等于悬挂点有高度差时支柱点连线和曲线间的相应距离。由此可知，不等高悬挂点间的连线上任意一点与导线所形成曲线的垂直距离与高度差无关，而且与悬挂点等高时相应点的垂直距离相等，这一概念在调整吊弦长度的应用中是十分重要的。在计算吊弦长度时，其公式为

$$C_x = h - \frac{gx(l-x)}{2T} = h - \frac{4Fx(l-x)}{l^2}$$

上式对等高悬挂或不等高悬挂都是普遍适用的。

在具有坡度的线路上进行施工测量时，常是测出悬挂点 A、B 距轨面的高度和跨距中心 C 距轨面的高度 H_A、H_B 及 H_C，则

$$F = \frac{H_A + H_B}{2} - H_C = F'$$

上式对等高悬挂或不等高悬挂都是适用的。从广泛的意义讲，这也是等高悬挂的斜弛度在具体工程中的实际应用。由此可知，在引进不等高悬挂的斜弛度概念以后，不等高悬挂的弛度计算就可以利用等高时的弛度计算方法进行计算，这对设计、施工、运营中的有关计算、测量及调整都具有实际意义。

三、不等高悬挂的张力计算

在不等高悬挂时，接触线、供电线等在悬挂点处的张力将产生差异，如图 8-2-8 所示。

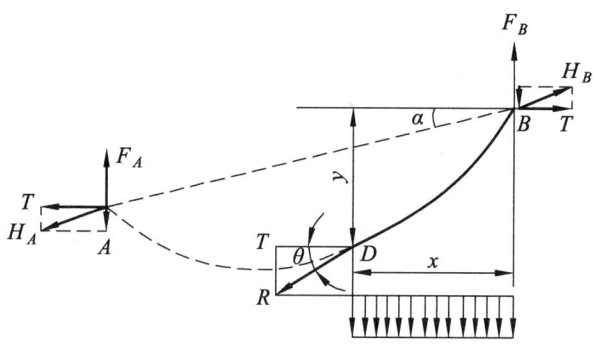

图 8-2-8 不等高悬挂的张力

图中把坐标 O 点放于 B 点，是为了研究问题的方便。因而，根据图 8-2-8 可以建立普遍的平衡方程 $\sum M_B = 0$，即

$$F_B x - \frac{1}{2} g x^2 - H_B y \cos\alpha + H_B x \sin\alpha = 0$$

即
$$y = \frac{h}{l} x + \frac{1}{T} \left(\frac{1}{2} g l x - \frac{g}{2} x^2 \right) \tag{8-2-18}$$

令不等高悬挂的斜弛度为 $F = \dfrac{gl^2}{8T}$ 并代入式（8-2-18），得到不等高悬挂的曲线方程为

$$y = \frac{h}{l} x + \frac{4Fx(l-x)}{l^2} \tag{8-2-19}$$

由抛物线方程式（8-2-18），可得 D 点倾角 θ 的正切，即

$$\tan\theta = \frac{dy}{dx} = \frac{h}{l} + \frac{4F}{l} - 8F \cdot \frac{x}{l^2} \tag{8-2-20}$$

线索在 D 点的张力为

$$\begin{aligned} R &= \frac{T}{\cos\theta} = T\sqrt{1+\tan^2\theta} \\ &= T\sqrt{1+\left(\frac{h}{l}+\frac{4F}{l}-8F\cdot\frac{x}{l^2}\right)^2} \end{aligned} \tag{8-2-21}$$

将 $x = l$ 和 $x = 0$ 分别代入式（8-2-21），得线索在悬挂点 A 和 B 处的张力为

$$\left. \begin{aligned} R_A &= T\sqrt{1+\left(\frac{h}{l}-\frac{4F}{l}\right)^2} \\ R_B &= T\sqrt{1+\left(\frac{h}{l}+\frac{4F}{l}\right)^2} \end{aligned} \right\} \tag{8-2-22}$$

由式（8-2-22）可知，在不等高悬挂时，两悬挂点 A、B 的支座反力是不同的，如图 8-2-8 所示。其数值为

$$\left. \begin{aligned} V_A &= F_A - H_A \sin\alpha = \frac{g}{2}l - T\tan\alpha = T\left(\frac{4F}{l} - \frac{h}{l}\right) \\ V_B &= F_B - H_B \sin\alpha = \frac{g}{2}l + T\tan\alpha = T\left(\frac{4F}{l} + \frac{h}{l}\right) \end{aligned} \right\} \tag{8-2-23}$$

式中 F_A 与 F_B 是表示在均布负载情况下、跨距为 l 时等高悬挂两悬挂点的支座反力。当两悬挂点出现高差时，两支座反力要发生变化。这时，低端的实际支座反力为 V_A，它比等高情况下的支座反力 F_A 减小了 $T\tan\alpha$；而高端的实际支座反力为 V_B，它比等高情况下的支座反力 F_B 增大了 $T\tan\alpha$。

V_A 与 V_B 分别等于前述的 gl_1 和 gl_2，它从下述关系式可以得到证明。

$$V_A = F_A - H_A \sin\alpha = \frac{g}{2}l - T\frac{h}{l} = g\left(\frac{l}{2} - \frac{Th}{gl}\right) = gl_1$$

$$V_B = F_B - H_B \sin\alpha = \frac{g}{2}l + T\frac{h}{l} = g\left(\frac{l}{2} + \frac{Th}{gl}\right) = gl_2$$

显然，在悬挂点处线索的实际拉力也可以由 V_A、V_B 和水平拉力 T 直接合成，得

$$R_A = \sqrt{T^2 + V_A^2} = \sqrt{T^2 + T^2\left(\frac{4F}{l} - \frac{h}{l}\right)^2} = T\sqrt{1 + \left(\frac{4F}{l} - \frac{h}{l}\right)^2}$$

$$R_B = \sqrt{T^2 + V_B^2} = \sqrt{T^2 + T^2\left(\frac{4F}{l} + \frac{h}{l}\right)^2} = T\sqrt{1 + \left(\frac{4F}{l} + \frac{h}{l}\right)^2}$$

其结果与式（8-2-22）完全相同。

四、上拔力的验算

承力索在建筑物与支柱上的两悬挂点，以及供电线、捷接线在两支柱悬挂点的高差较大时，在低悬挂点处就有可能出现上拔力。在遇到类似的情况时，首先应进行验算。验算的结果若出现上拔力，则应采取相应的措施，如调整跨距或降低高度等，使之符合设计技术要求。

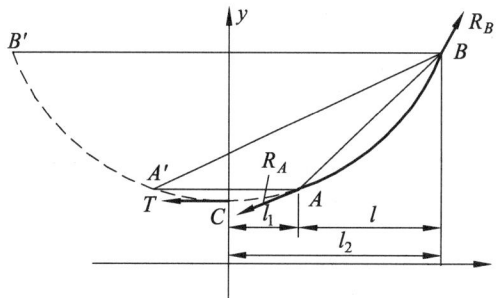

图 8-2-9 悬挂最低点的位置在跨距之外

设有两悬挂点 A、B 在高度差 h 较大时，其最低点 C 可能不在跨距 l 范围内，如图 8-2-9 所示。此时可以认为曲线 $\overset{\frown}{AB}$ 是假想曲线 $\overset{\frown}{B'A'AB}$ 的一部分，即

$$l = l_2 - l_1 \tag{8-2-24}$$

$$h = \frac{gl_2^2}{2T} - \frac{gl_1^2}{2T} = \frac{g}{2T}(l_1 + l_2)(l_2 - l_1)$$

所以

$$l_1 + l_2 = \frac{2Th}{gl} \tag{8-2-25}$$

比较式（8-2-24）、（8-2-25）和式（8-2-12）、（8-2-13）发现，此处只不过把 l_1 变成了 $-l_1$。从图 8-2-9 可以看出，由于 l_1 为负值，其最低点在 A 点以外。利用这一特点，根据 l_1 的符号，可以判断悬挂线索的最低点是否在跨距范围内。

由式（8-2-15）可得

$$l_1 = \frac{l}{2} - \frac{Th}{gl} \tag{8-2-26}$$

所以当 l_1 的符号为正即 $l_1>0$ 时，线索的最低点在跨距范围内；当 l_1 的符号为负即 $l_1<0$

时，线索的最低点在跨距范围之外；当 $l_1=0$ 时，线索最低点位于低悬挂点 A 点上。

此外，当已知悬挂的斜弛度时，可以将 $F=\dfrac{gl^2}{8T}$ 代入式（8-2-26），其斜弛度和高度差的关系为

$$4F<h \tag{8-2-27}$$

当式（8-2-27）的条件得到满足时，也说明悬挂线索的最低点不在跨距内，这时在低悬挂点产生上拔力。

关于上拔力的概念，从式（8-2-23）能够更清楚地得以说明，即

$$V_A=T\left(\dfrac{4F}{l}-\dfrac{h}{l}\right)$$

而 V_A 为低悬挂点的支座反力，它有下述三种情况：

当 $\dfrac{4F}{l}-\dfrac{h}{l}=0$ 时，即 $4F=h$ 时，$V_A=0$；

当 $\dfrac{4F}{l}-\dfrac{h}{l}>0$ 时，即 $4F>h$ 时，$V_A>0$ 为正值；

当 $\dfrac{4F}{l}-\dfrac{h}{l}<0$ 时，即 $4F<h$ 时，$V_A<0$ 为负值。

当 V_A 为负值时，就说明低悬挂点受到一个向上的拉力，此力即为上拔力。

对于链形悬挂，悬挂的均布自重负载为接触线和承力索的换算负载，张力也变成了换算张力。如果用换算负载 W_x 和换算张力 Z_x 分别代替 g 和 T，则式（8-2-27）可变为如下形式

$$l<\sqrt{\dfrac{2Z_xh}{W_x}} \tag{8-2-28}$$

式中　h——悬挂点高度差（m）；

　　　l——跨距（m）；

　　　Z_x——链形悬挂换算张力（kN）；

　　　W_x——链形悬挂换算负载（kN/m）。

当式（8-2-28）得以满足时，在低悬挂点产生上拔力。此时应加大跨距或降低悬挂点高差，以消除上拔力。

第三节　悬挂线索实际长度的计算

承力索或接触线（包括供电线、回流线等）在悬挂以后，由于自重负载的影响，会自然形成弛度，这时线索的实际长度必大于跨距长度 l。而实际长度的变化对线索弛度影响很大。因此，决定线索悬挂时的实际长度，在设计和施工中是很重要的。

求线索的实际长度，是假设把悬挂的线索分成无限多的微小线段，如图 8-3-1 中所示的 dL。在 dL 无限短的时候，可以认为是一直线段，求出每一小段的长度后，再积分，即可得悬挂线索的总长。

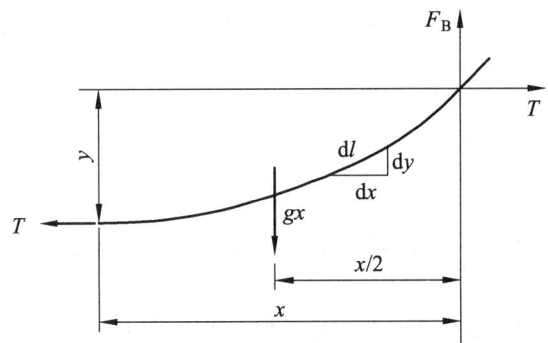

图 8-3-1 悬挂线索长度的微分段示意图

在线段长度为 dL 时,其水平增量为 dx,相应线段的挠度为 dy,则

$$dL = [(dx)^2 + (dy)^2]^{1/2} = \left[1 + \left(\frac{dy}{dx}\right)^2\right]^{1/2} dx \qquad (8\text{-}3\text{-}1)$$

当取出悬挂线索的任意一段长度 x 时,可建立方程式(8-2-1)及(8-2-4),将式(8-2-4)代入式(8-2-2),得

$$y = \frac{gx(l-x)}{2} \cdot \frac{8F}{gl^2}$$

即

$$y = \frac{4Fx(l-x)}{l^2} \qquad (8\text{-}3\text{-}2)$$

式(8-3-2)两边对 x 求导得

$$\frac{dy}{dx} = \frac{4F(l-2x)}{l^2}$$

将 $\dfrac{dy}{dx}$ 代入式(8-3-1),得

$$dL = \left[1 + \frac{16F^2(l-2x)^2}{l^4}\right]^{1/2} dx \qquad (8\text{-}3\text{-}3)$$

根据高斯二项定理

$$(1+x)^m = 1 + \frac{m}{1!}x + \frac{m(m-1)}{2!}x^2 + \cdots + \frac{m(m-1)\cdots(m-n+1)}{n!}n^n + \cdots$$

将式(8-3-3)展开并取前两项,得

$$dL = \left[1 + \frac{1}{2} \cdot \frac{16F^2(l-2x)^2}{l^4}\right] dx = \left[1 + \frac{1}{2} \cdot \frac{8F^2(l-2x)^2}{l^4}\right] dx$$

将上式积分可得线索在一个跨距内的实际长度,即

$$\begin{aligned}
L &= 2\int_0^{l/2}\left[1+\frac{8F^2(l-2x)^2}{l^4}\right]dx \\
&= 2\left[x-\frac{1}{2}\cdot\frac{8F^2(l-2x)^3}{3l^4}\right]_0^{l/2} \\
&= 2\left[x-\frac{4}{3}\cdot\frac{(l-2x)^3}{l^4}F^2\right]_0^{l/2} \\
&= l+\frac{8F^2}{3l}
\end{aligned} \tag{8-3-4}$$

式中 L——悬挂线索的实际长度（m）；

F——悬挂线索的最大弛度（m）；

l——跨距长度（m）。

对于不等高悬挂，当已知跨距为 l、斜弛度为 F、高度差为 h 时，同样可以用式（8-3-1）来确定悬挂线索的实际长度。这时将式（8-2-20）代入式（8-3-1），并求其积分可得：

$$L = l+\frac{8F^2}{3l}+\frac{1}{2}\cdot\frac{h^2}{l} \tag{8-3-5}$$

在不等高悬挂时，如果已知悬挂线索的最大弛度分别为 F_1 及 F_2，由悬挂最低点分别到两悬挂点的水平距离为 l_1 及 l_2，则此跨距内的线索实际长度为

$$L = \frac{1}{2}\left(2l_1+\frac{8F_1^2}{3\times 2l_1}+2l_2+\frac{8F_2^2}{3\times 2l_2}\right)$$

即

$$L = l+\frac{2}{3}\left(\frac{F_1^2}{l_1}+\frac{F_2^2}{l_2}\right) \tag{8-3-6}$$

跨距一定时，悬挂线索的实际长度与弛度的大小有很密切的关系，或者说线索实际长度的变化对弛度的影响很大。一般说来，在小弛度悬挂中，线索实际长度 L 和跨距 l 的差值是很小的。当 $F = 0.02l$（设 $l = 50$ m，$F = 1$ m）时，$L = 1.00106l$，$\Delta L = 0.106\%l$；但是当 $F = 0.2l$（设 $l = 25$ m，$F = 5$ m）时，$L = 1.10668l$，其 $\Delta L = 10.668\%l$，那就是很可观的了。当弛度 $F = 0.1l$ 时，$L = 1.027l$，相差 2.7%。在软横跨横向承力索的长度计算中，F 值较大，根据支柱高度，弛度都在 3~7 m。横向承力索长度与弛度之间的相互影响很大，必须精确计算。在利用式（8-3-4）、（8-3-5）计算横向承力索的长度时，由于安装受力后曲线形状变为折线形状，着力点位置下移，最短吊弦长度不能保证应有数值。同时在考虑受力后的弹性伸长和支柱挠度变化等因素的影响，一般弛度值应相应减小。根据经验，在安装时，实际弛度应比计算出的弛度值缩减 10%~15%。

由式（8-3-4）和式（8-3-5）可知，线索的实际差值（L-l）与弛度的平方成正比。因此，在跨距相同的情况下，弛度较小时，线索实际长度若有微小的变化量，引起的弛度变化量是较大的。同时，如果跨距 l 相应加大，这种变化趋势会更加明显。线索长度与弛度变化相互影响的关系，在软横跨横向承力索的弛度计算中是非常重要的。经过微分后的式（8-3-4）可证明上述关系，即

$$F = \sqrt{\frac{3(L-l)l}{8}} = \left[\frac{3(L-l)}{8l}\right]^{\frac{1}{2}} \cdot l$$

$$dF = d\left\{\left[\frac{3(L-l)}{8l}\right]^{\frac{1}{2}} \cdot l\right\} = \frac{1}{2}\left[\frac{3(L-l)}{8l}\right]^{-\frac{1}{2}} \cdot l \cdot \frac{3}{8l}dL$$

$$= \frac{3}{16}\left[\frac{8l}{3(L-l)}\right]^{\frac{1}{2}}dL$$

由于 $L - l = \dfrac{8F^2}{3l}$，所以

$$dF = \frac{3}{16}\left[\frac{8l}{3}\left(\frac{8F^2}{3l}\right)^{\frac{1}{2}}\right]dL = \frac{3}{16} \cdot \frac{l}{F}dL$$

即
$$\Delta F = \frac{3}{16} \cdot \frac{l}{F}\Delta L \tag{8-3-7}$$

若令 $L \approx l$，式（8-3-7）可改写成如下形式：

$$\frac{\Delta F}{F} = \frac{3}{16}\left(\frac{l}{F}\right)^2 \frac{\Delta L}{L} \tag{8-3-8}$$

式（8-3-8）表示的是线索弛度变化率和长度变化率的关系。它说明弛度的变化率与跨距长度 l 的平方成正比，与弛度的平方成反比。即使线索长度发生微小的变化，都会对弛度产生较显著的影响。在软横跨预制计算中，如果横向承力索长度预制时略有误差，都会因弛度变化而导致最短吊弦过大或过小而不能达到技术要求，从而增加调整工作量甚至全部返工。据上述分析，精确确定横向承力索的长度，是软横跨计算预制工作关键，必须予以重视。

例 8.3.1 已知一不等高悬挂，其参数为 $F_1 = 3.85\,\mathrm{m}$，$F_2 = 4.65\,\mathrm{m}$、$l_1 = 8.4\,\mathrm{m}$、$l_2 = 11.4\,\mathrm{m}$，求横向承力索长度。

解：利用公式（8-3-6）求得

$$L = l + \frac{2}{3}\left(\frac{F_1^2}{l_1} + \frac{F_2^2}{l_2}\right)$$

$$= 8.4 + 11.4 + \frac{2}{3}\left(\frac{3.85^2}{8.4} + \frac{4.65^2}{11.4}\right) = 22.23\,(\mathrm{m})$$

例 8.3.2 设一等高对称软横跨，横向跨距 $l = 22.8\,\mathrm{m}$，弛度 $F = 4.6\,\mathrm{m}$，如安装时使横向承力索加长了 0.20 m，问最短吊弦有何变化？

解：利用式（8-3-7）得

$$\Delta F = \frac{3}{16} \cdot \frac{l}{F}\Delta L$$

$$= \frac{3}{16} \times \frac{22.8}{4.65} \times 0.20 = 0.184\,(\mathrm{m})$$

弛度增大了 0.184 m，也就是最短吊弦减少了 0.184 m，而最短吊弦一般长为 0.40 m，即

减少了 40%，不能符合技术要求，必须重新调整。

第四节　悬链线方程

前面把悬挂的线索当成一个抛物线的曲线，讨论了它的张力、弛度和实际长度的计算问题。应当指出，在弛度不大于跨距的 10% 时，按抛物线的近似计算方法计算所引起的误差是很小的。但是，为了某些实际工程的需要，对悬挂导线量值的精确计算进行较为深入的讨论是非常必要的。

设有一悬挂的导线，其所受负载是沿导线长度均匀分布的，悬挂点 A、B 等高，如图 8-4-1（a）所示。

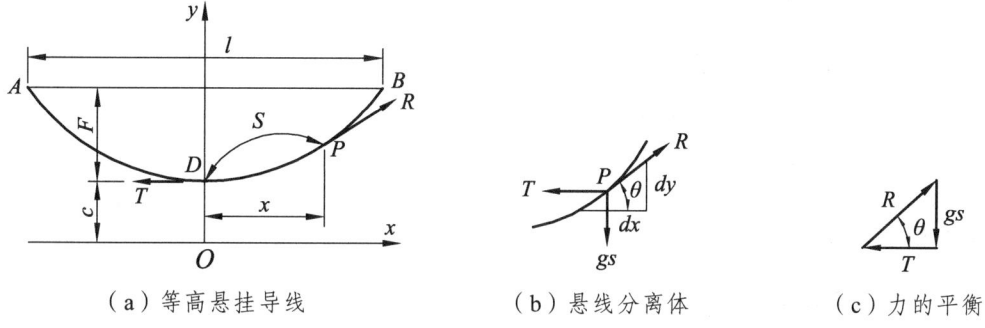

（a）等高悬挂导线　　　（b）悬线分离体　　　（c）力的平衡

图 8-4-1　悬挂导线

为了研究导线的受力状态，可取导线上任意一点 P 来分析其力的平衡关系。对于处于悬挂平衡的导线，在 P 点应该存在三个力，如图 8-4-1（b）所示。导线的拉力 R，它的方向和导线同一点的切线方向相一致。同时作用着一个垂直分力，它相当于从导线最低点 D 到 P 点之间的导线自重负载。若均质导线单位长度的自重负载为 g，则作用点 P 的垂直分力为 gs。为了使 P 点力的平衡关系成立，还必须存在着水平分力 T。根据力的平衡关系见图 8-4-1（c），则有

$$R^2 = T^2 + (gs)^2 \tag{8-4-1}$$

因为 P 是导线上任意一点，所以导线上任何一点都存在着式（8-4-1）的关系。当 $s=0$ 时，$R=T$，则 T 为导线最低点 D 的拉力。不管 P 点在哪里，导线的重力负载 gs 总是和 P 点的拉力 R 的垂直分力相平衡。这是一个很重要的概念。

若在 P 点附近取一段很短的导线 Δs，则得到如图 8-4-1（b）所示的力的平衡关系

$$\left.\begin{aligned}\frac{\Delta s}{\Delta x} &= \frac{R}{T} \\ \frac{\Delta s}{\Delta y} &= \frac{R}{gs}\end{aligned}\right\} \tag{8-4-2}$$

根据式（8-4-2）可得

$$\frac{\Delta y}{\Delta x} = \frac{gs}{T}$$

令 $\Delta x \to 0$，即

$$\frac{\mathrm{d}y}{\mathrm{d}x} = \frac{gs}{T}$$

如令 $\frac{T}{g} = c$，则

$$\frac{\mathrm{d}y}{\mathrm{d}x} = \frac{s}{c}$$

将上式微分，则有

$$\frac{\mathrm{d}^2 y}{\mathrm{d}x^2} = \frac{1}{c} \cdot \frac{\mathrm{d}s}{\mathrm{d}x} = \frac{1}{c}\sqrt{1+\left(\frac{\mathrm{d}y}{\mathrm{d}x}\right)^2}$$

令 $\frac{\mathrm{d}y}{\mathrm{d}x} = p$ 并根据上式，有

$$\frac{\mathrm{d}p}{\mathrm{d}x} = \frac{1}{c}\sqrt{1+p^2}$$

即

$$\frac{\mathrm{d}p}{\sqrt{1+p^2}} = \frac{\mathrm{d}x}{c}$$

将上式积分，有

$$\int \frac{\mathrm{d}p}{\sqrt{1+p^2}} = \int \frac{\mathrm{d}x}{c}$$

所以

$$\ln(\sqrt{1+p^2} + p) = \frac{x}{c} + K_1$$

式中 K_1 是积分常数。因为在 D 点处 $x = 0$，即 $\frac{\mathrm{d}y}{\mathrm{d}x} = p = 0$，代入上式得

$$\ln 1 = 0 + K_1 \Rightarrow K_1 = 0$$

$$\ln(\sqrt{1+p^2} + p) = \frac{x}{c}$$

所以

$$\sqrt{1+p^2} + p = \mathrm{e}^{\frac{x}{c}} \tag{8-4-3a}$$

或

$$\frac{1}{\sqrt{1+p^2} + p} = \mathrm{e}^{-\frac{x}{c}} \tag{8-4-3b}$$

将式（8-4-3b）的分子、分母同时乘以（$\sqrt{1+p^2} - p$），得

$$\sqrt{1+p^2} - p = \mathrm{e}^{-\frac{x}{c}}$$

从式（8-4-3a）中减去上式得

$$2p = \mathrm{e}^{\frac{x}{c}} - \mathrm{e}^{-\frac{x}{c}}$$

因此
$$p = \frac{e^{\frac{x}{c}} - e^{-\frac{x}{c}}}{2} = \sinh\frac{x}{c}$$

即
$$\frac{dy}{dx} = \sinh\frac{x}{c}$$

对上式积分得
$$y = \int \sinh\frac{x}{c} dx = \cosh\frac{x}{c} + K_2$$

式中 K_2 是积分常数。在悬挂导线的最低点，即 $x = 0$ 时，$y = c + K_2$，在选择导线最低点坐标时，恰好使 $y = c$，则 $K_2 = 0$。此时，上式变为

$$y^{*1} = \cosh\frac{x}{c} \tag{8-4-4}$$

式（8-4-4）就是悬挂导线所形成的曲线的悬链线方程。从悬挂导线最低点 D 到任意一点 P 的导线的实际长度 $\widehat{DP} = s$，则

$$s = \int_0^x ds = \int_0^x \sqrt{1 + \left(\frac{dy}{dx}\right)^2} dx$$
$$= \int_0^x \cosh\frac{x}{c} dx$$
$$= c\sinh\frac{x}{c}$$

即
$$s^{*1} = c\sinh\frac{x}{c} \tag{8-4-5a}$$

假定图 8-4-1（a）中悬挂点间的水平距离即跨距为 l，AB 间的导线实际长度为 L，则

$$L = 2s_{(x=l/2)} = 2c\sinh\frac{l}{2c} \tag{8-4-5b}$$

P 点和 D 点的高度差为

$$y - c = c\left(\cosh\frac{l}{c} - 1\right) \tag{8-4-6a}$$

式（8-4-6a）中的 $(y - c)$ 是表示从 P 点至最低点 D 的铅垂距离。我们一般所说的弛度，是指导线悬挂点和最低点的高度差，因此

$$F = y_{(x=l/2)} - c = c\left(\cosh\frac{x}{c} - 1\right) \tag{8-4-6b}$$

根据式（8-4-2）可得导线在 P 点的拉力为

$$R = T \cdot \frac{ds}{dx}$$

又根据式（8-4-5a）可得

$$s = c\sinh\frac{x}{c}$$

所以
$$\frac{ds}{dx} = \cosh\frac{x}{c}$$

因此
$$R = T \cdot \cosh\frac{x}{c} \tag{8-4-7a}$$

导线在悬挂点处（即 $x = \frac{l}{2}$）的拉力为

$$R_A = R_B = T \cdot \cosh\frac{l}{2c} \tag{8-4-7b}$$

若将 $\frac{T}{g} = c$ 再代入式（8-4-5b）、（8-4-6b）及式（8-4-7b），则有

$$L = \frac{2T}{g}\sinh\frac{gl}{2T} \tag{8-4-8}$$

$$F = \frac{T}{g}\left(\cosh\frac{gl}{2T} - 1\right) \tag{8-4-9}$$

$$R_A = R_B = T \cdot \cosh\frac{gl}{2T} \tag{8-4-10}$$

如果将双曲线函数 $\cosh a$ 和 $\sinh a$ 以级数的形式展开，则

$$\sinh a^{*2} = a + \frac{a^3}{3!} + \frac{a^5}{5!} + \frac{a^7}{7!} + \cdots$$

$$\cosh a^{*2} = 1 + \frac{a^2}{2!} + \frac{a^4}{4!} + \frac{a^6}{6!} + \cdots$$

实际上输电线路的跨距很大，而且在弛度小于跨距的 10% 的情况下，可以近似地取上式的前两项，分别代入式（8-4-8）、（8-4-9）及式（8-4-10），则可得到抛物线的计算公式，即

$$L = l + \frac{8F^2}{3l} \tag{8-4-11}$$

$$F = \frac{gl^2}{8T} \tag{8-4-12}$$

$$R_A = R_B = T + Gf \tag{8-4-13}$$

经过一系列推导，从式（8-4-11）可以看出：悬挂线索的实际长度比跨距 l 长 $\frac{8F^2}{3l}$。在弛度 F 小于跨距 l 的 10% 时，则 $\frac{8F^2}{3l}$ 约为跨距的 0.1%。因此，其值相对于跨距 l 是很微小的。式（8-4-12）说明，悬挂线索的弛度 F 与悬挂线索的单位长度自重负载及跨距长度的平方成正比关系，与线索的水平拉力 T 成反比关系。因此，简单接触悬挂为了减少弛度而保持应有的跨距，悬挂时应尽可能使用最大张力。对于馈电线、捷接线等在最大张力一定的情况下，为了获得较大的跨距，可以适当放大弛度 F。式（8-4-13）表示悬挂线索悬挂点的拉力 T_A 或 T_B 等于水平拉力 T 加上悬挂线索的单位长度自重负载乘以弛度 F 之积。

第五节　悬挂状态方程

在简单接触悬挂中，接触线的张力与弛度是随气象条件的变化而变化的，而且这种变化是有一定的客观规律的。欲使架设后的接触线张力与弛度符合技术要求，必须预先计算并提供安装条件下的张力和弛度相对于计算温度的对应关系，这种张力与温度、弛度与温度的变化关系曲线称为安装曲线。也可以将安装曲线以表格的形式表示，这称为安装表。安装曲线或安装表必须表示出由最低计算温度至最高计算温度之间的各相关温度下的张力与温度、弛度与温度的对应关系。一般常将这种关系表示成函数的形式，即

$$\left.\begin{aligned} T_x &= f(t_x) \\ F_x &= f(t_x) \end{aligned}\right\}$$

安装时，根据这种关系，由当时当地的温度查找到安装曲线上相对应的接触线的张力和弛度值。供电线、回流线、捷接线具有和接触线相同的物理变化性质。本节的任务是研究各种悬挂安装曲线的计算及其运用条件。

设有跨距为 l 的一简单悬挂，在某特定条件下，其温度为 t_1，负载为 q_1，导线张力为 T_1；当周围环境发生变化时，因温度的变化使导线伸长或缩短，因冰、风的出现，使接触线的张力增大，其负载也随之变化。一般称上述特定条件为起始情况，其相应量值表示为 t_1、q_1、T_1；而后者为待求情况，其相应量值表示为 t_x、q_x、T_x。在起始情况下，接触线的弛度和长度为

$$F_1 = \frac{q_1 l^2}{8T_1} \tag{8-5-1}$$

$$L_1 = l + \frac{8F_1^2}{3l} \tag{8-5-2}$$

将式（8-5-1）代入式（8-5-2），得

$$L_1 = l + \frac{8}{3l}\left(\frac{q_1 l^2}{8T_1}\right)^2 = l + \frac{q_1^2 l^3}{24T_1^2} \tag{8-5-3}$$

同理，在待求情况下会有

$$F_x = \frac{q_x l^2}{8T_x} \tag{8-5-4}$$

$$L_x = l + \frac{8F_x^2}{3l} \tag{8-5-5}$$

将式（8-5-4）代入式（8-5-5），得

$$L_x = l + \frac{q_x^2 l^3}{24T_x^2} \tag{8-5-6}$$

当由起始情况变到待求情况时，接触线长度由 L_1 变为 L_x，其变化量为

$$\Delta L = L_x - L_1 = \frac{q_x^2 l^3}{24T_x^2} - \frac{q_1^2 l^3}{24T_1^2} \tag{8-5-7}$$

引起接触线长度变化的物理原因有两个方面：一方面是因为张力变化而引起的弹性伸长 Δl_E，另一方面是因温度变化而引起的线性伸长或缩短 ΔL_a，其值为

$$\Delta L_E = \frac{T_x - T_1}{ES} l \tag{8-5-8}$$

$$\Delta L_a = \alpha(t_x - t_1) l \tag{8-5-9}$$

式中　E——接触线的弹性模量（GPa）；
　　　α——接触线的膨胀系数（1/℃）；
　　　S——接触线横截面面积（mm²）；

当气象条件发生变化时，接触线由一种物理状态转变为另一种物理状态，在这种状态变化过程中，接触线的长度增量应满足下式

$$L_x - L_1 = \Delta L_E - \Delta L_a$$

即

$$\frac{q_x^2 l^3}{24 T_x^2} - \frac{q_1^2 l^3}{24 T_1^2} = \frac{T_x - T_1}{ES} l + \alpha(t_x - t_1) l$$

上式两边同时除以 l，则

$$\frac{q_x^2 l^2}{24 T_x^2} - \frac{q_1^2 l^2}{24 T_1^2} = \frac{T_x - T_1}{ES} + \alpha(t_x - t_1) \tag{8-5-10}$$

$$t_x = \left(t_1 - \frac{q_1^2 l^2}{24 \alpha T_1^2} + \frac{T_1}{\alpha ES} \right) + \frac{q_x^2 l^2}{24 \alpha T_x^2} - \frac{T_x}{\alpha ES} \tag{8-5-11}$$

在式（8-5-11）中，括号内为起始情况，其余为待求情况。将不同的 T_x 值代入方程式，即可求得在张力为 T_x 时相对应的温度 t_x 值。在最低计算温度到最高计算温度范围内，计算一定数量的 T_x 对应的 t_x 值，并按此值绘成曲线，即为所求的安装曲线。

第六节　当量跨距的确定

接触网是由相互衔接的各个锚段组成。接触网的每一个锚段，通常是由很多大小不等的实际跨构成的，如图 8-6-1 所示。

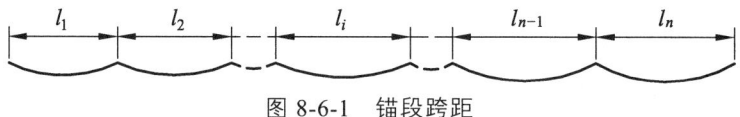

图 8-6-1　锚段跨距

接触线在一个锚段内，虽然各跨距长度不等，但在某一气象条件下，由于借助腕臂的转动，可使接触线在各跨距内的张力近似相等。在这种情况下，决定弛度时，有一个在多大张力时最合理的问题。若设在某一跨距条件下，其张力和锚段内接触线的张力相等，在此张力下，该跨距的接触线具有合理的弛度值，那么这个弛度合理时的张力就称为这个锚段的当量张力，而所设的这个跨距，就是当量跨距。即，在某一假设的跨距情况下，当气象条件发生变化时，承力索的张力变化规律和锚段内具有实际跨距的变化规律相同，那么所假设的跨距

就称为该锚段的当量跨距 l_D。

对于当量跨距的确定曾有以下几种计算方法：

（1）当量跨距 $\quad l_D = \dfrac{\sum_{i=1}^{n} l_i}{n}$

（2）当量跨距 $\quad l_D = \sqrt{\dfrac{\sum_{i=1}^{n} l_i^3}{\sum_{i=1}^{n} l_i}}$

（3）当量跨距 $\quad l_D = l_{cp} + \dfrac{2}{3}(l_{max} - l_{cp})$

上述三种方法，在不同国家都有使用。第一种算法是求平均值的方法，即取这个锚段的平均跨距为当量跨距；第二种方法是以悬挂导线的张力与每一个单独跨距的张力相等的概念求算的；第三种方法是从数理统计的观点推导出来的。

我国在接触网设计中，通常使用的是第二种算法，现以这种算法为例予以推导验证。假设接触线负载和温度由起始情况变为待求情况时，在任意跨距 l_i 内接触线的伸长或缩短为 ΔL，由式（8-5-7）得

$$\Delta L = \dfrac{q_x^2 l_i^3}{24 T_x^2} - \dfrac{q_1^2 l_i^3}{24 T_1^2} = \left(\dfrac{q_x^2}{24 T_x^2} - \dfrac{q_1^2}{24 T_1^2}\right) l_i^3$$

全锚段各跨距的接触线伸长或缩短之总和为

$$\sum_{i=1}^{n} \Delta L = \left(\dfrac{q_x^2}{24 T_x^2} - \dfrac{q_1^2}{24 T_1^2}\right) \sum_{i=1}^{n} l_i^3$$

因为

$$\sum_{i=1}^{n} \Delta L = \sum_{i=1}^{n} \Delta L_E + \sum_{i=1}^{n} \Delta L_a$$
$$= \dfrac{T_x - T_1}{ES} \sum_{i=1}^{n} l_i + \alpha(t_x - t_1) \sum_{i=1}^{n} l_i$$

而

$$\left(\dfrac{q_x^2}{24 T_x^2} - \dfrac{q_1^2}{24 T_1^2}\right) \sum_{i=1}^{n} l_i^3 = \dfrac{T_x - T_1}{ES} \sum_{i=1}^{n} l_i + \alpha(t_x - t_1) \sum_{i=1}^{n} l_i$$

即

$$\left(\dfrac{q_x^2}{24 T_x^2} - \dfrac{q_1^2}{24 T_1^2}\right) \dfrac{\sum_{i=1}^{n} l_i^3}{\sum_{i=1}^{n} l_i} = \dfrac{T_x - T_1}{ES} + \alpha(t_x - t_1) \tag{8-6-1}$$

根据当量跨距的定义，式（8-5-10）可写成

$$\dfrac{q_x^2 l_D^2}{24 T_x^2} - \dfrac{q_1^2 l_D^2}{24 T_1^2} = \dfrac{T_x - T_1}{ES} + \alpha(t_x - t_1) \tag{8-6-2}$$

式（8-6-1）与式（8-6-2）的右边相等，其等号左边也必定相等，则

$$\left(\dfrac{q_x^2}{24 T_x^2} - \dfrac{q_1^2}{24 T_1^2}\right) \dfrac{\sum_{i=1}^{n} l_i^3}{\sum_{i=1}^{n} l_i} = \left(\dfrac{q_x^2}{24 T_x^2} - \dfrac{q_1^2}{24 T_1^2}\right) l_D^2$$

所以

$$l_D^2 = \dfrac{\sum_{i=1}^{n} l_i^3}{\sum_{i=1}^{n} l_i}$$

即
$$l_D = \sqrt{\frac{\sum_{i=1}^{n} l_i^3}{\sum_{i=1}^{n} l_i}} \tag{8-6-3}$$

式中　l_D——当量跨距（m）；

l_i——锚段内的实际跨距（m）；

n——锚段内的跨距数。

在接触网设计计算中，由实际跨距求得各锚段的当量跨距，再根据当量跨距进行张力安装曲线的计算。

第七节　起始情况的确定

由简单悬挂的状态方程可以求出任意条件下接触线的张力，但是在利用状态方程求接触线张力时，必须有一个已知的情况作为计算时的依据。这个已知的情况就是所谓的起始情况。起始情况的选择一般有如下两种：

（1）接触线具有最大张力时，但不超过许用张力；

（2）悬挂导线具有最大弛度时，但不超过容许弛度。

根据以上两点，为了适当地选择起始情况，必须先求出临界跨距和临界温度。

一、临界跨距

临界跨距是接触线的最大张力可能发生在最低温度时，也可能发生在最大附加负载时的跨距。如果在简单悬挂的状态方程式（8-5-10）内，令跨距 l 趋于无限小，则方程式的形式变为

$$T_x = T_1 - \alpha ES(t_x - t_1) \tag{8-7-1}$$

由式（8-7-1）可以看出，在小跨距情况下，接触线张力的变化主要取决于温度的变化，而与负载无关。因此，在小跨距情况下，接触线的最大张力发生在最低温度时，而不是在最大附加负载时。

式（8-5-10）两边同时除以 l^2 则变成如下形式：

$$\frac{q_x^2}{24T_x^2} - \frac{q_1^2}{24T_1^2} = \frac{T_x - T_1}{ESl^2} + \frac{\alpha(t_x - t_1)}{l^2}$$

当上式中的 l 趋于无穷大时，则有

$$\frac{q_x^2}{24T_x^2} - \frac{q_1^2}{24T_1^2} = 0$$

即
$$T_x^2 = \frac{q_x^2 T_1^2}{q_1^2} \tag{8-7-2}$$

由式（8-7-2）可以看出，在大跨距的情况下，接触线的张力主要取决于附加负载，而与

温度无关。因此，在大跨距情况下，接触线最大张力发生在最大附加负载时，而不是最低温度时。

根据以上分析，欲确定起始情况，必须判断所计算的跨距是属于大跨距还是小跨距。而区别大跨距或小跨距的跨距，称之为临界跨距。由临界跨距的定义可知，接触线在此跨距时，其最大张力可以发生在最低温度时，也可以发生在最大附加负载时。由式（8-5-10）可以求得临界跨距 l_{lj}。

令 $\quad t_1 = t_{\min}$，$q_1 = g_j$，$T_i = T_{\max}$

$\quad t_x = t_b$，$q_x = q_b$，$T_x = T_{\max}$

即将最低温度的情况作为起始情况，将覆冰时的情况作为待求情况代入式（8-5-10）中，得

$$\frac{q_b^2 l_{lj}^2}{24 T_{\max}^2} - \frac{g_j^2 l_{lj}^2}{24 T_{\max}^2} = \frac{T_{\max} - T_{\max}}{ES} + \alpha(t_b - t_{\min})$$

$$l_{lj}^2 \left(\frac{q_b^2 - g_j^2}{24 T_{\max}^2} \right) = \alpha(t_b - t_{\min})$$

即

$$l_{lj} = T_{\max} \sqrt{\frac{24\alpha(t_b - t_{\min})}{q_b^2 - g_j^2}} \tag{8-7-3}$$

式中 $T_{\max}$——线索最大许用张力（kN）；

$\quad \alpha$——线索膨胀系数（1/°C）；

$\quad t_b$——结冰时的温度（°C）；

$\quad q_b$——覆冰时的合成负载（kN/m）；

$\quad g_j$——接触线单位长度自重负载（kN/m）。

由式（8-7-3）求出临界跨距后，再与当量跨距进行比较，有以下三种情况：

（1）若 $l_{lj} > l_D$，则 $T_{\max}$ 出现在最低温度 $t_{\min}$ 时，故取 $t_{\min}$ 作为起始情况；

（2）若 $l_{lj} < l_D$，则 $T_{\max}$ 出现在最大负载 $q_{\max}$ 时，故取覆冰作为起始情况；

（3）若 $l_{lj} = l_D$，则 $T_{\max}$ 既可以发生在最低温度 $t_{\min}$ 时，又可以发生在最大负载下，故可取 $t_{\min}$ 或 $q_{\max}$ 任意一种情况作为起始情况。

二、临界温度

如果在某些情况下，悬挂的导线受支柱高度和弛度值的限制，那么控制设计的条件就不是最大张力而是弛度了。

悬挂的导线，在气象条件发生变化时，其最大弛度可能出现在最高温度时，也可能出现在最大覆冰负载时。为了判断最大弛度究竟发生那种情况，引进了临界温度的概念。临界温度乃是一个假想的温度，在此温度下，其导线出现的最大弛度等于覆冰时的弛度。若令式（8-5-10）中各值为：

$$t_1 = t_b、T_1 = t_b、t_x = t_{lj}、T_x = T_{t,\max}$$

根据临界温度的定义，在 t_b 和最高温度时，悬挂导线的弛度相等，即此时式（8-5-10）等号左边的量值等于零，于是有

$$0 = \frac{T_{t,\max} - T_b}{ES} + \alpha(t_{lj} - t_b)$$

则临界温度为
$$t_{lj} = t_b + \frac{T_b - T_{t,\max}}{\alpha ES} \quad (8\text{-}7\text{-}4)$$

在导线具有最大负载时，其弛度为
$$F_b = \frac{g_{\max} l^2}{8T_b}$$

在临界温度状态下，其导线弛度为
$$F_{lj} = \frac{g_j l^2}{8T_{t,\max}}$$

根据临界温度定义，以上二式应相等，即
$$\frac{g_{\max} l^2}{8T_b} = \frac{g_j l^2}{8T_{t,\max}}$$

则
$$T_{t,\max} = T_b \cdot \frac{g_j}{q_{\max}}$$

将 $T_{t,\max}$ 值代入式（8-7-4），可得到临界温度的另一表达式：

$$t_{lj} = t_b + \frac{T_b - T_b \cdot \dfrac{g_j}{g_{\max}}}{\alpha ES}$$

$$t_{lj} = t_b + \frac{T_b}{\alpha ES}\left(1 - \frac{g_j}{g_{\max}}\right) \quad (8\text{-}7\text{-}5)$$

由式（8-7-4）或式（8-7-5）求出临界温度后，可与最高温度进行比较：

（1）若 $t_{lj} < t_{\max}$，则最大弛度在 $t_{\max}$ 时出现，取 $t_{\max}$ 作为计算的起始条件；

（2）若 $t_{lj} > t_{\max}$，则最大弛度发生在最大负载时，取 t_b 作为计算的起始条件；

（3）若 $t_{lj} = t_{\max}$，则最大弛度在 $t_{\max}$ 或 t_b 两种情况下均可能发生，取 $t_{\max}$ 或 t_b 任意一种情况作为计算的起始条件。

在计算接触线的安装曲线时，总是希望充分利用接触线所具有的张力量值，减小接触悬挂的弛度，因而常用临界跨距作为判断起始情况的标准。临界温度在架空输电线的安装曲线计算中使用比较广泛。在输电线横跨山谷、河流时，有可能出现最大跨距和最大弛度的情况，为了考虑支柱高度或河流通航等因素，在进行设计时，最大弛度往往成为控制设计的条件。此时，应该用临界温度来判断计算的起始情况。

综上所述，在已知气象条件和导线有关数据后，简单悬挂的安装曲线计算步骤如下：

（1）确定导线的计算负载：自重负载、冰、风和合成负载。

（2）在大量的计算中，当量跨距通常取为 5 或 10 的整倍数，最大值取为 65 m；在一般计算中，当量跨距是由锚段的实际跨距决定的，其结果也是取整数或 5 的整倍数。

（3）确定起始条件。

① 计算临界跨距。比较临界跨距和当量跨距，以确定最大张力出现的情况。对于简单接触悬挂，由于考虑取流条件，所采用跨距较小，当量跨距通常是比临界跨距小，因而总是取最小温度时作为起始条件。加强导线、BT 供电方式时的回流线以及 AT 供电方式的正馈线，一般是和接触网支柱同杆架设，计算条件和简单接触悬挂类同。

② 计算临界温度。比较临界温度和最高温度，以确定最大弛度出现的情况。对捷接线、供电线或输电线路，当在某弛度受到限制时，才利用临界温度作为比选的条件，否则利用临界跨距。

（4）作张力对于温度的曲线，将起始条件代入状态基本方程式（8-5-11），并不计冰、风负载，可求得 $T_x = f(t_x)$ 曲线。

（5）作弛度对于温度的曲线，根据张力曲线可求得各个实际跨距的弛度曲线，且一条张力曲线可求得相应锚段内各实际跨距的多条弛度曲线。

第八节　复合型接触线的特性系数

两种或两种以上金属材料组成的导线称为复合接触导线。为了充分利用某些金属电气方面或机械方面的优异性能，现在越来越多地使用复合导线。例如，导线中一种金属容许的机械应力比较高，而导电性能却要差些；另一种金属则相反，导电性能好，但强度却很低。因而这种导线的工作条件及其计算具有某些特点。对于复合导线的计算可以给出一些通用的公式，即这些计算公式对任意金属的组合形式均可通用。结合电气化铁道的特点，先以钢铝合金导线为例，研究它们的特点。铜铝导线的工作条件与均质导线的区别在于以下几点：

（1）导线悬挂时在钢线与铝线中产生的应力是不相等的（均质导线中所有线股的应力都是相等的）。

（2）温度变化将使导线中钢与铝两部分之间的应力重新分配（在均质导线中不会发生这种）。

（3）许用应力和许用张力都与导线温度有关（在均质导线中这些量值不是温度的函）。

现在，我们研究产生这些特点的原因。很明显，如果复合导线受拉，那么铜线与铝线的伸长是相等的。根据胡克定律，产生的正应力等于线应变 ε 与弹性模量 E 的乘积，即 $\sigma_G = \varepsilon E_G$，$\sigma_L = \varepsilon E_L$。换言之，钢的正应力 σ_G 与铝的正应力 σ_L 之比等于它们的弹性模量之比，即 $\sigma_G / \sigma_L = E_G / E_L$。如果将等式的分子乘以钢线的截面积 S_G，而分母乘以铝线的截面 S_L，并用钢线张力 H_G 代替乘积 $\sigma_G S_G$，铝线张力 H_L 代替乘积 $\sigma_L S_L$，则得

$$H_G / H_L = E_G S_G / E_L S_L \tag{8-8-1}$$

为了能理解温度变化是如何影响应力的，我们可以设想导线在生产加工温度的情况下，不论是钢线还是铝线都是没有任何应力的。当温度升高时导线就会伸长。如果说导线的两种金属组成部分能够互不相关地膨胀，那么它们各自的伸长量就不会是一样的了。因为铝的温度膨胀系数 α_L 比钢的 α_G 大，也就是说铝线部分的伸长量比钢的要大。但是两种金属在机械上是彼此连接在一起的，它们的伸长量只能是相等的。因此，在温度升高时，钢线部分就会阻止铝线部分的伸长，即在铝线部分将引起一个压力，与此同时钢线部分将承受一个数值大

小相等的拉力。在温度降低时情况恰恰相反，铜线部分额外受压，而铝线部分则受拉。

在张力和弛度曲线计算中，线索的弹性模量和温度线胀系数都是重要的计算依据。当前我国采用钢铝电车线，而钢铝双金属接触线和钢芯铝绞线的弹性模量和线胀系数都具有两种金属的特性，要用两种金属有关量值的综合值。其综合的弹性模量和温度膨胀系数的确定，方法如下。

一、复合导线的弹性模量

设 E_G、E_L 和 E 分别表示钢、铝和钢铝复合时的弹性模量，在钢铝接触线受拉力以后，钢铝之间不产生滑动，在弹性范围内产生同样伸展。此时令其拉力分别为 T_G 和 T_L 且 $T = T_G + T_L$，其横截面积为 $S = S_G + S_L$。因为受力后的伸长相等，所以有

$$\frac{T_G}{E_G S_G} = \frac{T_L}{E_L S_L} = \frac{T}{ES}$$

而

$$\frac{T_G + T_L}{E_G S_G + E_L S_L} = \frac{T}{ES}$$

又

$$ES = E_G S_G + E_L S_L$$

所以

$$E = \frac{E_G + S_G + E_L S_L}{S} = \frac{E_G S_G + E_L S_L}{S_G + S_L}$$

令

$$m = \frac{S_L}{S_G}$$

故

$$E = \frac{E_G + m E_L}{1 + m} \tag{8-8-2}$$

式中　S_G、S_L 分别为钢部分和铝部分的横截面面积（mm²）；

　　　E_G、E_L——分别为钢和铝的弹性模量（GPa）；

　　　E——复合导线的弹性模量（GPa）；

式（8-8-2）是钢铝接触线，包括钢芯铝绞线等这类双金属复合导线的等价弹性模量计算式。

二、复合导线的膨胀系数

钢铝接触线的膨胀系数，其决定方法类同于弹性模量。设一段自由悬挂的接触线，令综合线胀系数为 α，钢和铝的线胀系数分别为 α_G 和 α_L。由钢铝特性可知 α_L 大于 α_G，而 α 介于 α_L 和 α_G 之间。所以，由于温度上升，单独的铝要比复合接触线中铝的部分伸长多些。相反，单独的钢要比组合接触线中钢的部分伸长短些。其意义为，如果温度大于接触线制造时的温度，在接触线内部，由于两种金属的膨胀系数不同，将产生温度应力。也就是说，由于温度的改变，在两种金属接触面间产生了摩擦力。这种力作用的结果是铝的部分由于压应力的影响，使之伸长减少，相反，使钢的部分伸长增加。但是作为复合钢铝接触线这个整体，其钢部分的伸长和铝部分的伸长必然相等，即

$$\alpha_L t - \frac{\sigma_L}{E_L} = \alpha_G t + \frac{\sigma_G}{E_G} \tag{8-8-3}$$

由于温度应力 σ 的影响，钢铝之间所产生的拉力也必然相等。即

$$\sigma_L S_L = \sigma_G S_G$$

令

$$m = \frac{S_L}{S_G}$$

则

$$\sigma_G = m\sigma_L$$

由式（8-8-3）得

$$\alpha_L \left(\frac{m}{E_G} + \frac{1}{E_L} \right) = (\alpha_L - \alpha_G)t$$

所以

$$\alpha_L = \frac{(\alpha_L - \alpha_G) t E_G E_L}{E_G + m E_L}$$

根据上式可知，整个接触线由于温度改变而产生的伸长为

$$\alpha t = \alpha_L t - \frac{\alpha_L}{E_L}$$

$$= \alpha_L t - \frac{(\alpha_L - \alpha_G) t E_G}{m E_L + E_G}$$

$$= \frac{m \alpha_L E_L + \alpha_G E_G}{m E_L + E_G} \cdot t$$

所以钢铝接触线综合膨胀系数为

$$\alpha = \frac{m \alpha_L E_L + \alpha_G E_G}{m E_L + E_G}$$

式中 α——复合导线的温度线胀系数（°C^{-1}）；

α_G、α_L——分别为钢和铝的温度线胀系数（°C^{-1}）；

E_G、E_L——分别为钢和铝的弹性模量（GPa）。

例 8.8.1 已知 GLCA$\frac{100}{215}$ 型钢铝接触线横截面面积为 $S_G = 67 \text{ mm}^2$，$S_L = 148 \text{ mm}^2$，铝的弹性模量 $E_L = 71.5 \text{ GPa}$，钢的弹性模量（按冷拉钢线考虑）$E_G = 200 \text{ GPa}$，试确定其弹性模量及线膨胀系数。

解： $m = \frac{S_L}{S_G} = \frac{148}{67} = 2.221$

由式（8-8-2）得 $E = \frac{mE_L + E_G}{1 + m} = \frac{2.21 \times 71.5 + 200}{2.21 + 1} = 111.53$（GPa）

由式（8-8-3）得 $\alpha = \frac{m\alpha_L E_L + \alpha_G E_G}{m E_L + E_G} = \frac{2.21 \times 23 \times 10^{-6} \times 71.5 + 200 \times 12 \times 10^{-6}}{2.21 \times 71.5 + 200} = 16.86 \times 10^{-6}$（°C^{-1}）

第九章 接触网张力与弛度计算

第一节 链形悬挂承力索的弛度计算

链形悬挂是接触线通过吊弦悬挂到承力索上，链形悬挂与简单悬挂比较，它具有接触线高度一致、弹性均匀、弛度小等特点。由于接触线的重量通过吊弦均匀地加到承力索上，因而可以过调整吊弦的长度而使接触线在某一定温度下保持水平状态。这种接触线保持水平状态时的温度，称为接触线无弛度温度。在接触线无弛度时，承力索自身所具有的弛度称为接触线无弛度时承力索的弛度 F_0。接触线是直接挂在承力索上的，接触线的高度变化及弛度变化直接受承力索弛度变化的影响。在承力索弛度随温度变化而发生变化后，接触线也就失去了水平状态，出现正弛度或负弛度。接触线失去水平状态时承力索的弛度，称为任意气象条件时承力索的弛度 F_x。

链形悬挂的张力和弛度计算与简单悬挂有所不同，因为承力索的张力除受冰、风等附加负载的影响以外，还受挂在承力索上的接触线的自重负载以及由它而形成的附加负载的影响。因此，承力索张力和弛度的变化规律，在一定程度上受着接触线张力和弛度变化特性的影响和制约。

在推导链形悬挂承力索的张力和弛度的计算公式时，假设各种负载沿跨距均匀分布，且为简单支柱吊弦。在支柱悬挂点处，接触线高度不变。令跨距长度为 l、悬挂自重负载为 q_0、承力索张力为 T_0、接触线张力为 T_j，大气温度为 t。在 F、T_c、t 等符号下角标数字"1"时，表示计算的起始情况；下角标为"x"时，表示计算的待求情况；下角标为"0"时，表示接触线无弛度时的情况。

一、接触线无弛度时承力索的弛度计算

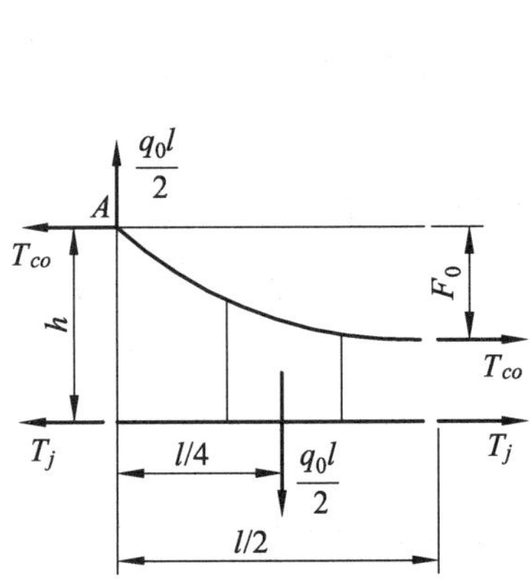

在接触线无弛度时，承力索的受力状态如图 9-1-1 所示。接触线的张力 T_j 位于同一水平面内，且大小相等、方向相反，其和为零。

取图 9-1-1 所示的分离体，并对 A 点取矩，即由 $\sum M_A = 0$ 可得

$$T_{c0}F_0 + T_j h - \frac{g_0 l}{2} \cdot \frac{l}{4} - T_j h = 0$$

$$F_0 = \frac{g_0 l^2}{8T_{c0}}$$

图 9-1-1 链形悬挂分离体

(9-1-1)

二、任意气象条件时承力索的弛度计算

接触线无弛度状态只是一个特殊情况，随着温度的变化，即在大气温度高于 t_0 时，接触线出现正弛度，如图 9-1-2（a）实线所示；在大气温度低于 t_0 时，接触线出现负弛度，如图 9-1-2（b）的实线所示。当接触线出现正弛度时.接触悬挂的一部分负载传给支柱，承力索只承受接触线一部分重量，当接触线出线负弛度时，和上述情况相反，因张力的作用，承力索承受的负载大于链形悬挂各线索及悬挂零件等负载之和；只有当接触线无弛度时，承力索的悬挂负载才等于各线索及悬挂零件等负载之和。

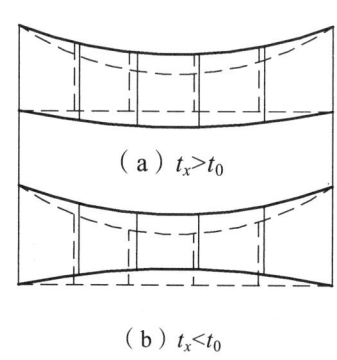
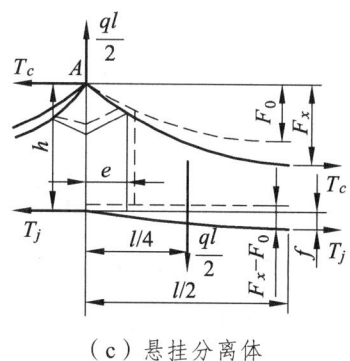

（b）$t_x<t_0$　　　　　　　　　　（c）悬挂分离体

图 9-1-2　任意条件下的弛度

由图 9-1-2（c）可知：$F_x \neq F_0$，$f \neq F_x - F_0$，此时令

$$\varphi = \frac{f}{F_x - F_0}，\text{即 } f = \varphi(F_x - F_0) \tag{9-1-2}$$

式中　φ——结构系数；

f——接触线弛度（m）。

将各力对 A 点取矩，即由 $\sum M_A = 0$ 可得

$$F_x T_{cx} - \frac{q_x l}{2} \cdot \frac{l}{4} + T_j \varphi(F_x - F_0) - T_j h = 0 \tag{9-1-3}$$

将式（9-1-2）代入式（9-1-3），得

$$F_x T_{cx} - \frac{q_x l^2}{8} + T_j h + T_j \varphi F_x - T_j \varphi F_0 - T_j h = 0$$

即

$$(T_{cx} + T_j \varphi)F_x = \frac{q_x l^2}{8} + T_j \varphi F_0 \tag{9-1-4}$$

式中 F_0 为接触线无弛度时承力索弛度，其值由式（9-1-1）决定，并将其代入式（9-1-4），得

$$(T_{cx} + T_j \varphi)F_x = \frac{q_x l^2}{8}$$

则

$$F_x = \frac{\left(q_x + q_0 \dfrac{T_j \varphi}{T_{c0}}\right) l^2}{8(T_{cx} + T_j \varphi)} \tag{9-1-5}$$

式中　T_{cx}——任意气象条件下承力索的张力（kN）；
　　　T_{c0}——接触线无弛度时承力索的张力（kN）；
　　　q_x——任意条件下承力索合成负载（kN/m）；
　　　q_0——接触线无弛度时承力索合成负载（kN/m）；
　　　T_j——接触线张力，半补偿及全补偿时值为常数（kN）；
　　　φ——结构系数。

设

$$W_x = q_x + q_0 \frac{T_j \varphi}{T_{c0}}$$

$$Z_x = T_{cx} + T_j \varphi$$

则方程式（9-1-5）的形式变为

$$F_x = \frac{W_x l^2}{8 Z_x} \tag{9-1-6}$$

式中，量值 W_x 称为链形悬挂的换算负载，其意义为：承力索除了受链形悬挂的合成负载以外，还因受接触线变化的影响，而增加了一个附加负载，其值为 $q_0 \dfrac{T_j \varphi}{T_{c0}}$。量值 Z_x 称为链形悬挂的换算张力，它表示链形悬挂有一个总张力，其值为承力索的张力和接触线部分张力的代数和。如果令 $\varphi = 1$，那么量值 Z_x 就等于链形悬挂承力索和接触线张力的总和。将式（9-1-6）与式（9-1-3）相比较，可知链形悬挂承力索的弛度计算公式与简单悬挂的弛度计算公式，其形式完全相似。因此，在引入换算负载和换算张力的概念以后，意义更为明确了。

三、链形悬挂的结构系数

在链形悬挂中，引进结构系数 φ 的概念，显示出承力索与接触线之间的自然联系。把接触线的张力量值借助结构系数 φ 引进承力索的计算量值中，从而使计算简化。

所谓结构系数 φ，是表示链形悬挂的结构特征，也即表示靠近支柱悬挂点处吊弦的结构和布置情况。其值大小与靠近支柱的吊弦位置及跨距长度有关。

1. 简单支柱吊弦情况

设距支柱最近的吊弦距悬挂点的距离为 e，如图 9-1-3（a）所示。图中虚线表示接触线无弛度的情况。当温度发生变化时，在跨中承力索弛度由 F_0 变为 F_x；接触线由 c' 点变到 c 点。在悬挂点处，承力索位置不变，接触线由 a' 点变到 a 点。接触线在 ab 段可以认为是水平状态，在 bc 段被认为是抛物线形状。在半个跨距内，接触线的弛度 f 与承力索相应弛度差 $F_x - F_0$ 的比，等于跨距相应值的平方比，即

$$\varphi = \frac{f}{F_x - F_0} = \frac{\left(\dfrac{l}{2} - e\right)^2}{\left(\dfrac{l}{2}\right)^2} = \frac{(l - 2e)^2}{l^2} \tag{9-1-7}$$

具有简单支柱吊弦的链形悬挂，在支柱点处若 $e = 0$，则 $\varphi = 1$，$f = F_x - F_0$，这只是特殊情况。为了消除硬点，保持支柱点处应有的弹性，一般总使 e 具有一定的数值。

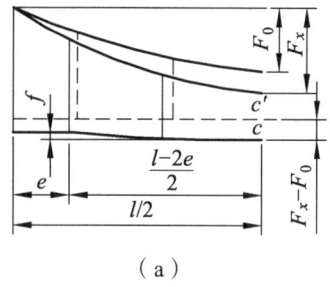 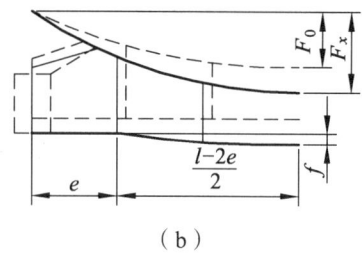

（a） （b）

图 9-1-3 链形悬挂线索位置变化

2. 弹性吊弦的情况

弹性吊弦在承力索的固定点距悬挂点的距离约 6~7 m，第一个简单吊弦距悬挂点距离约 8.5 m。在结构系数 φ 值的计算中，一般取 $e=8.5$ m。弹性吊弦分为 Y 形和 Π 形两种形式，如图 9-1-3（b）所示。在考虑 φ 值时，认为它们是相同的。在两个简单吊弦间的长度变化范围内，接触线的高度变化由简单支柱吊弦处承力索的弛度决定，即

$$\varphi = \frac{f}{F_x - F_0} = \frac{(l-2e)^2}{l^2}$$

第二节 半补偿链形悬挂的张力与弛度计算

一、有载承力索的张力曲线

在链形悬挂中，接触线是通过吊弦悬挂到承力索上的，因此，接触线弛度随温度变化的规律受承力索张力及弛度随温度变化规律的影响。在研究接触线的弛度安装曲线时，必须首先研究链形悬挂承力索的张力随温度变化的规律。不同的悬挂形式，其计算方法不同。一般全补偿链形悬挂安装曲线的计算比较简单。这里研究半补偿链形悬挂的安装曲线的计算方法。

有载承力索是附挂了接触线的承力索，其张力计算的普遍方程为：

$$\frac{W_x^2 L_D^2}{24 Z_x^2} - \frac{W_1^2 L_D^2}{24 Z_1^2} = \frac{T_x - T_1}{ES} + \alpha(t_x - t_1) \quad (9\text{-}2\text{-}1)$$

对于半补偿链形悬挂，为方便计算，因 $Z_x - Z_1 = T_x - T_1$，其方程常变为下列形式

$$t_x = \left[t_1 - \frac{W_1^2 L_D^2}{24\alpha Z_1^2} - \frac{Z_1}{\alpha ES} \right] + \frac{W_x^2 L_D^2}{24\alpha Z_x^2} - \frac{Z_x}{\alpha ES} \quad (9\text{-}2\text{-}2)$$

式中 L_D——当量跨距长度（m）；

E——承力索弹性系数（MPa）；

α——承力索膨胀系数（K^{-1}）；

S——承力索计算面积（mm^2）；

t_1, t_x——计算时的起始温度和待求温度（°C）。

方程式（9-2-1）及式（9-2-2）中的 W_x、W_1 及 Z_x、Z_1 分别为承力索计算条件下及起始条件下的换算负载和换算张力，其值为

$$W_x = q_x + q_0 \frac{\varphi T_j}{T_{c0}} \text{ ； } W_1 = q_1 + q_0 \frac{\varphi T_j}{T_{c0}}$$

$$Z_x = T_{cx} + \varphi T_j \text{ ； } Z_1 = T_{c\max} + \varphi T_j \tag{9-2-3}$$

式中　q_x——承力索待求条件下的合成负载（kN/m）；

　　　q_0——无冰无风时承力索总负载（kN/m）；

　　　T_{c0}——在 t_0 温度下的承力索张力（kN）；

　　　T_j——接触线张力（kN）。

在式（9-2-2）及式（9-2-3）中，W、Z、T_c 及 t 的下标 1 是表示计算的起始情况；下标 x 是表示计算的待求情况；下标 0 表示接触线无弛度状态；下标 max 表示最大极限值。

式（9-2-3）中的 φ 值，表示接触悬挂的结构特征，称为结构系数，常用下式确定

$$\varphi = \frac{(L_D - 2e)^2}{L_D^2}$$

式中，e 为由悬挂点到最近的简单支柱吊弦间的距离（m）。

上式及式（9-2-2）中的 L_D 为锚段内的等效跨距，又称当量跨距。

为了求解式（9-2-1）及式（9-2-2），必须先知道承力索起始情况下的 $T_{c,\max}$ 和接触线无弛度时承力索的张力 T_{c0}。承力索最大张力 $T_{c,\max}$ 可能出现在最大覆冰附加负载时，也可能出现在最低温度时。为了判定这两种情况中哪一种应当作为起始情况，需找出临界负载 q_{lj}，并将其与计算中所采用的覆冰合成负载相比较。

对半补偿链形悬挂，临界负载由下式决定：

$$q_{lj} = -q_0 \frac{\varphi T_j}{T_{c0}} + \sqrt{\frac{24\alpha \cdot Z_{\max}(t_b - t_{\min})}{l_D^2} + W_{\min}^2} \tag{9-2-4}$$

式中　$Z_{\max} = T_{c,\max} - \varphi T_j$

　　　$W_{t,\min} = q_0 + q_0 \frac{\varphi T_j}{T_{c0}}$

在利用式（9-2-4）计算临界负载 q_{lj} 时，涉及接触线无弛度时承力索张力 T_{c0}，在计算阶段它还是未知数，故用下式近似计算：

$$T_{c0} = \eta \cdot T_{c,\max}$$

对铜承力索 η 取 0.75；对钢承力索 η 取 0.80；$T_{c,\max}$ 为承力索最大使用张力。

对于计算所求得的 q_{lj}，若大于覆冰合成负载 q_b，即 $q_{lj} > q_b$ 时，则取最低温度作为计算的起始情况；反之，则取覆冰时的条件作为计算的起始情况。

在起始情况确定以后，T_{c0} 值的精确计算则由下列方程决定

$$T_{c0}^3 + AT_{c0}^3 + BT_{c0} + C = 0 \tag{9-2-5}$$

式中　$A = \alpha ES(t_0 - t_1) + \dfrac{q_1^2 \cdot l_D^2 \cdot E \cdot S}{24(T_{c,\max} + \varphi T_j)^2} - T_{c,\max}$

$$B = \frac{q_1 \cdot q_0 \cdot \varphi T_j \cdot l_D^2 \cdot E \cdot S}{12(T_{c,\max} + \varphi T_j)^2}$$

$$C = \frac{q_1^2 \cdot l_D^2 \cdot E \cdot S}{24} \left[\frac{\varphi^2 \cdot T_j^2}{(T_{c,\max} + \varphi T_j)^2} - 1 \right]$$

在半补偿链形悬挂的计算中，常利用式

$$t_x = \left[t_1 - \frac{q_1^2 l_D^2}{24T_1^2} - \frac{T_1}{\alpha ES} \right] + \frac{q_x^2 l_D^2}{24T_x^2} - \frac{T_x}{\alpha ES}$$

求 T_{c0}，先给出 T_{c0} 值的期望值，代入方程求相应的 t_x 值，当 t_x 近似等于 t_0 时，则所设的 T_{cx} 即为所求的 T_{c0}。求出精确的 T_{c0} 值之后，再求换算负荷 W 的精确值，然后求 $T_{cx} = f(t_x)$，并绘出相应的曲线，如图 9-2-1 所示。

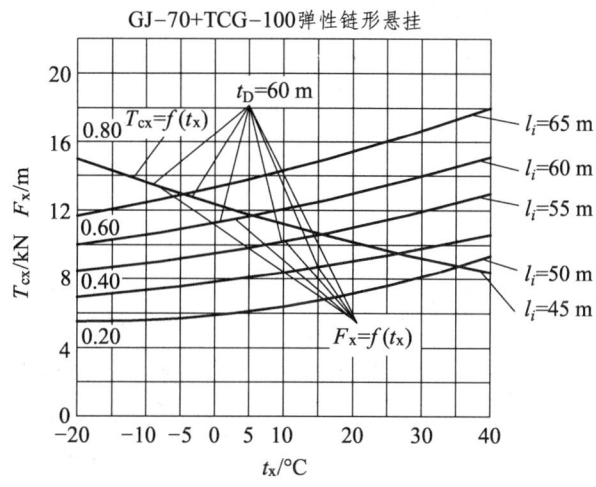

图 9-2-1　有载承力索张力及弛度曲线

二、承力索的弛度计算

在计算温度范围内，求得换算负载曲线之后，又可以求得该锚段内各实际跨距承力索的弛度 F_x 值，其值由下式决定，曲线形状见图 9-2-1。

$$F_x = \frac{W_x l_i^2}{8Z_x} \tag{9-2-6}$$

式中　l_i——计算锚段内的各实际跨距（m）；
　　　Z_x——承力索在 t_x 时对应的换算张力（kN）；
　　　W_x——承力索换算在 t_x 时对应的负载（kN/m）。

三、接触线的弛度及在悬挂点处的高度变化曲线

链形悬挂的接触线弛度变化受承力索弛度变化的影响较大，在求得了承力索的弛度曲线以后，接触线弛度变化曲线由式（9-2-7）决定，其曲线如图 9-2-2 所示。

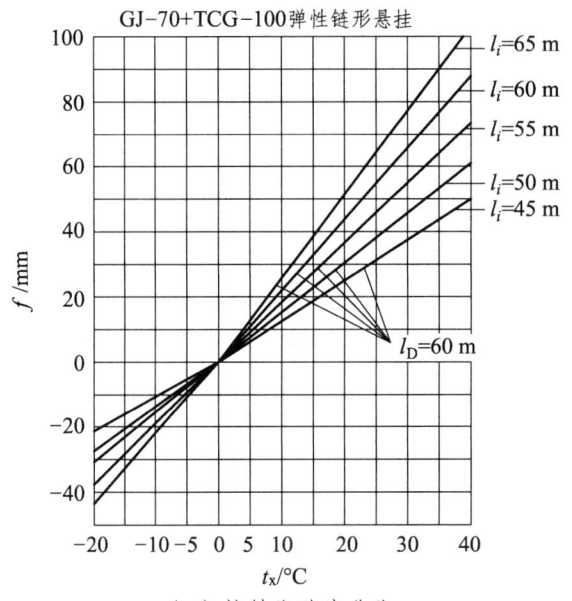

（a）接触线弛度曲线

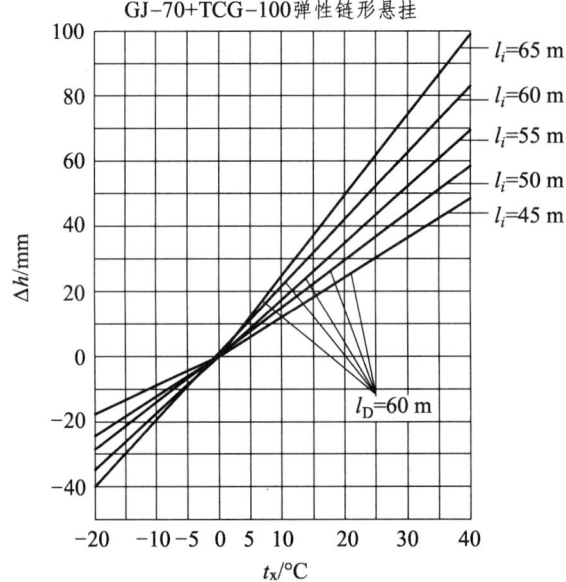

（b）支柱最近简单吊弦处的高度变化曲线

图 9-2-2　接触线的安装曲线

$$f_x = \varphi(F_x - F_0) \quad (9\text{-}2\text{-}7)$$

其中，F_x 和 F_0 分别为待求情况和接触线无弛度情况下承力索的弛度。接触线在温度变化时，除了在跨距中部高度（弛度）发生变化以外，在距悬挂点最近的简单支柱吊弦处的高度也发生变化，并由下式决定

$$\Delta h_x = (1-\varphi)(F_x - F_0) \quad (9\text{-}2\text{-}8)$$

四、无载承力索的张力及弛度曲线

从工程角度看,架设接触悬挂,通常是先挂承力索,再挂接触线。而在挂了接触线以后,承力索的张力和弛度值都能满足应有技术要求。在架设接触线以前的承力索张力及弛度称为无载承力索的张力及弛度。无载承力索的张力可由下式求得:

$$t_x = \left[t_0 - \frac{g_c^2 l_D^2}{24\alpha T_{cw0}^2} - \frac{T_{cw0}}{\alpha ES} \right] + \frac{g_c^2 l_D^2}{24\alpha T_{cwx}^2} - \frac{T_{cwx}}{\alpha ES} \quad (9\text{-}2\text{-}9)$$

式中 T_{cwx}—— 无接触线时的承力索张力(kN);
T_{cw0}—— 在 t_0 温度时,无接触线时的承力索张力(kN);
g_c——承力索单位长度自重负载(kN/m)。

在方程式(9-2-9)中,方括号内为计算 T_{cwx} 的起始条件数据,一般用接触线无弛度时的 t_0 作为已知基本条件,由于 T_0 值是已知的,所以根据有载承力索的条件,可以决定无载承力索的起始条件下的张力 T_{cw0},其值由下式决定

$$T_{cw0} - \frac{g_c^2 l_D^2 ES}{24 T_{cw0}^2} = T_{c0} - \frac{q_0^2 l_D^2 ES}{24 T_{c0}^2} \quad (9\text{-}2\text{-}10)$$

利用式(9-2-10)求得 T_{cw0} 以后,将 t_0、g_c 及 T_{cw0} 作为已知情况,就可以利用式(9-2-10)确定任意温度下无载承力索的张力,并可求得 $T_{cw0} = f(t_x)$ 曲线。知道该曲线,同时知道了所研究锚段内各实际跨距以后,利用下式可以求得无载承力索各实际跨距内的弛度曲线,即

$$F_{wx} = \frac{g_c l_i^2}{8 T_{cwx}} \quad (9\text{-}2\text{-}11)$$

利用式(9-2-11)求得的 $T_{cwx} = f(t_x)$ 曲线可参见图 9-2-1。

五、最大风速时承力索张力 T_{cv} 值的验算

在进行了上述一系列计算之后,还应验算一下最大风速情况下承力索的张力 T_{cv} 的值是否超过承力索最大张力的许可。验算的方法是将有载承力索张力计算时的起始条件作为验算的起始情况,将最大风速时的条件作为待求情况($T_x = T_v$,$W_x = W_v$,$Z_x = Z_v = T_{cv} + \varphi T_j$)然后利用式 $t_x = \left[t_1 - \frac{q_1^2 l_D^2}{24 T_1^2} - \frac{T_1}{\alpha ES} \right] + \frac{q_x^2 l_D^2}{24 T_x^2} - \frac{T_x}{\alpha ES}$ 即可求得 T_{cv},如若 T_{cv} 小于 $T_{c,max}$ 则为通过,否则就采取新的技术措施,以保证 T_{cv} 值小于或等于 $T_{c,max}$。

第三节 全补偿链形悬挂的张力计算

对于全补偿链形悬挂,不仅在接触线下锚处设有补偿装置,在承力索两端也设有补偿装置,因此,可以近似地认为接触线张力 T_j 和承力索张力 T_c 均近似为常数(不考虑因温度变化形成的张力增量)。在温度变化时,接触线、承力索虽然也伸长或缩短,但由于设有补偿器,

它们的张力不受温度变化的影响,其弛度也可认为与温度变化无关(实际受张力增量的影响,弛度也会有相应变化)。

全补偿链形悬挂,在无附加覆冰负载时,认为接触线呈无弛度状态,此时承力索弛度可由下式决定

$$F_0 = \frac{W_0 l_i^2}{8Z} = \frac{q_0 l_i^2}{8T_c} \tag{9-3-1}$$

式中　l_i——锚段内的实际跨距值(m)

　　　Z——承力索换算张力(kN);

　　　T_c——承力索最大许用张力(kN)

　　　q_0——链形悬挂合成自重负载(kN/m)

　　　w_0——链形悬挂换算负载,其值为

$$W_0 = q_0 + q_0 \frac{\varphi T_j}{T_c} = q_0 \left(1 + \frac{\varphi T_j}{T_c}\right)$$

由式(9-3-1)可知,在跨距一定时,全补偿链形悬挂承力索弛度F_0由悬挂的负载q_0和承力索张力T_c决定。在常温下,若不考虑冰、风等附加负载的影响,q_0和T_c均近似地被认为是常数,而承力索弛度F_0是不变的,但它的大小由补偿器给定的承力索张力T_c决定。

随着大气温度的变化,承力索和接触线会发生线性伸长或缩短。为了不使承力索和接触线在最高温度时因补偿器坠砣着地而失去补偿作用及在最低温度时补偿装置因卡住滑轮而发生事故,一般根据锚段长度的不同,计算出在极限范围内坠砣串的安装高度,称为全补偿链形悬挂坠砣安装高度曲线,如图9-3-1所示。

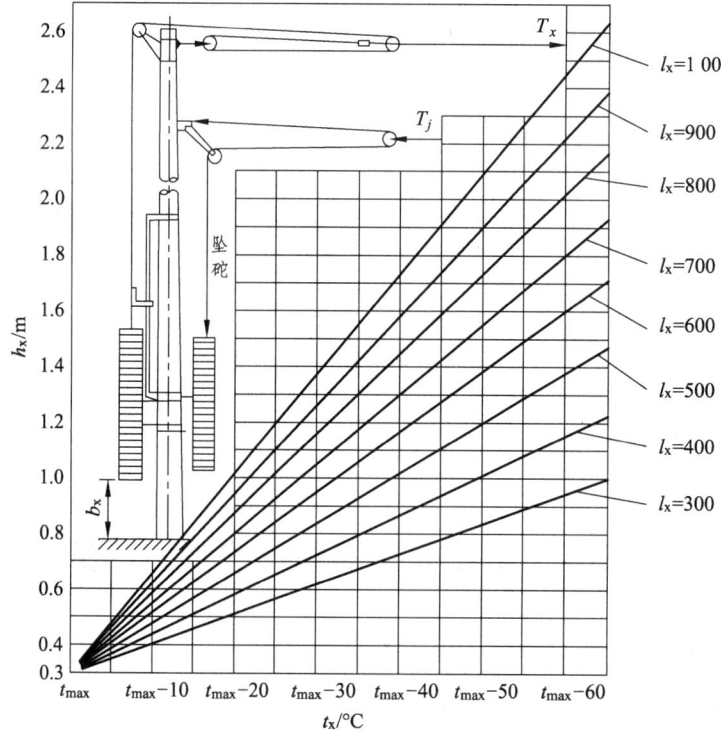

图 9-3-1　全补偿链形悬挂的安装曲线

安装曲线通常是受上端和下端两端控制，由于我国疆域辽阔，南北方的极限温度的温差较大，一般在北方由上端控制，计算出 a_x 的安装距离（坠砣顶部至滑轮组下沿）；在南方由下端距地面的安装高度 b_x 控制，其安装曲线表示坠砣串底部至基础面的高度（若是钢筋混凝土支柱，则为至地面的高度），计算公式为

$$b_x = b_{\min} + n\theta L + nL\alpha(t_{\max} - t_x) \tag{9-3-2}$$

$$a_x = a_{\min} + n\theta L + + nL\alpha(t_x - t_{\min}) \tag{9-3-3}$$

式中　$b_{\min}$——坠砣串底部至基础面（或地面）的最小允许距离（m）；

$a_{\min}$——坠砣串顶部至滑轮组的最小允许距离（m）；

L——半个锚段的长度（m）；

θ——新线延伸率，承力索取 3.0×10^{-4}，接触线取 6.0×10^{-4}；

α——承力索或接触线的线胀系数（K^{-1}）；

n——补偿滑轮传动比；

t_x——安装时的大气温度（℃）。

关于新线使用后的初伸长问题，看法不甚一致，虽然有些单位也做过现场试验或积累了一些观测资料，但因试验条件及线型的不一致，其结果有一定差异。综合电力工程使用经验及国内外资料，接触线、钢绞线及钢芯铝绞线的新线延伸率见表 9-3-1

表 9-3-1　导线新线的延伸系数

序号	导线类型	新线延伸系数
1	镀锌钢绞线承力索	1×10^{-4}
2	镀铝锌钢绞线承力索	1×10^{-4}
3	钢芯铝绞线承力索	3×10^{-4}
4	铜绞线承力索	$(4 \sim 7) \times 10^{-4}$
5	铜镁合金接触线	$(4 \sim 7) \times 10^{-4}$
6	钢铝合金接触线	3×10^{-4}

目前，在施工过程中，广泛采用预张力及恒张力的施工方法，这种方法是使承力索或接触线的张力增加到比设计值要大并且保持稳定，在施工时将在这一段时间内使承力索或接触线产生延伸。保持时间的长短与预张力的数值有关，同时还与所采用的线索的材质有关，要根据现场经验综合确定。

例 9.3.1　已知：半补偿简单链形悬挂 JTM-70+CTA-110，锚段全长 1370 m，跨距数据见表 9-3-2，接触线补偿张力 $T_j = 10$ kN，气象条件为典型气象分区表的第Ⅱ区，试绘制该悬挂的各类安装曲线。

表 9-3-2　某锚段半补偿链形悬挂跨距表

跨距序号	1	2	3	4	5	6	7	8	9	10	11	12	13
跨距长度/m	45	45	45	50	50	50	55	55	55	60	60	60	60
跨距序号	14	15	16	17	18	19	20	21	22	23	24	25	26
跨距长度/m	60	60	60	55	55	55	50	50	50	50	45	45	45

解：

（一）获取线索参数

查表可知 JTM-70+CTA-110 的相关参数，如表 9-3-3 所示。

表 9-3-3　JTM-70+CTA-110 相关参数

型　号	标称截面 /mm²	截面尺寸 /mm	线胀系数 /°C⁻¹	机械拉断力 /kN	单位重量 /（kg/m）	杨氏模量 /GPa
JTM-70	70	外径　10.5	17×10^{-6}	不小于 39	0.596	124
CTA-110	110	12.34、12.34	17×10^{-6}	不小于 39	0.992	130

（二）获取气象参数

根据典型气象分区表，知：$t_{max} = +40\ °C$、$t_{min} = -10\ °C$、$V_{max} = 30\ m/s$、$t_{v,max} = +10\ °C$、$b = 5\ mm$、$t_b = -5\ °C$、$V_b = 10\ m/s$、$\gamma_b = 900\ km/m^3$。

（三）计算单位负载

1. 计算线索自重（由表 9-3-3 直接写出）

（1）承力索单位自重　　$g_c = 0.596 \times 10^{-2}\ kN/m$；

（2）接触线单位自重　　$g_j = 0.992 \times 10^{-2}\ kN/m$；

（3）吊弦单位自重　　$g_d = 0.05 \times 10^{-2}\ kN/m$。

2. 计算线索单位冰负载

（1）承力索的冰负载　　$g_{cb} = \pi \cdot \gamma_b \cdot b(b+d)g_H \times 10^{-9} = 0.215 \times 10^{-2}\ kN/m$；

（2）接触线的冰负载　　$g_{jb} = \pi \cdot \gamma_b \cdot \dfrac{b}{2}\left(\dfrac{b}{2} + \dfrac{A+B}{2}\right)g_H \times 10^{-9} = 0.103 \times 10^{-2}\ kN/m$。

3. 计算承力索的风负载

（1）最大风速时承力索的风负载　　$P_{cv} = 0.625\alpha K d_c V_{max}^2 \times 10^{-6} = 0.6275 \times 10^{-2}\ kN/m$；

（2）覆冰时承力索的风负载　　$P_{cb} = 0.625\alpha K(d_c + 2b)V_b^2 \times 10^{-6} = 0.16 \times 10^{-2}\ kN/m$。

4. 计算承力索合成负载

（1）无冰、风时承力索合成负载为　　$q_0 = g_c + g_j + g_d = 1.64 \times 10^{-2}\ kN/m$；

（2）最大风速时承力索合成负载为　　$q_v = \sqrt{q_0^2 + P_{cv}^2} = 1.755 \times 10^{-2}\ kN/m$；

（3）覆冰风速时承力索合成负载为　　$q_b = \sqrt{(q_0 + g_{cb} + g_{jb})^2 + P_{cb}^2} = 1.96 \times 10^{-2}\ kN/m$。

由计算可知：该悬挂的最大负载出现在覆冰时，即 $q_{max} = q_b = 1.96 \times 10^{-2}\ kN/m$。

（四）计算当量跨距

将表 9-3-2 中的数据代入公式，计算出 $l_D = 53.57\ m$，取 $l_D = 55\ m$。

（五）确定起始条件

由于题目未告知承力索的最大允许张力，只能依据《牵引供电设计规范》，取承力索拉断力的 65%作为最大许用工作应力，考虑铜承力索安全系数不小于 2.0，于是

$$T_{c,\max} = (39 \times 65\%)/2.0 = 12.675，实取 T_{c,\max} = 12 \text{ kN}。$$

$$T_{c0} = 0.75 T_{c,\max} = 0.75 \times 12 = 9 \text{（kN）}$$

$$\varphi = \frac{(l_D - 2e)^2}{l_D^2} = \frac{(55 - 2 \times 8)^2}{55^2} = 0.503$$

$$W_1 = q_0 \left(1 + \frac{\varphi T_j}{T_{c0}}\right) = 1.64 \times 10^{-2} \times \left(1 + \frac{0.503 \times 10}{9}\right) = 2.56 \times 10^{-2} \text{（kN/m）}$$

$$Z_{\max} = T_{c,\max} + \varphi T_j = 12 + 0.503 \times 10 = 17.03 \text{（kN）}$$

$$q_{lj} = -q_0 \frac{\varphi T_j}{T_{c0}} + \sqrt{\frac{24\alpha Z_{\max}^2 (t_b - t_{\min})}{l^2} + W_1^2} = 1.9985 \times 10^{-2} \text{（kN/m）}$$

由于 $q_{lj} > q_{\max}$，故选取最低温度作为起始条件。

（六）校验起始条件

1. 校验覆冰时的最大张力

起始条件：$t_1 = t_{\min} = -10 \text{ °C}$, $W_1 = q_0 + q_0 \dfrac{\varphi T_j}{T_{c0}} = 2.56 \times 10^{-2}$ kN/m, $Z_1 = 17.03$ kN

待求状态：$t_x = t_b = -5 \text{ °C}$, $W_b = q_b + q_0 \dfrac{\varphi T_j}{T_{c0}} = 2.878 \times 10^{-2}$ kN/m, $Z_b = T_{cb} + 5.03$

将以上数据代入状态方程，求得

$$T_{cb}^3 + 1.27 T_{cb}^2 - 63.13 T_{cb} - 1128.82 = 0$$

用试探法可求得 $T_{cb} = 11.94$ kN < 12 kN，证明起始条件选取是正确的。

2. 校验最大风时的最大张力

起始条件：同覆冰一样。

待求条件：$t_x = t_{v,\max} = +10 \text{ °C}$, $W_x = q_{v,\max} + q_0 \dfrac{\varphi T_j}{T_{c0}} = 2.835 \times 10^{-2}$ kN/m, $Z_x = (T_{cv,\max} + 5.03)$ kN

将以上数据代入状态方程，求得

$$T_{cv,\max}^3 + 3.482 T_{cv,\max}^2 - 40.87 T_{cv,\max} - 1045.48 = 0$$

用试探法可求得 $T_{cv,\max} = 10.39$ kN < 12 kN，证明起始条件选取是正确的。

（七）计算并绘制安装曲线

1. 有载承力索张力-温度曲线

起始条件：$t_1 = t_{\min} = -10 \text{ °C}$, $W_1 = q_0 + q_0 \dfrac{\varphi T_j}{T_{c0}} = 2.56 \times 10^{-2}$ kN/m, $Z_1 = 17.03$ kN

待求条件：$t_x = t_x$，$W_x = W_1 = q_0 + q_0 \dfrac{\varphi T_j}{T_{c0}} = 2.56 \times 10^{-2}$ kN/m，$Z_x = T_{cx} + \varphi T_j = T_{cx} + 5.03$

将上述数据代入半补偿链形悬挂状态方程，化简整理得

$$t_x = 88.75 + \dfrac{4858.98}{(T_{cx} + 5.03)^2} - \dfrac{(T_{cx} + 5.03)}{0.14756}$$

以 1 kN 的间隔取 T_{cx} 值代入上式，求出相应的 t_x 值，填入表 9-3-4 中。

表 9-3-4　有载承力索张力-温度曲线表

T_{cx}/kN	12	11	10	9	8	7
t_x/°C	−10	−1	8.35	18.35	29.07	40.79

依据表 9-3-4，绘出有载承力索张—温度曲线，如图 9-3-2 所示。

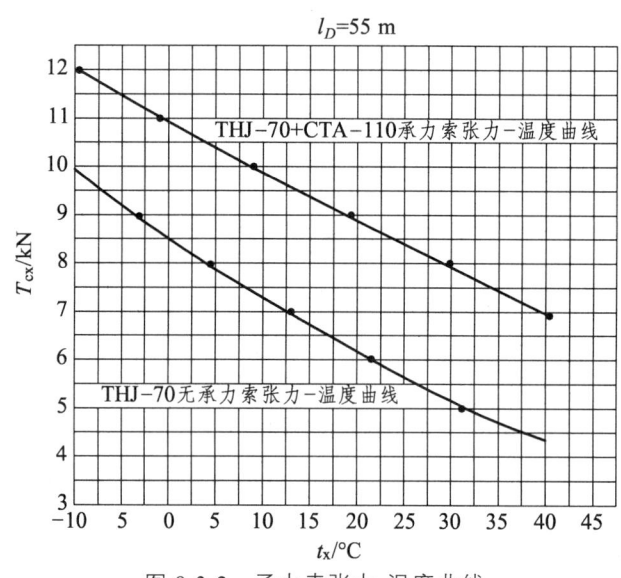

图 9-3-2　承力索张力-温度曲线

2. 有载承力索弛度-温度曲线

根据图 9-3-2 所示张力-温度曲线，选取 t_x 为整数的张力值填入表 9-3-5 中。

表 9-3-5　承力索张力-温度对应表

t_x/°C	−10	−5	0	5	10	18.35	25	30	40
T_{cx}/kN	12	11.48	10.8	10.38	9.76	9	8.38	7.8	7.1

利用公式

$$F_{cx} = \dfrac{W_x l_i^2}{8 Z_x} = \dfrac{2.56 \times 10^{-2} l_i^2}{T_{cx} + 5.03}$$

计算出弛度数据，将计算结果填入表 9-3-6，并据此表绘制有载承力索弛度-温度曲线，见图 9-3-3。

表 9-3-6 F_{cx}、f_{jx}、Δh 值

t_x /°C	T_{cx} /kN	$l=45$ m			$l=50$ m			$l=65$ m			$l=60$ m		
		F_{cx}/m	f_{jx}/m	Δh/m	F_{cx}/m	f_{jx}/m	Δh/m	F_{cx}/m	f_{jx}/m	Δh/m	F_{cx}/m	f_{jx}/m	Δh/m
−10	12	0.38	−0.041	−0.039	0.469	−0.050	−0.050	0.568	−0.060	−0.060	0.676	−0.072	−0.072
−5	11.48	0.39	−0.035	−0.035	0.484	−0.043	−0.043	0.586	−0.051	−0.051	0.697	−0.062	−0.062
0	10.8	0.409	−0.025	−0.025	0.505	−0.032	−0.032	0.611	−0.039	−0.039	0.727	−0.047	−0.047
5	10.38	0.42	−0.020	−0.020	0.519	−0.025	−0.025	0.628	−0.030	−0.030	0.747	−0.037	−0.037
10	9.76	0.44	−0.010	−0.010	0.54	−0.015	−0.015	0.654	−0.017	−0.017	0.777	−0.044	−0.044
18.5	9	0.46	0.000	0.000	0.57	0.000	0.000	0.689	0.000	0.000	0.821	0.000	0.000
25	8.38	0.483	0.011	0.011	0.596	0.013	0.013	0.722	0.0165	0.0165	0.859	0.019	0.019
30	7.8	0.505	0.022	0.022	0.623	0.026	0.026	0.754	0.032	0.032	0.898	0.038	0.038
40	7.1	0.526	0.033	0.033	0.645	0.042	0.042	0.798	0.054	0.054	0.949	0.064	0.064

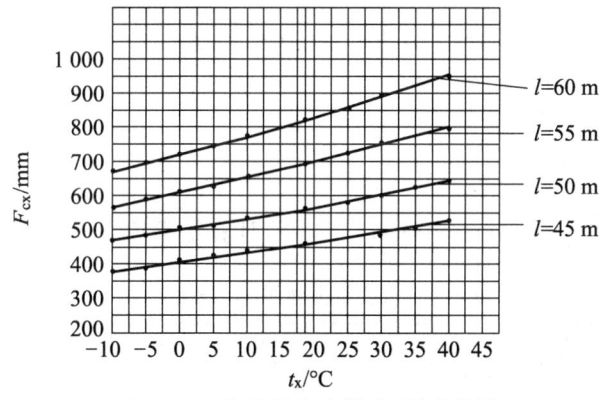

图 9-3-3 有载承力索弛度-温度曲线

3. 接触线弛度-温度曲线和定位点高度变化曲线

利用公式 $f_j = \varphi(F_{cx} - F_{c0})$ 及 $\Delta h = (1-\varphi)(F_{cx} - F_{c0})$ 计算接触线的弛度和定位点处接触线高度变化值，其计算数据见表 9-3-6，并据此表绘制接触线弛度-温度曲线和定位点高度变化曲线，见图 9-3-4。

特别说明：由于本题结构系数为 0.503，因此 $(1-\varphi)$ 与 φ 非常接近，所以以 f_{jx} 与 Δh 一样的结果，此纯属巧合，改变结构系数后，便不会有这样的结果。

4. 无载承力索的张力-温度曲线

由

$$T_{cw0}^3 + mT_{cw0}^2 + n = 0$$

其中

$$m = \frac{q_0^2 l_D^2 ES}{24T_{c0}^2} - T_{c0}, \quad n = -\frac{g_c^2 l_D^2 ES}{24}$$

求得

$$T_{cw0}^3 - 5.367T_{cw0}^2 - 38.86 = 0$$

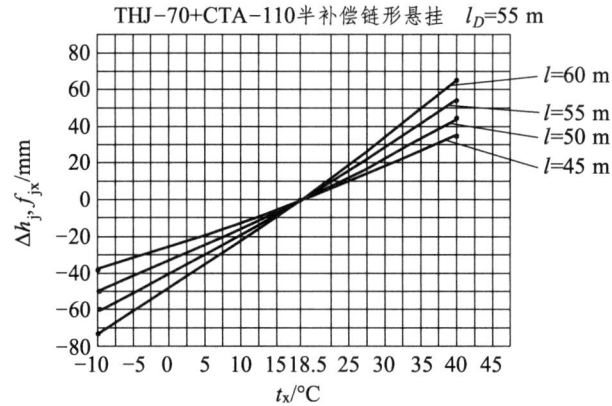

图 9-3-4 接触线弛度-温度曲线及定位处接触线高度变化曲线

用试探法求得

$$T_{cw0} = 6.336 \text{ (kN)}$$

将其代入式

$$t_x = \left(t_0 - \frac{g_c^2 l_D^2}{24\alpha T_{cw0}^2} + \frac{T_{cw0}}{\alpha Es}\right) + \frac{g_c^2 l_D^2}{24\alpha T_{cwx}^2} - \frac{T_{cwx}}{\alpha Es}$$

代入数据并化简后得

$$t_x = 54.88 + \frac{263.36}{T_{cwx}^2} - \frac{T_{cwx}}{0.14756}$$

按一定间隔给出 T_{cwx} 值，求出相应的 t_x 值，将计算结果填入表 9-3-7。

表 9-3-7 无载承力索张力-温度曲线表

T_{cwx}/kN	12	11	10	9	8	7	6	5	4
t_x/°C	−24.9	−17.8	−10.25	−2.8	4.78	12.8	21.5	31.4	44.2

根据表 9-3-7 绘出无载承力索张力—温度曲线，见图 9-3-7。

5. 无载承力索的弛度-温度曲线

根据无载承力索的张力-温度曲线及 $F_{cw} = \dfrac{g_c l^2}{8 T_{cw}}$ 可计算出无载承力索的弛度值，见表 9-3-8。

表 9-3-8 无载承力索弛度-温度曲线表

t_x/°C		−10	−5	0	10	18.5	30	40
T_{cw}/kN		9.78	9.25	8.5	7.3	6.3	5.2	4.3
l/m	45	0.154	0.163	0.177	0.21	0.24	0.29	0.35
	50	0.19	0.20	0.22	0.25	0.29	0.36	0.43
	55	0.23	0.24	0.265	0.308	0.357	0.433	0.524
	60	0.274	0.289	0.315	0.367	0.425	0.516	0.623

根据表 9-3-8，绘制出无载承力索的弛度－温度曲线，如图 9-3-5 所示。

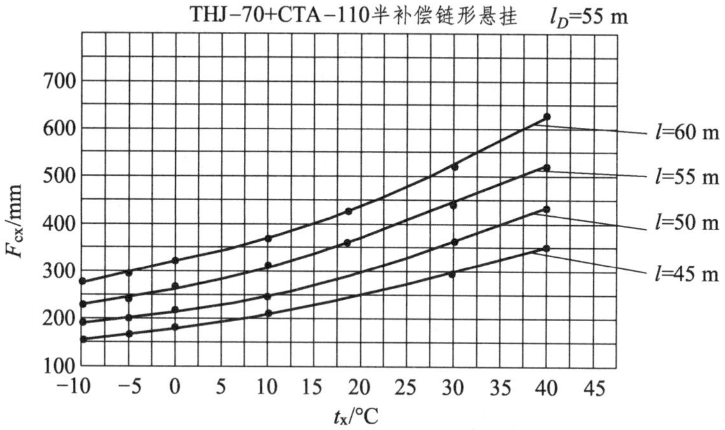

图 9-3-5　无载承力索弛度-温度曲线

通过该例题，可将半补偿链形悬挂安装曲线的计算与绘制过程总结于下：
（1）确定气象条件及导线相关参数。
（2）计算悬挂的各类单位负载，如无冰风时的合成负载、最大覆冰负载、最大风负载、最大覆冰和最大风时的合成负载等。
（3）计算并确定当量跨距，一般取为 5 的整数倍。
（4）计算接触线无弛度时承力索的张力。
（5）计算临界负载，判定状态方程的起始条件。
（6）计算最大附加负载（最大覆冰和最大风时）下承力索的张力，校验起始条件。
（7）计算并绘制有载承力索的张力-温度曲线。
（8）计算并绘制有载承力索各实际跨距的弛度-温度曲线。
（9）计算并绘制接触线各实际跨距的弛度-温度曲线。
（10）计算并绘制接触线在定位点附近，第一支柱吊弦范围内的高度变化曲线。
（11）计算并绘制无载承力索的张力-温度曲线。
（12）计算并绘制无载承力索各实际跨距的弛度-温度曲线。

第四节　接触悬挂的弹性计算

一、接触悬挂的弹性

接触悬挂的弹性是表示接触悬挂结构性能好坏的重要标志之一。接触悬挂的弹性，是接触悬挂在受电弓抬升力的作用下所具有的升高性能，即在受电弓压力的作用下，每单位垂直力使接触线的升高程度，用 η 表示，单位为 mm/N。

$$\eta = \Delta h / F$$

式中　η ——弹性值；

Δh——接触线升高值（mm）；

F——接触线压力（N）。

接触悬挂的弹性，对于受电弓的受流质量是一个重要的因素。衡量弹性好坏的标准有两个：一是弹性的大小，它取决于接触线张力（链形悬挂包括承力索）的量值；二是弹性均匀程度，它取决于悬挂结构、悬挂类型和某些附在接触线上的集中负载的集中程度等。

确定弹性的方法有3种：弹性计算法、静态测量法及动态实测法。

静态测量法及动态实测法都是在高速电气化铁路建成以后才能进行，无法预见接触悬挂的弹性性能。

在建设高速电气化铁路的过程中，必须进行接触悬挂的性能计算，其中就有关于接触悬挂弹性的计算。

二、简单链形悬挂的弹性分析

研究链形悬挂的弹性是在跨距中间施加外力 F，分析接触线和承力索升高状态。为了讨论的方便，这里只以具有简单支柱吊弦的单链形悬挂为例，来建立跨距内各点弹性计算的方程。

设有简单链形悬挂，取跨距的一部分为分离体，如图9-4-1所示。

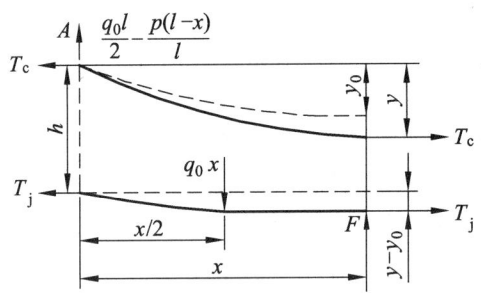

图9-4-1　简单链形悬挂分离体示意图

施加外力 F 之后，令各力对 F 的作用点的力矩和为零，可得下列方程：

$$\frac{q_0 \times l \times x}{2} - \frac{F(l-x)x}{l} - \frac{q_0 x^2}{2} - T_c y - T_j(y - y_0) = 0 \tag{9-4-1}$$

经整理可得

$$y = \frac{\dfrac{q_0 \times x(l-x)}{2} + T_j \times y_0}{T_c + T_j} - \frac{F \times x(l-x)}{l(T_c + T_j)} \tag{9-4-2}$$

式中　T_j——接触线张力（kN）；

T_c——承力索张力（kN）；

l——所研究的跨距长度（m）；

q_0——链形悬挂的自重负载（kN/m）；

y_0——接触线无弛度时，承力索在所研究点的纵坐标。

在没有 F 作用力时，承力索的纵坐标为 y_1，即

$$y_1 = \frac{\frac{q_0 \times x(l-x)}{2} + T_j \times y_0}{T_c + T_j} \qquad (9\text{-}4\text{-}3)$$

链形悬挂在外加力 F 的作用下的升高 Δh 为

$$\Delta h = y_1 - y = \frac{F \times x(l-x)}{l(T_c + T_j)} \qquad (9\text{-}4\text{-}4)$$

链形悬挂的弹性

$$\eta = \frac{\Delta h}{F} = \frac{x(l-x)}{l(T_c + T_j)} \qquad (9\text{-}4\text{-}5)$$

当 $x = l/2$ 时，跨距中心弹性具有最大值，即

$$\eta_{\max} = \frac{l}{4(T_c + T_j)} \qquad (9\text{-}4\text{-}6)$$

三、弹性链形悬挂的弹性分析

弹性链形悬挂由于支柱点弹性吊弦作用，引起了接触线高度的变化。此时，将式（9-4-1）中的力偶矩 $T_j(y - y_0)$ 用 $\varphi T_j(y - y_0)$ 代替，即得弹性链形悬挂的弹性。因此，式（9-4-5）可写为

$$\eta = \frac{x(l-x)}{l(T_c + \varphi T_j)} \qquad (9\text{-}4\text{-}7)$$

$$\eta_{\max} = \frac{1}{4(T_c + \varphi T_j)} \qquad (9\text{-}4\text{-}8)$$

当受电弓的抬升力作用在两个吊弦之间时，还必须加上吊弦间距内的弹性分量，此弹性分量与吊弦间距及抬升力 F 的位置有关，可由下式决定

$$\eta_d = \frac{x(a-x)}{aT_j} \qquad (9\text{-}4\text{-}9)$$

式中　a——两相邻吊弦间的间距（m）；

　　　x——抬升力 F 距左边吊弦的距离（m）。

由此可见，弹性链形悬挂的弹性比简单链形悬挂的弹性良好，其良好程度与结构系数 φ 有关。

四、改善受流状况和提高弹性的措施

在电气化铁路上，电力机车沿接触网高速滑行取流，接触网通过受电弓向电力机车输送电能，并保证安全供电。接触线和机车受电弓之间有紧密的联系，它们在相对的高速滑行摩擦运动中完成输电和受电的任务，如图 9-4-2 所示。

为此双方都规定了一定的技术条件，只有在这些

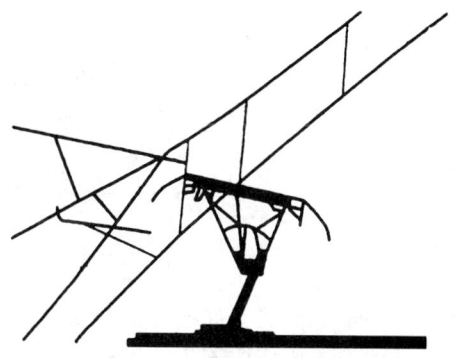

图 9-4-2　接触网与受电弓接触

技术条件不被破坏的情况下,上述运动才得以维持和进行,电气化铁路才能正常和安全运行。我国《客运专线或高速铁路设计暂行规定》关于弓网受流质量评价标准引用欧洲 TSI 标准(欧洲高速铁路关于能量子系统共用技术规范),具体如表 9-4-1 所示。

表 9-4-1 接触网技术规范

项 目	参 数
最大运行速度下接触力最大标准偏差	$0.3F_m$
最大运行速度下的燃弧率	0.14%
定位器允许抬升量与实际最大抬升量之比	≥2

为了保证电力机车受电弓在网下高速滑行通过,以完成接触网向电力机车供电的任务,对接触线的高度、拉出值、定位器的坡度等技术参数有一定的要求。比如,要求在受电弓滑行取流范围内无低于接触导线的障碍物,同时还要求接触网弹性均匀。接触网弹性均匀度要求如表 9-4-2 所示。

表 9-4-2 接触网弹性均匀度要求

接触网悬挂类型	不同速度下的接触网弹性均匀度		
	200～230 km/h	230～300 km/h	300 km/h 以上
简单链形悬挂	<40%	<40%	<25%
弹性链形悬挂	<40%	<10%	<10%

对电力机车(特别是受电弓)的要求:应保证其受电弓的压力 F 要符合图 9-4-3 所示压力曲线;保证受电弓安装位置正确,滑板完整平滑,滑板和导角之间平滑过渡等。当对弓网间动态受流质量进行评价时,如果受测量手段限制,对接触力(或标准偏差)和燃弧率只需评价其中的一个项目即可。例如,德国仅测接触力,法国则仅测燃弧率。对于燃弧率的测定方法,TSI 标准中有明确的规定。对于燃弧率标准的直观判据,EN50119 标准(关于铁路应用—固定安装—电力牵引接触网)规定:如果每 100 m 接触网范围内出现持续时间大于 10 ms (且最大为 25 ms)的可见电弧不大于一次,则视为弓网受流质量良好。

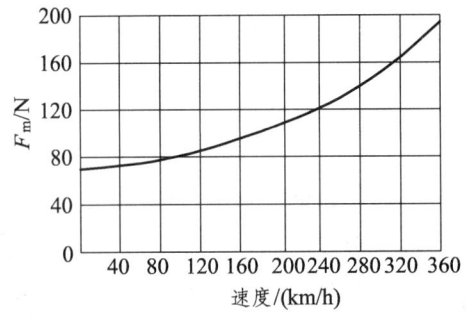

图 9-4-3 受电弓与接触线接触压力-速度曲线

关于定位器允许抬升量与实际最大抬升量之比值,EN50119 标准规定:如果定位器带限位功能,该比值应不小于 1.5。

这些技术要求的任何一点遭到破坏都可能产生弓网故障。

弓网故障一般是指打弓、剐网和剐弓。

弓网故障中的打弓，是指在受电弓运行取流过程中，由于某种原因造成弓、网相碰击，从而使受电弓不能平滑取流或造成接触网有关零部件损坏、脱落及电力机车受电弓损坏的故障现象。

所谓剐弓，是指接触悬挂状态不良或是自然的原因，致使电力机车受电弓移位到接触线上部运行，从而造成接触网设备和受电弓损坏的事故现象，即剐弓是由于接触网的原因引起的弓网故障现象。

所谓剐网，是指由于电力机车状态不良，致使受电弓移位到接触线上部运行，从而造成接触网设备和受电弓损坏的弓网故障现象，即剐网是由电力机车受电弓的原因引起的。为了使接触悬挂具有良好的弹性，以便受电弓高质量地取流，从而提高电力机车的运行速度，就必须对与悬挂弹性有关的设备结构进行研究和改进。受电弓从接触线取得电能的理想情况是，接触线与受电弓之间的接触压力在整个运行过中应保持不变，但在实际中是不可能的。当机车在运行中，由于受电弓对接触线的压力，使接触线被抬高。受电弓沿接触线取流运行的过程，包括向前和垂直的运动，这些运动使受电弓与接触线间出现非常复杂的振动过程。

当电力机车在高质量线路上以较低速度行驶时，受电弓高度变化的速度比较缓慢，它们之间的压力可以近似地看作是静压力，受电弓取流良好。当电力机车高速行驶时，受电弓高度变化非常迅速，会产生垂直向上的较大惯性力，受电弓沿接触线滑行过程中还要受到空气阻力、受电弓本身关节的摩擦力以及机车振动出现的力，这些力都影响着受电弓与接触线间的接触压力。所以要求受电弓在取流过程中弓线间接触压力的变化越小越好，不能超出对接触压力要求的规定范围。

当弓线间接触压力过小甚至为零时，受电弓与接触线脱离，发生离线状态。离线是十分有害的，它会使机车的供电时断时续、工作条件变差，同时还会影响车速，特别是在离线的瞬间，电弧的高温熔蚀作用会使接触线和受电弓滑板的接触面粗糙不平，使两者磨耗速度大大增加，从而缩短弓网使用寿命。烧损严重的接触线会因机械强度降低而出现断线事故。弓线间的接触压力也不能过大，过大会使接触线抬高严重，特别是在机车高速行驶过程中，会使弓线间磨耗增加，使接触线出现较大的振动和摆动，在锚段关节或线岔处还可能导致剐弓与钻弓事故。为了保证受电弓的正常取流，要求弓线间的接触压力在一定的范围内。

弓线间的接触压力与接触悬挂的类型、机车的运行速度、接触线的材质及磨耗情况、不同类型电力机车受电弓的结构等情况有关，一般需要根据实际检测及运行经验综合确定。

在高速电气化铁道中，接触悬挂弹性的好坏对机车受电弓取流的影响非常大。由式（9-4-6）～式（9-4-8）可以看出，弹性的大小取决于接触线的张力和接触悬挂的结构形式。接触网与受电弓的配合良好与否也是影响受流的因素之一。因此可以利用以下方法提高接触网弹性和改善受流状况。

（1）改进受电弓结构，使之与接触网配合良好。

受电弓是电力机车的受流装置，接触线与受电弓之间的可靠接触，是保证电力机车良好取流的重要条件。为了使受电弓对接触线的压力不随受电弓的起伏波动而变化，就需要从受电弓结构方面研究改进。导致受电弓压力不正常的原因有：受电弓安装位置偏于轮距中心线，滑板不平滑或有缺陷，滑板和导角之间不能顺利过渡；在受电弓滑行范围内有低于接触导线的障碍物；受电弓滑板材质与接触线材质配合不好，导致接触线的磨耗与滑板的磨耗不相适应，可以在铜接触线区段用碳滑极或铜基粉末冶金滑板，钢铝接触线区段用钢滑板来改善这种情况。

（2）受电弓沿接触线滑行时，接触点的轨迹尽可能接近水平直线。这就要求尽量减小接触线的弛度，改善定位点及其他接触网硬点的弹性。改善接触悬挂的弹性性能，重点应提高定位点、分段分相、绝缘器、线岔等接触线上有可能出现硬点处的弹性，使接触线的高度、拉出值、导线坡度、定位器坡度、线岔、锚段关节、吊线等技术参数符合要求；同时尽量使全线接触悬挂的弹性均匀一致。采用轻型零件，减小接触悬挂（特别是接触线上）的集中重量。

（3）提高接触悬挂的单位质量、加大线索张力、增加接触悬挂的稳定性，是改善接触悬挂弹性的有效措施。采用双链形接触悬挂和其他复合链形悬挂（即具有弹性装置吊线的多链形悬挂）；改善张力自动补偿装置，研制新型补偿器结构以保证悬挂中线索的恒定张力；研制新型的高强度接触线以提高接触线和辅助绳索的张力等，都是改善接触悬挂弹性的重要措施和手段。

无论采用什么手段，改善接触悬挂弹性的技术措施都必须经过经济技术比较后确定。

第五节　双链形悬挂辅助索张力和弛度的计算

双链形悬挂承力索的张力和弛度由式（9-2-2）计算。式中有量值 W 和 Z，其中含有 T_j 值。此时令 T_j 等于辅助索和接触线在相应温度下的张力的和。

系数 φ 的值取决于悬挂点处最近吊弦间的距离，如图 9-5-1 所示。其决定方法和单链形悬挂时相同，只是由 a 代替 e，即

$$\varphi = \frac{(l_D - 2a)^2}{l_D^2}$$

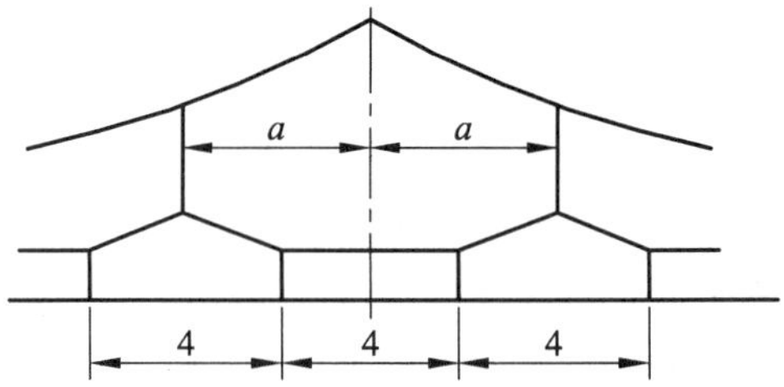

图 9-5-1　双链形悬挂结构

在计算辅助索相应温度下的张力时，若为全补偿，其张力 U 近似取为常数。在未加补偿器时，其张力对温度的关系应先单独算出，并由下式决定，即

$$U_x = U_1 - \alpha ES(t_x - t_1) \tag{9-5-1}$$

式中　U_1、U_x——分别为辅助索起始条件和待求条件的张力（kN）；

t_1、t_x——分别为计算时的起始温度和待求温度（°C）；

E——辅助索材料的弹性系数（MPa）；

α——辅助索材料的线膨胀系数（°C^{-1}）；

S——辅助索的计算横截面面积（mm^2）。

在张力计算时，认为辅助索是一个承受集中负载的软线，如图 9-5-2 所示。其负载量值由下式决定，即

$$P = g_j a + \frac{3}{4} g_u a + g_d \quad (9\text{-}5\text{-}2)$$

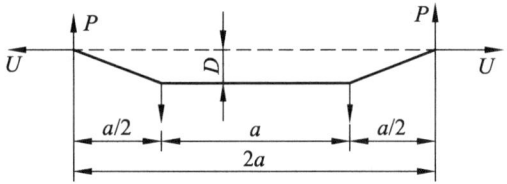

图 9-5-2 双链形悬挂辅助索受力情况

在温度发生变化 $(t_x - t_1)$ 时，辅助索的张力也发生变化（在未补偿条件下）。因张力和温度的改变，导致跨距 $2a$ 的伸长（或缩短）值为

$$\Delta L = 2a \frac{U_x - U_1}{ES} + 2a\alpha(t_x - t_1) \quad (9\text{-}5\text{-}3)$$

同样，在长度发生变化时，其弛度 D 也发生变化，根据几何关系，可求得辅助索弛度为 D_x 时的全长为

$$L_x = a + 2\sqrt{\left(\frac{a}{2}\right)^2 + D_x^2} \quad (9\text{-}5\text{-}4)$$

令点 A（集中力 P 的着力点）以左各力的力矩和等于零，可得

$$P_x \cdot \frac{a}{2} - U_x D_x = 0$$

由此可得

$$D_x = \frac{P_x a}{2U_x} \quad (9\text{-}5\text{-}5)$$

将所得的弛度 D_x 值代入式（9-5-4），得

$$L_x = a + 2\sqrt{\frac{a^2}{4} + \frac{P_x^2 a^2}{4U_x^2}}$$

即

$$L_x = a\left(1 + \sqrt{1 + \frac{P_x^2}{U_x^2}}\right) \quad (9\text{-}5\text{-}6)$$

将式（9-5-6）中等号右边的第二项用高斯二项式定理展开，并取前两项得

$$\sqrt{1 + \frac{P_x^2}{U_x^2}} \approx 1 + \frac{1}{2} \cdot \frac{P_x^2}{U_x^2}$$

由此可得

$$L_x = 2a + \frac{aP_x^2}{2U_x^2} \quad (9\text{-}5\text{-}7)$$

同理，可得在起始条件下的辅助索长度 L_1 为

$$L_1 = 2a + \frac{aP_1^2}{2U_1^2} \quad (9\text{-}5\text{-}8)$$

辅助索的伸长或缩短量 ΔL 由式（9-5-7）与式（9-5-8）之差决定，即

$$\Delta L = L_x - L_1 = \frac{aP_x^2}{2U_x^2} - \frac{aP_1^2}{2U_1^2} \qquad (9\text{-}5\text{-}9)$$

观察式（9-5-3）和式（9-5-9），因其物理变化量与几何长度变化量应相等，并同除以 $2a$，可得

$$\frac{P_x^2}{4U_x^2} - \frac{P_1^2}{4U_1^2} = \frac{U_x - U_1}{ES} + \alpha(t_x - t_1)$$

上式又可转化成如下形式

$$t_x = \left[t_1 - \frac{P_1^2}{4\alpha U_1^2} + \frac{U_1}{\alpha ES} \right] + \frac{P_x^2}{4\alpha U_x^2} - \frac{U_x}{\alpha ES} \qquad (9\text{-}5\text{-}10)$$

由此，在给出起始情况的 t_1、U_1 和 P_1 后，即可求得辅助索的张力对于温度的关系，即

$$U_x = f(t_x)$$

由辅助索的张力，又可利用式（9-5-5），求得辅助索的弛度对于温度的关系，即

$$D_x = f(t_x)$$

双链形悬挂的接触线在跨距中点的高度变化为

$$\Delta h_x = F_x - F_0 + D_x - D_0 \qquad (9\text{-}5\text{-}11)$$

而离支柱最近的吊弦处的高度变化为

$$\Delta h_{Ax} = (1-\varphi)(F_x - F_0) + D_x - D_0 \qquad (9\text{-}5\text{-}12)$$

如果辅助索内加设有补偿器，则 U 近似取为常数，$D_x = D_0$，而式（9-5-11）和式（9-5-12）变为

$$\Delta h_x = F_x - F_0$$
$$\Delta h_{Ax} = (1-\varphi)(F_x - F_0)$$

第六节　链形悬挂状态方程分析

一、半补偿悬挂

链形悬挂的计算也像简单悬挂一样分为两步：第一步确定所有温度和负载状态下的导线张力和弛度，第二步研究悬挂与受电弓之间的相互作用。第一步中的计算步骤和简单悬挂一样。首先在某一状态范围内（即在给定的温度和负载的下）确定导线张力和弛度之间的相互关系，类似于简单悬挂，可以把这种相互关系称为链形悬挂的平衡方程式。然后建立不同状态下（即在温度和弛度变化时）张力与弛度之间的相互关系，即状态方程式。链形悬挂的计算比简单悬挂的计算要复杂一些，这两种计算的区别在于因吊弦张力对承力索产生的负载与接触导线张力和弛度特性有关。

在前述半补偿链形悬挂的计算中，引入了一个能表示支柱节点处悬挂结构特点的结构系数，其目的是想建立一个带有简单支柱吊弦、弹性支柱吊弦及滑动吊弦的链形悬挂的统一的计算方法。可是以后的研究表明，这一系数不仅取决于悬挂结构，还取决于承力索和接触线的张力，即它是一个变量。在应用这一方法时，根据张力的平均值，不得不取结构系数为常数，这样就导致了不能对计算结果做出肯定的评价。这种方法主要是不能够对各种状态下导线的位置进行详细分析，因此实际上是不能简化计算的。本节将对每种悬挂计算分别进行研究，试图通过分析、比较找出内在的自然联系，力图不要结构系数而建立一种悬挂的平衡方程式，同时亦可适用于另一种悬挂形式。

1. 具有简单支柱吊弦的链形悬挂

在推导计算公式时，采用了如下假设：悬挂的导线是绝对柔软的，在跨距内的吊弦数为无穷大，在锚段内所有的跨距是相等的（相邻跨距对所研究分析的跨距没有影响）；吊弦不受温度或弹性变化的影响，因承力索或接触线相对位移而引起吊弦的纵向或横向偏斜不予考虑，接触导线上的风压经过定位器传给支柱，不考虑承力索的作用，即吊弦一直是垂直的。

支柱吊弦在接触导线上的固定点，在垂直平面内，正弛度时固定不动，当温度降低到比无弛度温度还低时，是自由活动的。计算时我们研究两种方案，即在所有状态下这点是不动的和在负弛度时是可动的两种方案。现在研究简单支柱吊弦在接触导线上的固定点是不动的情况，当接触导线弛度变化时，承力索上的垂直负载仍然是沿跨距长度均匀分布的。而承力索的张力和弛度，正如简单悬挂一样，具有下述关系：

$$g_{sj} = g_c + g_{cj} = g - \frac{8fT_i}{l^2} \tag{9-6-1}$$

式中 g_{sj}——承力索均匀垂直负载（kN/m）;

g_c——承力索单位长度的重力负载（kN/m）;

g_{cj}——经吊弦传递到承力索的接触线部分重力负载，即 1 m 吊弦的张力（kN/m）;

g——单位长度自重负载（kN/m）。

$$F' = \frac{g_{sj}l^2}{8T_c} \tag{9-6-2a}$$

$$T_c = \frac{g_{sj}l^2}{8F'} \tag{9-6-2b}$$

把公式（9-6-1）求出的 g_{sj} 值代入式（9-6-2a）和式（9-6-2b），可以看出，在通常情况下，例如在结冰状态下，要考虑导线上覆冰的重力，我们可以相应地求出

$$F' = \frac{g_i l^2}{8T_{ci}} - f_i \cdot \frac{T_{ji}}{T_{ci}} \tag{9-6-3a}$$

$$T_{ci} = \frac{g_i l^2}{8F'_i} - f_i \cdot \frac{T_{ji}}{F'_i} \tag{9-6-3b}$$

式中，g_i 为在对应状态下 i 状态的垂直负载（在结冰时 $g_i = g + g_{b0}$，即悬挂导线自重和它上面的覆冰重力之和）。

式（9-6-3b）清楚地表明，接触导线在弛度不同时的张力对承力索张力会产生影响，在 f 为正值时影响要小，而 f 为负值时影响增大。在接触导线无弛度时，即 $f = 0$（引用注脚 0）和 $T_j = 0$ 时，求得和简单悬挂时一样的平衡方程式

$$F_0 = \frac{gl^2}{8T_{c0}} \qquad (9\text{-}6\text{-}4a)$$

$$T_{c0} = \frac{gl^2}{8F_0} \qquad (9\text{-}6\text{-}4b)$$

在无附加负载（即悬挂只受导线重力 $g = g_c + g_j$ 产生的作用）的情况下研究接触导线的无弛度状态。假定在风负载下，吊弦处在垂直位置，接触导线的弛度 f_i 即可在垂直平面内确定。即接触线的弛度等于承力索在该温度的弛度与在接触线无弛度时的弛度之差，为 $f_i = f'_i - F_0$，将式（9-6-3a）和式（9-6-4a）中相应的值代入 $f_i = F'_i - F_0$，可得

$$f_i = \frac{g_i l^2}{8(T_{ci} + T_{ji})} \left(1 - \frac{gT_{ci}}{g_i T_{c0}}\right) \qquad (9\text{-}6\text{-}5)$$

将 f_i 值代入式（9-6-3a）和式（9-6-3b），求得相应的数值如下：

$$F'_i = \frac{g_i l^2}{8(T_{ci} + T_{ji})} \left(1 + \frac{gT_{ci}}{g_i T_{c0}}\right) \qquad (9\text{-}6\text{-}6a)$$

$$T_{ci} = \frac{g_i l^2 \left(1 + \dfrac{gT_{ci}}{g_i T_{c0}}\right)}{8F'} - T_{ji} \qquad (9\text{-}6\text{-}6b)$$

在承力索上，除了重力负载外，还有由风压产生的水平负载。总的负载为 q（kN/m），此时，该负载是均匀分布的，可写成

$$q = \sqrt{g_b^2 + p_c^2}$$

式中　g_b——承力索在结冰状态时的当量垂直负载（kN/m）；
p_c——承力索上的风负载（kN/m）。

和前面一样，弛度的垂直分力可以用式 $F' = \dfrac{Fg_{ij}}{q}$ 来表示。由于在通常情况下分子分母包含有 $g + g_{b0}$，因此为了简化起见，用 g_i 来代替 g_{sj} 不会有大的误差，前者等于 $g + g_{b0}$，这样一来，在承力索上总的负载就可以用下式确定

$$g_i = \sqrt{(g + g_{b0})^2 + p_c^2} \qquad (9\text{-}6\text{-}7)$$

而承力索弛度的垂直分力为

$$F' = \frac{Fg_i}{q_i} \qquad (9\text{-}6\text{-}8)$$

考虑公式（9-6-8），方程式（9-6-6a）和（9-6-6b）将有如下的形式：

$$F = \frac{g_i l^2}{8(T_{ci} + T_{ji})}\left(1 + \frac{gT_{ji}}{g_i T_{c0}}\right) \qquad (9\text{-}6\text{-}9)$$

$$T_c = \frac{g_i l^2 \left(1 + \dfrac{gT_{ji}}{g_i T_{c0}}\right)}{8F_i} - T_{ji} \qquad (9\text{-}6\text{-}10)$$

如果在给定的 q_i 状态下，导线的张力 T_{ji} 和接触导线无弛度状态时承力索的张力 T_{c0} 为已知，则链形悬挂平衡方程式（9-6-9）或（9-6-10）就能建立承力索在该状态下张力和弛度之间的关系式。对于半补偿悬挂，导线的张力与工作状态无关，即 $T_{ji}=T_i$。一般对支柱附近的接触导线在垂直平面内不能移动的模型，承力索上的负载是均匀分布的，公式（9-6-5）、（9-6-9）和（9-6-10）对所有状态（即接触导线不论是向上或向下弯曲时）均可适用。实际上，当温度降低时，承力索的弛度是要减小的，跨中的导线向上弯曲，并将支柱附近的部分导线抬高了，如图 9-6-1 所示。

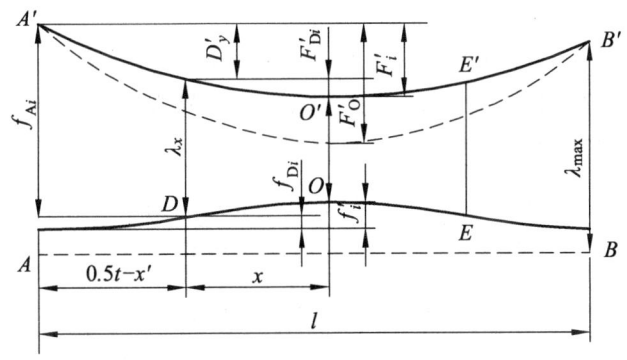

图 9-6-1　接触导线负弛度时链形悬挂的导线分布

如果在跨距中心部分把导线截断，则舍掉部分的作用力必须用张力的水平分力和方向向下的垂直分力来代替。距离跨中心越远，垂直分力就越大，并在吊弦松弛区开始的地方和自由悬挂导线的重力相平衡。承力索升得越高，吊弦松弛区域越大。

吊弦承受负载的区域，可用 D' 点和 E' 点为支柱的悬挂跨距来表示，此时导线是固定在 D 点和 E 点上的。这相当于上面所研究的模型。在这种情况下，承力索和接触导线将按抛物线分布，这样一来，在跨距中部它们的负载将是均匀分布的。由于在 $D(E)$ 点左边和右边一点的接触导线张力的垂直分力应是大小相等、方向相反的，同时导线从左边和右边的弯曲的方向是不同的（左边向下弯曲，右边向上弯曲），因此，在离跨距中部 x 处的 D 点，一定是曲线的曲折点。为了求算 x 值，现列出如下的方程式（见图 9-6-1）。

$$F'_{Di} + \lambda_c + f_{Di} = \lambda_x \qquad (9\text{-}6\text{-}11)$$

式中，λ_c 为跨中吊弦的长度。因为吊弦长度是按抛物线规律变化的，所以在距离 x 处，它可以由下式求得

$$\lambda_x = \lambda_c + F_0(2x/l)^2 \tag{9-6-12}$$

跨距内接触导线所产生的重力负载分布在 $2x$ 区段内。在这种情况下，吊弦的张力 $g'_{jc} = g_j L/2x$，而承力索上的负载 $g'_{sj} = g_c + g_j l/2x$。那么，就可以确定出承力索的弛度 F_{Di} 和导线的弛度 f_{Di} 如下：

$$F'_{Di} = \frac{g_{sj}(2x)^2}{8T_{ci}} = \left(g_c + \frac{g_j l}{2x}\right)\frac{x^2}{2T_{ci}} \tag{9-6-13}$$

$$f_{Di} = \frac{(g'_{jc} - g_j)(2x)^2}{8T_{ji}} = \frac{g_i(0.5l - x)x}{2T_{ji}} \tag{9-6-14}$$

将式（9-6-12）~式（9-6-14）经过整理求得

$$x = \frac{0.5g_i l\left(1 + \dfrac{T_{ji}}{T_{ci}}\right)}{\dfrac{gT_{ji}}{T_{c0}} - \dfrac{g_c T_{ji}}{T_{ci}} + g_i} \tag{9-6-15}$$

正像所预料的，当 $T_{ci} = T_{c0}$ 时，按公式（9-6-15）求得 $x = 0.5l$。

在跨距内接触线水平位置的最大差值 $f'_i = f_{Di} + f_{Ai}$，数值 f_{Di} 可以用公式（9-6-14）确定，而 f_{Ai} 可以按自由悬挂导线平衡方程式求得。这时

$$f'_i = \frac{g_i(0.5l - x)x}{2T_{ji}} + \frac{g_i(0.5l - x)^2}{2T_{ji}} = \frac{g_i l(0.5l - x)}{4T_{ji}} \tag{9-6-16}$$

将按式（9-6-15）求出的 x 代入式（9-6-16），经过简化得

$$f'_i = \frac{gl^2\left(1 - \dfrac{T_{c0}}{T_{ci}}\right)}{8T_{ci}\left(\dfrac{gT_{ji}}{g_j T_{c0}} - \dfrac{g_c T_{ji}}{g_i T_{ci}} + 1\right)} \tag{9-6-17}$$

承力索的弛度，可以由左半边跨距对 O' 点所取的下列力矩方程式求得（见图9-6-1）

$$M'_0 = \frac{gl^2}{4} - \frac{gl^2}{8} - T_{ci}F'_i + f'_i T_{ji}$$

由此求出的平衡方程式和公式（9-6-6a）相似，为

$$F'_i = \frac{gl^2}{8T_{ci}} + f'_i \cdot \frac{T_{ji}}{T_{ci}} \tag{9-6-18}$$

因此，对于支柱附近不能向下移动、只能向上自由活动的接触导线悬挂模型和承力索的弛度，

在 $t_i > t_0$ 时，应按式（9-6-5）和式（9-6-9）确定；在 $t_i < t_0$ 时，按公式（9-6-17）和式（9-6-18）确定。

2. 具有弹性吊索的链形悬挂

这种悬挂的计算和前文所述的没有什么差别。其原因是，AD 段的重力是在 D' 点和 E 点传递给承力索的。由于 $D'E$ 的距离很小，因此可以认为传递的负载落在 E 点上。第二个特点是，具有水平分力为 H 的弹性吊索，如图 9-6-2 所示。

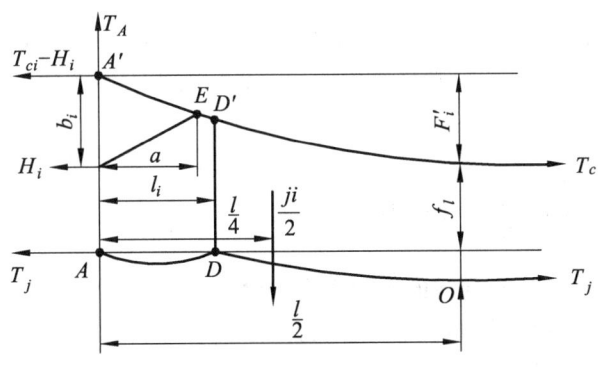

图 9-6-2 具有弹性吊索悬挂的计算

选择弹性吊索的参数 a 和 b 的原则是，要使 A 点和 D 点大致在一个水平面上。为了确定全补偿悬挂和 t_0 时半补偿悬挂中承力索的张力和它的弛度之间的关系，现列出对 A' 点的力矩方程式的垂直投影：

$$T_{ci}F'_i + T_{ji}f_i - H_ib_i - \frac{g_il^2}{8} = 0$$

由此求得

$$F'_i = \frac{1}{T_{ci}}\left(\frac{g_il^2}{8} + H_ib_i - T_{ji}f_i\right) \tag{9-6-19}$$

为了确定 F'_i，必须确定 f_i 和 H_i 的数值。在这种情况下，接触线的弛度 f_i 可以按下式求得：

$$f_i = \frac{g_i(l-2c_1)^2}{8(T_{ji}-T_{ci})}\left(1 - \frac{gT_{ci}}{g_iT_{c0}}\right) \tag{9-6-20}$$

把这些数值代入式（9-6-19），求得

$$F'_i = \frac{1}{T_{ci}}\left[\frac{g_il^2}{8} + H_ib_i - T_{ji}\left(1 - \frac{gT_{ci}}{g_iT_{c0}}\right)\frac{g_i(l-2c_1)^2}{8(T_{ci}+T_{ji})}\right]$$

最后，承力索的弛度为

$$F_i = \frac{1}{T_{ci}} \left[\frac{q_i l^2}{8} + H_i b_i \frac{q_i}{g_i} - T_{ji} \left(1 - \frac{gT_{ci}}{g_i T_{c0}}\right) \frac{g_i(l-2c_1)^2}{8(T_{ci}+T_{ji})} \right] \qquad (9\text{-}6\text{-}21)$$

二、全补偿悬挂

全补偿悬挂导线的张力，在温度变化时能保持一个常数，因而它的弛度也是不变的。接触导线最佳状态是，受电弓在导线上运动时，滑板的压力波动最小。这个课题尚未解决。实际上在安装全补偿悬挂时，导线在跨距内布置成正弛度，其数值最好是等于滑板平均压力时的导线抬高量，即静止条件下的轨迹接近于水平线。这样的弛度大致为 $f_1 = l/1000$（这里 l 为跨距的长度）。如果 f_1 为已知，则具有弹性吊索悬挂的承力索的弛度 F_1'，在无附加负载时可以由下式确定

$$F_1' = \frac{1}{T_c}\left(\frac{q_i l^2}{8} + H_1 b_1 - T_j f_1\right) \qquad (9\text{-}6\text{-}22)$$

式中 T_c，T_j——承力索和接触导线的额定张力（kN）；

g——单位悬挂导线的重力负载（kN/m）；

H_1——弹性吊索的张力（kN）；

b_1——见图 9-6-2。

在没有弹性吊索（即 $H_1 = 0$）时，求出的 F_1' 方程式和方程式（9-6-3a）相似，为

$$F_1' = \frac{1}{T_c}\left(\frac{q_i l^2}{8} - T_j f_1\right) \qquad (9\text{-}6\text{-}23)$$

在出现附加负载之前，承力索的弛度 F_1' 和接触导线的弛度 f_1 将不变。当在导线上出现覆冰时，弛度将相应增大到 F_b 和 f_b。承力索弛度的垂直投影 F_b' 可以由下式确定：

$$F_b' = \frac{1}{T_c}\left(\frac{(q_0+g_{b0})l^2}{8} + H_b b_b - T_j f_b\right) \qquad (9\text{-}6\text{-}24)$$

式中 g_{b0}——单位悬挂导线上冰的重力负载（kN/m）；

H_b——覆冰时弹性吊索的张力（kN）；

b_b——覆冰时支柱下承力索到弹性吊索的距离（m）。

承力索的弛度为

$$F_b = \frac{q_b}{(q_0+g_{b0})T_c}\left[\frac{(q_0+g_{b0})l^2}{8} + H_b b_b - T_j f_b\right] \qquad (9\text{-}6\text{-}25)$$

式中，q_b 为承力索上的合成负载（kN/m）。

在所研究的状态下，接触导线弛度的变化等于在 $l-2c_1$ 跨距内承力索弛度的垂直投影之差，即 $f_b - f_1 = F_b' - F_1'$。数值 F_b' 和 F_1' 可按对应的公式（9-6-24）和（9-6-25）求得，如果将其中的 l 用 $l-2c_1$ 代替，同时去掉括号内的第二项（因为弹性吊索超出这一跨距），则可求得

$$f_\mathrm{b} - f_1 = \frac{g_\mathrm{b}(l-2c_1)^2}{8(T_\mathrm{c}+T_\mathrm{j})} \tag{9-6-26}$$

由此，可求得接触导线覆冰时的弛度为

$$b_\mathrm{b} = f_1 + \frac{g_\mathrm{b}(l-2c_1)^2}{8(T_\mathrm{c}+T_\mathrm{j})} \tag{9-6-27}$$

在确定接触线的弛度 f_b 后，按公式（9-6-25）确定承力索的弛度。由于弹性吊索张力的变化由 H_b 到 H_1 和其位移由 b_b 到 b_1 是很小的，因此可以忽略它们而采用初始数值。

第十章　支柱容量计算

第一节　支柱垂直负载计算

支柱的负载是支柱在工作状态下所承受的垂直负载和水平负载的统称。支柱负载越大，支柱基底面处所受的弯矩也越大。支柱的负载计算，就是计算基底面处可能出现的最大弯矩值，其目的是根据计算结果来选择适当容量的支柱。我们通常所说的支柱容量，是指支柱本身所能承受的最大许可弯矩值。一个支柱容量的大小，是指支柱承载能力的大小，它取决于支柱的自身结构。

电气化铁路接触网支柱广泛采用金属支柱（H型钢支柱）和钢筋混凝土支柱，如图10-1-1所示。对于容量较大的软横跨用的钢筋混凝土支柱，为了增大支柱地面以下部分与土体的接触面积，常加设横卧板，如图10-1-1（b）所示。

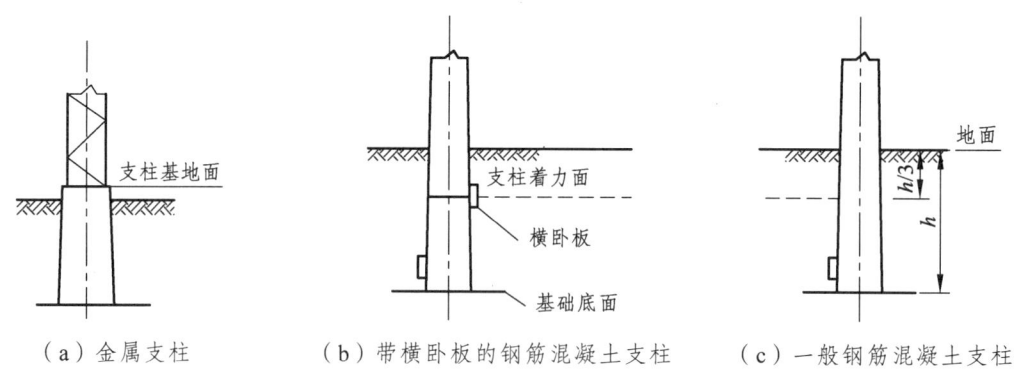

（a）金属支柱　　（b）带横卧板的钢筋混凝土支柱　　（c）一般钢筋混凝土支柱

图 10-1-1　电气化铁路接触网支柱

金属支柱与钢筋混凝土支柱的基底面位置不同。目前定型的钢筋混凝土支柱，设计时已经将支柱基底面处的力矩折算到了地面，故在接触网设计中，只计算支柱地面处所承受的弯矩，并根据此值来选择支柱类型，而不必再计算支柱基底面处的弯矩值。

支柱的最大弯矩除了与支柱所在的位置、支柱类型、接触悬挂类型、线索悬挂高度、支柱跨距及支柱侧面限界有关外，还与计算气象条件有直接关系。最大弯矩可能出现在最大风速、最大附加覆冰负载或最低温度的时候。在计算最大弯矩时，一般应对三种气象条件进行计算，取其中最大值作为选择支柱容量的依据。一般来说，支柱的最大计算弯矩多发生在最大风速及最大覆冰负载时。

进行支柱负载计算时，应根据支柱悬挂类型，按水平负载和垂直负载分别计算。

垂直负载包括悬挂结构自重负载和链形悬挂的自重。

一、悬挂结构自重负载 Q_0

悬挂结构包括支持装置、定位装置、绝缘部件及其他相应悬挂零件的重量；覆冰时，还应包括冰重 Q_b。

二、链形悬挂的自重 Q_g

链形悬挂包括承力索及接触线的重量；覆冰时，还应包括覆冰负载，即

$$Q_g = nq_0 l + ng_{b0} l \tag{10-1-1}$$

式中　n——悬挂数目；
　　　q_0——链形悬挂单位长度自重负载（kN/m）；
　　　g_{b0}——链形悬挂单位长度覆冰负载（kN/m）；
　　　l——跨距长度（m）。

第二节　支柱水平负载云计算

一、支柱本身的风负载

支柱的风负载由下式决定：

$$P = 0.615 \times 10^{-3} K \cdot V^2 \cdot F$$

式中，F 为支柱受风面积；K 为风负载体形系数，它与支柱的形状有关；V 为风速。

二、线索传给支柱的风负载

线索传给支柱的风负载包括：
① 接触线的风负载 p_j；
② 承力索的风负载 p_c；
③ 附加导线（回流线、供电线及加强导线等）的风负载 p_f。
线索传给支柱的风负载由下式决定：

$$P = 0.615 \times 10^{-6} K \cdot \alpha \cdot V^2 \cdot d \cdot l \tag{10-2-1}$$

式中，l 为跨距长度，其实际长度为支柱所在两侧跨距长度的一半，即 $(l+l')/2$。为简化计算，直线区段取跨距最大值，曲线区段取最大跨距允许值，而系数 K 和 α 分别参见表 10-2-1 及表 10-2-2。

表 10-2-1　风速不均匀系数

计算风速（m/s）	20 以下	20～30	31～35	35 以上
α	1.00	0.85	0.75	0.70

表 10-2-2　风负载体形系数

受风件特性		系　数	K
支柱		圆形钢筋混凝土支柱	0.60
		矩形钢筋混凝土支柱	1.40
		四边形角钢钢支柱	1.4（1+η）
线索	链形悬挂		1.25
	一般悬挂	d<17 mm	1.20
		*$d\geqslant$17 mm	1.10

*覆冰时，虽然 d<17 mm，但 K 仍取 1.2。

三、曲线形成的水平分力

线索在曲线区段布置时呈折线形状。在支柱点处因线索改变方向而产生指向曲线内侧的水平分力，如图 10-2-1 中的 P_R 所示，通常简称为曲线水平力或曲线力。

由图 10-2-1 可得

$$\frac{AD}{AC} = \frac{AB}{OB}$$

即

$$\frac{P_R}{T} = \frac{l}{R+a} \approx \frac{1}{R}$$

所以，因曲线形成的水平分力为

$$P_R = T\frac{l}{R}$$

当支柱两侧跨距值不相等时，有

$$P_R = T\left(\frac{l'}{2R} + \frac{l}{R}\right) \quad (10\text{-}2\text{-}2)$$

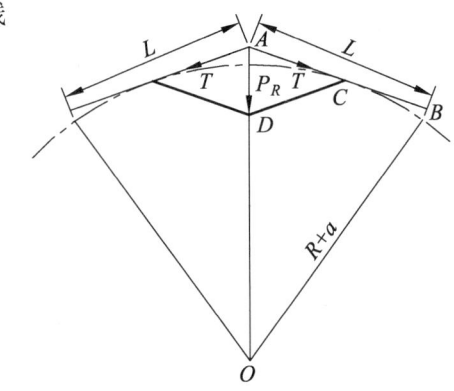

图 10-2-1　曲线形成的水平力

四、"之"字值形成的水平分力

接触线在直线区段时是"之"字形布置，由此而产生的水平分力简称"之"字力，如图 10-2-2 所示。

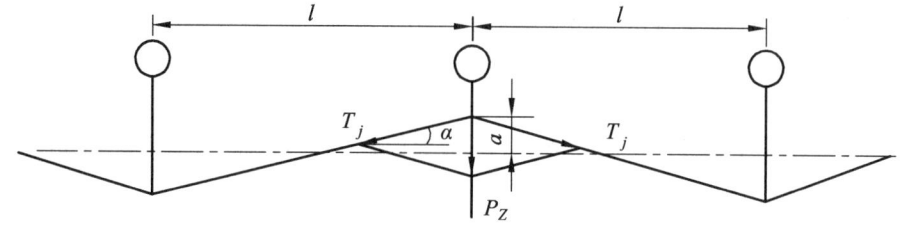

图 10-2-2 接触线"之"字布置

由图可知,接触线与线路轴心线的夹角 α 很小,所以 $\sin\alpha \approx \tan\alpha$。而

$$\tan\alpha = \frac{a}{l/2} = \frac{2a}{l}$$

在支柱两侧的跨距,均以最大跨距考虑,对支柱形成的"之"字力为

$$P_Z = \pm 2T_j \cdot \sin\alpha = \pm T_j \cdot \frac{a}{l} \tag{10-2-3}$$

五、下锚水平分力

接触线或承力索下锚时,下锚支对线路垂直方向将产生水平分力,简称下锚分力。在曲线区段上时,因同时存在曲线力,所以下锚水平分力与在直线区段上时的求法不尽相同,应分别确定。

1. 直线区段上的下锚水平分力

直线区段上转换支柱的下锚水平分力如图 10-2-3 所示。其中图(a)为非绝缘转换支柱 ZF_2 型支柱的下锚支布置图,图(b)为绝缘转换支柱 ZJ_3 型支柱的下锚支布置图。由此可知,因为直线区段上 l 很大,$B_1(B_2)$ 值相对很小,其下锚支水平分力的大小可以用求"之"字水平力的方法确定,即

$$P_M = \pm T \cdot \tan\alpha = \pm T \cdot \frac{B}{l}$$

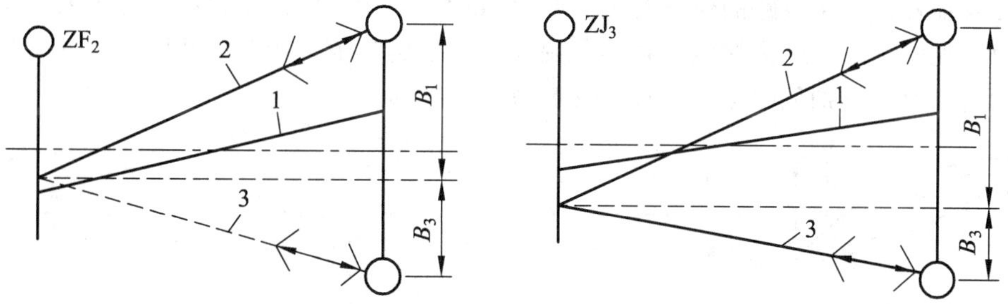

(a)同侧下锚　　　　　　(b)异侧下锚

图 10-2-3　下锚支水平分力

1—接触线工作支;2,3—线索下锚支

若为同侧下锚,转换支柱所受的下锚水平分力为

$$P_{M1} = -T \cdot \frac{B_1}{l} \tag{10-2-4a}$$

若为异侧下锚，转换支柱所受的下锚水平分力为

$$P_{M2} = T \cdot \frac{B_2}{l} \quad (10\text{-}2\text{-}4b)$$

在式（10-2-4a）和式（10-2-4b）中，B_1 及 B_2 的取值视锚段关节的类型而异。

对于非绝缘转换支柱：

$$B_1 = C_X + \frac{1}{2}A + 0.2 , \quad B_2 = C_X + \frac{1}{2}A - 0.2$$

对于绝缘转换支柱：

$$B_1 = C_X + \frac{1}{2}A + 0.8 , \quad B_2 = C_X + \frac{1}{2}A - 0.8$$

式中，C_X 代表支柱侧面限界；A 表示锚柱地面处宽度。

2. 在曲线区段上下锚支的水平分力

在曲线区段上，下锚支的水平分力如图 10-2-4 所示。由以下四个部分组成：

（1）P'_{R1} 左侧下锚支因曲线产生的水平分力；
（2）P_{R1} 左侧工作支因曲线产生的水平分力；
（3）P_{R2} 右侧工作支因曲线产生的水平分力；
（4）P_M 右侧下锚支因曲线及下锚产生的水平分力。

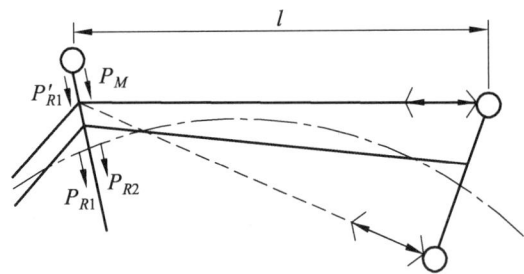

图 10-2-4　曲线区段下锚支的水平分力

接触线和承力索在曲线区段上下锚时，锚支对垂直于线路方向所造成的水平分力 P_M，与曲线半径及锚柱相对于线路的位置有关。如图 10-2-5 所示，假设 x 为接触悬挂因曲线而造成的偏移值，见图（a）；b 为接触悬挂因下锚而造成的偏移值，B 为接触悬挂因下锚及曲线同时造成的偏移值，分别见图（b）及图（c）。则

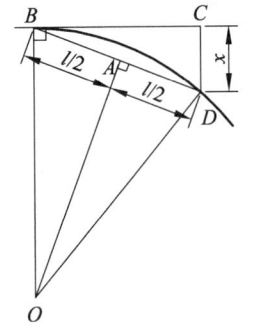 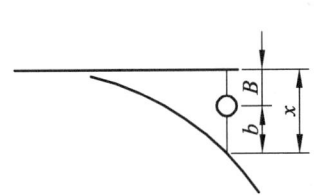 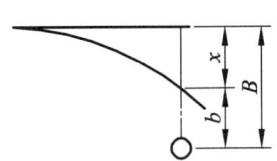

（a）因曲线造成的水平偏移　　（b）锚柱位于曲线外侧　　（c）锚柱位于曲线内侧

图 10-2-5　曲线区段上的锚支偏移

$$B = x \pm b$$

由图 10-2-5 可知

$$\frac{CD}{DB} = \frac{AB}{OB}$$

即

$$\frac{x}{l} = \frac{l/2}{R}, \quad x = \frac{l^2}{2R}$$

则

$$B = \frac{l^2}{2R} \pm b$$

参考直线区段上下锚分力公式 $P_M = T \cdot \frac{B}{l}$，并考虑锚柱在曲线内、外侧的位置，将曲线区段上的 B 值代入式（10-2-4）得：

$$P_M = T\left(\frac{1}{2R} \pm \frac{b}{l}\right)$$

式中，"−"号表示转换支柱和锚柱同时位于曲线侧的情况；"+"号表示因下锚而产生的"之"字水平力与曲线力方向相一致。

图 10-2-4 所示的 P_{R1} 与 P_{R2} 完全是因曲线而产生的水平曲线力，由式（10-2-2）决定。此时，转换支柱所受的总水平力为

$$P_{RM} = P_{R1} + P'_{R1} + P_{R2} + P_M = \left(\frac{l+l'}{R} \pm \frac{b}{l}\right) \tag{10-2-5}$$

中间支柱、转换支柱及锚支柱等由于悬挂的数目不一样，受力条件也不尽相同，因此，支柱的计算负载也是不相同的。为了经济合理地使用支柱，应该是承受负载大时使用大容量的支柱，承受负载小时使用小容量的支柱。各种支柱的负载除与悬挂条件有关外，还受气象条件的影响。在选择支柱之前，对不同类型的支柱应经计算确定其负载。进行支柱负载计算时，一般是先假定一个已知的支柱类型。根据悬挂结构和气象条件，进行各力的分析计算，找出各力的力臂关系，求出各力对支柱地面处的力矩之和，则此总力矩即为选择支柱容量的依据。各类支柱负载计算的方法是基本相同的，只有力的数目和作用点有所差异，具体算法就不再一一赘述了。

必须指出，为了计算准确无误，以便选择适当容量的支柱，计算时应注意以下几点：

① 在计算悬挂零件时，各种零件（包括 U 形吊环、耳环、绝缘子及各种线夹）的重量应参考装配图逐一进行计算。

② 在支柱上，当挂有回流线或其他辅助线索时，其负载可以单独计算，最后在各类支柱（中间支柱、中心支柱、转换支柱等）上附加这一负载力矩，即得支柱的总弯矩值。

③ 在计算支柱负载时，各部尺寸应力求准确，以免造成过大误差。

④ 在计算布置曲线内侧的支柱时，应恰当选择风吹的方向，使计算结果为支柱处于最危险的情况。

⑤ 有特殊装配的各类支柱，例如安装有吸流变压器的支柱，按其实际情况进行计算。一条线路在气象条件确定以后，其各类支柱及在各种曲线半径上的弯矩值计算是较为复杂的，为了方便起见，可列表计算。

第十一章　接触网软横跨预制计算

第一节　接触线高度的确定

《接触网设计平面图》中计算的接触线高度，是指悬挂定位点处的接触线距离钢轨顶面的高度。接触线高度主要根据最小高度及接触线最大弛度等因素确定。接触线正常工作高度是指接触线距钢轨顶面的高度，又称"导高"。

一、接触线最高高度

现场测试表明，接触线最高高度超过 6683 mm 时，电力机车受电弓对接触线的压力不能保持相对稳定，取流状况变坏。因此，《铁路电力牵引设计规范》（以下简称《规范》）规定，接触线最高高度为 6500 mm；《接触网技术规程》（以下简称《技规》）也规定，接触网导线最大弛度时距钢轨顶面的高度不超过 6500 mm。《规范》和《技规》均规定接触线最高高度为 6500 mm，两者都系指当接触线可能出现最大负弛度时，最大负弛度处距钢轨顶面的高度不超过 6500 mm，从而保证接触线可能出现最大负弛度时弓线间必要的接触压力。

接触线无弛度状态（只是一种特殊情况）时的温度为 t_0，当大气温度 t_x 高于 t_0 温度时，接触线出现正弛度，如图 11-1-1（a）所示的实线部分；当大气温度 t_x 低于 t_0 温度时，接触线出现负弛度，如图 11-1-1（b）所示的实线部分。

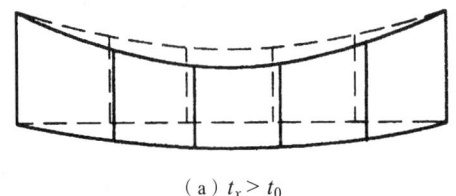
（a）$t_x > t_0$

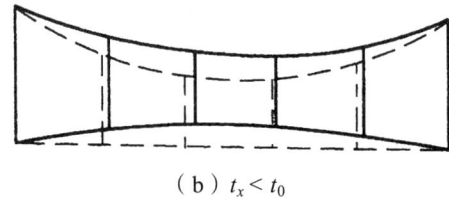
（b）$t_x < t_0$

图 11-1-1　接触线弛度

二、接触线最低高度

接触线最低高度是根据机车车辆限界和最大超限货物限界，同时考虑了带电体与接地体间的空气绝缘间距离来定的。我国机车车辆限界高度为 4800 mm，超限货物列车装载最高高度为 5300 mm。《技规》规定，接触网带电部分至固定接地物的距离不少于 300 mm，距机车车辆或装载货物的距离不少于 350 mm。当海拔超过 1000 m 时，上述数值应按规定相应增加。在目前电气化线路上，接触网带电部分至货物列车最大装载高度的空气绝缘间隙为 350 mm。

根据上述规定和条件,不同区段上接触线的最低高度规定如下:

(1)不符合国标 GB146-59 隧限-2 的隧道内接触线的最低高度为 5370 mm,只允许 5300 mm 三级超限货物列车停电(接触网停电)通过,允许 5000 mm 二级超限货物列车带电(接触网带电)通过;符合隧限-2 的隧道内接触线的最低高度为 5700 mm,允许 5300 mm 三级超限货物列车带电通过。同时,《技规》规定,旧线改造时,接触线最低高度可降为 5330 mm;只允许 4950 mm 一级超限货物列车带电通过,5000 mm、5300 mm 超限货物列车停电通过。

(2)编组站、区段站及配有调车作业的中间站内为 6200 mm,若该站已建成的天桥下方不能满足该高度要求,可降为 5700 mm。

(3)一般中间站和区间为 5700 mm。

(4)接触线最低高度可表示为

$$H_{jx} = Y + D + \delta_1 \tag{11-1-1}$$

式中　H_{jx}——接触线最低高(mm);
　　　Y——最大允许货物装载高度(mm);
　　　D——接触网带电部分至机车车辆装载货物的距离,一般取 350 mm;
　　　δ_1——考虑施工误差、起道等因素影响的高度,取 50 mm。

这样,式(11-1-1)也可表示为

$$H_{jx} = Y + 400 \tag{11-1-2}$$

也就是说,当某线设计时允许通过的最大货物装载高度确定后,该线任何位置接触线最低高度也就确定了。

(5)接触网停电列车通过时,接触线最低高度可表示为

$$H_{jx} = Y + \delta_2 \tag{11-1-3}$$

式中　Y——最大允许货物装载高度(mm);
　　　δ_2——列车在停电通过时,最大允许装载超限货物对接触线的最小允许距离,一般取 70 mm。

这样,式(11-1-3)也可表示为

$$H_{jx} = Y + 70$$

三、接触线正常高度

接触线正常高度是考虑了接触线弛度对接触线实际高度的影响,一般表示为

$$H_j = Y + D + \delta_1 + f \tag{11-1-4}$$

式中　H_j——接触线正常高度(mm);
　　　Y——最大允许货物装载高度(mm);
　　　D——接触网带电部分至机车车辆装载货物的距离,取 350 mm;
　　　δ_1——考虑施工误差、起道等因素的影响高度,取 50 mm;
　　　f——接触线弛度,可按式(11-1-5)和式(11-1-6)计算(mm)。

对于简单接触悬挂,接触线弛度 f 为

$$f = F_{\max} - F_0 \tag{11-1-5}$$

式中 f——接触线弛度（mm）；

$F_{\max}$——接触线最大弛度（mm）；

F_0——接触线设计安装时的弛度（mm）。

对于链形悬挂，接触线弛度 f 为

$$f = \varphi(F_{\max} - F_0) \tag{11-1-6}$$

式中 f——接触线弛度（mm）；

φ——链形悬挂结构系数，其值为 $\varphi = \dfrac{(l-2e)^2}{l^2}$，$l$ 为跨距长度（m），e 为链形悬挂中支柱附近第一根吊弦距定位点的水平距离；

$F_{\max}$——承力索最大弛度（mm）；

F_0——接触线无弛度时，承力索的弛度（mm）。

在实际设备检修或测量中，接触线的实际弛度可以通过现场实际测量计算得到，其计算公式为

$$f = \frac{F_1 + F_2}{2} - F_0 \tag{11-1-7}$$

式中 f——接触线实际弛度（mm）；

F_1、F_2——相邻定位点处接触线距轨平面的高度（mm）；

F_0——跨中接触线距轨平面的高度（mm）。

接触线的正常高度是指悬挂定位点处的接触线高度。正常高度比最低高度要高。它可以保证接触线在最高温度情况下出现最大正弛度时，在最大正弛度处接触线最低点的接触线高度不低于该线路接触线设计允许最低高度；可以保证接触线在最低温度情况下出现最大负弛度时，在最大负弛度处接触线最高点的接触线高度不高于该线路接触线设计允许最高高度。因此，接触线正常高度在中间站及区间为 5800～6000 mm；在编组站、区段站及配有调车组的中间站或大站为 6400～6450 mm。

四、结构高度

结构高度是指在悬挂点（定位点）处承力索和接触线间的垂直距离。全补偿链形悬挂结构高度要求比半补偿链形悬挂结构高度低。设计中所指的结构高度，是接触线无弛度时在悬挂点处承力索至接触线的垂直距离，一般取 1100～1700 mm，可由下式表示：

$$h = F_0 + C_{\min} \tag{11-1-8}$$

式中 h——结构高度（mm）；

F_0——接触线无弛度时承力索的弛度（mm）；

$C_{\min}$——最短吊弦长度（mm）。

由式（11-1-8）可知，结构高度与承力索的弛度有关，在 F_0 已知时，就可以确定结构高

度 h。最小的结构高度必须满足最短吊弦（一般不小于 250 mm）在最高温度时其顺线路方向的偏角不超过 30°（全补偿链形悬挂不超过 20°）。隧道内的结构高度一般为 450～550 mm，不得低于 300 mm。

结构高度过小，会在吊弦处形成硬点，甚至在受电弓通过时，在跨中使接触线与承力索相碰撞。同时，结构高度偏小，欲改善悬挂工作状态，必须要增加滑动吊弦使用数量。因此，在条件许可的情况下，增加结构高度可以相应地改善悬挂的运营条件。

第二节　软横跨节点

多股道的接触悬挂借助数根横向线索悬挂到布置在这些线路两侧的两根支柱上，这种装置称为软横跨。软横跨由站场线路两侧支柱和悬挂在支柱上的横向承力索，上、下部固定绳以及支持和连接它们的零件组成。另外还有一种硬横跨形式，即接触悬挂固定在位于电气化线路两侧支柱上的实腹钢结构（硬横梁）上。横向承力索是软横跨的主要构件，承受链形悬挂的垂直负载。横向承力索有单根承力索组成的单横承力索软横跨和两根承力索组成的双横承力索软横跨。为了将悬挂的线索固定在水平位置上，在横向承力索的下部还布置有上、下部固定绳。横向承力索通过直吊弦承受着全部悬挂的垂直重量，故横向承力索多采用 GJ-70 镀锌钢绞线，一般用一根；当负荷很重、经计算需用两根时，可以设双横承力索。上部固定绳的作用是固定各股道的纵向承力索，并将纵向承力索的水平负载传递给支柱。下部固定绳的作用是固定定位器，以便对接触线按技术要求定位，并将接触线水平负载传递给支柱。由于上、下部固定绳只承受水平力，负载不大，故上、下部固定绳多用 GJ-50 镀锌钢绞线。我国目前采用的是绝缘式软横跨，绝缘式软横跨即横向承力索与上、下部固定绳均绝缘，也就是对地绝缘。绝缘式软横跨有很多优点，它的各条线索对地都是绝缘的，这样便于带电检修。它的对地绝缘的绝缘子串都装在线路两侧，故在电力和内燃、蒸汽混合牵引区段上运营，可以减轻绝缘子的污损程度，从而减少清洗绝缘子的工作量。在线路较多的站场上用绝缘式软横跨可节约大量绝缘子，并且有利于机务人员瞭望信号，同时增加了车站的美观程度。上、下行分开供电的车站，跨越上、下行股道的软横跨应该用绝缘分开，软横跨上、下行股道间的横向电分段绝缘子串应位于相邻上、下行股道的中间。靠支柱的接地绝缘子串应在同一垂直平面内，允许误差为 ±10 mm。

软横跨上、下行股道间横向电分段绝缘子串起上、下行电分段作用，在实际"V"型天窗作业区段，横向电分段绝缘子串经常起接地侧绝缘子的作用。另外，当某一方向接触网设备故障时，它还将另一方向正常接触网设备在站场隔离开来，起缩小事故范围的作用。因此，为了保证在实行"V"型天窗时作业人员的人身、设备安全和缩小事故范围，软横跨上、下行股道间横向电分段绝缘子串采用四片。

软横跨绝缘子，不管是接地侧绝缘子还是上、下行股道间的横向电分段绝缘子，它们一方面起绝缘作用，另一方面起连接作用。因此，软横跨绝缘子对机械性能和绝缘性能要求都比较高，所以在安装、检修、检查时，要严格检查软横跨两侧及中间绝缘子串，特别是各绝缘子串中各绝缘子的连接情况，防止弹簧销子脱落和丢失，确保安全供电。

在带中间站台的车站，为保证车站工作人员和旅客的人身和财产安全，软横跨下部固定绳在跨越中间站台时，要形成一个中性区，即下部固定绳在跨越中间站台的两端用绝缘子隔离开关，形成一个不带电的区域，如图 11-2-1 所示。

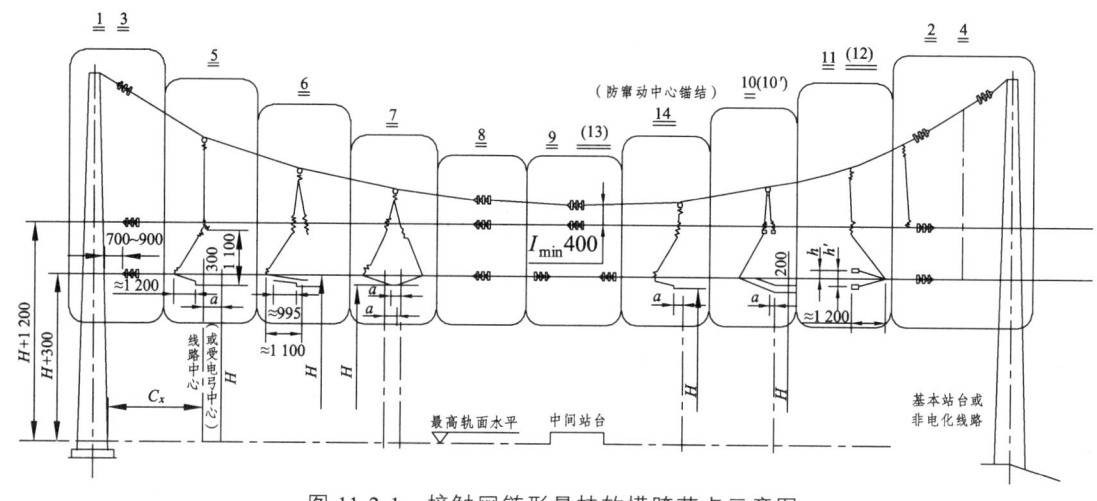

图 11-2-1　接触网链形悬挂软横跨节点示意图

横向承力索的弛度和张力以及上、下部固定绳的张力和弛度，可以用锚固拉杆调节。锚固拉杆不能弯曲，它经球形垫块或角形垫块固定到钢支柱角钢上，这种垫块还能保证拉杆在不弯曲的情况下有一定的水平位移。

横向承力索和上部固定绳间通过两股 $\phi4.0$ 镀锌铁线拧成的直吊弦连接起来，上、下部固定绳间，通过两股 $\phi4.0$ 镀锌铁线拧成的斜吊弦将鞍子或悬吊滑轮与定位环线夹连接起来。

软横跨所采用的结构视其所设地点的线路情况而定，其结构形式可用节点的组合方式来表示。软横跨的节点形式很多，特别是在股道较多而线路比较复杂的站场上，同一组软横跨上会出现很多不同形式的节点，故架设软横跨是一项比较复杂而细致的工作。

接触网链形悬挂软横跨节点如图 11-2-1 所示。

（1）节点 1、2 适用于 13 m 或 15 m 高的钢柱，节点 3、4 适用于地面以上 12 m 的钢筋混凝土柱。

（2）节点 9 为中间站台上方的下部固定绳的分段，节点 9 上方的横向承力索及上部固定绳也用绝缘子串分段，即为节点 13（见图中虚线部分）。

（3）节点 11 接触线在此处升高后，与下部固定绳之间的垂直距离 $h = H' - (H + 200)$；节点 12 接触线在此处升高后，与下部固定绳之间垂直距离 $h = H' - (H + 430)$。其中，H' 为下部固定绳距轨平面（或轨平面连线中心）的高度。h 为正值时，接触线在下部固定绳的下方；h 为负值时，接触线在下部固定绳的上方。

（4）承力索在直线区段应位于线路中心正上方，在曲线区段应位于接触线正上方；接触线拉出值 a，在直线及曲线区段均是相对于受电弓中心的距离。

（5）下部固定绳的高度以电气化股道的最高轨面连线的中心为准，接触线高度不得超过 6500 mm，轨面较低时，可采用按不大于接触线允许坡度升高接触线的方式安装；接触线高度超过 6500 mm 时，可采用加设调节立柱的措施安装，如图 11-2-2 所示。

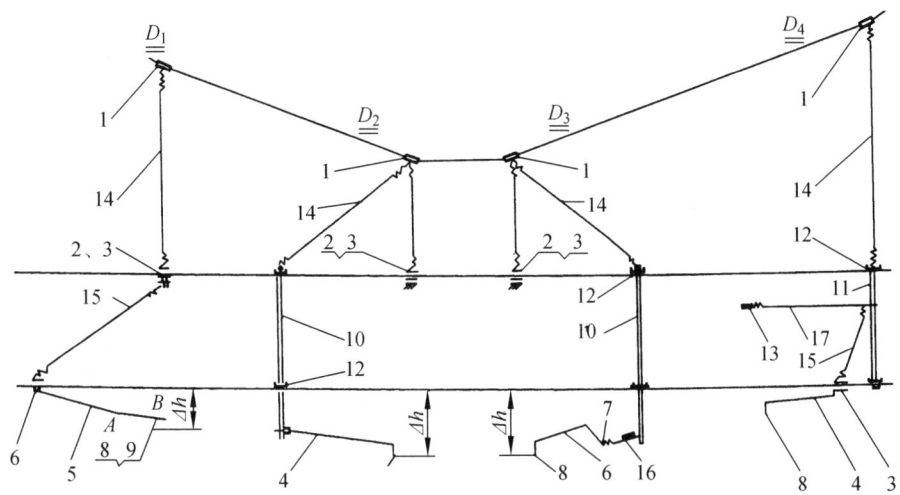

图 11-2-2 接触网链形悬挂不等高轨面软横跨节点安装示意图

图 11-2-2 为不等高轨面处软横跨定位器的安装（$D_1 \sim D_3$）及软横跨处接触悬挂定位安装（D_4）示意图，此图仅为不等高轨面软横跨中低轨面处的安装图，各节点适用范围见表 11-2-1。其中 R 为线路曲线半径，Δh 为接触线与下部固定绳之间的距离，安装所需零件见表 11-2-2。各节点按单横承力索设计，如为双横承力索，则各节点中的零件应更换为 JL24-85 横承力索线夹，其余不变。节点 D_1 弯折定位管时，须保证 AB 段保持不小于 1/10 的斜度。

表 11-2-1　不等高轨面软横跨节点适用范围

节点代号		D_1	D_2	D_3
适用范围	R/m	$R \geqslant 300$	$R > 800$	$300 \leqslant \Delta R \leqslant 800$
	Δh/mm	$300 \leqslant \Delta h \leqslant 500$	$\Delta h > 500$	$\Delta h > 500$

表 11-2-2　接触网链形悬挂不等高轨面软横跨零件

序号	代号	名称	材料	单位	节点 D_1 数量	节点 D_1 共重	节点 D_2 数量	节点 D_2 共重	节点 D_3 数量	节点 D_3 共重	节点 D_4 数量	节点 D_4 共重	附注
1	JL23-85	横承力索线夹	KT33-8	套	1		1		1		1		
2	JL77-85	悬吊滑轮	KT33-8	套	1		1		1		—		
3	JL21-85	定位环线夹	KT33-8	套	2		1		1		1		
4	JL63($\frac{3}{4}$B)-85	$\frac{3}{4}$B 型定位器	A_3	套	—		1				1		
5	JL62(l-1850)-85	1-1850 型定位管	A_3	件	1		—						
6	JL64-85	软定位器	A_3	套					1				
7	JL12(1)-85	1 型定位环	KT33-8	套	—		—		1				
8	JL(T85)-85	T85 型定位线夹	ZQAlg-4	套	1		1		1		1		
9	JL10(l)-85	1 型长支持器	KT33-8	套	1		—						

续表

序号	代号	名称	材料	单位	节点 D_1 数量	节点 D_1 共重	节点 D_2 数量	节点 D_2 共重	节点 D_3 数量	节点 D_3 共重	节点 D_4 数量	节点 D_4 共重	附注
10	JL372-8	调节立柱	A_3	套	—		1		1		—		长度 L 由实际轨面高差决定
11	JL372(D)-85	D 型调节立柱	A_3	套	—		—						
12		6Q-3 型钢线卡子	KT33-8	套			4		4		4		
13	JL36-85	夹环	A_3	套	—						1		
14		上部吊线	ϕ4.0 镀锌铁线	根	1		2		2		1		两股拧成现，场确定长度
15		下部吊线	ϕ4.0 镀锌铁线	根	1		—		—		1		两股拧成现，场确定长度
16		拉线	ϕ4.0 镀锌铁线	根	—				1				两股拧成现，场确定长度
17		拉线	ϕ4.0 镀锌铁线	根							1		两股拧成现，场确定长度

（6）定位器应处于受拉的位置。

（7）图中 H 值为接触线距电化股道最高轨面（或轨面连线中心）的高度。

（8）横向承力索采用单根或双根 GJ-70 镀锌钢绞线，上、下部固定绳采用单根 GJ-50 镀锌钢绞线。

（9）除特殊要求外，一般悬挂 6 支以上接触悬挂时，无论跨越几股道均采用双横承力索；悬挂 5 支及以下接触悬挂时，采用单横承力索。

（10）当 $C_x > 6$ m 时，节点 2 或节点 4 的横向承力索绝缘子串应下移，且与上、下部固绳绝缘子串在同一垂直平面内，另将悬吊上部固定绳的吊弦外移至双点划线处，为此，零件须按表 11-2-3 所示调整。

表 11-2-3　侧面限界 $C_x > 6$ m 时，软横跨零件调整

序号	名称	单横承力索	双横承力索	横承力索平面示意
1	WS-7 型碗头挂板	—	+1	
2	双耳连接器	—	+1	
3	70 型杵座楔形线夹	+1	—	
4	70 型双耳楔形线夹	+1	+4	
5	QP-7 型球头挂环	+1	+1	
6	定位环线夹	+1	+1	
7	LV-0712 联板	—	+2	
8	ϕ4.0 镀锌铁线	适量	适量	

节点 1、2 是软横跨在钢柱上的安装形式，它主要由绝缘子、杵头杆、固定角钢、角形垫块固定在钢柱靠线路侧的一面。上、下部固定绳用杵头杆、固定角钢、球形垫块固定在钢柱的田野侧，具体材料选用见表 11-2-4。节点 1、2 的结构装配见图 11-2-3。

表 11-2-4　软横跨节点 1、2、3、4 所用材料

序号	代号	名称	单位	节点 1 单横承力索 数量	节点 1 单横承力索 共重	节点 1 双横承力索 数量	节点 1 双横承力索 共重	节点 2 单横承力索 数量	节点 2 单横承力索 共重	节点 2 双横承力索 数量	节点 2 双横承力索 共重	节点 3 数量	节点 3 共重	节点 4 数量	节点 4 共重
1	JL43(600)-85	600 型杵头杆	套	1	1.96	1		1		1					
2	JL43-85	杵头杆	套	2	33×2	2		2		2					
3	JL73-85	三孔角钢	件	2		2		2		2					
4	JL47(130)-85	130 型钩螺栓	套	4	0.37	4		4		4					
5	JL31-85	角形垫块	套	1	0.762	1		1		1					
6	JL30-85	球形垫块	件	2	0.18	2		2		2					
7	XP-6	杵头悬式绝缘子	套	6/0		6/0		6/0		6/0		6/0		6/0	
8	XWP$_2$-6	杵头悬式绝缘子	套	3/9		3/9		3/9		3/9		3/9		3/9	
9	JL26(70)-85	70 型杵座楔形线夹	套	1				1						1	
10	JL26(50)-85	50 型杵座楔形线夹	套	2		2		4		4		2		4	
11	GB2324-85	WS-7 型碗头挂板	套			1		1		1		1			
12	JL2328-85	LV-0712 型联板	件			1				1					
13	JL27(70)-85	70 型双耳楔形线夹	套			2				2		1			
14	JL27(50)-85	50 型双耳楔形线夹	套							2				2	
15	JL23-85	横承力线夹	套							2				2	
16	JL24-85	双横承力索线夹	套							1					
17	GB2323-85	QP-7 型球头挂环	件					2		2				2	
18	JL45(400)-85	400 型耳环杆	件									1		1	
19	JL78(540)-85	540 型 DWS 底座	套									1		1	
20	JL78(580)-85	580 型 DWS 底座	套									1		1	
21	JL32-85	双耳连接器	套									3		1	
22	JL39-01-85	焊接杵环	件									3		3	
23		M20 开式螺旋扣	套									3			
24		φ4.0 镀锌铁线	根					1		1				1	

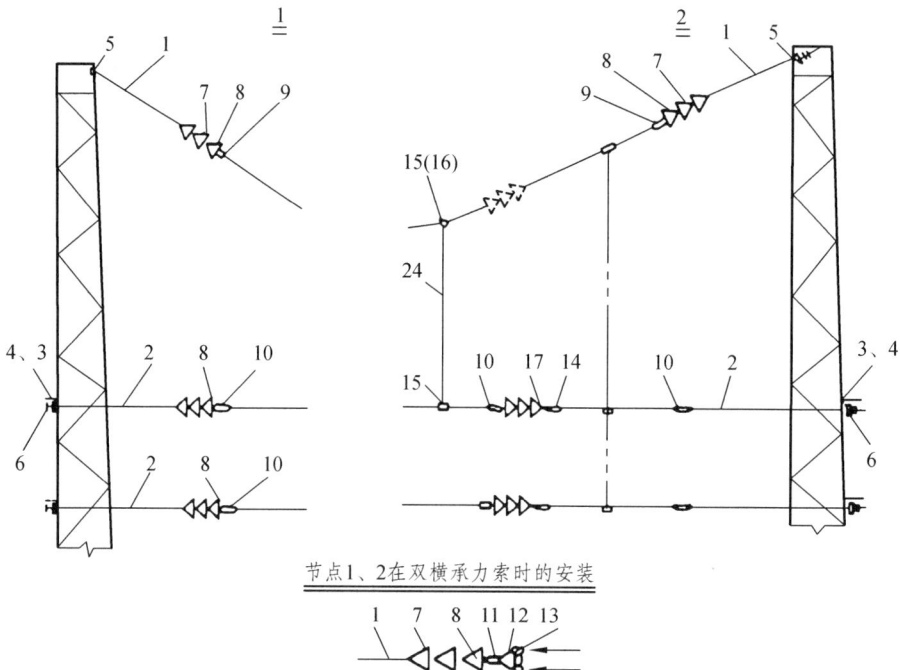

图 11-2-3　接触网链形悬挂软横跨节点 1、2 的结构装配

节点 3、4 是软横跨在钢筋混凝土支柱上的装配形式，横向承力索通过绝缘子串、双耳连接器、杵环杆固定在支柱上。节点 3、4 所用材料见表 11-2-4。结构装配如图 11-2-4 所示。

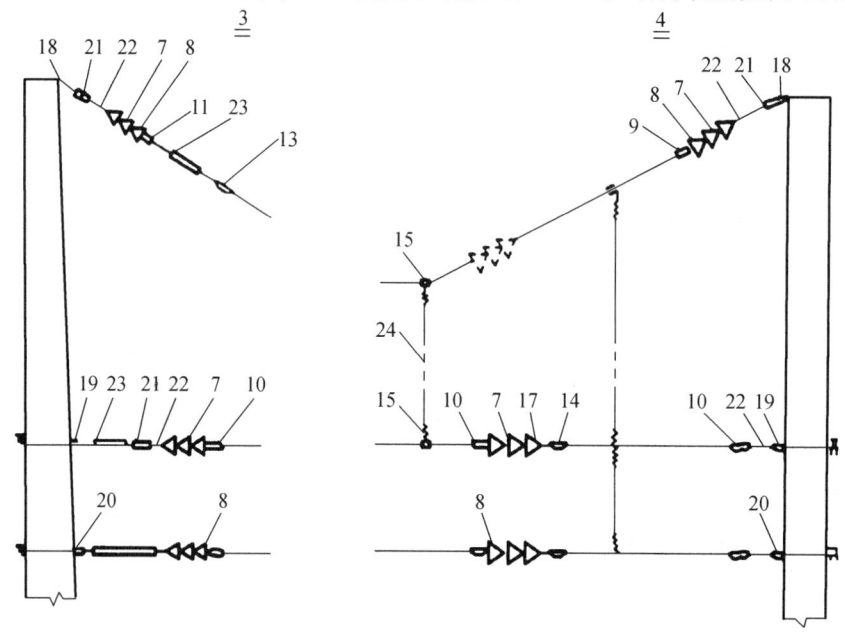

图 11-2-4　接触网链形悬挂软横跨节点 3、4 的结构装配

钢筋混凝土支柱软横跨仅在一侧装有开式螺旋扣（零件 23），当一对钢筋混凝土软横跨处均为节点 3 或节点 4 时，则在一侧节点 3 中取消开式螺旋扣，或在一侧节点 4 中增加开放式螺旋扣，并按表 11-2-5 调整。

表 11-2-5 取消或增加开式螺旋扣用料

序号	代 号	名称	单位	节点 3 取消数量	节点 3 增加数量	节点 4 取消数量	节点 4 增加数量	附注
11	GB2324-85	WS-7 型碗头挂板	套	1			1	
23		M20 开式螺旋扣	套	3			3	
13	JL27(70)-85	70 型双耳楔形线夹	套	1			1	
9	JL26(70)-85	70 型杵座楔形线夹	套		1	1		
22	JL39-01-85	焊接杵环	件	变更2件,另1件不变				
21	JL32-85	双耳连接器	套	2			2	

上、下部固定绳处三孔角钢形式及杵头形式分别见表 11-2-6 和表 11-2-7。

表 11-2-6 上、下定位索处三孔角钢形式

接触线高度/mm	定位索形式	$G\dfrac{10-20}{13}$	$G\dfrac{20-25}{15}$	$G\dfrac{45}{15}$	$G\dfrac{25-25}{15}$ $G\dfrac{35-25}{15}$
6450	上定位索	610	730	850	850
6450	下定位索	610	730	850	970
6000	上定位索	610	730	850	970
6000	下定位索	610	730	970	970

表 11-2-7 上、下定位索处杵头杆形式

接触线高度/mm	侧面限界/mm	$G\dfrac{10-20}{13}$	$G\dfrac{20-35}{15}$	$G\dfrac{45}{15}$
6450	<3000	1600	1600	1900
6450	≥3000	1600	1600	1900
6000	<3000	1600	1600	
6000	≥3000	1600	1600	

节点 8 用于软横跨上、下行正线股道间的电分段绝缘。由于站场软横跨把各股道接触悬挂电路上都连接起来,这给某些上、下行需要分开供电,以及某些股道需要进行停电作业、而另一些股道又不能停电作业的情况造成了不便。为了解决这些矛盾,就采用节点 8 的结构对软横跨进行电分段。节点 8 仅用悬式绝缘子串和相应的组件将横向承力索及上、下部固定绳隔离开关,以达到绝缘分段的目的。节点 8 的结构装配如图 11-2-5 所示,所用材料见表 11-2-8。

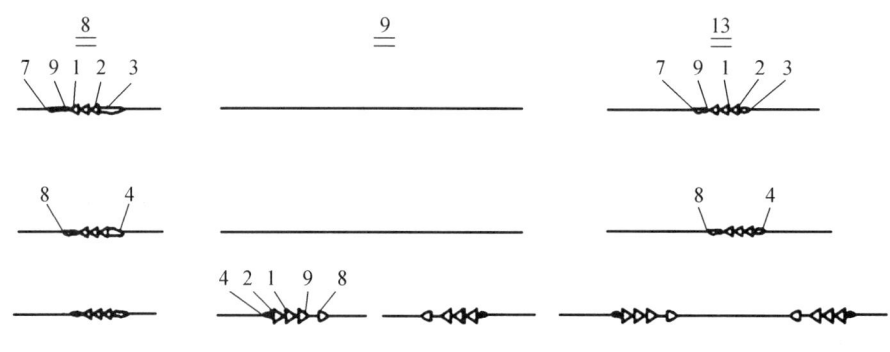

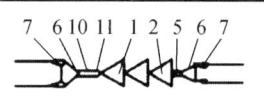

节点8、13在双横承力索时的安装

图 11-2-5　接触网链形悬挂软横跨节点 8、9、13 的结构装配

表 11-2-8　软横跨节点 8、9、13 所用材料

序号	代号	名称	单位	节点8				节点9		节点13				附注
				单横承力索		双横承力索		数量	共重	单横承力索		双横承力索		
				数量	共重	数量	共重			数量	共重	数量	共重	
1	XP-6	杵头悬式绝缘子	套	6/0		6/0		4/0		8/0		8/0		一般污区/重污区
2	XWP$_2$-6	杵头悬式绝缘子	套	3/9		3/9		2/6		4/12		4/12		一般污区/重污区
3	JL26(70)-85	70型杵座楔形线夹	套	1						1				
4	JL26(50)-85	50型杵座楔形线夹	套	2		2		2		3		3		
5	GB2324-85	WS-7型碗头挂板	套			1						1		
6	JL2328-85	LV-0712型联板	件			2						2		
7	JL27(70)-85	70型双耳楔形线夹	套	1		4				1		4		
8	JL27(50)-85	50型双耳楔形线夹	套	2		2		2		3		3		
9	GB2323-85	QP-7型球头挂环	件	3		3		2		4		4		
10	JL32-85	双耳连接器	套			1						1		
11	JL39-01-85	焊接杵环	件			1						1		

节点 9 的安装结构多用于跨越中间站台时，为了保证车站工作人员以及旅客生命财产安全，下部固定绳在跨越中间站台时将两端用绝缘子串隔开，正对中间站台上方的下部固定绳无电，形成一个无电区，即中性区。其结构装配如图 11-2-5 所示，所用材料见表 11-2-8。

节点 13 和节点 9 结构一样，只是节点 13 在横向承力索以及上部固定绳上也用绝缘子串隔开，如图 11-2-5 所示，其所用材料见表 11-2-8。

节点 5 相当于一个一般中间柱装置，在整个站场软横跨定位中，采用最常用最普遍的是节点 5。为满足全补偿的要求，承力索经悬吊滑轮固定在上部固定绳上，对于半补偿承力索则改用钩头鞍子来固定，其节点装配形式如图 11-2-6 所示，所用材料见表 11-2-9。

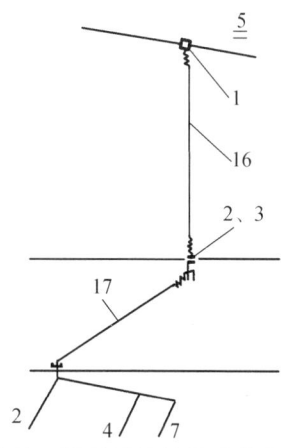

图 11-2-6　接触网链形悬挂软横跨节点 5 安装示意图

表 11-2-9　软横跨节点 5、6、7、10、11（12）、14 所用材料

序号	代号	名称	单位	节点 5		节点 6		节点 7		节点 10		节点 11(12)		节点 14		附注
				数量	共重	数量	共重	数量	共重	数量	共重	数量	共重	数量	共重	
1	JL23-85	单横承力索线夹	套	1		1		1		1		1		1		
2	JL21-85	定位环线夹	套	2		3		4		4		2		2		
3	JL77-85	悬吊滑轮	套	1		2		2		2		1		1		钢承力索时用 JL771C7-85 型
4	JL63(L₃)-85	L₃型定位器	套	1				2						1		站线用JL63(3/4B)-85 3/4B型定位器
5	JL62(1-1500)-85	1-1500型定位管	件			1				1						
6	JL63(DC)-85	DC型定位器	件			1										
7	JL01-85	定位线夹	套	1		2		2		1				1		形式依线型选定
8	JL10(1)-85	1型长支持器	套			1				1						
9	JL12(1)-85	1型定位环	套			1										
10	JL36-85	夹环	套							1		1				

续表

序号	代号	名称	单位	节点5 数量	节点5 共重	节点6 数量	节点6 共重	节点7 数量	节点7 共重	节点10 数量	节点10 共重	节点11(12) 数量	节点11(12) 共重	节点14 数量	节点14 共重	附注
11		GJ-70 镀锌钢绞线	根											1		约 1 m 长
12		GJ-50 镀锌钢绞线	根											2		每根约 8.5 mm 长
13	GB2334-85	JK-2 型线卡子	套											8		
14	JL03-85	中心锚结线夹	套											2		
15		拉线（φ40 镀锌铁线）	根							1		1				两股合成，全长约 3 m
16		上部吊线（φ40 镀锌铁线）	根	1		2		2		2		1		1		两股合成，现场确定长度
17		下部吊线（φ40 镀锌铁线）	根	1		1		2		1		1		1		两股合成，现场确定长度

注：1. 承力索为双横承力索时，各节点中的零件 1 应更换为 JL24-85 双横承力索线夹。
2. 节点 14 为站内软横跨处防窜动的中心锚结，接触线中心锚结安装在相邻两跨的跨中。
3. 节点 14 中的零件 11 应在接触悬挂调整完毕后再安装。

节点 6、7 相当于道岔定位柱的定位装配，它所定位的两组悬挂均为工作支，两根接触线的高度基本一致。节点 6 相当于 L 型道岔定位柱安装，节点 7 相当于 LY 型道岔定位柱安装，其结构装配如图 11-2-7 所示，所用材料见表 11-2-9。

节点 10 装配形式与锚段关节中转换柱的装配相似。它悬挂的两组悬挂，一组为工作支，另一组为非工作支，在悬挂点处按非绝缘锚段关节转换柱的要求，非工作支比工作支抬高 200～250 mm。非工作支接触线不用定位器而采用夹环，通过 φ4.0 mm 镀锌铁线固定在定位环线夹上。其结构装配如图 11-2-8 所示，所用材料见表 11-2-9。

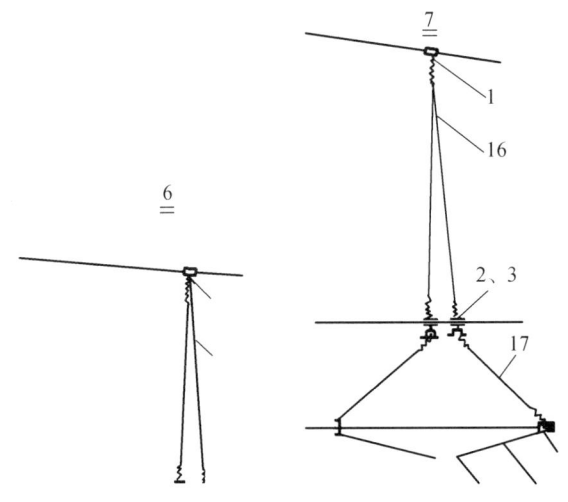

图 11-2-7 接触链形悬挂软横跨节点 6、7 的结构装配

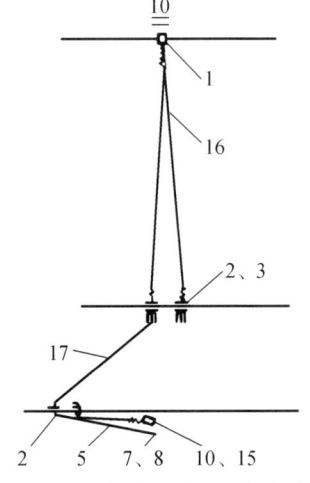

图 11-2-8 接触网链形悬挂软横跨节点 10 的结构装配

节点 10 为绝缘转换节点时，将非工作支接触线最低绝缘子裙边抬升至距工作支接触线 200 mm 处，其安装示意图和增加的零件分别如图 11-2-9 和表 11-2-10 所示。

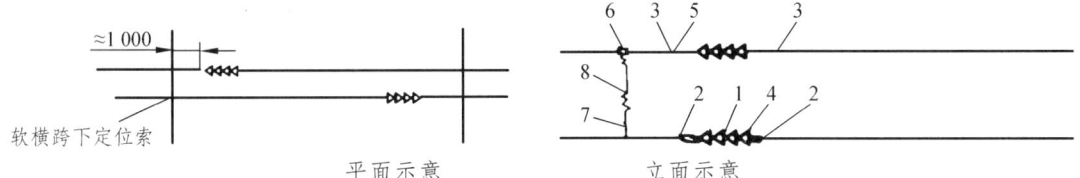

图 11-2-9　接触网链形悬挂软横跨绝缘转换节点 10 的结构装配

表 11-2-10　绝缘转换节点增加零件

序 号	代 号	名 称	数量（铜电车线）
1	XP-6	杵头悬式绝缘子	8
2	JL27(Z)-85	Z 型双目楔形线夹	2
3	JL27(70)-85	70 型双目楔形线夹	2
4	GB2324-85	W-7A 型碗头挂板	2
5	GB2323-85	QP-7 型球头挂环	2
6	JL36-85	夹环	1
7	JL02-85*	吊弦线夹	1
8		$\phi 4.0$ 镀锌吊线	≈2 m

节点 11（12）表示两组悬挂均为非工作支定位。两组非工作支接触线均不用定位器，而与节点 10 非工作支接触线一样采用夹环，通过 $\phi 4.0$ mm 镀锌铁线固定在定位环线夹上，这样不妨碍接触线的伸缩。节点 11（12）的结构装配如图 11-2-10 所示，所用材料如表 11-2-9 所示。

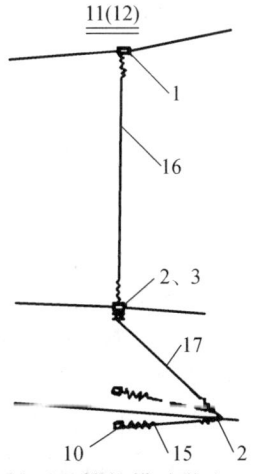

图 11-2-10　接触网链形悬挂软横跨节点 11（12）的结构装配

节点 14 为站内软横跨处设防串动中心锚结的安装定位方式，其装配形式和节点 5 一样，接触线中心锚结安装在相邻两跨（l_1、l_2）的中间位置，其结构如图 11-2-11 所示，所用材料见表 11-2-9。

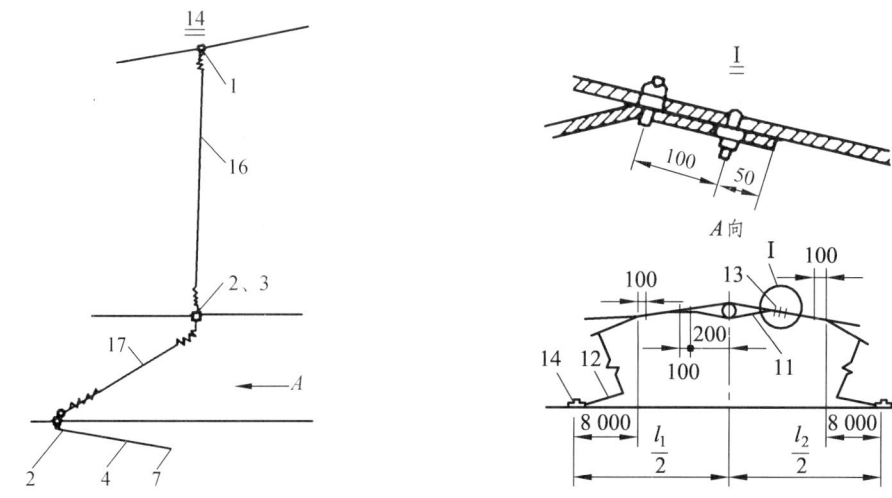

图 11-2-11 接触网链形悬挂软横跨节点 14 的结构装配

第三节 软横跨预制计算

软横在架设时跨越很多股道，受运输干扰比较大，而且可调节的裕度较小，因此，一般要求软横跨挂设时一次到位，尽量避免返工，所以软横跨前期的预制和计算十分重要。在施工和改造中，软横跨预制计算曾采用抛物线计算法、图解法、实测法等，这些方法虽然简单易行但精确度不够，特别是在既有电气化线路上改造，由于施工停电点的限制，以上方法不可取，故一般采用负载计算法。负载计算法是以实际悬挂的标准形式为依据，以实际负载为计算条件，以安装后的受力状态为前提，由负载计算转化为结构尺寸计算的方法。

负载计算法的步骤为：（1）测量并计算安装结构参数；（2）确定负载；（3）确定最短吊弦位置；（4）求算横向承力索分段长度、总长度及各悬挂点吊弦长度；（5）求算上、下部固定绳长度；（6）计算结果校验。

一、测量并计算安装结构参数

软横跨预制计算中，有许多已知数据是需要通过实际测量确定的，已知数据必须符合现场的实际情况，否则，即使计算无误差也不能达到预期的目的。因此，测得准确的原始数据是十分重要的。假设根据现场线路实际情况绘制的软横跨结构如图 11-3-1 所示，在进行软横跨预制计算时，一般应具有以下的原始结构尺寸数据：

（1）C_{x1}，C_{x2}——侧面限界，在正线轨平面内，为支柱内侧缘至相邻线路中心的距离（m）。

（2）l——横向跨距，是指两支柱横向承力索悬挂点间的水平距离（m）。

（3）l_1，l_2——不等高悬挂或不对称悬挂，由横向承力索最低点分别至两支柱横向承力索悬挂点的水平距离（m）。

（4）δ_1，δ_2——支柱结构的斜率和调整倾斜度之和，即安装后的支柱内缘（钢柱为外缘）每米高度所倾斜的水平距离。

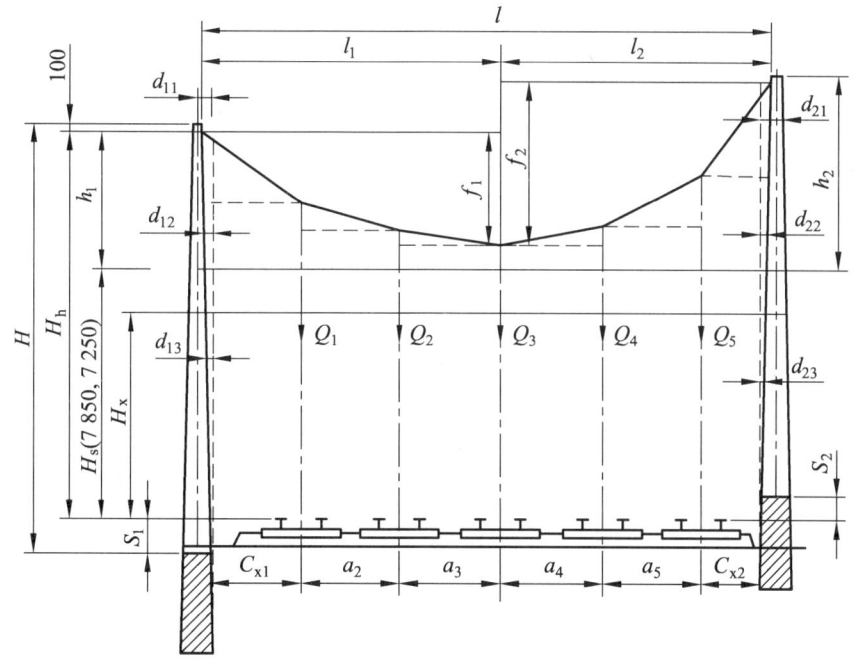

图 11-3-1 软横跨结构

（5）d_1，d_2——偏移距离，即支柱结构斜率和调整倾斜值所形成的偏移距离之和，简称偏距。
$d_1 = H\delta_1$，$d_2 = H\delta_2$，即图 11-3-1 所示的 d_{11}、d_{21}，为横向承力索处的偏移距离；
$d_1' = H_S\delta_1$，$d_2' = H_S\delta_2$，即图 11-3-1 所示的 d_{11}、d_{21}，为上部固定绳处的偏移距离。
考虑到支柱受力后产生的挠度和基础内倾，经验取值比一般计算值偏小。

（6）S_1，S_2——基础面至最高轨面的高差，即支柱底面至轨面的垂直距离（对钢筋混凝土支柱，则是由地线孔至轨面的垂直距离）。当支柱底面高出轨面时，S 为正值，否则为负值。

（7）f_1，f_2——横向承力索的弛度，即由横向承力索最低点至横向承力索悬挂点铅垂方向的距离。当两支柱等高时，$f_1 = f_2 = f_{\max}$。

（8）a_1、a_2、a_3、…a_n——横向承力索上相邻悬挂点间的水平距离，一般认为是相邻线路的线间距。其中，$a_1 = C_{x1} + H\delta_1$，$a_{n+1} = C_{x2} + H\delta_2$。

二、确定负载

软横跨结构复杂、形式多样，为了便于设计、施工、计算、备料、改造和检修，将常用的各种不同形式的软横跨装配结构组合在一起，形成各种各样的结构形式，按其结构形式的不同将它们分成若干个软横跨节点类型。软横跨的负载计算就是根据软横跨的节点类型求算悬挂负载。图 11-2-1 表示的是常用的 14 种节点类型，其表示的意义如前所述。在现场勘测时，根据线路的实际情况绘制成软横跨，就可以确定悬挂负载了。

悬挂负载包括节点负载、纵向悬挂自重负载 nq_0l，绝缘子及分段绝缘子的重力负载，横向承力索与上、下部固定绳的自重负载。在负载计算时，由于横向承力索的弛度很大，所以假设垂直负载全部由它承担，并且各个悬挂的负载全部集中在悬挂点，如图 11-3-1 所示。每个悬挂点负载应包括下述 4 个部分。

1. 悬挂点零件重量负载（节点负载）J_i

悬挂点零件重量负载仅包括悬挂零件的负载，称为节点负载，又称节点重量。悬挂节点重量视各悬挂点类型而异，具体节点重量负载由悬挂节点的悬挂零件组成。节点重量是由实际节点所悬挂的零件重量计算而得，即软横跨该节点处所用零件的总重量。软横跨零件重量参考表 11-3-1。

表 11-3-1　软横跨零件重量参考表

零件型号及名称	单位	重量/N	零件型号及名称	单位	重量/N
GJ-100 镀锌钢绞线	m	8.59	软定位器	个	3.5
L_3-1 200 型定位器	个	14.1	GLCA$\frac{80}{173}$钢铝接触线	m	7.44
GJ-70 镀锌钢绞线	m	6.15	定位线夹	个	2.59
3/4B-1 150 型定位器	个	22	TCG-110 铜接触线	m	9.77
GJ*50 镀锌钢绞线	m	4.11	3/4 型定位钩	个	3.12
DC 型定位器	个	18.8	TCG-85 铜接触线	m	7.6
GLCA$\frac{100}{215}$钢铝接触线	m	9.25	定位环线夹	个	6.6
GJ-103 弹性吊弦辅助绳	m	0.92	JK-2 型钢线卡子	个	3
单横承力索线夹	个	7.1	调节立柱	个	$10.3+38.4L$
ϕ40 镀锌铁夹	m	0.9	D 型立柱	个	51.8
双横承力索线夹	个	8.4	LV-0712 型联板	件	14.7
X-4.5 悬式绝缘子	个	5	T110 型定位线夹	套	2.6
U 形线夹	个	7.3	W-7A 型碗头挂板	件	8
XP-7 悬式绝缘子	个	4	$\frac{3}{4}$ 型定位环	个	4.2
杵座鞍子	个	10.4			
XP-7 悬式绝缘子	个	5	$\frac{1}{2}$ 型定位环	个	3.7
悬吊滑轮	个	13.6	1-1 500 型定位管	个	3.8
70 型杵座楔形线夹	个	10.9	1-1 150 型定位管	个	2.9
1 型定位钩	个	4.05	1-1 850 型定位管	个	51.1
50 型杵座楔形线夹	个	11.1	1 型长支持器	个	6.3
1 型定位环	个	4.6			
70 型双耳楔形线夹	个	10.8	$\frac{3}{4}$ 型长支持器	个	6.1

续表

零件型号及名称	单位	重量/N	零件型号及名称	单位	重量/N
50 型双耳楔形线夹	个	11.0	1 型支持器	个	4.4
球头连棍	个	1.4	T 型中心锚结线夹	个	6.3
球头挂环	个	3.0	KT 型中心锚结线夹	个	5.27
双耳连接器	个	9.5	L 型中心锚结线夹	个	6.0
吊弦线夹	个	1.4	WS-7 型碗头挂板	个	9.7
G 型夹环	个	1.1	T85 型定位线夹	套	2.6
T 型夹环	个	1.2	乙型双联楔形线夹	套	12.5
CQ-3 钢线卡子	个	2.2			

但随着零件的异型和改进，其节点重量负载也将发生变化。如图 11-2-6 所示，节点 5 的节点负载计算方法如下。

节点 5 的悬挂零件组成如表 11-2-9 所示，各零件的重量如表 11-3-1 所示，则节点 5 的节点负载为：

$$J_5 = 零件 1（单横承力索线夹）重量 + 2 个零件 2（定位环线夹）重量 + 零件 3（悬吊滑轮）重量 + 零件 17（下部吊线 \phi 4.0 镀锌铁线）重量$$
$$= 7.1 + 2 \times 6.6 + 13.6 + 14.1 + 2.59 + 3 \times 0.9 + 3 \times 0.9 = 55.99（N）$$

在进行悬挂负载计算时，为了方便，节点负载可参考表 11-3-2。表中的数值是根据实际节点的零件计算而得，它仅供计算时参考。节点负载 J_1、J_2、J_3、J_4 是根据大站和小站的不同而取用不同的数值，一般大站取 650 N，小站取 450 N。

表 11-3-2 软横跨各结构类型节点负载

节点类型		J_5	J_6	J_7	J_8	J_9	J_{10}	J_{11}	J_{12}	J_{13}	J_{14}
一般节点负载（×10 N）	计算值	7.29	16.7	13.9	65.62 / 56.62	33.8	11.3	5.2	5.2	67.6	
	选用值	7	17	14	66 / 51	34	11	5	5	68	
中心锚结节点重量（×10 N）		28.3	59.6	56.6	66 / 51	34	54.3	26	26	68	18（防窜中心锚结）

在计算上述节点负载时，没有考虑覆冰负载，通常考虑每一节点绝缘子串取覆冰负载 20 N。在中间站台或有分段绝缘的股道，其分段绝缘子串重量应视距悬挂点远近分摊在绝缘子

串两侧的两悬挂点上。

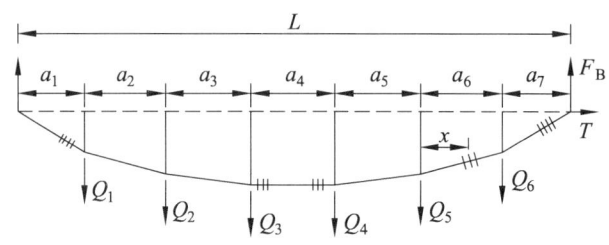

图 11-3-2 横承力索受力图（单位：m）

如图 11-3-2 所示，图中的悬挂点 5 和悬挂点 6 之间的三片分段绝缘子串自重负载 170 N 应分摊在悬挂点 5 及 6 上。这样由于分段绝缘子串自重负载使相应节点增加的负载为：

$$J'_5 = \frac{a_6 - x}{a_6} \times 170 \quad (\text{N}) \tag{11-3-1}$$

$$J'_6 = \frac{x}{a_6} \times 170 \quad (\text{N}) \tag{11-3-2}$$

式中 x ——绝缘子串中心到左侧悬挂点的水平距离（m）；

a_6 ——绝缘子串两侧悬挂点间的水平距离（m）。

对于悬挂点 3 及 4，因有中间站台，则认为相应节点都是直接加一串绝缘子串的自重负载。

2. 接触悬挂一个跨距的自重负载（悬挂自重负载）G_i

$$G_i = n q_0 l \tag{11-3-3}$$

式中 n ——悬挂点的接触悬挂数量；

q_0 ——接触悬挂每单位长度的自重负载，相关数据如下：

GJ—70+GLCA$\frac{100}{215}$ 型，$q_0 = 15.9$ N/m；

GJ—70+GLCA$\frac{83}{173}$ 型，$q_0 = 14.4$ N/m；

GJ—100+TCG110 型，$q_0 = 18.9$ N/m；

GJ—100+TCG85 型，$q_0 = 14.8$ N/m。

l ——悬挂的纵向跨距，$l = \frac{l_1 + l_2}{2}$（l_1，l_2 为该软横跨相邻两纵向跨距），一般 $l = l_{\max} = 65$ m。

3. 横向承力索及上、下部固定绳的自重负载 P_i

横向承力索及上、下部固定绳的自重负载也应换算到悬挂点上，其方法是将单位长度自重负载乘以平均线间距（即取悬挂点两侧线间距的平均值），即

$$P_i = \frac{a_i + a_{i+1}}{2}(6.15 + 2 \times 4.11) = 14.4 \times \frac{a_i + a_{i+1}}{2} = 7.2(a_i + a_{i+1}) \tag{11-3-4}$$

覆冰时，按覆冰厚度计算覆冰负载。使用双横承力索时，应按实际情况予以计算，即

$$P_i = \frac{a_i + a_{i+1}}{2}(2 \times 6.5 + 2 \times 4.11) = 20.52 \times \frac{a_i + a_{i+1}}{2} = 10.26(a_i + a_{i+1}) \tag{11-3-5}$$

4. 中心锚结和下锚支自重负载 M_i

对于有中心锚结和有下锚支的悬挂，则根据实际应用的悬挂自重负载，经计算后加于相应的悬挂点上。对已经归算中心锚结和下锚支自重负载的节点负载，在计算悬挂负载时，不再另行计算中心锚结自重负载。

上述各负载之和为该悬挂点的悬挂负载，即

$$Q_i = J_i + G_i + P_i + M_i \qquad (11\text{-}3\text{-}6)$$

式中　Q_i——节点的悬挂负载（N）；
　　　G_i——接触悬挂一个跨距的自重负载（悬挂自重负载）（N）；
　　　J_i——节点负载（kg），J_i 包括分段绝缘子串增加的负载；
　　　P_i——横向承力索及上、下部固定绳自重负载（N）；
　　　M_i——中心锚结和下锚支自重负载，当中心锚结和下锚支自重负载已经归算到了节点负载 J_i 中时，$M_i = 0$。

三、确定最短吊弦位置

确定最短吊弦位置也就是确定横向承力索最低点。确定横向承力索悬挂最低点位置的方法一般有两种，下面分别介绍。

1. 方法一

根据横向承力索悬挂点 A（或 B）的反力 F_A（或 F_B），依次减去向另一个悬挂点的悬挂负载，如果减至某一悬挂点的悬挂负载时其差值由正变负，则说明该悬挂负载所在的悬挂点即为横向承力索悬挂最低点。如果减至某一悬挂点的悬挂负载时，其差值恰好为零，则说明此软横跨出现两个悬挂最低点。

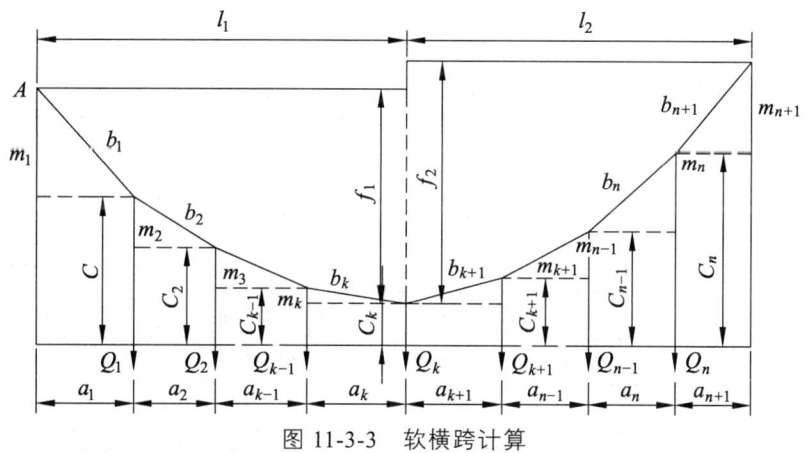

图 11-3-3　软横跨计算

对于如图 11-3-3 所示的软横跨，若：

$$F_A - Q_1 - Q_2 - \cdots - Q_{k-1} > 0 \qquad (11\text{-}3\text{-}7)$$

$$F_A - Q_1 - Q_2 - \cdots - Q_{k-1} - Q_k < 0 \qquad (11\text{-}3\text{-}8)$$

则横向承力索悬挂最低点便出现在悬挂负载 Q_k 所在的悬挂点；若 $F_A-Q_1-Q_2-\cdots-Q_{k-1}-Q_k=0$，则此时 Q_k 和 Q_{k+1} 都是最短吊弦所在的位置。通过对 A、B 两悬挂点求转动力矩可求得 F_A、F_B。

由 $\sum M_A=0$，得 $F_B(l_1+l_2)-\sum_{k=1}^{n}Q_k x_k=0$，从而得

$$F_B=\frac{\sum_{k=1}^{n}Q_k x_k}{l_1+l_2} \tag{11-3-9}$$

$$F_A=\sum_{k=1}^{n}Q_k-F_B \tag{11-3-10}$$

式中　x_k——第 k 股道距悬挂点 A 的水平距离（m）；

　　　l_1+l_2——软横跨横向承力索两悬挂点 A、B 之间的水平距离（m）。

2. 方法二

根据求横向承力索分界力 Y 来确定横向承力索悬挂点最低点位置。

（1）假设最低点。

为计算方便，必须先以拟定计算软横跨确定最低点，并以该拟定最低点为分界，将软横跨跨越的股道分为两部分，如图 11-3-3 所示，并以最低点所在股道设为 k 股道，则低悬挂点和高悬挂点的水平弛度 f_1 及 f_2 分别为

$$f_1=H-H_s\pm S_1-C_{\min}-100 \tag{11-3-11}$$

$$f_2=H-H_s\pm S_2-C_{\min}-100 \tag{11-3-12}$$

式中　H——支柱露出基础面的高度（mm）；

　　　H_s——上部固定绳距正线轨面的高度，大站取 7700 mm，小站取 7250 mm，参考表 11-3-3，但一般按现场实测；

　　　S_1、S_2——支柱露出基础面（混凝土柱为地线孔）至正线轨面的铅垂距离，高于轨面时取正，低于轨面时取负；

　　　$C_{\min}$——最短吊弦长度，一般取 400～600 mm，一般小站取 400 mm，大站取 600 mm。

表 11-3-3　横向承力索及上下部固定绳的安装高度

固定条件	支柱类型	钢筋混凝土	钢　柱		备注
支柱高度/m		12	13	15	
横向承力索安装高度/m		11.90(11.0)	12.935(12.335)	14.935(14.335)	括号内数字系指对正线轨面高度
上部固定绳安装高度/m	大站	9.11(8.31)	8.91(8.31)	8.91(8.31)	
	小站	8.66(7.86)	8.46(7.86)	8.46(7.86)	
下部固定绳安装高度/m	大站	7.55(6.35)	7.35(6.45)	7.35(6.45)	
	小站	7.10(6.00)	6.90(6.00)	6.90(6.00)	

注：表中数值系指固定点至基础面（钢筋混凝土作为地线孔）的高度。而基础面至轨面（正线）的距离，钢支柱取 0.6 m，钢筋混凝土柱取 0.8 m。

（2）求子力矩。

计算子力矩即是从最低悬挂点 k 分开之各侧股道悬挂负载分别对悬挂点 A、B 的力矩值，如图 11-3-4 所示。

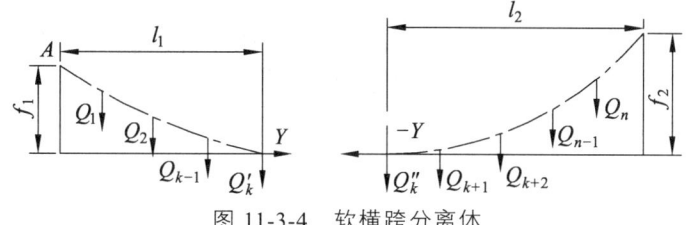

图 11-3-4 软横跨分离体

其值分别为

$$M_A = \sum_{i=1}^{k-1} Q_i x_i + Q_k' x_k' \tag{11-3-13}$$

$$M_B = \sum_{i=k+1}^{n} Q_i x_{i+1} + Q_k'' x_k'' \tag{11-3-14}$$

式中 x_i——第 i 股道距悬挂点 A 的水平距离（m）；

x_k'——第 k 股道距悬挂点 A 的水平距离（m）；

x_{i+1}——第 i 股道距悬挂点 B 的水平距离（m）；

x_k''——第 k 股道距悬挂点 B 的水平距离（m）。

（3）求横向承力索水平力 T 及分界力 Y。

由 $\sum M_A = 0$，则 $Tf_1 + Yl_1 - M_A = 0$，整理得

$$Y = \frac{M_A - Tf_1}{l_1} \tag{11-3-15}$$

$$T = \frac{M_A - Yf_1}{l_1} \tag{11-3-16}$$

由 $\sum M_B = 0$，则 $M_B - Tf_2 - (-Y)l_2 = 0$，整理得

$$Y = \frac{Tf_2 - M_B}{l_2} \tag{11-3-17}$$

$$T = \frac{Yl_2 - M_B}{f_2} \tag{11-3-18}$$

由式（11-3-15）和式（11-3-18）相等求得

$$T = \frac{M_B l_1 + M_A l_2}{l_1 f_2 + l_2 f_1} \tag{11-3-19}$$

由式（11-3-16）和式（11-3-17）相等求得

$$Y = \frac{M_A f_2 - M_B f_1}{l_1 f_2 + l_2 f_1} \tag{11-3-20}$$

式（11-3-20）适合左边悬挂点 A 比右边悬挂点 B 低的情况。当左边悬挂点 A 比右边悬挂点高时，则式（11-3-20）变换成

$$Y = \frac{M_B f_1 - M_A f_2}{l_1 f_2 + l_2 f_1}$$

Y 称为分界力，就是利用 Y 值来判断原先所假设的最低点的位置是否正确。若原来假拟最低点的位置是正确的，那么：

$$0 \leqslant Y \leqslant Q_k$$

若 $Y<0$，则说明最低点应该向左移；若 $Y>Q_k$，则说明最低点应该向右移。对于这两种结果，都需要在重新确定了最低点之后再重新计算，依此类推，直到找到最低点的合理位置。另外，还有两种特殊情况，一种是计算出的 $Y=0$，则说明该组软横跨具有两个最低点，除了所假拟最低点以外，还有一个最低点在所假拟最低点的右侧。

四、求算横向承力索分段长度、总长度及各悬挂点吊弦长度

在求横向承力索分段长度之前，若在确定最短吊弦位置时利用的方法是第一种，那么需再求出力矩 M_A、M_B，进而求出分界力 Y 和水平力 T。

欲求横向承力索分段长度，a_1、a_2、$\cdots$、a_{n+1} 为已知条件，必须在求出悬点高差 m_1、m_2、$\cdots$、m_{n+1} 之后，才能求出横向承力索的分段长度 b_1、b_2、$\cdots$、b_{n+1}。根据图 11-3-3 所示的计算图，利用力学平衡方程，对每一个悬挂点取铅垂力的投影，整理计算最后可得：

横向承力索悬挂最低点左侧：

$$m_1 = a_1 \frac{Q_1 + Q_2 + Q_3 + \cdots + Q'_k + Y}{T}$$

$$m_2 = a_2 \frac{Q_2 + Q_3 + \cdots + Q'_k + Y}{T}$$

$$\vdots$$

$$m_k = a_k \frac{Q'_k + Y}{T}$$

横向承力索悬挂最低点右侧：

$$m_{k+1} = a_{k+1} \frac{Q''_k - Y}{T}$$

$$m_{k+2} = a_{k+2} \frac{Q_{k+1} + Q''_k - Y}{T}$$

$$\vdots$$

$$m_{n+1} = a_{n+1} \frac{Q_n + Q_{n-1} + \cdots + Q''_k - Y}{T}$$

根据上面推导，可以建立以下通式。

横向承力索悬挂最低点左侧：

$$m_i = a_i \frac{Q_i + \cdots + Q''_k + Y}{T} \tag{11-3-21}$$

横向承力索悬挂最低点右侧：

$$m_i = a_i \frac{Q_{i-1} + \cdots + Q''_k - Y}{T} \tag{11-3-22}$$

因而有横向承力索分段长度及总长度分别为：

$$b_i = \sqrt{a_i^2 + m_i^2} \tag{11-3-23}$$

$$B = \sum_{i=1}^{n+1} b_i \qquad (11\text{-}3\text{-}24)$$

在预制横向承力索时，应将计算长度扣除样头杆、绝缘子串等连接零件的长度，再加上做回头的预留长度就可以了。

各悬挂点吊弦长度如下：

（1）横向承力索悬挂最低点吊弦长度为 $C_k = C_{\min} = 400 \sim 600$ mm。

（2）横向承力索悬挂最低点左侧吊弦长度为：

$$C_{k-1} = C_{\min} + m_k$$
$$\vdots$$
$$C_i = C_{i+1} + m_{i+1}$$
$$\vdots$$
$$C_2 = C_3 + m_3$$
$$C_1 = C_2 + m_2$$

（3）横向承力索悬挂最低点右侧吊弦长度为：

$$C_{k+1} = C_{\min} + m_{k+1}$$
$$\vdots$$
$$C_i = C_{i-1} + m_i$$
$$\vdots$$
$$C_{n-1} = C_{n-2} + m_{n-1}$$
$$C_n = C_{n-1} + m_n$$

五、求算上、下部固定绳长度

求算上、下部固定绳长度，要考虑该组软横跨是固定在钢柱上还是混凝土柱上，在钢柱上时应另加在上、下部固定绳固定处的支柱宽度。

$$L_s = \delta_1 H_{s1} + C_{x1} + a_2 + a_3 + \cdots + a_n + C_{x2} + \delta_2 H_{s2} \qquad (11\text{-}3\text{-}25)$$

$$L_s = \delta_1 H_{x1} + C_{x1} + a_2 + a_3 + \cdots + a_n + C_{x2} + \delta_2 H_{x2} \qquad (11\text{-}3\text{-}26)$$

式中 δ_1、δ_2——左、右侧支柱自然斜度及安装斜度的斜率（mm/m）；

H_{s1}、H_{s2}——左、右侧上部固定绳的安装高度（m）；

H_{x1}、H_{x2}——左、右侧下部固定绳的安装高度（m）；

a_1、a_2、$\cdots a_n$——线间距离（m）。

六、计算结果校验

为了检查计算结果是否正确，可以用下式作一校验。检查悬挂点高差之和是否分别等于最大弛度值 f_1 及 f_2。

$$f_1 = m_1 + m_2 + \cdots + m_k$$
$$f_2 = m_{n+1} + m_n + \cdots + m_{k+1}$$

例 11.3.1 试确定如图 11-3-5 所示钢柱双横软横跨的结构尺寸。其中，支柱类型为 $2G\dfrac{15}{13}$。安装后外缘垂直，经现场实际测量得：$C_{x1}=6\text{ m}$，$C_{x2}=3\text{ m}$，$a_2=a_3=a_5=a_6=5\text{ m}$，$a_4=10\text{ m}$，$S_1=450\text{ mm}$，$S_2=-250\text{ mm}$；接触网悬挂类型：正线为 GJ-100+TCg110，站线为 GJ-70+TCG85。

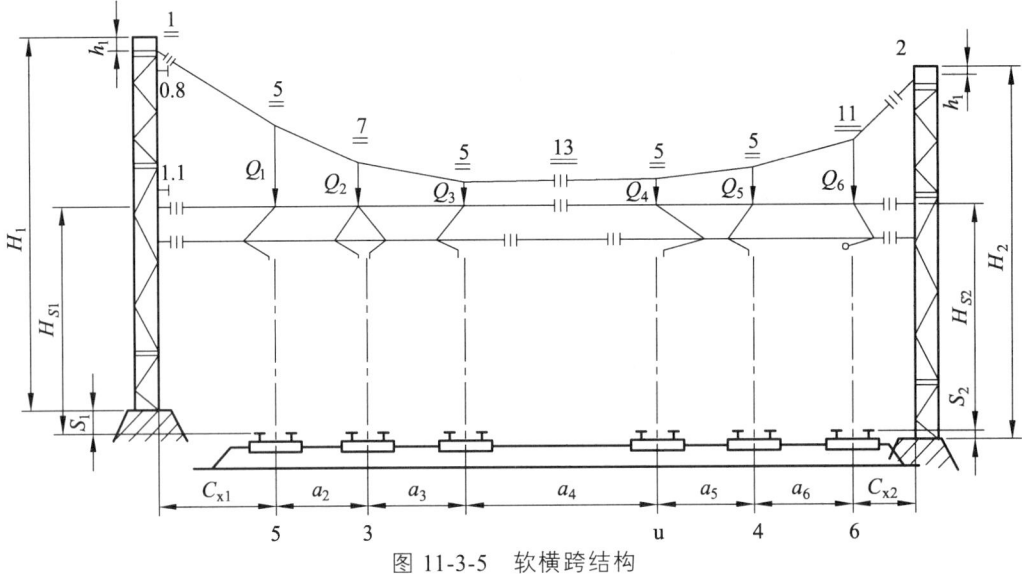

图 11-3-5 软横跨结构

解：

1. 确定有关参数

（1）$C_{x1}=6\text{ m}$，$C_{x2}=3\text{ m}$

（2）$\delta_1=\delta_2=\dfrac{b-a}{H}=\dfrac{1000-500}{13}=38.46$（mm/m）

钢柱型号规格 $G\dfrac{15}{13}$ 对应的数据：$a=500\text{ mm}$，$b=1000\text{ mm}$。

（3）$d_1=\delta_1 H_{h1}=\delta_1(H_1+S_1-h_1)=38.46\times(13+0.45-0.1)=521$（mm）

$\qquad d_2=\delta_2 H_{h2}=\delta_2(H_2+S_2-h_1)=38.46\times(13+0.25-0.1)=487$（mm）

（考虑到支柱受力后的内倾及挠度影响，取 $d_1=400\text{ mm}$，$d_2=350\text{ mm}$）

（4）$a_1=C_{x1}+d_1=6+0.4=6.4$（m）

$\qquad a_2=a_3=a_5=a_6=5$（m）

$\qquad a_4=10$（m）

$\qquad a_7=C_{x2}+d_2=3+0.35=3.35$（m）

（5）$S_1=450$（mm），$S_2=-250$（mm）

（6）$f_1=H_1-H_{s1}+S_1-C_{\min}-100=H_1-H_{s1}+S_1-500$

$\qquad\quad=13000-7700+450-500=5250$（mm）

（7）$f_2=H_2-H_{s1}+S_2-C_{\min}-100=H-H_{s1}+S_2-500$

$\qquad\quad=13000-7700-250-500=4550$（mm）

$H_1=H_2=H=13\,000\text{ mm}$，$H_{s1}=H_{s2}=H_s=H_x=H_h+H_{上,下}=6450+300+950=7700$（mm），

其中 $H_{s1} = H_{s2} = H_s$——上部固定绳至正线轨面的高度；

H_x——接触线高度，大站一般取 6450 mm，小站取 6000 mm；

H_h——接触线距下部固定绳的距离，一般取 300 mm；

$H_{上、下}$——上、下部固定绳距离，一般取 950 mm。

对 H_x、H_h、$H_{上、下}$ 可根据现场实际情况取值。

2. 确定悬挂负载

根据式（11-3-6）和图 11-3-5 节点标注可得

$$Q_i = J_i + G_i + P_i \ (M_i = 0)$$

则悬挂点 Q_1 负载为

$$\begin{aligned} Q_1 &= J_{15} + G_1 + P_1 \\ &= \left[70 + \left(\frac{8}{a_1} \times 17 + \frac{11}{a_1} \times 17 \times 2\right)\right] + 14.8 \times 65 + 10.26 \times (a_1 + a_2) \\ &= 1229 \ (\text{N}) \end{aligned}$$

（悬挂点 Q_1 中节点负载 J_5 已包括接地侧绝缘子串自重负载造成的增加负载。）

$$\begin{aligned} Q_2 &= J_7 + G_2 + P_2 \\ &= 140 + 2 \times 14.8 \times 65 + 10.26 \times (a_2 + a_3) = 2167 \ (\text{N}) \\ Q_3 &= J_5 + G_3 + P_3 \\ &= (70 + 170 \times 2) + 18.9 \times 65 + 10.26(a_3 + a_4) = 1792 \ (\text{N}) \\ Q_4 &= Q_3 = 1792 \ (\text{N}) \\ Q_5 &= J_5 + G_5 + P_5 \\ &= 70 + 148 \times 65 + 10.26(a_5 + a_6) = 1135 \ (\text{N}) \\ Q_6 &= J_{11} + G_6 + P_6 \\ &= \left[50 + \left(\frac{8}{a_7} \times 17 + \frac{11}{a_7} \times 17 \times 2\right)\right] + 14.8 \times 65 + 10.26(a_6 + a_7) = 1251 \ (\text{N}) \end{aligned}$$

3. 确定最短吊弦位置

利用对 A 悬挂点求支座反力 F_A 的方法来确定最短吊弦位置。根据式（11-3-9）和式（11-3-10）可得

$$\begin{aligned} F_B &= \frac{\sum_{k=1}^{6} Q_k x_k}{l_1 + l_2} \\ &= \frac{Q_1 a_1 + Q_2 (a_1 + a_2) + \cdots + Q_6 (a_1 + a_2 + \cdots + a_6)}{a_1 + a_2 + \cdots + a_7} \\ &= \frac{1229 \times 6.4 + 2167 \times 11.4 + \cdots + 1251 \times 36.4}{39.75} \\ &= 4791 \ (\text{N}) \end{aligned}$$

$$\begin{aligned} F_A &= \sum_{k=1}^{6} Q_k - F_B \\ &= (Q_1 + Q_2 + \cdots + Q_6) - F_B \\ &= 4575 \ (\text{N}) \end{aligned}$$

$$F_A - Q_1 - Q_2 = 1179 \text{ (N)} > 0$$
$$F_A - Q_1 - Q_2 - Q_3 = -613 \text{ (N)} < 0$$

则悬挂最低点便出现在悬挂负载 Q_3 所在的悬挂点，即第 Ⅰ 股道上方。

4. 求横向承力索分段长度及总长度

（1）求子力矩。

根据式（11-3-13）和式（11-3-14）式可得

$$\begin{aligned} M_A &= \sum_{i=1}^{2} Q_i x_i + Q'_i x'_i \\ &= Q_1 a_1 + Q_2(a_1 + a_2) + Q'_3(a_1 + a_2 + a_3) \\ &= 51\,906.1 \text{ (N·m)} \end{aligned}$$

$$\begin{aligned} M_B &= \sum_{i=1}^{6} Q_i x_{i+1} + Q''_i x''_i \\ &= Q_4(a_5 + a_6 + a_7) + Q_5(a_6 + a_7) + Q_6 a_7 + Q''_3(a_4 + a_5 + a_6 + a_7) \\ &= 51\,905 \text{ (N·m)} \end{aligned}$$

（$Q_3 = Q'_3 + Q''_3$，$F_A - Q_1 - Q_2 - Q'_3 = 0$，$Q'_3 = 1179$ N，$Q''_3 = 613$ N）

（2）求横向承力索水平力 T 及分界力 Y。

根据式（11-3-19）和式（11-3-20）可得

$$T = \frac{M_B l_1 + M_A l_2}{l_1 f_2 + l_2 f_1} = \frac{51\,905 \times (a_1 + a_2 + a_3) + 51\,906 \times (a_4 + a_5 + a_6 + a_7)}{(a_1 + a_2 + a_3) f_2 + (a_4 + a_5 + a_6 + a_7) f_1}$$
$$= 10462 \text{ (N)}$$

$$Y = \frac{M_B f_1 + M_A f_2}{l_1 f_2 + l_2 f_1} = \frac{51\,905 \times 5.25 - 51\,906 \times 4055}{l_1 f_2 + l_2 f_1}$$
$$= 184 \text{ (N)}$$

$0 < Y = 184 \text{ N} < Q_3 = 1792 \text{ N}$，又可以说明前面判断是正确的。

（3）求横向承力索分段长度。

根据式（11-3-21）和图（11-3-5）可得

$$m_1 = a_1 \frac{Q_1 + Q_2 + Q'_3 + Y}{T} = 6.4 \times \frac{1229 + 2167 + 1179 + 184}{10\,462} = 2.91 \text{ (m)}$$

$$m_2 = a_2 \frac{Q_2 + Q'_3 + Y}{T} = 5 \times \frac{2167 + 1179 + 184}{10\,462} = 1.69 \text{ (m)}$$

$$m_3 = a_3 \frac{Q'_3 + Y}{T} = 5 \times \frac{1179 + 184}{10\,462} = 0.651 \text{ (m)}$$

根据式（11-3-22）可得

$$m_4 = a_4 \frac{Q''_3 - Y}{T} = 10 \times \frac{613 - 184}{10\,462} = 0.41 \text{ (m)}$$

$$m_5 = a_5 \frac{Q_4 + Q_3'' - Y}{T} = 5 \times \frac{1792 + 613 - 184}{10\ 462} = 1.061\ （\text{m}）$$

$$m_6 = a_6 \frac{Q_5 + Q_4 + Q_3'' - Y}{T} = 5 \times \frac{1135 + 1792 + 613 - 184}{10\ 462} = 1.604\ （\text{m}）$$

$$m_7 = a_7 \frac{Q_6 + Q_5 + Q_4 + Q_3'' - Y}{T} = 3.35 \times \frac{1251 + 1135 + 1792 + 613 - 184}{10\ 462} = 1.475\ （\text{m}）$$

根据式（11-3-23）可得

$$b_1 = \sqrt{a_1^2 + m_1^2} = 7.031\ （\text{m}）$$

$$b_2 = \sqrt{a_2^2 + m_2^2} = 5.278\ （\text{m}）$$

$$b_3 = \sqrt{a_3^2 + m_3^2} = 5.042\ （\text{m}）$$

$$b_4 = \sqrt{a_4^2 + m_4^2} = 10.008\ （\text{m}）$$

$$b_5 = \sqrt{a_5^2 + m_5^2} = 5.251\ （\text{m}）$$

$$b_6 = \sqrt{a_6^2 + m_6^2} = 5.251\ （\text{m}）$$

$$b_7 = \sqrt{a_7^2 + m_7^2} = 3.66\ （\text{m}）$$

（4）求横向承力索总长度。

根据公式（11-3-24）式可得

$$B = \sum_{i=1}^{n+1} b_i = b_1 + b_1 + \cdots + b_7 = 41.381\ （\text{m}）$$

（5）求各悬挂点直吊弦长度。

$$C_1 = C_2 + m_2 = 1051 + 1690 = 2741\ （\text{mm}）$$

$$C_2 = C_3 + m_3 = 400 + 651 = 1051\ （\text{mm}）$$

$$C_3 = C_{\min} = 400\ （\text{mm}）（最短直吊弦 C_{\min} 取 400\ \text{mm}）$$

$$C_4 = C_3 + m_4 = 400 + 410 = 810\ （\text{mm}）$$

$$C_5 = C_4 + m_5 = 810 + 1061 = 1871\ （\text{mm}）$$

$$C_6 = C_5 + m_6 = 810 + 1061 = 3475\ （\text{mm}）$$

5. 求上、下部固定绳长度

$$\begin{aligned}
L_s &= \delta_1 H_{s1} + C_{x1} + a_2 + a_3 + \cdots + a_6 + C_{x2} + \delta_2 + H_{s2} \\
&= 38.46 \times 7.700 + 6000 + \cdots + 3000 + 38.46 \times 7.700 \\
&= 39\ 592\ （\text{mm}）
\end{aligned}$$

$$\begin{aligned}
L_x &= \delta_1 H_{s1} + C_{x1} + a_2 + a_3 + \cdots + a_6 + C_{x2} + \delta_2 H_{x2} \\
&= \delta_1 \times (H_x + H_h) + \cdots + \delta_2 (H_x + H_h) \\
&= 38.46 \times 6.75 + 6000 + \cdots + 3000 + 38.46 \times 6.75 \\
&= 39\ 260\ （\text{mm}）
\end{aligned}$$

6. 计算结果校验

$$f_1' = m_1 + m_2 + m_3$$
$$= 2.910 + 1.69 + 0.651$$
$$= 5.251 \text{ (m)} \approx f_1 = 5250 \text{ (mm)}$$
$$f_2' = m_7 + m_6 + m_5 + m_4$$
$$= 1.475 + 1.604 + 1.061 + 0.41$$
$$= 4.55 \text{ (m)} = 4.550 \text{ (mm)} = f_2 = 4550 \text{ (mm)}$$

第十二章 限界、绝缘距离及导线高度的确定

第一节 支柱侧面限界的确定

接触网支柱的侧面限界是指支柱内缘与邻近铁路的轨顶连线的振荡中心线的水平距离。它必须保证在任何情况下，支柱不得侵入《铁路技术管理规程》规定的建筑接近限界。

一、最小允许侧面限界

（1）直线区段按建筑接近限界的规定，侧面限界不得小于 2440 mm。
（2）曲线区段根据支柱所在位置，分别由下式进行计算：
支柱位于曲线外侧时，有

$$C_\mathrm{x} = 2440 + \frac{40\,500}{R} \qquad (12\text{-}1\text{-}1)$$

支柱位于曲线内侧时，有

$$C_\mathrm{x} = 2440\cos\theta + 3000\sin\theta + \frac{40\,500}{R} \qquad (12\text{-}1\text{-}2)$$

式中　C_x——支柱最小允许侧面限界（mm）；
　　　R——线路曲线半径（m）；
　　　2440——直线建筑接近限界（mm）；
　　　3000——计算点自轨面算起的高度，支柱在此处要求具有最大限界（mm）；
　　　θ——由外轨超高引起的、以内轨顶为轴旋转的角度，计算式为

$$\theta = \arctan\frac{h}{1500}$$

其中　h——外轨超高，根据《铁路工程技术规范》规定：

$h = \dfrac{7.6 V_\mathrm{max}^2}{R}$（$V_\mathrm{max}$ 为最高行车速度），但最大值不得超过 150 mm；

　　　1500——曲线轨距的近似值（mm）。
直线区段及曲线区段按式（12-1-1）计算。

二、规定侧面限界

规定侧面限界是根据计算的最小侧面限界并增加一定的裕量及统一标准后得出。侧面限界预留裕量考虑了施工误差及铁路运营方面的需要，除地形条件特别困难外，一般应满足规定侧面限界的要求。

侧面限界的施工误差为 +100 mm（向铁路外侧），-60 mm（向铁路向内侧）。铁路运营方面的需要包括信号显示、站内行人、来往车辆及站场作业方便等。目前常用的接触网规定侧面限界如表 12-1-1 所示。

表 12-1-1 接触网支柱规定侧面限界

支柱类别	适用地点			侧面限界 C_x/m			说明
腕臂柱	一般区段			曲线半径/m	曲线外侧	曲线内侧	本表适用于最高行车速度 160 km/h、最大外轨超高 150 mm 的线路，当最高行车速度为 100 km/h 时，可采用括号内的数据，但 R-600 曲线内侧支柱的负误差只允许有 50 mm
				200～299	2.8	3.1	
				300～599	2.7	3.1	
				600～1000	2.6	2.9（2.8）	
				1001～4000	2.6	2.9（2.7）	
				∞			
	复线区段信号机前方	支柱、信号机均位于直线区段	通过信号机	$S \geq 250$ m （信号机） C_x=2.5 2.8 2.8 3.0 3.0 2.5			1. 在 S 范围内若支柱多于 4 根，则多余支柱的侧面限界 C_x 取 2.8 m； 2. 信号机处接触线对线路中心的偏移宜离开信号机（即前进方向线路中心线的右侧）
			进站信号机	$S \geq 350$ m （信号机） C_x=2.5 2.6 2.8 2.8 3.0 3.1 3.1 2.5 h=2.4 2.0 2.0 2.0 2.0 1.8 1.8 2.4			1. h 为拉杆底座与腕臂底座的距离； 2. 在 S 范围内若支柱多于 6 根，则多余支柱的 C_x=2.5 m，h=2.0 m； 3. 信号机处接触线对线路中心的偏移宜离开信号机
	复线区段信号机前方	信号机前方支柱位于曲线外侧	通过信号机		$R \leq 1000$ $5 \leq S' \leq 10$	$1000 < R \leq 4000$ $5 \leq S' \leq 15$	1. 信号机与前方支柱的距离 $S' \geq 5$ m； 2. 若 $R \leq 1000$ m 且 $S' > 10$ m 或 $1000 < R \leq 4000$ m 且 $S' > 15$ m，则支柱安装同一般地区
				C_x	2.7	2.9	
				h	2.4	2.4	
			进站信号机	C_x	2.8	3.0	
				h	1.8	1.8	
		信号机位于缓和曲线前方，支柱位于直线		（信号机）y $y<600$ mm 时，C_x、h 按直线区段选用； $y \geq 600$ mm 时，C_x、h 同一般地区。			y 为信号机处缓和曲线的支矩
		信号机前方支柱位于曲线内侧时，信号机与前方支柱的距离宜大于或等于 5 m					
	桥墩台			3.1			1. 按中铁二院工程集团有限责任公司《电气化铁路桥梁墩台支架基座设计图》（图号：弍桥 4059）选定； 2. 未采用上述图纸者按人行道尺寸选定

续表

支柱类别	适用地点		侧面限界 C_x/m	说 明
腕臂柱	道岔	单开	2.5 / 2.8	支柱位于直线侧时取 $C_x = 2.5$ m，位于导曲线内侧时取 $C_x = 2.8$ m
		对称	2.8 / 2.8	
		交分	2.8 / 2.8	
	旅客站台		支柱内缘距站台边不得小于1500 mm	1. 尽量少设腕臂柱； 2. 绝缘腕臂柱上部需设防电护网
	牵出线		3.1	路基不够时可适当缩小
软横跨柱	一般		3.0	
	基本站台		5.0	1. 支柱内缘距站台边不得小于1500 mm； 2. 站台宽度不足时可适当调整
	其他旅客站台		中间站台一般位于站台中心	支柱内缘距站台边不得小于1500 mm
	牵出线		3.1	路基不够时可适当缩小

三、绝缘距离

接触网空气绝缘距离规定为：接触网带电体距离固定接地体不小于 300 mm，距离机车车辆限界高度或货物列车最大装载高度不小于 350 mm；电力机车运行时，受电弓瞬时极限位置距接地体不小于 200 mm；绝缘子接地侧裙边距接地体瓷绝缘子不小于 150 mm，环氧树脂绝缘子不小于 50 mm；绝缘关节处两工作支之间为 500 mm。

第二节　接触网及承力索高度的确定

一、接触网线高度

1. 最低高度

接触线的最低高度是指在最大正弛度时接触线与两钢轨顶面连线间的垂直距离。它主要取决于允许的货物列车最大装载高度及接触网带电部分距最高装载货物的绝缘空气间隙。

我国机车车辆限界高度为 4800 mm。超限货物列车装载高度分三级：一级超限 4950 mm；二级超限 5000 mm；超过 5000 mm 者为超级超限。货物列车最大装载高度为 5300 mm。

接触网带电部分距货物列车最高装载货物的绝缘空气间隙为 350 mm。因此，接触线的最低高度为

$$H = 5300 + 350 = 5650 \text{（mm）}$$

在桥隧建筑物净空高度不足的既有线路上,为了减少电化时的改建工程量,如果限制允许通过的货物列车最大装载高度,或者临时改变牵引方式,接触线高度可适当降低。

例如,规定电力牵引时仅允许通过二级超限货物列车,或者规定通过装载高度为 5300 mm 的货物列车时停电,临时改用内燃牵引,这时接触线最低高度可降低为 5370 mm。

但是,在规定接触线最低高度时,除了根据上述计算值外,实际上还应适当预留裕度。特别是调车作业繁忙的大站,为更安全起见,预留的裕度一般比区间及小站要大。

设计中采用的接触线最低高度及其使用条件见表 12-2-1。

表 12-2-1 接触线最低高度

接触线最低高度/mm	适用条件
5370	不符合"隧限-2"的隧道内（5300 mm 超限货物可停电通过,5000 mm 超限货物可带电通过）
5700	1. 符合"隧限-2"的隧道内（5300 mm 超限货物列车可带电通过）; 2. 一般中间站和区间; 3. 编组站、区段站及配有调车组的中间站内已建成的天桥跨线桥下方,如果净空不足,经中国国家铁路集团有限公司批准可采用此值
6200	编组站、区段站及配有调车组的中间站

2. 最高高度

接触线的最高高度是指在最大负弛度时,接触线与两钢轨顶面连线间的垂直距离。它应保证受电弓通过时抬高 100 mm 以后,仍不超过受电弓的最大允许工作高度。我国韶山型电力机车采用的 Q_3 型受电弓的工作高度为 5183~6683 mm,接触线最高高度取 6500 mm。

3. 悬挂高度

接触线的悬挂高度是指接触线在支柱悬挂点处与两钢轨顶面连线间的垂直距离,它必须满足:

(1) 接触线在最大正弛度时的高度不小于最低高度;

(2) 接触线在最大负弛度时的高度不大于最高高度。

根据上述要求,设计中采用的接触线悬挂高度,一般中间站及区间为 5800~6000 mm, 编组站、区段站及配有调车组的中间站为 6400~6450 mm。这里必须说明的是,接触线悬挂高度受大站的控制。因为在大站,接触线的最高高度与最低高度之差仅为 300 mm,然而在极端气温相差非常悬殊的时候,接触线对轨面的高度变化值会超过 300 mm,甚至达到 400 mm 以上。显然,在此情况下不仅上述悬挂高度的规定不适用,而且与现有规程的规定亦发生抵触。遇到这种情况应采取适当措施,并在初步设计说明书中予以说明。

二、承力索悬挂高度

承力索悬挂高度等于接触线悬挂高度加所需的结构高度。链形悬挂的结构高度一般为

1100～1700 mm。通常在设计中采用的承力索悬挂高度见表 12-2-2。

表 12-2-2 承力索悬挂高度

地点及悬挂类型	高度/mm
一般中间站及区间半补偿链形悬挂	7500～7700
一般中间站及区间全补偿链形悬挂	7100～7500
编组站、区段站及配有调车组的中间站全（半）补偿链形悬挂	7500～8150

注：对于 GJ-70+GLCB$\frac{80}{173}$ 半补偿简单链形悬挂，当 $t_{max} = +40\ °C$，$t_{min} = -30\ °C$，$b = 5$ mm，$l_D = 40$ m，$l = 65$ m，$\varphi = 0.64$ 时，接触线正负弛度之和（绝对值）为 421 mm。

参考文献

[1] 张道俊. 接触网运营检修与管理[M]. 北京：中国铁道出版社，2006.
[2] 李伟. 接触网基础知识[M]. 北京：中国铁道出版社，2017.
[3] 朱申. 接触网[M]. 2版. 北京：中国铁道出版社，2018.
[4] 于万聚. 高速电气化铁路接触网[M]. 成都：西南交通大学出版社，2003.
[5] 于万聚. 接触网设计及检测原理[M]. 成都：西南交通大学出版社，1990.
[6] 彭开宙. 接触网工[M]. 北京：中国铁道出版社，2015.